남명학의 현장 권2

오이환

지은이 오이환

1949년 부산에서 출생하여, 서울대학교 철학과를 졸업하였다. 동 대학원 및 타이완대학 대학원 철학과에서 수학한 후, 교토대학에서 문학석사 및 문학박사 학위를 수여받았다. 1982년 이후 경상대학교 철학과에 재직해 왔으며, 1997년에 사단법인 남명학연구원의 제1회 학술대상을 수상하였고, 제17대 한국동양철학회장을 역임하였다. 주요 저서로는 『남명학파연구』 2책, 『남명학의 새 연구』 2책, 『동아시아의 사상』, 편저로 『남명집4종』 및 『한국의 사상가 10인—남명 조식—』, 교감으로 『역주 고대일록』 3책, 역서로는 『중국 철학사』(가노 나오키 저) 및 『남명집』, 『남명문집』 등이 있다.

남명학의 현장 권2

1판 1쇄 인쇄: 2013년 09월 20일
1판 1쇄 발행: 2013년 09월 30일

지은이: 오이환
펴낸이: 홍정표
펴낸곳: 글로벌콘텐츠
등 록_제25100-2008-24호

공급처: (주)글로벌콘텐츠출판그룹
이 사_양정섭
디자인_김미미
편 집_노경민 배소정 최민지
기획·마케팅_이용기
경영지원_안선영
주 소_서울특별시 강동구 천중로 196 정일빌딩 401호
전 화_02-488-3280
팩 스_02-488-3281
홈페이지_http://www.gcbook.co.kr
이메일_edit@gcbook.co.kr

값 28,000원
ISBN 978-89-93908-83-1 94150
978-89-93908-81-7 94150(전5권 세트)

남명학의 현장

권2

오이환 지음

글로벌콘텐츠

머리말

나는 1987년 정월 초하루부터 일기를 쓰기 시작하여 오늘에 이르기까지 계속해 오고 있다. 그 이전에도 일기 쓰기를 시도해 본 적은 몇 번 있었으나, 대체로 그다지 오래 지속되지 못했다. 그 무렵 일기를 다시 써보게 된 계기는 너무 오래 전 일이라 지금으로서는 정확하게 기억해내지 못하나, 아마도 당시 내가 『孤臺日錄』이나 『端磎家曆日記』 등 선현들의 일기를 발견하거나 혹은 그 학술적 가치를 확인하여 학계에 보고한 것이 계기가 되지 않았을까 싶다. 그렇게 시작된 일기가 지금까지 25년이 넘는 세월동안 지속된 것은 그 무렵 이후부터 나의 일상생활이 점차 규칙적으로 되어 간 데에 근본 원인이 있는 듯하다. 오후 9시에 취침하여 오전 4시에 기상하는 것을 원칙으로 삼는 생활을 시작한 지로부터도 이미 20년 정도의 세월이 지난 것이다. 그러므로 아침 8시에 출근하기 전까지 네 시간 정도의 시간적 여유가 있는 셈이다.

이미 환갑을 넘겨 정년퇴직을 얼마 남겨두지 않은 이즈음, 나는 일기의 출판을 생각해 보게 되었다. 그것은 자신이 살아서 아직 사회적 활동을 할 수 있는 여력을 어느 정도 남겨두고 있는 시기에 그렇게 하지 않고서는, 장차 이 일기가 흐지부지 사라져 버리거나 자신의 의사와는 상관없이 내용이 변개될 가능성도 배제할 수 없겠다는 우려 때문이다. 그래서 재작년 11월에 『남명학의 새 연구』 출판을 위한 작업을 모두 끝내고 난 이후부터 일기의 정리 작업에 착수하였다. 처음 노트에 적기 시작했던 부분을 컴퓨터 파일로 옮겨 입력하고, 오래된 파일도 점검하기 시작했다. 이렇게 하여 대충 정리된 파일들을 작년에 어느 출판사로 보내 보았더니, 신국판 권당 500쪽의 형태로 한다면 약 20책의 분량이 되겠다는 회답이 있었다.

자신으로서는 매일 새벽에 그 전날의 일기를 적어왔고, 혹시 못 쓰게 되는 일이 있으면 다음 기회에 반드시 보충해 넣었으므로 빠진 날이 없을 것이라고 생각했지만, 파일을 정리하다보니 빠져 있는 부분을 몇 군데 발견하게 되었다. 그러나 그런 것도 후일 다른 파일을 통하여 빠진 부분이 들어 있는 걸 발견한 경우가 있으므로, 아마도 결락이 생긴 것은 파일의 복사 과정에서 생긴 하자가 아닐까 생각된다.

일기란 사적인 기록이다. 저명인사의 자서전이라 할지라도 그다지 팔리지 않는 경우가 많다고 들었는데, 저명하지도 않은 사람이 쓴 이 정도되는 분량의 일기를 맡아서 출판해 줄 회사를 찾기가 어려운 것은 당연한 일이다. 또한 나로서는 남길만한 가치가 있는 내용으로 판단한 부분이라 할지라도 자신과 타인의 사생활을 세상에 노출시킨다는 것은 무척 염려스러운 점이기도 하다. 그래서 생각해 본 것이 일기 중 사적인 요소보다는 사회적 성격이 보다 많은 부분만을 발췌 편집하여 출판하는 것이었다.

그 중 첫 번째로 고려해 본 것은 나의 학문적 활동이다. 1987년은 남명학연구원이 설립된 다음해이고, 나의 남명학에 관한 연구 논문이 처음 출판된 해이다. 작년에 간행된 『남명학의 새 연구』 서문에서 공언한 바와 같이, 나는 이제 오랫동안 계속해 온 그 분야에 관한 연구를 접으려 하고 있다. 그러므로 자신의 연구 역정을 마무리 짓고 자신이 그 현장에 참여해 온 남명학의 연구사를 정리해 본다는 것은 그런대로 시의적절하고도 의미 있는 일이리라고 생각된다. 물론 나로서는 그때부터 남명학에 관한 연구나 그것을 위한 답사 및 문헌 수집을 시작했던 것이 아니고, 또한 남명학의 연구가 반드시 남명학연구원의 설립으로부터 시작된 것도 아니다. 그러나 대체로 말하자면 이 일기가 시작된 시점은 그 초창기에 속한다고 할 수 있다.

나는 이 책 속에 반드시 남명학에 관한 내용이 아닌 것도 다소 포함시켰다. 그러므로 이 책은 나의 학문 및 저술활동 일반을 포괄한 것이라고 할 수 있겠다. 그리고 이 책에 이어 나의 해외여행에 관한 기록 및 국내 여행과 등산에 관한 기록도 출판할 것을 계획하고 있다. 『남명학의 현장』의 출판에 즈음하여, 그 출판을 선선히 수락해 주신 (주)글로벌콘텐츠출판그룹의 홍정표 대표이사님과 재정적 지원을 통해 출판을 가능케 해주신 사단법인 남명학연구원의 조옥환 부이사장님께 심심한 사의를 표한다.

2013년 5월 24일

오이환

목 차

남명학의 현장 권2

1993년

1월

5 (화) 흐림

北京에 도착한 이래 여러 날에 걸쳐 북경대학 구내의 유학생 기숙사에 있는 吳相武 군과 통화를 시도했었으나 이루어지지 않다가, 오늘 밤에야 기숙사 교환대를 통해 내가 조 사장으로부터 전화상으로 전해들은 오 군의 방 번호가 틀렸음을 확인하여 비로소 통화를 할 수가 있었다. 오 군은 고려대 출신으로서 북경대학 박사과정에서 중국철학을 전공하고 있는 것으로 알고 있는데, 미국에 있는 김충렬 교수가 그를 통해 북경의 중국 교수들에게 남명에 관한 논문 원고를 부탁했다 하므로, 그 교섭 경과를 알아보기 위해서였다. 오 군의 말에 의하면, 人民大學 교수로서 退溪學에 관한 여러 논문과 저서를 내고 있는 張立文 교수는 이미 승낙을 했다고 하며, 김 박사와 안면이 있다는 북경대학의 湯一介 교수는 자료를 검토해 본 후 결정하겠다는 대답이었고, 같은 대학의 張岱年 교수는 외국에 나가 있는 중이라 아직 말을 꺼내지 못했다는 취지의 회답을 이미 미국의 김 교수와 진주에 있는 조 사장에게 전했다고 한다.

15

유성의 유성관광호텔 커피숍에서 중국 연수에 참가했던 교수들이 다시 모였다. 근처의 식당에서 불고기로 점심을 들고 난 후 제각기 헤어졌는데, 나는 온 김에 충남 지역에서 오래 전부터 가보고 싶었던 연산에 있는 金長生의 遯巖書院과 논산 오강마을에 있는 少論의 본산 魯崗書院, 魯城의 孔子祠堂인 闕里祠, 관촉사의 恩津彌勒 등을 둘러보고서, 전주-남원-함양을 거쳐, 함양에서부터는 택시를 대절하여 밤 열 시 경에 진주에 당도하였다.

19

오전 11시에 법대 1층 세미나실에서 남명학연구소 주최로 金侖壽 씨가 「『南冥集』의 冊板 系統과 印本」이라는 주제로 발표를 하고, 아울러 이 연구소의 위촉에 의해 그가 추진해 온 『남명집』의 교감 작업 중간발표도 겸하였다. 그의 발표에 대해 내가 질문에 나서 논문 全般에 걸쳐서 다소 신랄한 비판을 가했는데, 물론 이런 공개적인 자리에서 그가 스스로의 오류를 시인할 리는 없었다. 그는 『남명학연구』 제2집에다 지난번 『중국어문학』 제20집에 발표한 논문을 改稿한 것 250매를 이미 투고해 놓았다고 한다. 이 모임에서 경남문화연구소장인 조규태 교수로부터 내가 간사로 있는 남명학연구원 측이 서울에다 외국인 학자들을 초빙하여 남명학 국제학술회의를 개최할 계획을 추진하고 있다는 소식을 처음으로 들었다.

27 (수) 맑으나 차고 강한 바람

종일 방 안에서 독서에 열중했다. 어제 학교에서 가져 온 우편물들 및 중국 연수의 일행인 경북대 한문학과 金時晃 교수가 부쳐 온 그 선조들의 문집 『靑溪集』 『臥溪集』과 김 교수의 논문 「現代 婚禮의 問題點 및 改善方案」을 훑어 본 다음, 오랜만에 다시 나의 논문 주제와 직접 관련되는 자료인 『宗川禍變錄』 上卷을 읽기 시작했다.

28 (목) 맑으나 차고 강한 바람

『종천화변록』을 읽으며 카드화하는 작업을 계속하고 있다.

29 (금) 맑음

계속해서 『종천화변록』을 읽고 있다.

30 (토) 맑음

오전 중 한국동양철학회의 총무간사인 강원대학교의 이애희 교수가 서울의 삼광인쇄소(홍익컴퓨터인쇄소)에서 전화를 걸어 와, 내가 투고한 논문 「揚雄의 性善惡混說—漢代 性論의 動向과 관련하여—」의 영문 제목과 내 이름의 영문 표기를 일러 달라고 하므로, 이 논문이 조만간에 『東洋哲學』 제3집에 수록되어 간행될 것임을 알 수가 있었다.

31 (일) 맑음

어제 이애희 교수로부터 불의의 전화를 받고서, 엉겁결에 내 논문의 영문 제목을 'Yang Hsiung's Mixed Theory of Good and Evil in Human Nature'로 일러 주었었는데, 'Mixed Theory'라는 부분이 아무래도 꺼림칙하여 아침에 고등학교 선배인 영문과의 성종태 교수께 전화를 걸어 자문을 구했더니, 그 부분을 'Theory on a Mixture'로 고쳐 주셨으므로, 오늘 다시 삼광인쇄소로 전화하여 그렇게 고치도록 전했다.

2월

12 (금) 快晴

서울대 국사학과 출신의 高錫珪 씨가 지난번 남명학연구소의 임란 400주년 기념 학술 대회 때 내가 연구비를 지급하겠으니 『남명학연구논총』 제3집에 실을 좋은 논문을 추천해 달라고 부탁했던 바에 따라, 서울대 박사과정에 재학 중인 후배 申炳周 군의 「16세기 후반~17세기 초반 남명 문인의 활동」이라는 논문의 계획서와 함께 신 군이 기왕에 발표한 두 편의 관계 논문을 동봉해 왔다. 이들 논문 중 내가 아직 읽지 못한 「17세기 전반 북인 관료의 사상—김신국, 남이공, 김세렴을 중심으로—」(『역사와 현실』 8, 1992, 근간)를 읽고 있다.

3월

2 (화) 맑음

금년도 1학기가 시작되었다. 출근 버스로 학교에 가서 개강 첫 수업에 임했다. 한국철학강독에서는 지난해에 이어 남명의 『學記類編』 초간본을 텍스트로 삼되, 작년의 진도 다음 부분부터 읽어 나가기로 하였다.

4 (목) 맑음

카드화 작업을 계속 진행하였고, 前間恭作 編 『古鮮冊譜』 제3책에 실린 남명 관계 문헌 및 부록에 수록된 末松保和의 「前間先生小傳」과 東洋文庫長 岩井大慧의 跋文을 읽어 보았다.

9 (화) 맑음

지난 주말에 서울의 을유문화사로부터 내가 번역한 『중국철학사』의 제6판 인지가 보내져 왔으므로, 오늘 도장을 찍어서 발송했다. 초판 1,500부를 낸 후 해마다 1,000부씩 새로 찍어 판을 거듭해 왔었는데, 이제는 구매자가 줄었는지 500부를 찍겠다고 한다. 그러면서도 인지는 540부 분을 보내 왔으므로, 인세가 지불되는 500부 분만 발송했다. 초판 이래 계속 인세 분 이상의 인지를 보내 왔으므로 지난번 제5판을 찍을 때는 내가 이의를 제기하여 차후로는 인세 지급 분에 한하여만 인지를 보내기로 약속했었는데, 그럼에도 불구하고 이번에 또 40부의 초과분을 보내 온 것이다. 도대체 이러한 관행의 이유는 납득하기가 어렵다. 다소 냉정한 감이 없지 않지만, 계약이란 원래 냉정한 것이다.

11 (목) 맑음

새 학기의 개강을 맞이하여 학과 교수들이 관례에 따라 함께 시내의 北京莊으로 가서 회식을 하였다. 北京에서 몇 차례 마셨던 二鍋頭酒의 작은 병을 여러 개 비워 제법 거나해져서 그곳을 나와, 근처 지하실의 카페로 가서 내가 2차를 샀고, 내친 김에 나로서는 아직 한 번도 가 본 적이 없는 仙鶴洞의 류왕표 선생 집에도 가 보자고 하여, 거기서 밤 열한 시가 넘도록 까지 3차를 하였다. 카페에서 맥주를 마시며 대화하던 중에 금년으로 마흔이 된 정병훈 선생이 40대 중반인 류 선생과 나를 가리키며, 이제 볼 장 다 보고 인생의 내리막길에서 자리 차지나 하고 있는 사람들이라고 하면서, 철학과에서도 젊은 20대의 인물을 새로 한 사람 더 채용해야 한다고 주장하므로, 그의 무례하고도 경박한 말투에 다소 기분이 상하여, 자신으로서는 그런 의견에 동의하기 어렵다는 투의 변명 비슷한 말을 한 적이 있었다.

류 선생 집으로 가서 대화하는 도중에, 나는 이즈음의 자기 심경을 피력하면서, 학교나 진주, 혹은 한국과 같은 좁은 세계 안에서 이름을 내거나 남들과 아옹다옹 해봐야 부질없는 일이니, 그 안에서 벌어지는 이런저런 일들을 구태여 일부러 알려고 할 것도 없고, 남과 대립적인 관계를 맺어 스트레스를 느낄 필요도 없이, 세상과 일정한 거리를 두고서 자신은 집에 들어앉아 학문의 세계에나 침잠하고 싶으며, 또한 출판해 봤자 그다지 수명이 오래갈 것도 아닌 번역물이나 교재 류의 책, 혹은 계몽적인 글들을 쓰느라고 시간과 정력을 소비하며 매일 분주하게 일에 쫓기는 생활을 하기보다는, 일 년에 한 편이 되건 이 년에 한 편이 되던 나름대로 자신이 정말 쓰고 싶어서 쓰며 또한 자기만의 독창적인 영역을 개척해 가는, 그래서 가능하다면 어느 정도 세상에 남을 만한 글만을 쓰고 싶고, 기왕에 내가 쓴 논문들도 편수는 얼마 되지 않지만 중국철학 분야에서든 한국철학 분야에서든 그런대로 모두 오리지널한 글들이었다고 생각하노라고 말했다.

그랬더니 류 선생은 세상과 일정한 거리를 두고 싶다는 내 말은 종래의 나답지 않다는 말을 거듭하였고, 정병훈 선생은 내 말을 꽤 아니꼽게 들었던 모양으로, 나더러 당신은 별로 이렇다 할 학문적 업적도 없고 학계에서 인정해 줄만한 지위를 구축한 것도 없으니, 너무 자신을 과대평가하여 착각에 빠지지 말라고 아주 정색을 하며 비판하고 나오는 것이었다. 나로서는 솔직한 심경을 발설한 것에 불과하지만, 설사 정 선생의 지적이 사실이라 할지라도 그런 말은 실례가 아니냐고 응수했더니, 그는 계속 같은 어조로 나를 비판하는 말을 하다가 자리를 박차고서 먼저 돌아가 버려, 매우 비참한 심경이 되어 집으로 돌아왔다.

12 (금) 맑으나 아직 쌀쌀함

학교에 나갔다가 학과 사무실에서 류 선생과 정 선생을 만났다. 피차 어색하기는 했지만, 농담조로 어제는 잘 나가다가 막판에 가서 영 잡쳤다고 말했더니, 정 선생이 간밤의 일에 대해 사과를 했다. 4교시의 수업을 마치고서 산길을 걸어 집에 돌아와 있으니, 정 선생으로부터 전화가 걸려왔다. 내 연구실에 찾아갔더니 부재중이라 집으로 전화한다면서, 어제 밤의 일에 대해 정식으로 사과를 하였다. 정 선생 말로는 어제 어떻게 되서 자기가 그런 말을 했는지 자신도 잘 모르겠지만, 내가 金玄操 선생 등 형편없다고 생각하여 마음속으로부터 경멸하는 사람들과도 되도록이면 무난한 관계를 유지하고 싶다는 생각을 가지고 있다고 말하는 대목에서 썩 기분이 언짢아 진 것이 아닌가 싶다면서, 자신도 외부의 연장자로부터 따끔한 말을 들어 자극을 받아서 자신을 채찍질하는 계기로 삼고 싶다는 욕구를 늘 가지고 있는데, 내가 뭔가 달관한 듯한 자세를 취하는 것 같아, 자신이 원하는 바와 같은 자극을 주고 싶은 일시적 충동이 일었던 것이라고 이해해 달라고 했다.

18 (목) 맑으나 다소 쌀쌀함

아침에 한국동양철학회의 총무간사인 강원대 이애희 교수의 서울 자택으로 전화하여 내 논문이 수록된 『동양철학』 제3집이 간행되었는지를 물어보았다. 지난겨울 김천의 직지사에서 학회 모임이 있었을 때 이미 회원들에게 배포되었는데, 사무 상의 착오인지 집필자 중 한 사람인 내 손에는 아직 당도하지 않고 있는 것이다. 아울러 이 교수는 내가 이 대학에 부임한지 몇 년 되지 않았을 때 본교 논문집에다 발표한 「秦의 六時에 대하여」 라는 논문을 읽은 적이 있다면서 그 논문에 대해 언급하므로, 꽤 의외였다. 이는 나의 논문들이 거의 다 그러한 것처럼 문헌고증적인 내용으로 시종하고 있는 것이기 때문에, 국내의 학계, 특히 철학계의 일반적 경향과는 달라 찾는 사람도, 읽어서 이해할 수 있는 사람도 별로 없을 것이라고 치부하고 있었고, 더군다나 지방 대학인 본교의 논문집에 수록된 것이기 때문이다.

19 (금) 맑으나 다소 쌀쌀함

오후 다섯 시에 류왕표 교수 댁 저녁 초대가 있으며, 저녁 여섯 시 반부터는 시내의 금하식당에서 본교 남명학연구소의 평의원회가 열릴 예정이기 때문에, 오랜만에 오후 좀 늦은 시각까지 학교에 남아 있었다.

류 선생 댁으로 갔다가 시간에 맞추어 빠져 나와서 금하식당으로 갈 예정이었으나, 같은 평의원인 정병훈 선생도 가지 않고 있었고, 조만간에 임원 개선을 위한 연구원 총회가 있을 모양인데 내가 소장이 될 생각이 있어서 그러느냐는 식으로 다들 만류하므로, 이럭저럭 주저앉아서 맥주와 시바스 리갈을 마시면서 내 놓은 음식 그릇들을 거의 다 깨끗이 비우고서 자정 무렵에 집에 도착했다.

21 (일) 맑음

남명학연구원장인 김충렬 교수가 진주에 내려 왔으므로, 운영위원장인 조 사장이 보내 준 차로 부산교통 사무실로 가서 만났다. 남명학에 관한 주제로 박사학위를 받은 서울의 권인호 씨와 부산의 한상규 씨도 조 사장이 일부러 불렀던 모양으로서, 이미 거기에 와 있었다. 김 교수는 UCLA의 방문 교수 형식으로 아들이 있는 미국 로스앤젤레스에서 일

년 간 체재하다가 새 학기를 맞아 얼마 전에 귀국하였다. 미국 생활 중에 숙환인 견비통도 낫고 그곳의 모든 점이 아주 만족스러웠다고 하면서, 자신은 정년퇴임을 하면 캘리포니아 지역에다 일만 평 정도의 땅을 사서 書院을 하나 짓고 생활할까 한다고 했다.

조 사장 자택으로 자리를 옮겨, 생선회와 안동소주 등을 곁들여 점심 식사를 하면서 회의를 했다. 주된 내용은 내년 서울에서 개최할 남명학 국제학술회의의 준비에 관한 것이었다. 중국과 일본·미국·대만 등지에서 학자들을 초청하고, 국내에서도 같은 숫자 정도의 이름 있는 교수들을 초빙하여 2박 3일 정도의 일정으로 행사를 치른다는 것이었다. 이러한 案은 조옥환 사장에게서 나온 것으로서, 남명학을 선전하는데 주목적이 두어져 있는 모양이었다.

나로서는 원장이 출국 중이었던 지난 일 년 간, 다음에 발행될『남명학연구논총』제3집을 알찬 내용으로 꾸미기 위해 이미 이런저런 사람들에게 원고를 부탁해 왔었으며, 이런 식의 엄청난 비용이 드는 데 비해 알맹이가 없는 국제학술회의 같은 것에는 전혀 의미를 부여하고 있지 않는데다가, 남명학연구원의 아무런 직책도 가지고 있지 않는 권·한 씨까지 불러 연구원의 정식 회의에 참여케 한다는 것이 불만스러웠으므로, 하루 빨리 이러한 인간관계에서 벗어나고 싶은 마음뿐이었다. 김 교수가 도미하기 직전의 논총 제2집 출판기념회 뒷모임에서, 나는 조 사장이 임의로 내가 다년간 수집 복사한 남명학 관계 자료들을 본교 남명학연구소로 넘겨 준 문제와 관련하여 간사 직 사퇴의 의사를 강력히 표명했었으나 끝내 사표가 수리되지 않고 만 적이 있었는데, 오늘의 회의 중에도 환멸감을 느낄 뿐이라 나는 실무에도 어둡고 하니 간사의 직을 교체해 달라는 말을 다시 꺼내 보았다. 김 교수는 내 말을 어떻게 받아들였는지 국제회의를 준비하기 위해서는 간사인 나의 부담이 클 터이니, 그 무렵에 가서는 나에게 유급 조교를 한 사람 붙여 주자고 제안하는 것이었다.

23 (화) 맑음

어제 아침에는 서울대 대학원 국사학과 박사과정 1학년에 재학 중인 申炳周 씨와 통화하여, 그가 국사학과 선배인 高錫珪 씨를 통하여 제출한 『남명학연구논총』 제3집에 수록할 논문의 연구계획서가 채택되었음을 통지하였는데, 오늘 아침에는 일본으로 국제전화를 내어 坂出祥伸 교수 및 三浦國雄 교수와의 통화를 시도하였다. 坂出 교수로부터는 내년 4월이나 5월 경 서울에서 열릴 남명학 국제학술회의에 참가할 수 있겠고 그 전에 논문을 보내 주겠다는 확답을 얻었으나, 三浦 교수는 근자에 그가 큰 관심을 가지고 있는 風水사상 관계로 한국을 방문 중이라는 대답을 들었다. 부인인 듯한 분으로부터 한국에서의 연락처 전화번호를 알아 서울에 있는 정광 교수와 통화해 보았으나, 三浦 교수는 지난 14일에 내한하여 현재 제주도 등 지방을 여행 중이며, 이달 30일에 다시 서울에서 만나기로 되어 있다는 대답을 들었다. 조옥환 사장 댁에 전화하여 이상의 내용을 전하고, 다시 한 번 간사를 다른 사람으로 갈아 달라는 의사를 표시하여 그렇게 하겠다는 대답을 들었다.

학교에 나가 오전 중 세 시간 수업을 마친 다음, 오후 세 시부터 있은 교내 남명학연구소의 총회에 참석하였다. 임원 개선이 주된 안건이었는데, 나로서는 작년의 임란 400주년 기념 경상우도 의병 관계 학술대회 때 이 연구소의 간사인 장원철 씨와 소장인 공영립 교수로부터 다음 소장은 내가 맡아야 하지 않겠느냐는 취지의 말을 들은 적이 있어 내심 좀 고민이었는데, 회의에서는 H 씨의 발의와 조규태 씨의 재청으로 초대 소장인 현임 공 교수를 연임시키자는 의견이 제시되어 만장일치로 가결되었다. 임원 이외의 평의원 및 감사의 선출도 있었지만 나의 이름은 한 번도 거론되지 않았다. 내가 소장으로 선출될 경우를 부담스럽게 생각한 것은, 이 연구소는 사실상 H 교수를 중심으로 한 한문학과 교수들에 의해 좌우되고 있는 셈인데, 내가 H 선생과 연구실이 바로 인접해 있으면서도 서로 마주쳐도 인사도 않을 정도로 불편한 관계에 있기 때문에, 이러한 정황 속에서 연구소의 책임 있는 직책을 맡아 운영해 나가기는 어렵다고 판단했기 때문이다. 연구소의 핵심 멤버들도 그러한 사정을 알고 있기 때문에 공 교수를 유임시키기로 사전에 내정해 가지고 온 것이라고 생각되며, 나로서는 마음 홀가분하였다. 회의가 끝난 직후 연구실로 돌아오다가, 공영립 소장이 H 교수의 연구실로 들어가는 것을 보았다.

회의석상에서 『남명학연구』 제2집이 배부되었는데, 내가 발굴한 『孤臺日錄』 제1·2권이 부록으로서 영인 수록되어 있으며, 金侖禹 씨의 「鄭慶雲과 『孤臺日錄』」, 그 동생인 金侖壽 씨의 「『南冥集』의 冊板과 印本의 系統」 등 논문이 실려 있다.

24 (수) 아침 한때 비

아침에 이리 원광대학교의 양은용 교수 자택으로 전화를 내어 三浦國雄 교수의 행방을 알아보았다. 어제 三浦 교수 부인(?)이 한국에서의 연락처로서 양 교수의 자택 전화번호도 알려 주었었는데, 양 교수의 설명에 의하면 三浦 교수는 여러 해 전 본교에서의 개교 40주년 기념 남명학 국제학술회의 때 대동하여 왔었던 野崎充彦 씨(부인이 재일교포이며, 한국어에 능통한데, 당시는 大阪市立大學 중문과 박사과정 학생이었으나 지금은 이 대학의 강사라고 한다)와 함께 한국 풍수사상의 실지 조사를 목적으로 내한하여, 계룡산 신도안과 金山寺 등을 둘러보며 한동안 양 교수와 더불어 있다가 그 후 남원을 향해 떠났으며, 지리산 청학동이랑 全南 일대를 둘러보고는 제주도로 건너가, 거기서 부인과 합류하여 관광을 마친 후 서울로 올라갔다가, 4월 1일자로 귀국할 예정이라고 한다.

25 (목) 맑고 포근함

며칠 전 남명학연구소 정기총회 때 배부된 92년도 결산 보고서 등의 회의 자료를 읽어 보았는데, 학교 밖의 기관으로서 내가 설립 당초부터 간사 및 이사의 직책을 맡아 있는 남명학연구원의 이사며 운영위원들이 대부분 그대로 본교 남명학연구소 후원회를 구성하고 있어, 상당한 회비와 성금 등을 납부하고 있음을 알았다. 그리하여 이 연구소는 이미 일억 수천만 원의 기금을 확보하고 있는 것인데, 김충렬 원장은 그러한 사정도 잘 모르고 있는지, 조 사장 이외에는 연구원에 돈을 내는 사람이 없다고 모일 때마다 번번이 불평을 말하고 있는 것이다.

연구원의 이사회나 운영위원회가 개최되지 않은 지 이미 여러 해가 되는 듯 싶은데, 사실상 그들이 본교 연구소 후원회에 모이고 있으니까 별도로 개최할 이유도 없는 셈이다. 며칠 전 김충렬 교수의 말마따나, [연구원은 지난날의 지지기반을 모두 본교 쪽으로 넘겨주고 만 셈이라] 본교의 연구소는 공적 기관이 되고, 종래의 연구원은 불과 몇 사람으로 구성된 사적 집단으로 전락하고 만 셈이다. 어느 쪽이나 모두 남명 후손인 조옥환 사장의 재력에 주로 의존해 온 셈이지만, 특히 연구원은 백퍼센트 이에 매달려 있는 셈이므로, 근자에 와서는 공적 단체로서의 일정한 원칙도 없이 조 사장의 자의에 따라 움직여지고 있는 경향이며, 내가 간사 등의 직책을 벗고자 하는 것도 주로 이런 이유에서인 것이다.

26 (금) 포근한 봄 날씨였으나 저녁 무렵 흐림

김충렬 교수로부터 '남명학 제1차 국제학술회의 개최를 위한 예비 회의 회의록 정리' 라는 제목의 메모 복사물이 부쳐져 왔다. 이 학술회의의 주제는 '남명의 선비 정신과 현대인의 도덕적 자각 (未定)'으로 되어 있고, 개최 시기 및 장소는 내년 4, 5월 경 서울로 되어 있으며, 발표 인원수는 외국인 5~6명 (중국 2, 대만 1, 일본 2, 미국 1), 국내인 5명 정도로 되어 있으며, 그농안 교섭을 해 본 다음 5월 20일 회의에서 결정을 하는 것으로 되어 있다.

일본 학자는 내가 교섭하고, 그 외 나라의 학자는 김 교수가 교섭하는 것으로 되어 있는데, "국내 발표자 교섭은 학교와 지역 안배를 고려, 성균관대·전남대·서울대·경북대 등에서 명망 있고 관심을 가진 교수를 교섭한다. 물망에 올랐던 학자는 서울대 琴章泰·전 성균관대 柳承國·전남대 鄭炳連·성균대[sic] 安炳周 교수 등이 추천되었다"고 되어 있다. 그 날 모임에서는 김 교수가 스스로 기조강연을 하겠다고 했고, 本土인 진주에서는 두 사람 정도가 발표해야 하지 않겠느냐고 김 교수가 의견을 말하자 權仁浩 씨 등이 나를 추천하였었는데, 이번 명단에서 나의 이름은 빠져 있다.

연구비는 외국 학자의 경우는 편 당 250만 원, 국내 학자의 경우는 200만 원 선으로, 약 열 명으로 잡은 논평자의 경우에도 각기 20만 원으로 하되 외국인 논평은 30만 원으로 잡아 내·외국인 간에 차등을 두고 있으며, 대략적인 경비는 약 6,000만 원으로 추산하고 있다.

27 (토) 흐리고 저녁 한때 빗방울

아침에 서울의 李愛熙 교수에게 다시 전화를 걸어 내 논문이 실린『동양철학』제3집이 아직 도착되지 않았음을 다시 한 번 알렸고, 단국대 동양학연구소 연구원인 金侖禹 씨에게도 전화하여 그가 편찬에 관여한 이 연구소 간행의 한국한자어사전 수정판이 나왔는지도 다시 한 번 확인해 보았다.

29 (월) 맑음

종일 한 번도 집 밖으로 나가지 않고 방 안에 혼자 있었다. 얼마 전에 간행된『南冥學硏究』제2집에 실린 김윤우 씨의 논문「咸陽 義兵有司 鄭慶雲과『孤臺日錄』」을 읽기 시작했다.

30 (화) 흐림

김윤우 씨의 논문을 다 읽고서, 잇달아 같은 책에 실린 그 아우 김윤수 씨의 논문「『南冥集』의 冊板과 印本의 系統」을 읽고 있다. 윤우 씨의 글은 작년에 있었던 임란 400주년 기념 경상우도의 의병활동에 관한 학술회의 때 발표한 논문을 대폭 수정한 것인데, 그 후 내가 보내 준 자료들도 참조하여 대체로 잘 정리하고 있으나, 정작 함양 의병의 최대 戰果인 知禮 전투에 대해서는 내가 그에 관한 자료들을 다수 동봉해 보냈음에도 불구하고 이번 논문에서도 아무 언급이 없었다. 윤수 씨의 논문도 지난번 영남중국문학회의 기관지인 『중국어문학』 제20집에 실었던 「『南冥集』 冊板系統考」를 대폭 수정한 것인데, 謙齋年譜 효종 5 년 조에 『남명집』 임술본의 훼판 사건과 관련한 기록이 있고, 『겸재집』에도 훼판을 주도한 李集·河自渾을 위로하는 詩가 실려 있음을 이 논문을 통해 비로소 알았다.

점심 때 교수식당에서 경남문화연구소장인 조규태 교수와 한 자리에 앉아 식사를 하게 되었다. 조 선생은 지금까지 맡고 있던 남명학연구소 홍보부장의 직을 계속해 맡게 되었으며, 조만간에 이 연구소의 신임 임원들이 모여 차후의 연구소 운영 계획에 대해 협의하게 된다고 한다. 나는 이 연구소의 자료수집부장을 맡아 달라는 공영립 초대 소장의 요청을 사절하고 얼마 전까지 이 연구소의 평의원으로만 있었던 것이지만, 이제 이 연구소에서는 아무런 직책도 맡지 않게 되었다. 이를테면 H에 의해 완전히 숙청된 셈이라고 하겠다.

31 (수) 흐림

아침에 서울의 정광 교수 댁으로 다시 전화를 내어서 三浦國雄 교수가 신라호텔 818호실에 투숙하고 있음을 확인하여, 마침내 본인과 직접 통화할 수가 있었다. 내년 봄에 있을 남명학 국제학술회의의 계획에 관해 설명하고 참가해 줄 것을 당부하였는데, 일본에 돌아가 좀 생각해 본 후에 연락하겠다는 대답을 얻었다. 나는 원래 실무적인 일에 익숙지 못할 뿐 아니라, 우리 철학계에서 행해지고 있는 대부분의 학술 행사가 이렇다 할 새로운 연구의 알맹이는 없으면서도 매양 국내외의 유명 인사들을 끌어 모아 구색을 갖추는데 급급하고 있듯이, 이것 역시 조 사장과 같은 유력한 후손이 자기 조상을 현창하려는 목적에서 돈을 주고서 외국인의 논문을 사 와 선전용의 행사를 벌이는데 목적이 있는 것이다. 나 자신은 원치 않으면서도 연구원의 간사라는 직책에 있기 때문에 평소의 생각과는 달리 부득이 이러한 교섭에 직접 참여하여 외국인에게 저자세로 논문을 구걸하지 않을 수 없는 입장이 되고 보니, 하루 빨리 이러한 인간관계들에서 벗어나고 싶다는 느낌뿐이다.

오전 중 집 안의 방역 소독이 있은 관계로, 수업이 없는데도 불구하고 연구실에 나가 있었다. 弦齋 曺庸相의 『學記十圖出處類輯』 전반부에 실린 남명 學記圖의 出典과 학기도에 붙여진 남명 자신의 주석에 관한 해설을 참조해 가며, 『學記類編』 丁巳本에 실린 學記圖를 『學記類編刊補』에 실린 六圖 및 『類輯』의 十圖, 그리고 퇴계의 『聖學十圖』에 포함된 유관 그림들과 대조 검토해 보았다. 남명의 學記圖라고 하는 것도 내가 종래에 생각해 온 바와 같이 결국 이렇다 할 독창성은 없고, 다만 朱子의 경전 주석을 부연한 정도일 뿐임을 다시 한 번 확인하였다.

김윤수 씨의 논문을 다 읽었다. 거의 전면적으로 고쳐 쓴 역작인데, 내가 이미 꽤 방대한 양의 카드까지 작성해 놓고서 아직 집필에 착수하지 못하고 있는 부분들이 이 논문에서 이미 대충 언급되고 있다. 지난번 논문의 오류가 상당 부분 수정된 듯하지만, 다만 젊음 때문인지 기질 탓인지 이번 논문에서도 여전히 주관적인 감정이 노골적으로 표출되어 있는 곳들이 많고, 불충분한 근거를 가지고서 자신만만하게 단정을 내린 곳들도 있다.

4월

1 (목) 黃沙 현상

국립중앙도서관에 전질의 복사를 요청해 두었던 『남명집』 이정본(賜祭文이 卷5의 끝에 붙어 있는 것)이 도착되었다.

10 (토) 흐리고 강한 바람에다 저녁 한때 부슬비

나의 논문 「揚雄의 性善惡混說—漢代 性論의 動向과 관련하여—」가 실린 『東洋哲學』 제3집 및 내 논문의 별쇄본들이 우송되어 도착하였다. 이 논문집은 지난 겨울방학 때 직지사에서의 학회 모임에서 배부된 모양인데, 나는 그 때 단식 중이라 참석하지 못했었거니와, 집필자인 나에게조차 도무지 부쳐 주지를 않아 세 번씩이나 총무간사인 李愛熙 교수에게 시외전화로 연락한 결과 오늘에야 입수하게 된 것이다.

오전 중 서울에서 시간강사를 하고 있는 權仁浩 씨 및 권 씨와 친분이 있는 정현택 씨로부터 전화를 받았다.『德川書院靑衿錄』을 입수하고 싶다는 것인데, 마침 복사 제본해 두었던 것이 두 부 있어서 그 중 한 부를 보내 주기로 마음먹었다.

15 (목) 흐림

오전 중 수업을 마치고 난 후 內山俊彦·池田秀三·坂出祥伸 교수에게 새로 나온 나의 논문「揚雄의 性善惡混說」, 지난 해 南冥祭 때 배부할 목적으로 남명학연구원에서 인쇄한「남명 사상의 이해」 및 새로 나온『남명학연구』 제2집을, 그리고 九州의 別府에 사는 전처 朝子의 주소로 아들 世圓에게 앞의 두 논문을 부쳤다. 김충렬 교수가 지난번에 보내 왔던 편지(지난달 조 사장 댁에서의 1차 모임 내용을 정리한 것)를 다시 학교에 팩시밀리로 부쳐 왔다.

19 (월) 맑으나 어제에 이어 초여름 날씨

京都大學 中國哲學史 연구실의 助手로 있던 친우 小林淸市 군으로부터 4월 14일자의 엽서가 날아왔다. 山口大學 敎育學部에 취직하여 山口市 湯田溫泉 6-8-29-202로 주소를 옮기게 되었다는 연락이었다. 山口大學은 내가 유학하고 있던 시절의 주임교수였던 湯淺幸孫 교수와 현 주임인 內山俊彦 교수의 前任校로서 京都大學 中哲硏究室과는 특별한 인연이 있는 곳이다.

22 (목) 맑음

낮 12시 30분에 귀빈예식장 2층에서 부산교통의 관리부장인 曺圭碩 씨 3男의 결혼식이 있어 참석했다가 강변의 고수부지를 산책하여 의대 구내를 거쳐서 돌아왔다. 조옥환 사장은 물론 본교의 조규태·장원철·황의열 교수의 모습이 보였는데, 아마도 이들이 남명학연구소의 새 임원들이 아닌가 짐작되었다.

23 (금) 심한 黃沙 현상

점심을 들고서 오랜만에 학교 뒷산을 한 바퀴 산책한 다음, 오후 두 시에 영어 독해의 중간고사 감독에 들어갔다. 한문학과의 윤호진 선생과 같이 감독에 임했는데, 윤 선생에게 물어 보았더니 남명학연구소의 새 간사로는 한문학과의 황의열 교수가 위촉되었고, 전임 간사였던 한문학과의 장원철 선생은 윤 선생이 맡고 있던 출판 및 자료조사부장으로 전임된 이외에 다른 임원들은 변동이 없는 모양이었다.

24 (토) 흐림

內山俊彦 교수로부터 내가 우송한 『남명학연구』 제2집 및 내 논문 두 편을 잘 받았다는 내용의 엽서가 도착하였다.

25 (일) 快晴

모처럼 혼자서 지리산 등반에 나섰다.

삼신봉에서 外三神峯이라고도 불리는 三神山頂, 松亭굴, 상불재를 거쳐, 약 십 킬로 거리인 불일폭포에 이르렀다. 이 능선 코스는 대체로 완만한 경사를 이루고 있어 힘들지는 않았으나, 산 위에는 아직 봄이 오지 않아 앙상한 나무 가지들 사이로 바람이 불어 무서운 소리를 내고 있었고, 송정굴 천정에는 아직도 고드름이 늘어져 있었다. 역시 오랜만에 찾아본 불일폭포는, 보조 지눌이 이 부근에서 암자를 짓고 수도했다 하여 그의 시호를 따서 佛日이라 한다고 안내판에 씌어 있었는데, 불일암은 이 안내판으로부터 폭포와는 반대 방향으로 조금 더 올라온 곳에 위치해 있다가 1983년도에 소실되었다고 한다. 남명의 「遊頭流錄」에서는 이 폭포 주위를 靑鶴洞이라 일컫고 있는데, 폭포의 양쪽에 있는 조그만 봉우리를 지금도 청학봉·백학봉이라 부른다고 한다.

29 (목) 흐리고 제법 쌀쌀함

오전 중 두 시간 수업을 마치고 난 후 연구실에서 『孟子』 滕文公章句下篇을 읽다가, 그 첫 章의 '枉尺而直尋' 운운의 내용을 대하고서 남명학연구원 간사의 직을 그만둘 뿐 아니라 국제학술회의 준비를 위한 내달 20일의 회의에도 참석하지 않기로 거의 마음을 정했다.

지난번 김충렬 교수가 미국에서 돌아온 후 조 사장 댁에서 첫 번째 모임이 있었을 때 이미 간사의 직을 사임할 뜻을 다시 한 번 밝힌 바가 있었고, 坂出祥伸 교수의 국제회의 참가 소식을 조옥환 사장에게 전하는 전화에서 재차 그러한 의사를 전하면서 다른 간사를 물색해 줄 것을 요청하여 그렇게 하겠다는 대답을 받은 바가 있었으며, 조 사장이 그 후 우리 집으로 전화하여 이 회의에의 참가를 교섭하고 있는 北京大學의 교수(다분 湯一介)가 금년 5월 중에 한국을 방문할 예정이라는 소식을 전했을 때 또 한 번 그러한 의사를 전하면서 이미 간사의 직을 사임했으니 5월 20일에 있을 2차 모임에도 참가하지 않겠다는 뜻을 전한 바 있었다. 그러나 조 사장은 이번 모임에는 참가할 것을 권유하고 있었으므로, 이후 이 문제를 두고서 내 마음이 정해지지 못하여 번민하고 있었던 것이다.

저녁 무렵 산길을 걸어 귀가하는 도중에 산책로에서 우연히 교내 남명학연구소의 연수부장을 맡고 있는 중문과의 정헌철 교수를 만나 얼마 동안 대화를 나누었다. 이 연구소에서는 원장인 공영립 선생은 허수아비고 홍보부장이자 경남문화연구소장이기도 한 국어교육과의 조규태 씨가 사실상 대부분의 일을 좌지우지하고 있다고 한다. 조 씨는 H 씨로부터 자기네 문중의 비문을 번역 받아 비석에 새기고 이를 팸플릿으로 인쇄하기도 한 莫逆한 사이이다.

30 (금) 맑고 포근함

오전 중 학교에서 남명의 學記圖 중 誠敬圖 및 博約圖의 내용을 『學記類編』 丁巳本, 『學記十圖出處本文類輯』 및 『學記類編刊補』에 실린 서로 다른 것들을 비교해 가며 검토하였다. 필사본의 형태로 남아 있는 『학기십도 출처본문유집』은 남명의 후손인 弦齋 曺庸相의 저술일 것으로 생각되는데, 『학기유편』에 실린 학기도들의 출전을 밝히고, 舊本 학기도 안에 적혀 있는 남명의 주석들을 해설하였으며, 類編에 실린 箚記들에 대해서도 남명이 添削 수정을 가한 부분들을 세밀히 밝히고 있어, 『학기유편』을 이해하는 데는 다른 어떠한 자료보다도 참고가 된다.

5월

14 (금) 흐렸다가 개임

坂出祥伸 교수로부터 편지가 왔다. 내가 우송한 우편물을 잘 받았다는 것과 내년에 坂出 교수 자신도 참가할 남명학 국제학술회의에 관한 좀 더 상세한 정보를 달라는 내용이었다. 그동안 남명학연구원 간사의 직을 사임하는 문제를 계속 생각해 왔었는데, 坂出 교수는 금년과 내년 중도 京都大學 中哲硏究室에 출강하게 되어 있으므로 이 연구실의 교수들과 관계가 깊고, 내가 논문까지 부탁해 두고 있는 처지에, 지금 나 자신이 연구원으로부터 완전히 손을 뗀다는 것은 장차 학위논문 통과와 관련 지워 생각해 볼 경우에도 좋지 못한 영향이 있을 것이 아닌가 생각된다.

16 (토) 맑음

일본의 三浦國雄 교수로부터 편지가 도착했는데, 예상했던 대로 내년 봄의 남명학 국제학술회의에는 참석할 수 없겠다는 내용이었다.

23 (일) 맑음

오후에는 산책 삼아 완행 시외버스를 타고서 진양군 寺奉面으로 나가, 공자를 모신 사당인 厥里祠를 찾아보았다. 사봉 삼거리의 우곡교에서 내려, 함안 院北 쪽으로 통하는 1032번 국도를 따라가다가 富溪국민학교

못 미친 지점에 위치한 모곡 마을에 들러 마을회관 옆 잡화점 주인에게 물어 보았더니, 이 마을의 국도 옆 언덕바지에 있는 고개땀이라는 곳에 있다고 알려 주었다. 나는 남명학 관계 문헌들을 조사하던 중에 이 사당에서 발행한 祠誌를 우연히 입수하여 읽어 본 적이 있었으나, 근년에 발행된 향토지 류에는 이 사당에 관해 전혀 소개가 되어 있지 않으므로 이미 없어진 줄로 짐작하고 있었는데, 사당은 한 차례 중수되기는 했으나 옛날의 모습 그대로 현존하고 있었다. 다만 규모가 작아 마을 사람들조차도 이것이 누구를 모신 사당인지 잘 모르고 있었다. 예전에는 이 마을에 孔氏들이 더러 살고 있어 그들이 중심이 되어 사당을 세웠던 것이지만, 지금은 없으며 다른 마을에서 와서 제사를 모신다고 한다. 명륜당 마루 벽에 붙은 記文들을 좀 읽어 보고 난 다음 군북 쪽으로 계속 걸어 가다가, 花光 저수지 아래에서 오동 마을을 향해 난 비포장도로로 접어들어 고개를 넘어서 坪村里, 즉 정수리에 이르렀고, 평촌역 앞의 구멍가게에서 삶은 달걀과 열무김치를 안주로 동동주를 한 사발 마신 다음 버스를 타고서 돌아왔다.

28 (금) 맑음

모처럼 점심으로 소금구이를 해 먹고서, 식후에는 회옥이와 함께 晋陽郡 晋城面으로 산책을 나갔다. 마산 행 시외버스를 타고 가다가 진성 삼거리에 내려, 택시로 下村里의 가좌촌을 찾아갔다. 지난번 하종악 집안의 후손인 愚堂 河東根 翁을 자택으로 찾아뵈었을 때, 河宗岳의 後妻로서 이른바 淫婦 사건의 장본인이 된 파산이씨는 바로 이 마을 출신이라는 말을 들었던 터이므로, 꼭 한 번 와 보고 싶었던 것이다. 그러나 마을 주민들에게 물어 보았더니, 파산이씨는 현재 이 마을에 한 집도 살고 있지 않으며, 이웃인 中村里의 예음부락이나 남강 건너편 大谷面 麻津里에 몇 집 살고 있는데, 그들은 현재 스스로를 함안이씨라 일컫고 있다고 한다. 그러고 보니 함안을 巴山이라 적고 있는 예를 문집에서 읽은 적이 있는 듯하다. 그들을 찾아가 보고 싶었으나 더운 날씨에 회옥이를 데리고 먼

길을 걷는 것이 무리인지라, 도보로 3킬로 남짓 되는 왔던 길을 도로 걸어 나오며 도중에 중촌리의 東山 마을에 들러 異人 鄭斗가 살았다는 '정도리골' 혹은 '정두이골'을 둘러보았다. (『내고장 전통』 진양군 편, 146쪽) 이 마을은 내가 가진 25,000분의 1 지도상에는 月井촌으로 표시되어 있다. 정두는 환속한 승려의 아들로서 호가 東山이며, 龜巖 李楨의 행장을 지었는데, 眉叟 許穆은 서부경남 지역의 인물들을 논하는 가운데서 그를 남명보다도 오히려 더 높이 평가하는 글을 남기고 있다. 주민의 말에 의하면 옛날에는 중촌리 일대를 모두 東山 마을로 칭했다고 하는데, 그래서 그런지 지도상에는 上村里와의 접경 지점에도 東山橋라는 다리가 있는 것으로 표시되어 있다.

30 (일) 맑음

오전 11시부터 동방호텔 커피숍에서 남명학 국제학술회의 개최를 위한 금년도의 제2차 남명학연구원 사무 모임이 있으므로, 내키지 않는 발걸음이나마 참석해 보았다. 나는 이미 이 모임의 간사 직을 사퇴하였으므로 나갈 필요가 없다고 생각하고 있었으나, 조 사장이 권유하고 며칠 전에 다시 부산교통의 관리부장인 조규석 씨로부터 연락이 있었으며, 조 사장이나 원장인 김충렬 교수와는 남명으로 인하여 맺어진 인연이 벌써 십 년 전후가 되는 셈인데, 그 오랜 기간 동안에 쌓아 온 우호적인 관계를 깨면서까지 안 나가겠다고 버티는 것은 좀 교만한 태도인 것 같기도 하여, 이번 모임까지는 나가서 다시 한 번 자신의 입장을 분명히 해두고자 했던 것이다.

오늘 모임에는 지난번 1차 모임 때 참석했던 김 교수와 조 사장, 權仁浩·韓相奎 박사에다, 조 부장까지 모두 여섯 명이 동석했다. 그동안의 교섭 결과 김 교수는 北京大의 湯一介, 人民大의 張立文 등 두 중국 교수와 臺灣清華大學의 林安梧, UCLA의 John B. Dunken 교수(이 두 사람은 금년 중 하버드 대학에 가 체재하게 된다고 한다) 등과의 교섭이 성공하였음을 보고하였고, 나는 坂出祥伸 교수의 승낙은 얻었으나 三浦國雄 교수의 경우는 성공하지 못했음을 설명하였다.

국내 학자의 경우로는 오늘 참석한 우리 네 명의 연구자가 각자 한 편씩 쓰기로 하고, 그 외에 서울대 박사 과정의 신병주, 울산대의 손영식, 전남대의 정병련, 서울대의 금장태 교수에게 원고를 위촉하고, 수년 전 제1집 편집 당시 연구비의 일부를 수령하고서도 아직 논문을 제출하지 못한 경성대의 송긍섭, 중앙대의 노인숙 교수에게도 마지막으로 다시 한 번 독촉을 해 보기로 하되, 국내 발표자는 수합된 원고를 검토한 이후에 결정하기로 했다. 내년 2월 말에서 3월 초 쯤까지 원고를 수합하고, 국제학술회의는 5월 20일 경에 개최키로 했다.

나는 이 자리에서 조옥환 운영위원장의 전횡으로 말미암아 남명학연구원이 이미 공적인 단체가 아니라 曺氏 문중의 爲先 사업을 도와주기 위한 사적 집단으로 전락해 버렸다는 것과, 연구원의 운영위원회·이사회 등이 이미 경상대 남명학연구소의 후원회로 흡수되어 버려서 연구원 자체가 유명무실한 존재로 된 현실, 아울러 예산의 집행 및 감사를 엄정하게 처리할 기구가 없어 외부의 의혹을 피할 수 없게 되어 있는 점 등을 지적하고서 다시 한 번 사임의 의사를 밝혔다. 김 교수는 자신을 원장으로 위촉한 초빙서를 꺼내어 보이며, 어차피 김 교수 자신이나 나의 임기가 금년 7월 말까지이고, 금년 중으로 연구원을 사단법인화 하는 일을 추진하도록 하며, 법인화가 실현되면 임원진의 개편이 수반되기 마련이니 그 때까지는 현 체제를 유지해 나가자고 하므로, 이에 따르기로 했다.

시내의 秋思樓로 자리를 옮겨 한정식으로 점심을 들고, 다시 동방호텔의 김 교수가 투숙할 방으로 돌아와서 저녁 무렵까지 餘談을 계속하다가, 일행은 도동에 있는 남명 문인 守愚堂 崔永慶의 재실인 道江書堂과 수우당의 유허를 둘러보러 갔고, 나는 오전에 갔던 코스로 도로 걸어서 집으로 돌아왔다.

6월

1 (화) 흐리고 저녁 한때 비

합천 龍州面에 사는 无悶堂 朴絪의 후손이 연구실로 찾아왔다. 무민당이 거주하던 碧寒亭과 이곳에 소장된『무민당집』목판 등을 도지정문화재로 인가 받을 수 있도록 도와달라는 것인데, 내가 경상남도의 문화재 전문위원인 것으로 잘못 알고서 찾아온 것이었다. 한두 달 전에 학과장 권오민 선생이 나를 道의 典籍 관계 문화재 전문위원으로 추천하겠다면서 이력서를 내라기에 한 번 제출한 적은 있었지만, 그 후 결과에 대한 아무런 통지를 받지 못했으므로 통과되지 못한 것으로 짐작하고 있는 터인데, 합천군의 관계 직원이 전문위원인 나와 함께 얼마 전에 벽한정을 방문했다고 하더라는 것은 무슨 말인지 모르겠다.

3 (목) 맑음

梧林 金相朝 씨로부터 그의 조부 문집을 그 자신이 정리 간행한『晩悔遺集』및 오림 자신이 6.25 당시 육군 대위로서 거제도 포로수용소에서 유엔군 포로 관리 사령부 韓籍軍 인사 행정 파견 대장으로 근무하고 있을 당시의 일기장과 사진 등에 근거하여, 금년 정월 초하루부터 4월 27일까지 16회에 걸쳐 매주 화요일「新慶南日報」에 연재했던 것을 모아서 영인 간행한『포로 共和國』이 우송되어 왔다. 남명 문인인 禮谷 郭율과 그 후손들의 문집인『禮谷集』(附錄에『玄圃世稿』수록) 및『梅軒集』의 국역본도 우송되어 왔으므로, 그것들의 내용을 검토해 보고 있다.

4 (금) 맑음

이 달 중순경에 1학기 기말고사가 시작되며, 이번 주 무렵부터 대체로 종강을 시작하고 있는 모양이다. 내가 맡고 있는 한국철학강독도 텍스트인 남명의『學記類編』중 오늘부터 읽게 되는 상권의 張橫渠「西銘」부분까지를 마치고서 종강할 뜻을 밝혔더니, 학생들 중에 상권의 끝 부분까지는 얼마 남지 않았으니 다 마친 후에 종강하자는 의견이 많아 그렇게 하기로 했다. 보통은 수강생 측으로부터 어서 종강하자고 조르는 것이 상례이고 보면, 이번 학기의 수업은 그런대로 반향이 좋은 듯하다. 이 과목에서도 근자에는 거의 매 시간마다 깡통에 든 청량음료수를 준비해 수업 시작 전에 나의 교탁에다 놓아두고 있다.

13 (일) 오전 중 비 오다가 그침

밤에 坂出祥伸 교수로부터 국제전화를 받았다. 나의 답신을 잘 받았으며, 三浦國雄 교수 대신 내년의 남명학 국제학술회의에 참가할 적당한 일본 학자를 한 명 알아 봐 달라는 부탁에 대해서는 東京大學의 교수로서 연세대학에 유학한 경험이 있어 한국어에도 능통한 小川晴久 교수가 어떻겠느냐고 내 의사를 묻기에 좋겠다고 대답했다. 만약 小川 교수가 참가할 수 없게 되면 前 廣島大學 교수로서 내가 京都大學에서 주자학에 관한 집중 강의를 수강한 적도 있는 佐藤仁 교수에게 교섭해 보기로 했다.

20 (일) 황사 현상

혼자서 점심을 차려 먹은 후 지난번에 회옥이와 함께 한 차례 답사한 바 있는 晋城面 일대의 巴山李氏 일족을 찾아 재차 답사 겸 산보에 나섰다. 먼저 東山이라 불리는 진성 삼거리에서 버스를 내려, 고속도로 건너편에 있는 예음리를 찾아가서 수민들에게 물어 그 마을에서는 학자로 통칭되는 李丙烈이라는 82세의 노인을 찾아갔더니, 그는 중풍으로 몸져 누워 있다가 나를 맞으며 자신은 전주이씨라고 했다. 그분 부인의 안내로 그 마을에 사는 파산이씨인 李范錫이라는 분의 집으로 찾아갔는데, 주인은 진주에 출타 중이었다.

가좌촌 쪽으로 난 비포장도로를 따라 터벅터벅 걸어가다가, 그 부근 남강 가에 이어진 寺奉面 馬城里의 벼랑을 구경하기 위해 논길을 따라 강변에까지 갔으나, 강변에는 습지가 펼쳐져 있어 벼랑에 접근할 수가 없었다. 강을 따라 걸어 올라가다가 가좌촌으로 빠져 다리를 건너 大谷面

에 이르렀고, 다시 건너편 강변의 벼랑길을 따라 내려와 지난번 파산이씨가 살고 있다고 들은 바 있는 麻津里까지 걸어가 보았다. 그 마을에 사는 이 姓氏의 사람으로는 이준수 씨와 갑수 씨 두 사람 뿐이었는데, 준수 씨는 농사 일 하러 밖에 나가고 없고 갑수 씨만을 만날 수 있었으나, 그는 후년에 이 마을로 이주해 온 농사꾼이라 先代에 대해 별로 아는 바가 없고 족보도 보관하고 있지 않았다.

오늘 여기저기서 들은 바를 종합해 보면, 예전에는 가좌촌에 파산이씨가 많이 살고 있어 五父子六及第를 낸 진양군 일대의 문벌이었으나, 지금은 이 마을에서 모두 떠나고 없다. 일부는 고성군 마암면 위계리에 제법 서원을 지키면서 모여 살고 있으며, 가좌촌 아래의 정동 마을에 있는 下村국민학교 옆에 이 집안 선조의 비석이 있고, 마진으로 넘어 오는 마을 입구의 언덕바지에 선산이 있다는 것이었다. 돌아 나오는 길에 선산이라는 곳에 들러 보았더니, 석물로 제법 잘 단장이 되어 있으며, 지금은 숲에 가렸지만 강 건너로 가좌촌을 마주 볼 수 있는 背山臨水의 지형이었다.

다시 다리를 지나 대곡면 소재지 쪽으로 난 국도를 따라 터벅터벅 걷고 있던 중에 한실마을에서 돌아 나오는 부산교통 소속의 군내 버스를 얻어 타고서, 大谷과 丹牧을 거쳐 진주로 돌아왔다. 동명극장 맞은편 골목에 있는 함안이씨 종친회에 들러 가좌촌의 일족에 관한 문헌 자료를 구했는데, 주인인 이재수 씨가 내일 오후 세 시 경에 다시 들러 주면 그 때까지 알아 봐 놓겠다고 약속했다.

근자에 입수한 남명 문인 鄭隣祥의 『龜溪遺稿』를 마저 훑어 카드화 작업을 마쳤다.

21 (월) 夏至, 흐림

퇴근 버스로 어제 갔던 함안이씨 종친회 사무실에 다시 들러 『咸安李氏大同譜』 제1책과 부록이 수록된 제4책을 빌려 왔다. 이에 의해 시조로부터 第8世인 美가 端宗의 폐위 사건 이후 처음으로 月牙山 아래에 은거하여 후일 成宗으로부터 佳佐라는 村名을 하사 받았고, 그와 그 후손들 일부의 묘소가 固城郡 馬岩面 葦溪, 晋陽郡 晋城面 溫水里 등에 흩어져 있으며, 어제 본 大谷面 麻津里의 先山은 그의 모친인 黔川姜氏 및 그의 넷째 아들 智亨, 손자 翎 등의 묘소인 것을 확인하였다.

23 (수) 흐림

새벽에 서울에 가 있는 손병욱 교수로부터 시외전화를 받았다. 손 선생은 고대 대학원에 제출할 박사학위 논문 작성을 위해 일 년 간 서울로 가서 자신이 석사과정을 이수한 한국정신문화연구원에 체재하고 있는 중이다. 退溪 연구자로 꽤 알려져 있는 교육학자로서 며칠 전에 작고한 영남대 정순목 교수의 아우 되는 이 연구원의 정순우 씨가 이번에 전국 서원 및 향교의 자료 발굴 조사 사업을 책임 맡게 되었는데, 경남 지역의 현지 조사 연구자로서는 내가 적합하다고 추천하였다고 한다. 오전 중에 정 선생으로부터 직접 전화를 받아 좀 더 상세한 설명을 들었다. 이 연구원은 금년도에 문교부의 국학진흥사업 예산으로서 연구비 2억 원을 지원받게 되었는데, 그 중 일부의 금액이 정 선생의 과제에 할당된다고 한다. 공동연구자가 되기를 승낙하였고, 조만간에 정 씨가 한 번 진주에 내려와 다시 구체적인 이야기를 나누기로 했다.

7월

3 (토) 대체로 맑음

아침에 조옥환 사장 댁에 전화하여 坂出祥伸 교수와의 통신 내용을 전하고, 坂出 교수가 東京大 교양학부 小川晴久 교수와의 남명학국제학술회의 참가 교섭 건이 확정되면 그에게 우송해 주라고 말했던 『남명학연구논총』 제1·2집을 보내 달라고 했더니 머지않아 직원을 시켜 보내 왔으므로, 坂出 교수께 항공편으로 우송하였다. 그런데 오후에 坂出 교수로부터 서신이 도착하여 小川 교수의 참가가 확정되었음을 통보해 왔으므로,

밤에 坂出 교수 댁에 국제 전화를 내어 오전 중 우편물을 부친 사정을 설명하고, 坂出 교수가 재차 小川 교수에게 그것을 우송해 줄 것을 당부했다.

坂出 교수는 최근 京都大學 중국철학사 연구실의 집중 강의에 출강하고 있는 모양으로서, 얼마 전 內山 교수를 만났는데, 작년 이래로 나로부터 연락을 받지 못했다고 하더라면서, 자주 연락할 것을 권했다. 사실 작년에 만나 학위 논문 건을 상의한 이후로 논문 작업은 조금도 진척된 것이 없으므로, 걱정이 되어 밤에 잠이 잘 오지 않았다.

4 (일) 맑음

오전 중 조 사장에게 전화하여 小川 교수의 참가가 확정된 것을 알렸더니 기뻐하였다. 강원도 원주 부근 문막의 고향에 가 있는 김충렬 원장께도 알렸더니 나의 수고를 치하하더라고 한다. 조 사장의 당부에 따라 연구비 중 일부의 송금을 위해 다시 坂出 교수에게 국제전화를 내어 거래 은행과 송금 구좌를 문의했다.

어제 조 사장이 보내 온 사단법인 남명학연구원 설립취지문과 이 법인의 定款 및 정관시행규칙의 초안을 검토하며, 문제가 있는 부분에는 붉은색 볼펜으로 표시하여 나의 의견을 적었다. 이 초안들은 지난번 동방호텔에서의 두 번째 사무 모임에서 남명학연구원의 사단법인화가 논의된 이후 부산의 한상규 교수가 실무 책임을 맡아 추진하기로 하였으므로 그가 작성한 것인 듯한데, 기존의 연구원 체제를 상당히 많이 변경하는 내용들이 들어 있었다.

5 (월) 맑음

오전 중 컴퓨터 앞에 앉아 어제 작업한 결과를 검토하고, 內山 선생께 보내는 여름 문안 편지를 몇 줄 적었다. 그동안의 내 실정을 가능한 한 솔직하게 적을 생각이다.

6 (화) 맑음

조옥환 사장이 또 직원을 시켜 사단법인 남명학연구원의 설립취지문과 정관 초안의 원본을 보내 왔다. 이것들은 김충렬 교수의 필적으로 되어 있어 김 교수가 직접 작성한 것임을 알 수 있다. 엊그제 내가 본 것은 부산교통의 사무국장인 조규석 씨가 김 교수의 원안에다 임의로 수정을 가하여 그의 필적으로 새로 고쳐 쓴 것이었다고 한다. 조 사장은 자신의 一族인 규석 씨를 신임하여, 남명학과 관계되는 모든 사업의 실무는 일단 그의 손을 거치도록 하고 있는 모양이다. 그러나 조규석 씨는 지금까지도 여러 해 동안 그와의 접촉을 통하여 이와 유사한 사례들을 여러 차례 겪어 보았거니와, 이번 경우에도 그의 학력이 충분치 못하여 엊그제 본 초안 중에는 기본적인 한글 맞춤법이나 한자 등에 오류가 있는 곳이 많고, 고친 내용 중에도 가당치 않은 것들이 눈에 띄었다. 조 사장은 이러한 방식으로 김 교수를 비롯한 족외의 인물들에 대해 견제를 가하여, 돈 주머니를 쥐고 있는 자신의 이니시어티브를 확보하고자 하는 것이리라.

7 (수) 七夕, 小暑. 맑았다가 저녁 무렵 흐림

집에서 內山 선생에게 보내는 편지 작성을 계속했다.

동아대학교 철학과 학생들이 재작년부터 매년 여름방학 때 가지는 철학 기행을 금년에는 덕천서원에서 가지게 되었다 한다. 나더러 오늘 네 시에 초빙 강의의 연사로 나와 달라는 교섭이 있었으므로, 오후 두 시 반 남짓 되어 데리러 온 서울대 철학과 후배 박영태 교수의 차로 함께 덕천서원으로 향했다. 처음 이 대학 동양철학 담당의 이승환 교수로부터 그러한 교섭을 받았을 때는 교수 학생 합쳐서 약 50명 정도가 참가할 것이라고 들었었는데, 農活의 시기와도 겹쳐 스무 명이 채 못 되는 학생에다 교수로는 이승환·박영태 교수 외에 서울대 동문인 이병창 선생의 세 명이 참석하여 있었다. 약 두 시간 정도 강연을 한 후, 박 교수는 친우인 본교 법학과의 이창호 교수를 만나러 일찍 떠나고, 나는 오랜만에 만난 이병창 교수나 초면의 이승환 교수와 그냥 헤어지기가 섭섭하여, 함께 학생들이 차려 주는 저녁밥상을 들고 맥주를 몇 병 나누어 마시며 대화하다 보니 여덟 시의 마지막 버스를 놓쳐 버려, 할 수 없이 院旨까지 택시로 나와 진주 행 버스로 갈아탔다.

9 (금) 맑음

실로 오랜만에 다시 『宗川書院禍變錄』 상권을 뒤적여 보았다.

조 사장이 외환은행에다 사람을 보내어 일본의 坂出 선생 구좌로 송금하려고 시도해 보았지만, 근거가 될 수 있는 상대방 측의 청구서 없이는 송금을 할 수가 없더라고 하면서 며칠 전 다시 전화를 걸어와, 坂出 선생에게 송금을 요구하는 서신을 보내도록 요청해 달라고 부탁하였다. 오늘 아침 다시 국제전화를 걸어 남명학연구원의 국제학술회의 참가를 수락하니 小川 선생 분까지 합한 연구비 중도금 300만 원을 보내달라는 요지의 서신을 써 달라는 뜻을 전했다. 그랬더니 坂出 선생은, 자신은 연구비 수령을 서두르고 있지 않으니 대회에 참가하러 한국에 왔을 때 받아도 충분하다면서, 연구비를 사전에 준다는 것은 국제적 모임의 관례에 없는 것이므로 며칠 전 나에게서 거래 은행의 구좌번호를 알려 달라는 전화가 걸려 왔을 때 내심 놀랐었다는 것이었다. 연구원 측에 그러한 뜻을 전달하겠다고 말하고 전화를 끊기는 했지만, 돈으로 외국 유명교수들의 논문을 사서 자기 조상의 이름을 선전하고자 하는 이쪽의 의도를 꿰뚫어 보고서 하는 말이 틀림없는 것이라 생각되어 창피한 마음을 금하기 어려웠다. 이런 일은 남명학연구원의 경우에 국한하지 않고, 퇴계학연구원의 선례가 성공한 이래 우리 국내에서 目下 크게 유행하고 있는 추세이기는 하지만, 나는 언제쯤 이런 떳떳치 못한 일의 하수인 노릇에서 손을 뗄 수가 있을 것인가?

12 (월) 오후까지 어두컴컴하고 소나기

지난주에 이어 『宗川書院禍變錄』을 계속 읽으며 카드화하는 작업을 하고 있다.

오전 중 사대 외국어교육과 불어교육 전공의 강호신 선생이 내 연구실로 전화를 걸어 와, 三嘉의 어떤 노인이 李萬寅의 발문이 있는 여섯 권으로 된 『남명집』을 소장하고 있다면서 오늘 오후에 거기로 가기로 되어 있다고 하므로, 혹시 초기에 나온 白雲書院 소장본과 같은 희귀본일지도 모른다는 일말의 기대를 걸고서 나도 함께 가보기로 했다. 그러나 얼마 후 박사학위 논문 작성을 위해 서울의 정신문화연구원에 가 있는 국민윤리교육과의 손병욱 교수로부터 전화가 걸려와, 경남지방의 서원 향교 소장 문헌들에 관한 공동 연구를 하기로 한 이 연구원 사회과학연구부의 丁淳佑 조교수 등이 오늘 오후에 진주에 도착한다고 하므로, 강호신 선생 댁으로 전화하여 약속을 취소하고서 오후 세 시 경 손 교수 연구실에서 정순우 씨 및 함께 온 같은 연구원의 朴丙鍊 씨를 만났다. 박 씨는 밀양박씨로서 밀양에서 태어나 동래고등학교를 졸업하였고, 부산대학을 거쳐 서울대 행정학과에서 박사 학위를 받았다고 하는데, 譜學에 특히 조예가 깊었다.

손병욱 선생 자택으로 자리를 옮겨, 술과 저녁 식사를 함께 들며 밤 열 시 무렵까지 대화를 나누었다. 내가 지금 읽고 있는 『종천서원화변록』을 보여 주었더니 매우 감탄하였다. 5월 5일 경부터 4박 5일 정도로 정문연의 관련 공동연구자들이 진주로 내려와 나와 함께 고문서 등이 소장되어 있는 서원이나 문중을 歷訪하기로 대충 일정을 세웠다.

13 (화) 흐리고 오전 중 비

『종천서원화변록』의 카드화 작업을 마치고서, 이 사건을 일으키는데 중심인물이 된 農圃 鄭文孚의 후손 鄭祖毅에 대해 알아보기 위해 『海州鄭氏族譜』를 읽고 있다.

14 (수) 맑음

학교에서는 종일 『해주정씨족보』 5刊本과 7刊本을 비교 검토하고, 아울러 5간본 부록의 墓道文字들을 읽으면서 카드화하는 작업을 계속하고 있다.

15 (목) 맑음

海州鄭氏의 家系에 관한 문헌들을 읽고 카드화하는 작업을 마치고서, 朴旨瑞의 『訥庵遺事』에 실린 「請南冥先生從祀文廟疏」 등을 읽고 있다.

16 (금) 흐리고 때때로 비

『訥庵遺事』의 카드화 작업을 마쳤고, 또한 하동의 옥종에서 빌려와 복사해 두었던 재령이씨 派譜도 읽으며, 임술본 훼판 사건을 저지른 李集의 가계를 검토하며 카드화하였다.

19 (월) 맑고 시원함

종일 학교에서 『密陽孫氏世譜』 등을 뒤적이며, 훼판 사건의 가해자 측에 가담한 梧谷公派의 계보 및 墓道文字들을 읽으며 카드화하였다.

20 (화) 맑고 시원함

『밀양손씨세보』의 카드화 작업을 마치고서, 井上和枝 씨의 논문 「李朝後記鄉村支配權の變遷と在地士族—慶尙道丹城縣の場合を中心に—」(『朝鮮史研究會論文集』 28, 1991.3)을 읽으며 鄕案 관계의 내용을 카드화하고 있다.

21 (수) 快晴

全北 邊山에서 열리는 93년도 한국사상사학회 하계 연구발표회 및 수련회와 全南 장성의 筆巖書院에서 열리는 한국동양철학회 하계 학술회의에 참석하기 위해 평소의 출근 시간 무렵에 집을 나서서 시외버스 종합터미널로 향했다. 함양-남원-전주를 거쳐, 오후 한 시 20분경에 1차 집결 장소인 이리 역전에 당도하여, 대기하고 있던 원광대학교의 스쿨버스를 타고서 다른 참가자 일행과 함께 彌勒寺址 답사에 나섰다.

우연히도 이 모임에 참석한 金崙壽 씨 및 함양의 仁山農場에 들렀다가 김윤수 씨와 함께 온 강원대 한문학과의 南潤秀 교수를 만나, 주로 그들과 함께 어울려 다니게 되었다. 김 씨는 나보다 열 살이 적은 서른다섯이고, 남 교수는 서울대 중문과 출신으로서 나보다도 열 살 가까이 손위가 되는 50대 초반인데, 묘하게도 그들은 다정한 친구 사이였다.

미륵사지에서는 한국사상사학회의 신임 회장인 金三龍 원광대 총장으로부터 발굴 과정에 관한 상세한 설명을 들은 다음, 2차 집결 장소인 변산의 고사포 해변에 위치한 원광대 임해 수련원으로 향했다.

22 (목) 快晴

아침 식사를 마치고 난 후, 원광대 측에서 마련해 준 쾌속 보트에 分乘하여 고사포 해수욕장 맞은편에 있는 하섬 원불교수련원으로 들어갔다. 오후에 다시 쾌속정을 타고서 고사포의 임해수련원으로 나와 귀가하게 되었는데, 나의 제안에 따라 김윤수·남윤수 씨와 나는 함께 양재열 교수의 차에 동승하여 국립공원인 변산반도 일대의 명승지 및 東學 유적지를 돌아보게 되었다.

먼저 바로 인접해 있는 변산 해수욕장에 들렀다가, 해안선을 따라 변산반도의 남쪽 방향으로 차를 몰아 채석강과 來蘇寺를 찾아 본 다음, 내소사 부근의 愚磻洞 산 중턱에 있는 실학의 선구자 磻溪 柳馨遠의 유적지를 둘러보았다. 開巖寺에도 들렀다가 부안읍을 거쳐, 죽창 등으로 무장한 동학 농민군이 처음 집결하여 '앉으면 竹山 서면 白山'이란 유명한 문구로 오늘날에까지 전해지고 있는 白山에도 올라 본 다음, 신태인을 지나 날이 어두워진 무렵에야 김제군 금산면 원평리 58번지에 있는 母岳鄕土文化硏究會長 崔洵植 옹의 자택에 당도하였다. 변산의 모임에서 알게 되어 동학 관계의 유적지 안내를 부탁했더니 우리를 자신의 고장인 금산사 입구의 院坪 마을로 초대해 주었고, 늦게까지 우리를 기다리고 있던 崔 翁과 함께 밥상을 받은 다음, 최 옹의 서재에서 하룻밤을 신세지게 되었다.

23 (금) 맑았다가 밤에 비

새벽 다섯 시에 기상하여 반시간 쯤 후에 최 옹의 집을 나섰다. 최 옹의 안내에 따라 먼저 金溝面의 원평 부근에 있는 전봉준이 젊은 시절을 보냈다는 집터와 그가 다니던 서당 터를 둘러보고, 신태인을 지나 萬石洑를, 그리고 말목(長項) 장터에 있는 동학 농민군이 무기를 만들었다는 감나무 옆 정자를 거쳐, 거기서 3.8킬로 떨어진 조소리에 있는 전봉준이 갑오 혁명 당시 서당 훈장을 하며 살았다는 초가집에 들렀다. 이어서 백산에서 起包한 농민군이 전주 감영의 군대를 한밤중에 기습 공격하여 큰 승리를 거둔 黃土峴에 올라 전적비를 둘러보고, 언덕 뒤편에 있는 戰勝기념관도 찾아 본 다음, 황토현 부근의 신기리에 있는 증산교의 창시자 甑山 姜一淳의 생가에 들렀다. 증산이란 호는 이 마을 뒷산의 이름에서 유래한 것이라 하며, 이 산에는 오늘날에도 강증산 부모의 묘소가 존재해 있다고 하는데, 증산교가 오늘날에도 상당한 숫자의 신도를 보유하고 있음에도 불구하고, 교조 死後의 심각한 교단 분열 때문인지 성지라고 할 수 있는 이곳 생가는 여느 시골 민가와 다를 바 없는 초라한 모습을 하고 있었다. 古阜에 들러 동학 혁명 당시의 군수 조병갑이 집무하던 고부 官衙를 보고자 했지만, 관아는 이미 없어져 국민학교 운동장의 일부로 편입된 모양이라, 고부 향교와 蓮池로 둘러싸인 정자를 둘러보고서 왔던 길을 거쳐 원평으로 돌아왔다.

원평에서 최 옹이 안내하는 식당에 들러 湖南式 정식으로 늦은 아침을 들고 난 후, 금산사 입구 금평 저수지 옆 帝妃山 중턱의 이른바 天下明堂에 위치해 있는 鄭汝立의 고택으로 전해지는 집터를 둘러보았다. 그 아래쪽 銅谷 마을에 있는 강증산의 藥房聖地에 들러 증산교 관계 서적들을 몇 권 구입한 다음, 저수지 건너편 국도 변에 있는 증산교 총본부에 들러 강증산 부부의 묘소 등도 둘러 본 다음, 원평 마을로 내려와 執綱所 건물과 마을 옆 언덕 위에 있는 백산 기포 당시 동학군의 총대장이었던 金德明 기념비문 등을 읽어 보았다. 비문은 최 옹이 지은 것이었는데, 최 옹은 원평의 새마을금고 이사장으로서 과거에는 고교 교사를 지냈고, 전북의 인물연감에도 수록되어 있을 만치 원평 일대에서는 명사로 통하고 있음을 알 수가 있었다.

이 원평 마을은 당시 교통의 요지로서, 백산 기포 일 년 전에 동학도가 최초의 대규모 집회를 열어 힘을 시위한 곳이고, 起包 후에는 전봉준이 회유를 위해 파견된 조정의 사절 두 명과 초토사 홍계운에게 전하기 위한 내탕금을 가지고 내려온 사람들 세 명을 처단하여 戰意를 다진 곳이기도 하다. 全州和約 이후에는 전봉준이 자신의 고향 부근인 이곳 집강소에 본거지를 두고 있었고, 또 공주의 우금치 전투 이후 패퇴를 거듭하던 동학군이 최후의 접전을 벌인 곳도 바로 이 금구의 원평이라 한다.

오전 열 시 남짓 되어 최 옹과 작별하여, 우리 네 명은 다시 양재열 교수가 운전하는 차로 담양 일대 호남 문학의 산실을 둘러보기 위해 호남 고속도로를 거쳐 전남의 담양읍으로 들어갔다. 먼저 읍내의 죽공예 박물관을 참관한 다음, 군청에 들러 담양 안내 책자들을 얻고, 宋純의 俛仰亭, 鄭澈이 「思美人曲」「續美人曲」을 집필했던 松江亭에 들렀다가, 송강정에서 내려오는 계단에서 그 앞강에서 잡은 피라미 튀김을 안주로 술을 마시고 있던 사람들로부터 약주와 피라미 튀김을 대접 받아 그것으로 점심을 때웠다. 이어서 무등산 아래 昌平 별뫼로 가서, 棲霞堂 金聖遠이 장인인 石川 林億齡을 위해 지어 정철 「星山別曲」의 무대가 된 息影亭과 그 부근 梁山甫의 정원인 瀟灑園, 그리고 정철이 소년 시절을 보낸 環碧堂 등을 찾은 후 무등산 스카이웨이로 접어들었다. 壬亂 중에 많은 부공을 세웠다가 李夢鶴의 반란에 연루되었다는 誣告로 진주에서 압송되어 스물여덟 살의 꽃다운 나이로 고문을 받아 죽고 만 의병대장 金德齡을 세향하는 忠壯祠 및 사당 뒤의 김 장군 가족 무덤과 기념관 등을 둘러보고서, 저녁 일곱 시 십 분 전쯤에 필암서원에 당도하였다. 늦은 저녁을 들고난 후, 동아대 李承煥 교수의 「朱子와 陳亮의 王覇論爭」 등의 발표를 들은 다음, 밤늦게까지 남들과 어울려 술을 마시다가 강당 옆방에서 취해서 잠이 들었다.

24 (토) 부슬비

오전 중의 발표에 참석했다가, 오후 발표의 사회를 맡아 달라는 요청에도 불구하고, 귀가 도중 함양의 김윤수 씨가 거처하는 인산농장을 둘러볼 약속이 되어 있는지라 내일 오후까지의 학회 일정이 남아 있음에도 불구하고 점심을 들고 난 다음 오후의 발표가 시작되기 직전에 필암서원을 떠났다.

김 씨와 함께 양재열 선생이 운전하는 차로 셋이서 88고속도로를 경유하여, 전남과 경남의 경계인 八良峙 부근의 삼봉산 중턱에 있는 인산농장에 들러 보았다. 이곳은 원래 김 씨의 부친인 仁山 金一勳이 집오리 등의 약용 동물과 약초를 재배하는 농장이 있던 곳인데, 금년 6월 중에 인산 죽염·죽염 간장·죽염 된장 등을 제조하는 현대식 설비의 공장을 이곳에다 준공하고, 몇 백 명의 인원이 동시에 숙식하며 집회를 할 수 있는 연수시설도 갖추고 있었다. 윤수 씨는 함양 읍내의 자택에서 매일 오토바이로 이곳에 올라 와 『남명집』의 교감 등 본교 남명학연구소로부터 위탁 받은 작업을 진행하고 있다고 한다. 마침 가족들을 함양 집에 두고서 매주 일요일마다 서울에서 이곳으로 내려온다는 이 공장의 사장인 윤수 씨의 둘째 형 崙世 씨도 만나 사장실에서 대화를 나누었다.

함양 읍내의 윤수 씨 자택에도 들러 보았는데, 이 단층 슬러브 주택은 인산 옹이 가장 만년의 십여 년 간 거처하던 집이라고 한다. 윤수 씨는 매우 수척하고 한쪽 눈이 두드러지게 작아 병자 같은 특이한 모습을 하고 있다. 그를 낳자마자 어머니가 별세하고, 독신인 아버지는 의학 실험 관계로 늘 집을 비웠던 관계로, 윤수 씨는 젖도 얻어먹지 못하고서 동네 아이들 손에 의해 자라나던 도중, 철없는 아이들이 갓난아기에게 마른 오징어 따위를 먹여 회충이 들끓게 하는 등 여러 차례 죽을 고비를 겪었으나, 그 때마다 부친의 처방에 의해 목숨을 건져 오늘에 이르렀다고 한다.

함양에서 우리 세 사람은 작별하여, 나는 시외버스로 갈아타고서 혼자 진주의 집으로 돌아왔다.

26 (월) 비

오는 29일에 있을 인문학연구소의 세미나 토론자로 위촉되어 전달 받은 논문을 검토하였다. 발표될 논문은 김용옥 씨가 한샘가구 사장의 재정적 지원을 받아 운영하는 한국사상사연구소의 연구원인 한형조 씨의 「동양적 패러다임의 새로운 지평—음양오행을 어떻게 읽을 것인가」이다. 한 씨는 서울대 철학과 77학번이라 하니 나의 후배인 셈이며, 대학원은 한국정신문화연구원에서 수료했다고 한다. 지난번 남명학연구소의 초청으로 본교에 와서 주자와 다산에 관련된 주제로 발표한 적이 있는 사람이라고 한다.

27 (화) 흐리고 때때로 부슬비

지난번 본교에서 열린 임란 400주년 기념 남명학 학술회의 때 영남대학의 李樹健 교수가 본교의 조규태 경남문화연구소장을 통해 전해주고 간 이 교수의 논문 「朝鮮前期 姓貫體系와 族譜의 편찬체제」(『朝鮮史學論叢』) 및 「晦齋 李彦迪 家門의 社會·經濟的 基盤」(『民族文化論叢』 12) 가운데서 나의 관심이 가는 부분들을 읽었고, 오후에는 한형조 씨의 논문에 대한 토론문 작성을 계속했다.

며칠 전 인산농장에 들렀을 때 김윤수 씨가 H 선생이 최근 남명학연구소의 도서로서 구입하여 복사해 보내준 것이라며 내가 못 보았을 것이라는 『남명집』 이성본의 別集을 보여 주었나. 오늘 그것을 좀 빌려 열람하고서 필요하면 복사하고 싶다는 의사를 이 연구소의 간사인 한문학과의 황의열 선생에게 전했더니, 아직 자료를 대출한 진례가 없다면서 일주일 정도 기다려 달라고 했다. 이 연구소에 소장된 자료의 대다수가 내가 수집하여 복사 제본한 과거 남명학연구원의 所藏分인데, 이제 교내의 남명학연구소가 한문학과 교수들에 의해 장악되어 있으므로 자료를 하나 열람하는데도 이처럼 까다로운 조건을 붙이고 있는 것이다.

28 (수) 흐리고 낮 한때 부슬비

한형조 씨의 발표 논문에 대한 토론문 작성을 마쳤다.

정오부터 시내의 123식당에서 남명학연구원의 이사회가 있었다. 나는 이미 여러 차례 이 연구원 간사의 직을 사임할 뜻을 밝혀 놓고 있으나, 지난번 동방호텔 모임 때 김충렬 교수가 이 달 말로서 우리들의 임기가 어차피 만료되므로 그 때까지만 기다리라고 하여 그 말에 따르기로 하고 있는 터이다. 그런데 오늘의 이사회에서 다시 김 교수와 나의 유임이 결정되어, 별 수 없이 또 앞으로 3년간 간사의 직을 맡게 되었다. 이 연구원의 사단법인화가 실현되어 정관이 정해지면, 내가 건의하고 있는 바대로 현재의 간사 제도 대신 몇 사람이 다른 이름의 직책으로 연구원의 실무를 분장하는 체제로 전환될 수 있을지도 모르겠다.

29 (목) 비

본교 경남문화연구소에서 발간하는 『경남문화』 최근호에 실린 晋陽郡 水谷面에 대한 종합학술조사보고와 『震檀學報』 제60호에 실린 조선 후기 진주 지방 在地士族들의 신분 동향에 관한 李海濬 씨의 논문 「朝鮮後期 晋州地方 儒戶의 實態—1982년 晋州鄕校修理記錄의 分析—」을 대충 훑어보았다.

오후 세 시부터 한국사상사연구소의 한형조 씨를 초청한 인문학연구소의 세미나가 있었는데, 나와 이성환 선생, 그리고 한문학과의 최석기 선생이 지정 토론자로서 나섰다. 세미나를 마친 후 개양의 흥부보쌈 집에서 회식을 한 다음, 2차 모임에는 참석치 않고 경남문화연구소장인 조규태 선생의 차에 동승하여 집으로 돌아왔다. 조 선생의 말에 의하면 교내에 짓기로 되어 있는 南冥學館의 소요 예산은 20억으로 책정되어 있는데, 김영삼 대통령의 부정 비리 척결을 위한 감사가 목하 지방으로까지 파급되어 진주에서는 投書에 의해 조옥환 사장을 포함한 세 명이 그 대상에 올라 있어 자금 조달이 염려된다고 한다.

30 (금) 맑음

井上和枝 씨의 논문 「李朝後期鄕村支配權の變動と在地士族—慶尙道丹城縣の場合を中心に—」(『朝鮮史硏究會論文集』 28, 1991.3)을 다시 한 번 세밀히 검토하며, 근자에 국사학계의 관심의 초점이 되어 있는 조선 후기 在地士族의 身分動向에 관한 연구의 추이를 검토하였다. 井上 씨는 내가 발굴한 端磎 金麟燮 관계 자료들을 많이 사용하고 있는데, 논문의 수준에 다시 한 번 감명을 받았다. 이들 學習院大學 팀 몇 명이 단계 관계 자료에 관해 알아보기 위해 우리 대학까지 찾아왔었다는 말은 전해들은 바 있었지만 나는 그 당시 이들을 직접 만나지는 못했었는데, 국내 학자들을 무색케 할만치 한국의 문헌들을 폭넓게 수집 섭렵하여 예리한 분석을 가하고 있다.

31 (토) 흐림

지난번 일부 출력해 두었던 「『南冥集』 釐正本의 성립」을 다소 수정해 가며 처음부터 새로 작성하는 작업을 오후 늦게까지 진행하였다. 2.0 전문용에서 지원하지 않는 한자를 部首 부분과 다른 한자 하나를 각각 따로 입력하여 이 양자를 블록으로 지정한 다음 두 글자의 자간을 좁히는 방식으로 합성해 내는 법을 실험하여 성공하였다. 2.0에서는 종래의 字形編輯 기능이 없어졌기 때문에, 궁하면 통한다고 이러한 방법은 앞으로 유용하게 쓰일 수 있을 것 같다.

8월

2 (월) 흐리고 때때로 부슬비

학교에서는 기왕에 출력된 내용을 토대로 하여 논문을 새로 작성하는 작업을 계속하여, 이미 작성된 부분을 수정하여 새로 입력하는 일은 거의 끝마쳤다. 귀가하는 길에 일말의 기대를 가지고서 아파트 입구의 KL

컴퓨터 점에 들러, 작년에 훈글 1.51로 작성하던 도중 새로 나온 2.0 버전으로 전환하는 과정에서 잃어버리고 만 논문을 다시 복구할 방법이 없는지 또 한 번 문의해 보았지만, 대답은 역시 절망적이었다.

5 (목) 흐림

지금 작성하고 있는 논문을 한국철학회의 『철학』지 가을호에 투고해 볼까 하여, 기왕에 작성해 두었던 부분을 이 학회의 집필 요강에 맞추어 고치고 있는 중이다. 컴퓨터에다 롬을 부착하지 않고서 학교에서 자형편집기를 이용하여 새 한자를 만들다 보니 도중에 자꾸만 기능이 다운되어 작동을 하지 않으므로 할 수 없이 중단하고 말았다.

남명학연구소에서 지난주에 내가 부탁했던 두 종류의 『남명집』을 조교를 통해 보내 왔으므로, 먼저 H 선생이 구입했다는 이정본의 別集을 아세아문화사 영인본의 것과 대조해 보고 있다.

6 (금) 흐림

남명학연구소로부터 대출해 온 두 종류의 『남명집』을 기왕의 판본들과 대조해 보는 작업을 마쳤다. H 선생이 서울에서 구입했다는 이정본은 本集과 『學記類編』 부분은 아세아문화사에서 영인한 것과 같지만, 別集 부분은 景仁文化社 영인본의 것에서 아세아문화사 영인본의 것에로 넘어가는 과도적 단계의 것으로 판단되므로 조교에게 주어 복사하게 했고, 한문학과의 李商弼 선생이 대구에서 구입했다는 重刊本은 내가 白雲書院 소장 도서 중에서 발견한 것과 동일한 판본이었다. 판본들의 대조를 마친 후에는, 앞으로 논문 작성을 계속하기 위해 「『남명집』 이정본의 성립」을 위한 카드 정리 작업을 다시 시작했다.

京都大學 중국철학사 연구실의 주임 교수인 內山俊彦 선생으로부터 나의 여름 문안 편지에 대한 답장이 도착하였다. 坂出 선생의 나로부터 소식이 없다고 하더라는 傳言에는 신경 쓸 필요가 없다고 하시면서, 학위논문은 자기 쪽에서 재촉할 생각이 없으니 서두를 필요가 없고, 1997년

3월까지 자신이 京大에 재직하니 기한에 대해서는 그 점을 참조해 달라고 했다. 통상 일 년 정도의 심사 기간이 소요된다 하더라도 그 정도면 시간적 여유는 충분하다고 하겠고, 설사 內山 선생의 정년퇴임 이전까지 논문이 제출되지 못한다고 할지라도, 그 다음의 주임은 池田秀三 교수가 될 것임이 거의 확실하므로, 가능성이 아주 사라지고 마는 것은 아닐 것이다.

7 (토) 비

연구실에서 카드의 재분류 작업을 마쳤다.

9 (월) 부슬비

논문 작성은 별로 진척이 없다. 다만 지난번 출력해 둔 원고를 수정하는 작업을 마치고서, 다시금 세부적인 카드 분류를 한 후 몇 줄 추가하여 적었을 따름이다.

10 (화) 오전까지 태풍

오전 중 정신문화연구원의 정순우 씨로부터 전화가 있었는데, 이 달 19일부터 21일까지 정신문화연구원 팀이 내려와 나와 함께 서부경남 지역의 고문서 조사 작업에 착수하기로 했다.

논문 작성은 다소 진척이 있었다. 훼판의 당사자인 河自渾·李集과 謙齋 河弘度와의 관계를 논하는 부분을 적고 있다.

11 (수) 快晴

논문 작성을 계속했지만, 훼판을 감행한 두 청년 및 이들을 옹호하기 위해 나온 첫 通文 連名者들 간의 가문 및 인적 관계를 구명하는 실증적 작업이므로, 시간과 노력이 많이 드는 데 비하여 진도는 별로 나가지 못했다. 이러한 작업은 실로 기초적이며 꼭 필요한 것이라고 생각되는데, 국내의 철학계에서는 철학자가 해야 할 성격의 일이 아니라 하여 외면하는 경향이 있으며, 內山 선생도 京都大學 中哲 연구실의 역대 교수들에 비해서는 유달리 철학성에 비중을 두는 편인 듯싶다.

근자에 국내에서 기왕에 발표된 이 분야의 논문들 250여 편을 집성한 『韓國儒學思想論文選集』 전36책이 영인 간행되었는데, 그 중에 내가 지도한 金敬洙 군의 남명 관계 석사 논문이나 남명학연구원의 기관지인 『남명학연구논총』에 수록된 다른 논문들은 대체로 수록되어 있으나, 정작 나의 논문은 단 한 편도 들어 있지 않다. 판본 관계의 연구 같은 것은 유학 사상 자체를 다룬 것이 아니라고 하여 일부러 뺀 것일 터이다.

12 (목) 흐림

연구실에서 논문 작성을 계속하였다. 어제 하던 작업을 계속하여 거의 마쳤다.

철학과 1학년생이라는 학보사 기자로 있는 여학생이 찾아 와, 교내 신문의 '역사에세이'란에 실을 원고를 청탁하였다. 이 난은 근자에 설정된 것으로서 사대 역사교육과의 박종현·김해영 교수에 이어 세 번째가 되는 셈인데, 막상 별로 생각나는 주제는 없지만 일단 맡았다.

13 (금) 오전 중 부슬비, 오후는 흐림

학교에서 논문 작성 중 온종일 컴퓨터를 켜 두고 있으려니 팬도 달려 있지 않은 노트북 컴퓨터가 너무 과열되는 것이 아닌가 싶어, 잠시 중단하는 리즘 버턴을 눌러 두었다가 다시 작업을 시작한다는 것이 잘못하여 전원을 꺼 버리는 바람에 그 때까지 작업했던 내용을 모두 잃어버리고 말아서, 없어진 부분을 새로 작성해야 했다.

14 (토) 아침까지 비온 후 맑게 개임

오전 중 학교에서 논문 작업을 한 후, 평소보다 한 시간 정도 이른 정오경에 퇴근하여 집으로 돌아왔다.

15 (일) 아침까지 비

컴퓨터 앞에 앉아 학보사로부터 부탁 받은 역사 에세이 「남명의 가족」의 집필을 시작했다.

16 (월) 비 비

「남명의 가족」의 집필을 일단 마쳤지만, 제한된 지면 관계로 처음의 의도와는 달리 나의 개인적 체험에 관한 내용은 전혀 적지 못하고 말아 수필 같지도 않게 되어 버렸다.

논문에서는 「謙齋年譜」 중의 임술본 훼판 사건에 관한 언급과 그에 관한 해석 부분을 집필했다.

17 (화) 맑음

덕천서원 측에 대한 하겸재의 疏明書 및 서원 측이 내린 처벌 부분을 집필하였다.

정신문화연구원의 國內國學基本資料發掘 및 整理硏究事業 전임보조연구원인 安丞俊 씨로부터 편지와 함께 내가 정순우 씨에게 부탁했던 이 사업의 계획서가 송부되어 왔다. 이 사업은 모두 다섯 개의 조사반으로 나누어져 있으며, 금년을 기점으로 앞으로 십 년 간에 걸쳐 추진될 예정인데, 내가 참여하게 되는 것은 정순우 씨가 맡아 있는 사회경제자료조사반의 지방조사연구자의 역할이다. 이 조사반은 서원·향교 등의 자료를 조사하는 것으로 되어 있으며, 조사 대상은 유일본 각종 고문서 및 전적류이다. 조사·수집된 자료들은 마이크로필름化함으로써 영구 보존을 기하고, 정리된 자료를 原本影印 혹은 脫草·正書하여 학계에 제공하는 것으로 되어 있다.

18 (수) 흐리고 저녁부터 비

임술본 훼판 관계 통문철의 독서카드를 다시 한 번 읽고 난 후, 논문 중 어제 작성한 부분들을 다소 수정하며, 훼판 이전 시기의 時諱에 저촉

되는 내용을 담은 목판들의 처치에 관한 부분을 추가하고 있다.

오전 중 동아일보 문화부의 尹正國 기자로부터 전화가 있었다. 이 신문에서 책의 해를 맞아 매주 수요일 '명저의 고향'이라는 연속 기획물을 싣고 있는 바, 이번에는 남명의 저술을 다루고 싶다는 것이었다. 윤 기자는 80년대 중반 무렵에 서울대 사학과의 최병헌 교수랑 성심여대의 안병욱 교수와 함께 진주에 내려와, 『孤臺日錄』과 『端磎家曆日記』를 취재하여 전자에 관한 기사를 집필해서 이 신문에다 소개한 사람이다. 당시 우리 부부가 石榴公園 아래 新基部落의 2층집에 전세 들어 살고 있었는데, 우리 집에서 하룻밤 숙박한 적도 있었다. 25일 오후에 진주로 와서 나의 안내를 받으며 덕산을 취재하기로 했다. 농대 학생식당에서 점심을 든 후, 도서관 연속간행물실로 들어가 이 달치 ≪동아일보≫에 실린 '명저의 고향' 중 『白凡日誌』와 채만식의 소설 『濁流』에 관한 기사를 읽어 보았다.

오후에 정신문화연구원의 정순우 씨로부터도 전화가 있었는데, 내일 거창에서 점심을 들고서 오후 좀 늦게 진주에 도착하겠다고 했다. 밤에는 「남명의 가족」을 좀 다듬었다.

19 (목) 흐리고 때때로 부슬비

퇴근 시간 무렵에 한국정신문화연구원의 정순우 씨를 비롯하여 지난번에 정 선생과 같이 왔었던 박병련 선생, 고성 출신으로서 한학자 新庵 許格의 자제라고 하는 정신문화연구원 교수 許昌武 씨, 그리고 엊그제 자료를 보내 준 전임보조연구원이자 한국고문서학회 간사인 안승준 씨와 영남대 교육학과 박사과정 재학생인 채휘균 군이 보조원으로서 참가하여, 운전기사가 딸린 연구원의 봉고차 한 대를 가지고서 학교 연구실에 있는 나를 방문해 왔다. 함께 하동 安溪에 있는 겸재 하홍도의 慕寒齋를 방문하여 소장된 서적 및 문서류 들을 열람한 후, 옥종에서 후손들과 함께 늦은 저녁을 들고서 자정 무렵에 집으로 돌아왔다.

20 (금) 흐리고 때때로 부슬비

아침 식사를 마친 후 시내의 성수장에 투숙하고 있는 정신문화연구원 사회경제자료조사반 팀을 방문하였다. 새벽에 부산에서 출발한 부산 慶星大學校 한문학과의 정경주 교수 및 자가용을 운전하여 정 교수와 동행한 부산의 고문서 수집가 孫昌圭 씨랑 여관에서 합류하여, 오늘의 목적지인 합천을 향해 함께 출발하였다.

먼저 합천문화원에 들러 문화원장 卞鍾喆 씨 및 합천향토사학회 회장 李仁甲 씨, 그리고 거기에 이미 와 우리의 도착을 대기하고 있는 무민당 후손 朴相基 씨 등을 만났다. 문화원 측으로부터 점심 대접을 받고서, 조사반을 두 조로 나누어 손창규 씨 차로는 쌍백에 있는 奇蘆沙 高弟 老柏軒 鄭載圭의 老柏書舍와 삼가향교를 방문하기로 하고, 봉고 차에 탄 우리 팀은 용주면 이사리 손목 2구에 있는 无悶堂 朴絪이 가장 만년에 거주했던 碧寒亭을 찾았다. 예전에 만났던 후손 분들이 아직도 건재하여 술상을 차려 두고서 우리를 기다리고 있었다. 벽한정에 소장되어 있는 필사본 책들과 고문서 류들을 모두 꺼내와 열람하였는데, 일행은 모두 감탄하고 만족한 표정이었다. 이번 걸음은 일정도 빠듯하고 자료를 운송해 갈 수 있는 준비도 충분치 못하여, 다음에 연구원 측과 후손 측이 협의하여 실물을 서울로 운반하여 마이크로필름에 담을 수 있도록 조처하기로 합의하여 두고서, 우리는 다음 목적지인 야로면 소재 합천향교로 향했다.

향토사학회장이자 남명학연구원 이사이기도 한 이인갑 씨가 시종 우리 일행과 동행하였다. 향교에서는 典校인 이인갑 씨로부터 백중 날 향교의 儒會가 있을 때 명륜당 대들보 아래의 중요 문서 보관 창고에 있는 문헌들을 공개하여 연구원에 보낼 수 있도록 하기 위한 합의를 얻어 놓겠다는 승낙을 얻어 두었다. 전교도 이후 우리 일행과 동행하여 해인사 아래 가야에 있는 來庵 鄭仁弘의 후손 鄭相元 씨 댁을 방문하였다. 정 씨의 새로 개조한 집 2층으로 올라가 내암의 교지 및 서적류들을 열람하고, 역시 적극적으로 협조하겠다는 약속을 얻었다.

마침 허창무 교수와 같은 고성 출신이고, 부친 간에 친교가 있어 H

교수와는 呼兄呼弟하는 사이인 함안이씨 李芳洙 씨가 합천군수로 와 있어, 전화로 약속한 저녁 일곱 시 무렵에 합천 읍내로 돌아와 군수로부터 저녁 식사 대접을 받았다. 쌍백으로 간 팀과는 이후 시종 연락이 되지를 않았는데, 얼마 후에 그들도 읍으로 돌아와 저녁상에 합류하게 되었다. 그쪽 팀은 조사반장인 정순우 교수가 동행하였는데, 노백서사에서 고문서 류가 잔뜩 든 궤짝이 열 개나 나왔다고 희색이 만면하였다. 그들은 삼가향교를 거쳐 龜坪에 있는 파평윤씨 윤한성 씨 댁까지 방문하고 온 모양인데, 그 문중의 협조를 얻지 못하여 다소 불만 섞인 말을 하였다.

그러나 가는 곳마다에서 기왕에 정신문화연구원으로부터 간행된 『韓國古文書集成』을 꺼내 한 권씩 선사하며 취지를 설명하였고, 나나 이인갑 씨 등과는 이미 구면이어서 신뢰 관계가 형성되어 있는지라 적극적인 협조를 약속받을 수 있었다. 찾아 낸 문서의 양도 기대했던 정도를 상회하는 것이었다고 할 수 있다. 일행은 합천 읍내의 만수탕여관에 투숙하였는데, 나도 진주로 가는 버스 편이 밤 여덟 시에 이미 끊어졌다고 하므로, 일행과 밤늦게까지 맥주를 들며 대화하다가 자정이 지나 취침하였다.

21 (토) 흐리고 때때로 부슬비

여관에 딸린 사우나에서 목욕하고, 근처의 늘봄식당이라는 곳에서 조반을 들었다. 간밤에 덕천서원의 內任 曺鍾明 씨와 전화로 합의해 둔 바에 따라, 오전 열 시 경에 서원에 도착하기 위해 진주 가는 국도를 따라 삼가-대의-생비량-문태를 거쳐 德山으로 향했다. 院旨에서 우리를 대기하고 있던 손병욱 교수와 합류하여 서원에 당도하였더니, 조종명 씨가 이미 와서 내가 말해 둔 『德川書院院生錄』을 비롯한 서원의 문헌들을 敬義堂 대청에 가져다 두고서 우리를 기다리고 있었다.

필사본 『南冥先生請廡疏軸』이 예전에 내가 보았던 것보다 몇 권 모자라므로, 내임이 그것을 찾기 위해 崇德祠 안으로 들어가 사당 한 모퉁이에 놓여 있는 궤짝을 열어 보았다. 놀랍게도 거기에는 『德川師友淵源錄』 편찬 당시에 각 연원가로부터 받은 單子 및 그 때의 분규 전말을 기록한

두 권으로 필사된 線裝本이 표지에 '秘'라고 적혀 보관되어 있고, 그 외에도 簡札이나 通文類가 가득 들어 있었다. 山天齋의 藏板閣으로 가서 거기에 있는 큼직한 궤짝을 열어 보았더니, 이번에는 제사에 쓰는 물건들과 함께 산천재와 관련된 고문서들이 상당량 나왔다. 別廟의 경우는 열쇠가 없어 조사해 보지 못했지만, 오늘의 성과만 해도 이미 만족하고도 남음이 있는 것이었다.

나의 임무는 어제로써 이미 끝났고, 오늘은 손병욱 교수의 부친 손성모 씨가 안내를 한다 하므로 나는 아침에 진주로 돌아가도 좋을 터였으나, 덕천서원의 경우는 내가 함께 가는 것이 좋을 것이라 판단되어 동행했던 것인데, 따라 오지 않았더라면 크게 후회스러울 뻔했다. 나는 덕천서원 관련 자료들은 이미 철저히 조사해 본 것으로 생각하고 있었으나, 오늘 이런 식으로 대량의 秘資料들이 나올 줄은 정말 예상치 못했던 것이다.

부산에서 온 정경주 교수 및 손창규 씨와 함께, 정오경에 우리는 일행과 작별하여 귀로에 올랐다. 원지에서 메기탕으로 점심을 들고 소주를 한 병 비웠으며, 오늘 궤짝 채로 빌려 온 자료들을 내 연구실로 운반해 주기 위해 셋이 함께 학교에까지 와서 차를 한 잔씩 마시고 얼마간 대화하다 두 분은 부산으로 돌아갔다. 토요일임에도 오후 여섯 시까지 연구실에 남아 오늘 빌려 온 자료들의 내용을 검토하였다. 퇴근 시에 우연히 영문과의 박창현, 독문과의 이영석, 철학과의 이성환 선생을 만나, 나의 제의로 함께 신안동으로 술을 마시러 갔다. 며칠간의 수고에 대한 사례로서 40만 원이 든 봉투를 받았으므로, 목돈을 만진 김에 한 턱 내고자 마음먹은 것이다.

25 (수) 흐리고 오후 늦게부터 소나기

동아일보 문화부의 尹正國 기자와 이 신문사 편집국 사진부의 黃鐘建 차장이 오전 중 내 연구실에 당도하여, 내가 교양 강의동에 다녀오기를 기다려 교직원식당에서 함께 점심을 든 후 택시를 잡아서 함께 덕천서원으로 향했다. 서원의 內任인 조종명 씨의 안내를 받아 덕천서원과 산천재를 둘러보며 사진 촬영을 한 후, 조 씨의 차로 원지까지 나와 강변의 어탕집에서 은어회와 메기탕으로 셋이서 소주를 마시며 좀 이른 저녁 식사를 들면서 시간을 보냈다. 그들이 예약해 둔 저녁 일곱 시 비행기 시각에 맞추어 다시 택시를 불러서 폭우 속을 달려 진주로 돌아왔다.

26 (목) 비

며칠 전에 빌려 온 山天齋 소장 고문서들을 검토해 보았는데, 산천재가 임란 때 소실된 이후 純祖代에 비로소 중건된 사실과 덕천서원이 훼철된 이후 그 재산은 산천재에 귀속되어 있었던 사실 등을 확인할 수가 있었다.

27 (금) 맑음

오전 중 산천재에서 빌려 온 고문서들 중 어제 골라 놓은 것들을 최재성 군에게 맡겨 복사를 하도록 했고, 덕천서원의 숭덕사 안에 있던 궤짝에 든 문서들 중 『덕천사우연원록』의 편찬을 위해 각 연원가들로부터 받아 놓은 單子들을 검토하고 있는 중이다.

28 (토) 맑음

오후 한 시까지 연구실에서 덕천서원 숭덕사에 소장되어 있던 문헌을 궤짝채로 송두리째 가져와 두었던 것을 하나하나 꺼내어 검토해 보았다. 거의 전부가 『德川師友淵源錄』 편찬 당시의 분쟁과 관련된 것들이었다. 여러 해 전 지금은 돌아가신 西溪書院의 吳珪煥 옹을 통해 당시의 통문 및 관계 서류 약간을 얻어 복사할 수가 있었다. 이 사건에 관한 문헌을 체계적으로 입수할 수가 있었으면 하고 바라고 있던 터인데, 이 궤짝에 든 것이 바로 내가 원하던 일괄 문서인 것이다.

29 (일) 맑음

이번 학기의 중국철학강독에서 다루어 보려고 했던 朱子의 『詩經集傳』을 어제부터 집에서 틈틈이 읽기 시작하여, 國風의 周南 兎罝篇까지 마쳤다. 주로 東洋古典國譯叢書4로서 간행된 成百曉 씨의 懸吐完譯本을 가지고서 읽되, 때때로 四部叢刊正篇에 들어 있는 『毛詩』나 四部叢刊廣篇에 수록된 『詩集傳』의 원문과 대조해 보았다.

30 (월) 맑음

학교에서는 종일 최근 덕천서원에서 빌려 온 자료들을 검토하여 한 차례 다 훑어보고 난 후 두 번째로 검토하고 있다. 그런데 정작 내가 가장 주목했던 『덕천사우연원록』 관계 분규를 정리한 표지에 '秘'로 표시된 필사본 두 책과 復庵 曺垣淳이 만든 『산해사우연원록』 試稿 및 『請廡疏軸』 등은 이에 포함되어 있지 않았으므로, 서원 內任인 조종명 씨에게 전화하여 물어 보았다. 이 자료들은 숭덕사의 궤짝이 아니라 서원 벽장 안에 들어 있던 것이었는데, 내가 궤짝 안에 들어 있던 자료 말고는 필요치 않다고 해서 도로 넣어 두었다는 것이었다. 어처구니없는 일이다. 다음 기회에 차를 가지고 있는 조 씨가 진주로 나오게 될 일이 있거든, 이 자료들을 내 연구실로 좀 가져다 달라고 당부해 두었다.

기왕에 빌려다 놓은 자료들 중 산천재 장판각 안의 궤짝에 소장된 자료 중에서 가려낸 고문서 류의 일부는 최재성 군에게 부탁하여 복사를 마쳤다. 이번에 빌려 온 문헌의 양이 많아 과의 업무용 복사용지를 대량으로 축내는 일이나 최 군에게 무보수로 까다로운 작업을 계속 맡기는 것이 미안하기도 하거니와, 무엇보다도 이러한 자료는 본교의 남명학연구소로 보아서도 꼭 필요한 것일 터이므로, 오늘 아침 연구소 간사인 한문학과의 황의열 교수 연구실로 찾아가 이 문제를 상의했다. 그리하여 황 교수가 연구소의 전임 조교를 데리고서 오후에 내 연구실을 방문하여 정리가 끝난 자료의 일부를 가져갔는데, 앞으로 정리가 끝나는 대로 나머지 자료들도 남명학연구소로 넘겨주어, 과거에 내가 남명학자료총간을 위한 복사 작업을 주관하고 있었을 때 그러했던 것처럼, 남명학연구소의 예산과 인원으로 각각의 자료들을 두 부씩 복사하여 한 부는 연구소에 다른 한 부는 수집자인 내 연구실에 비치하도록 했다. 이미 이 연구소로 이관되어 있는 과거 남명학연구원 소유의 내가 수집 복사한 문헌들 이후에 계속적으로 수집된 것들도 그 목록을 넘겨주어, 연구소에서 필요로 하는 것들은 모두 복사할 수 있도록 편의를 제공하겠다고 했다. 그렇게 하면 나로서는 새로이 수집되는 남명학 관계 자료의 복사에 드는 비용이나 인력 문제로 신경을 쓰지 않아도 되겠고, 연구소로서는 많은 소중한 자료들을 앉아서 수집할 수 있으니 피차에 득이 되는 셈이다.

'君子는 大路行'이라 했듯이, 지금까지도 그러했던 것처럼 남에게 자신의 아무것도 숨길 필요가 없고, 대가를 기대함이 없이 자꾸 베풀어 주어 공을 이루되 몸은 뒤로 물러서며, 가능한 한 아무와도 적대적인 관계를 만들지 않도록 노력할 일이다.

31 (화) 맑음

연구실에서 덕천서원으로부터 빌려 온 자료들을 두 번째로 검토하는 작업을 대충 마치고, 산천재 자료의 일부는 추가로 최재성 군에게 맡겨 복사하게 하였다. 남명학연구소의 조교가 어제 가져갔던 문헌들 중 많은 부분을 도로 가져 왔는데, 『산해사우록』 및 『덕천사우연원록』의 편찬 과정과 관련된 문헌 이외의 것은 복사하지 않는다는 것이었다. 그러면 이번에 내가 빌려 온 자료들의 복사는 나 자신이 알아서 처리하겠다고 전하라고 하였다. 간사인 황의열 선생은 한문학과의 '어른'이자 남명학연구소 연구부장인 H 교수에게 가져가 상의하였고, H 선생이 재차 검토하여 내가 고른 방식대로가 아니라 자신의 기준에 따라 선별하여 복사하겠다는 것이다. 내가 아무리 마음의 문을 열고자 한들 상대방의 마음이 나와 같지 않으면 결국 상처를 입는 결과를 자초함에 불과하게 될 수가 있는 것이다.

9월

1 (수) 맑음

필사본 南冥先生請廡疏軸들 가운데서 표지에 『聞見錄』이라는 부제가 붙은 책을 읽으며 카드화 하고 있다. 이 책에는 正祖 때 남명을 문묘에 종사하기 위한 운동을 벌이다 그것이 좌절된 배경과 「山天齋重建上樑文」 등이 실려 있다. 오후에 덕천서원 內任인 曺鍾明 씨가 지난번 내가 빠트리고 온 『德川師友淵源錄顚末』 두 책과 남명 후손인 復菴 曺垣淳이 撰한 『山海淵源錄』, 그리고 『南冥先生請廡疏本抄』 등을 가지고 내 연구실을 방문하여 왔다. 오늘 아침 ≪동아일보≫에 실린 명저의 고향 시리즈 중 남명의 『學記類編』에 관한 尹正國 기자의 기사를 점심시간에 도서관에 들러 복사해 온 것을 전해 주었고, 산천재 장판각 소장의 고문서들은 복사를 끝냈으므로 반환하였다. 내가 본교 학보의 역사에세이 칼럼에 쓴 「남명의 가족」도 지난주 토요일에 발간된 신문에 실려 있으므로, 돌아가는 길에 교문 앞에서 한두 부 집어 가시라고 일러두었다.

2 (목) 맑음

학교에서는 계속해서 남명의 請廡疏軸 및 이와 관련된 서적들을 뒤져 읽으며 카드화 하고 있다. 지난 날 내가 발견해 둔 작은 책자에 적힌 남명의 청무소 한 편이 순조 때 성균관 유생들이 올린 것임과, 이 疏를 통하여 남명을 위한 청무소의 내력을 비교적 상세히 알 수가 있었다.

3 (금) 흐리고 낮에 부슬비

어제는 『明史』 儒林傳, 『明儒學案』 등을 뒤지며 明初의 주자학자 敬軒 薛瑄, 康齋 吳與弼, 敬齋 胡居仁 등에 관한 기록을 찾아보았었는데, 오늘도 새벽부터 시작하여 종일토록 일본에서 간행된 中國思想叢書 중에서 薛敬軒의 『讀書錄』 및 그 續錄, 胡敬齋의 『居業錄』, 그리고 張橫渠의 『經學理窟』 등을 뒤지며 이들의 학풍과 남명의 그것들을 비교하였다. 남명의 실천적 학풍이나 그의 독서 箚記인 『學記類編』 등은 직접적으로 이들, 특히 설경헌에게서 유래하고 있다는 어느 정도의 확신을 얻었다.

4 (토) 흐림

金斗鐘의 『韓國古印刷技術史』에 轉載되어 있는 魚叔權의 『攷事撮要』에 보이는 冊板目錄을 통하여 남명 당시에는 과연 명초의 『讀書錄』이나 『居業錄』 등이 조선에서 飜刻되어 있었는지를 검토하였다.

5 (일) 맑음

오전 열 시에 산천재 옆 잡화점에서 덕천서원의 내임 조종명 씨와 만나기로 약속되어 있으므로, 평소의 출근 시간에 집을 나서 덕산으로 향했다. 잡화점에서 덕산 막걸리를 한 잔 시켜서 마시고 있으려니 곧 조종명 씨가 당도하였고, 잇달아서 종손을 대신하여 문중 일을 총괄하고 있다는 宗有司도 나타났으므로, 종유사와 더불어 막걸리를 한두 잔 마시고는 함께 別廟로 향했다.

별묘는 남명 선생과 그의 두 부인의 위패를 모셔 둔 곳이며, 일 년에 문중의 제사가 여덟 번이나 이곳에서 있다고 한다. 얼마 전 조종명 씨가 별묘에 있는 궤짝 속에 혹시 무슨 중요한 문서가 들어 있을지도 모른다고 하여, 그것을 조사해 보기 위해 오늘 온 것이다. 종유사가 캐비닛에서 오래 된 구식 궤짝을 꺼내, 열쇠가 없으므로 자물통을 깨트려서 열어 보았다. 그 안에 든 물건들은 별 것이 없었고, 『남명집』 번역 당시의 '경과보고' 및 순조 때인 嘉慶 26년 당시 문중의 義契有司 曺龍玩 앞으로 된 토지 매입 明文이 첨부된 문서 하나만을 빌려 왔다. 덕산에서 조종명 씨와 함께 점심을 들고서, 남명선생 친필의 「先考通訓大夫承文院判校府君墓碣銘」 복사물과 1989년도에 간행된 『昌寧曺氏生員公派(文貞·忠順衛公)世譜』를 한 질 얻어서 돌아왔다.

6 (월) 맑음

남명의 請廡疏軸 필사본들을 鉛活字本의 그것들과 비교 검토해 가며 카드화하는 작업을 계속하였다. 특히 정조·순조 연간의 陞廡 운동을 집중적으로 조사하고 있다.

7 (화) 맑음

계속해서 남명을 위한 請廡疏軸들을 읽고 있다. 오늘은 광해군 6년 남명을 위한 加爵賜諡 운동과 거의 동시에 陞廡 운동이 전개되고 있으며, 종래에 내가 「南冥集板本考 2」에서 썼던 것처럼 高靈疏가 그 최초의 사례가 아님을 확인하였다.

8 (수) 맑음

『詩傳』 邶風 擊鼓篇까지를 읽었고, 학교에서는 請廡疏軸들의 검토를 대충 마쳤다. 내 논문에서 남명을 위한 陞廡 운동의 기점을 광해군 9년으로 잡은 것은 年譜에 근거한 것인데, 이러한 疏軸들은 필사본이든 鉛活字本이든 모두 광해군 6년부터로 기술하고 있으니, 『조선왕조실록』을 들추어서 이렇게 차이가 나게 된 원인이 어디에 있는지를 구명해 보아야겠다.

9 (목) 흐림

옆 연구실의 국문과 배대온 교수에게서 『조선왕조실록』 중 「광해군일기」 太白山本과 鼎足山本을 빌려 와 대조해 가며 광해기의 남명을 위한 文廟從祀 운동에 관한 기사를 모두 찾아 읽었다. 그 결과 남명을 위한 加爵賜諡 및 문묘 종사 운동의 시기는 대체로 현재의 『請廡疏軸』 들에 적힌 것과 일치함을 확인하였다. 그렇다면 연보는 이로부터 얼마 떨어지지 않은 인조시기에 이루어졌을 뿐 아니라 이와 같은 문헌들이 오늘날까지 전해지고 있음에도 불구하고 이 운동의 시기를 낮추어 잡아 기술하고 있는 이유가 무엇인지 그 이면을 따져 보아야 할 일이다.

內山俊彦 교수로부터 내가 최근에 보내 준 사진 팸플릿 『南冥先生遺蹟』을 잘 받았다는 그림엽서가 도착했다.

10 (금) 맑음

어제에 이어 『조선왕조실록』에 실린 남명 관계 기사들을 색인을 통해 모두 찾아서 읽어 보고 있다.

11 (토) 맑음

『조선왕조실록』 중의 남명 관계 기사를 계속 읽고 있다.

12 (일) 아침에 비온 후 흐림

아침 아홉 시 반에 우리 아파트 슈퍼마켓 앞에서 권오민 선생 가족 전원과 우리 가족 전원이 만나, 권 선생이 운전하는 차로 함께 奈洞에서 北川·橫川을 통과하는 국도를 따라 청학동 쪽으로 소풍을 나갔다. 근자에 완성된 河東湖 전망대에 잠시 차를 멈추고서 주위의 경관을 감상하다가, 군데군데 확포장 공사가 진행 중인 도로를 경유하여 묵계에 당도하였고, 거기서 다시 산길로 접어들어 원묵계 마을에 당도하였다. 이 마을은 金馹孫의 「續頭流錄」에 나오는 묵계사가 위치했던 곳으로서, 지금 그 절터에 묵계사를 복원하는 공사가 한창 진행 중이었다.

13 (월) 흐림

계속해서 『조선왕조실록』 중 남명 관계 기사를 읽으며 카드화하고 있다.

14 (화) 맑음

『조선왕조실록』의 뒷부분부터 읽기 시작하여 차차 소급하여 오늘은 『명종실록』을 읽고 있다. 남명이 병인년에 상경하여 임금을 召對하는 장면을 읽고 있는 중인데, 실록에 이에 관해 이렇게 상세한 기록이 있는 줄은 일찍이 알지 못했다.

16 (목) 맑음

『선조실록』 중 남명의 戊辰封事와 奇大升에 의한 晋州淫婦獄 發議 관계 기사를 읽었다.

17 (금) 강한 바람에다 흐리고 때때로 비오며 저녁 무렵 번개

『선조실록』 중의 남명 관계 기사들을 계속 읽고 있다. 오늘은 남명이 사망한 당시의 기록을 읽었는데, 남명이라는 인물이 정말 나 자신으로 느껴질 정도로 좋아졌다.

18 (토) 맑음

오후 한 시까지 연구실에서 『선조실록』를 계속 읽었다.

20 (월) 흐림

출근 후 도서관에 가서 지난 17일자 ≪한겨레신문≫에 실린 '역사 기행' 경남 함양-산청 유림 문화 편을 복사해 왔다. 9면 전체와 10면 일부에 걸쳐 크게 났는데, 「혼탁한 세상 돋보이는 '기개'—남명학파 맑은 숨결」이라는 표제를 달고 있다. 지난 토요일 마산에서 이훈 교수로부터 이 신문에 남명에 관한 기사가 났더라는 말을 듣고서 찾아 본 것으로서, 끝머리의 꺽지 이야기 등을 읽어 보니 ≪동아일보≫의 기사를 참조한 것임을 알 수가 있었다. 근자에 중앙과 지방의 여러 신문들이 남명학파에 관한 기사를 잇달아 싣고 있는 것은 남명학연구원이나 본교 내의 남명학연구소 등을 통해 본격적인 연구 홍보 활동이 진행되고 있는 것과 무관하지 않다고 하겠다.

『明宗實錄』 중의 남명 관계 기사를 읽고 있는 중인데, 남명에게 내린 관직에 관한 기록이 연보의 그것과는 일치하지 않는 점이 여러 군데 있음을 발견하였다.

21 (화) 맑음

『조선왕조실록』 중의 남명 관계 기사를 찾아보는 작업을 다 마쳤고, 저녁 무렵에는 사학과의 정현재 선생 연구실에 들렀다가 작년에 진양문화원에서 발간한 『晋州牧正史』 제1권을 빌려 와 대충 훑어보았다. 세 책으로 간행될 예정이라고 하는데, 우리나라 正史 및 실록 등에 실린 진주 관계 기사들을 골라내어 원문과 번역문을 아울러 실은 것이었다.

22 (수) 맑음

『晋州牧正史』를 첫 페이지부터 마지막 페이지까지 한 장 한 장 들추어 가며 관심이 가는 내용들을 다시 한 차례 훑어보았다.

23 (목) 맑음

어제 낮에 노트북 컴퓨터의 수리를 위해 금성서비스센터로 보내려고 구내 컴퓨터 점에 가져가서 맡겨 두었다. 事前에 디스켓에다 작성 중이던 논문 「『남명집』 이정본의 성립」을 복사해 두었으나, 오늘 저녁 무렵 그것을 인쇄해 가서 학교에서 예전처럼 연필로 작업을 계속하기 위해 집에 있는 데스크톱 컴퓨터에다 그 디스켓을 넣고서 논문 파일을 실행시켜 보았더니, 이 디스켓에 에러가 있다는 메시지와 함께 논문의 처음 부분 극히 일부만이 화면상에 나타나며, 프린터도 낱장공급장치 등이 제대로 작동하지 않아 종이를 장착할 수가 없었다. 재작년에 이 논문을 2.0으로 전환하려다가 통째로 날려 버리는 일대 패닉을 겪은 이후 근자에야 다시 작업에 착수하여 또 상당 부분까지 진척시켜 둔 것인데, 이것에 다시 문제가 생긴 것이다. 내일 학교에 가서 아직 구내에 내 컴퓨터가 보관되어 있는지 알아보기로 하되, 그 파일을 새로 복사하기 전에 이미 지워 버렸거나 혹은 부산이나 서울 등지의 서비스센터로 컴퓨터 자체를 보내 버렸다면 그야말로 큰 일이 아닐 수 없다.

24 (금) 맑음

출근하는 길로 구내 컴퓨터 점에 연락하여 시내의 금성서비스센터에 가 있는 내 노트북 컴퓨터를 도로 받아 와 그 속에 들어 있는 내 논문 파일을 점검하고, 한 부를 출력해 두었다. 오늘도 어댑터가 전기를 받아들이지 못해 처음 한동안 애를 먹었는데, 아마도 문제는 어댑터에 있는 모양이다. 어제 디스켓의 파일에 에러 메시지가 난 것은 디스켓의 용량이 부족했기 때문이고, 다른 디스켓에 또 한 부 복사해 둔 것이 있음을 확인하였다.

25 (토) 맑음

학교에서는 그동안 최재성 군이 복사한 덕천서원 및 山天齋 소장 자료들을 정리하여 목록에다 분류 수록하고, 산천재의 역사와 관계되는 문헌들을 읽으며 카드화하고 있다.

26 (일) 맑음

오전 중 아내를 따라 구세군 진주 영문의 일요일 오전 예배에 참석하였다가, 예배가 끝난 후 가족 전원이 진양군 琴山의 琴湖가든으로 가서 쇠갈비와 냉면에다 소주 한 병을 곁쳐서 점심을 들었다. 식사가 끝난 후 아내와 회옥이를 먼저 돌려보내고는 나 혼자서 부근의 月牙山에 올랐다.

금호못 북쪽의 내사 마을 쪽으로 해서 올랐는데, 도중에 몇 차례 길을 잃기도 하다가 이럭저럭 능선에 올라, 능선 길을 따라서 해발 470.7미터의 월아산 정상 標石이 있는 곳에까지 이르렀다. 나는 이곳이 바로 최고봉인 將軍台山인 줄로 알고서, 退溪가 들렀던 적이 있는 法輪寺의 흔적을 찾아보기 위해 남쪽 방향으로 산줄기를 따라 더 걸어가 보았으나, 예상했던 진주 터널 쪽으로 나오는 것이 아니라 가파른 내리막길로 하여 晋城面의 東山 마을 쪽으로 연결되는 달음산고개로 내려오게 되었다. 면 경계에 해당하는 달음산고개에서 진양군 쪽으로 내려오니 월아 마을에 이르렀고, 마을 어귀에 임란 당시 李夢鶴의 난에 관련된 혐의로 진주에서 체포되어 서른 살의 짧은 생을 마친 의병장 金德齡 장군의 월아산 木柵을 기념하는 비석이 서 있었다. 이에 의하면 김 장군은 먼저 진양군 大谷里에 진을 쳤다가, 그곳의 지세가 좁아 이곳 월아산으로 옮겨서 급히 목책을 설치한 것으로 되어 있다. 월아산의 최고봉인 장군대산이라는 이름은 김 장군에게서 연유한 것이라고 한다.

27 (월) 맑음

산천재 관계 고문서들을 읽으며 카드화하는 작업을 계속하고 있다.

28 (화) 아침에 짙은 안개 낀 후 맑음

산천재 소장 고문서들을 읽으며 카드화하는 작업을 계속하고 있다. 최재성 군이 복사를 거의 마치고서 가져 온 덕천서원 崇德祠의 궤짝 안에 든 『德川師友淵源錄』 및 『晋州通誌』 편찬 시비에 관한 通文들을 정리하여 연구실의 서가 위에다 빈틈을 만들어 보관해 두었다.

10월

4 (월) 맑음

오랜만에 학교에 나가 두 시간 수업을 하였고, 남는 시간에는 최근에 수집해 온 자료의 복사물들을 읽으며 카드화하는 작업을 계속하였다. 최재성 군이 복사 작업을 다 마쳤으므로, 복사물과 원본들을 내용별로 분류하여 정리해 두었다.

6 (수) 흐리고 꽤 쌀쌀함

복사물의 검토와 정리를 끝낸지라, 오늘부터는 다시 논문 작성을 시작하기 위해 지난번 컴퓨터의 수리를 맡기기 전에 출력해 둔 논문의 既作成分을 검토해 보았는데, 가운데 점들이 모두 위로 치켜 올라붙어 있을 뿐 아니라, 尾注의 페이지 끝 부분이 잘려 나간 곳들이 더러 있고, 본문의 일부분도 인쇄되지 않은 내용이 있음을 발견하였다. 구내 컴퓨터 점으로 들고 가 상의해 보았는데, 레이저가 아닌 도트 프린터로 출력하니 점들이 다시 제자리에 붙었고, 미주를 각주로 바꾸어 인쇄하니 주의 잘려진 부분도 되살아났는데, 본문의 없어진 부분은 되살릴 방법이 없었다. 어쩌다 이렇게 되었는지는 알 수가 없으나, 미주에서 입력 내용의 일부가 인쇄되지 않은 것은 2.0 프로그램 자체의 버그일 가능성이 크다고 한다.

8 (금) 맑음

출력해 둔 논문의 旣작성 부분을 다시 한 번 읽으며 내용의 일부를 추가하였다.

9 (토) 맑음

어제 하던 작업을 계속했다.

11 (월) 맑음

논문의 집필을 다시 시작하였는데, 구내의 경상 컴퓨터점을 통해 인사동에 있는 금성컴퓨터 대리점에다 수리를 맡겨 둔 나의 노트북 컴퓨터가 약속한 일주일의 배가 지났는데도 내 손에 돌아오지 않는지라 그동안 여러 자례 독촉하여 알아보았는데, 아식 아무런 조지도 취하지 않고 그냥 대리점에 방치되어 있다는 것이었다. 우리나라 사람들이 하는 일들은 하나같이 어쩌면 이렇게도 무책임한지 모르겠다.

일본의 坂出祥伸 교수로부터 ≪출판 다이제스트≫라는 신문의 금년도 9월 30일자에 실린 「康有爲와 조선의 儒者 李炳憲—해외에서 본 강유위의 書跡—(1)」이라는 글이 우송되어져 왔다. 작년 여름 박종현 선생이랑 셋이서 丹城의 培養里에 있는 培山書堂에 답사 갔던 때의 일을 소개한 것인데, 나와 박 선생의 이름도 나와 있으나, 부분적으로 틀린 내용도 다소 눈에 띄었다. 앞으로 몇 차례 계속될 모양이다.

12 (화) 맑음

학교에서 논문 작성을 계속했다.

13 (수) 맑음

논문 작성을 계속했다.

대구에서 섬유 기계를 제작하는 중소기업을 경영하고 있는 來庵 후손 鄭琪哲 씨가 근자에 일본에서 나온 貫井正之 씨 등의 임진·정유왜란에 관한 문헌의 복사물들을 전해 주기 위해 오후 늦게 연구실로 방문해 왔다. 우송해도 좋을 것을 일부러 진주까지 걸음한 정성이 놀랍지만, 대구행 시외버스 막차 시간 관계도 있고 나의 주머니 사정도 여유가 없어, 저녁 식사도 한 끼 대접하지 못한 채 돌려보낸 것이 아쉽다.

14 (목) 맑음

논문 제3장의 작성을 계속하고 있다. 오후 세 시부터 인문대 세미나실에서 남명학연구소의 제2차 학술발표회가 있어 참석해 보았다. 이번에는 경북대 국어국문학과에서 남명학에 관한 주제로 석사 학위를 받았다고 하는 鄭羽洛 씨가 「천명 문제와 관련한 남명의 현실주의적 세계관」이란 주제의 논문을 발표하고 토론이 잇달았다. 남명학연구후원회의 회원들도 다수 참석하여 있었다.

16 (토) 맑음

새벽에 정신문화연구원의 고문서 조사 팀과 오전 아홉 시 반에 함안문화원에서 만나기로 전화 약속이 되었으므로, 일곱 시 45분 발 기차로 함안으로 향했다. 현지의 함안문화원장 및 고문서 수집가의 안내를 받아 지난번처럼 두 팀으로 나누어 함안 지역 내의 고문서를 소장하고 있을 만한 곳들을 역방했다. 나는 함안문화원장 및 허성무 교수 등과 함께 山仁面 茅谷에 있는 載寧李氏 집안과, 같은 산인면 入谷里의 趙一山의 손자 穆來 氏 댁 및 여항면에 있는 竹溪 安憙의 후손 댁을 방문하였고, 정순우 교수 등은 匡西 朴震英의 후손 댁 등을 방문하였다. 상기의 집안들은 모두 내가 일찍이 답사한 바가 있어 각각 상당한 소득이 있었는데, 특히 죽계 후손 댁에서는 예기치 못한 정도로 다량의 고문서가 나왔고, 조목래 씨로부터는 일찍이 내가 발견하여 학계에 소개한 바가 있는 현존 最古의 판본인 『남명집』 갑진본의 散帙을 본교 남명학연구소에 기증해 주겠다는 약속을 받았다.

날이 어두워진 후 함안 읍내에서 정신문화연구원 교수 일행과 작별하여 나는 정문연의 봉고 차로 이 사업의 실무를 맡아 보고 있는 안 군과 함께 먼저 진주로 돌아왔다. 나에 대한 보수에 관해서는 정 교수로부터 이미 이야기가 되어 있을 줄로 짐작하고 있었으나, 의외로 작별할 때까지 그에 관해서는 아무 말이 없었고, 안 군으로부터 다음에 다시 연락하겠다는 말만 듣고서 헤어졌다.

19 (화) 맑음

지난여름 논문을 작성하다가 노트북 컴퓨터에 다시 고장이 생겨, 여러 달 동안 작업을 중단하고서 이를 고치기 위해 우여곡절을 거친 끝에, 다시 본교 구내의 컴퓨터 점에다 수리를 부탁해 둔 지가 이미 4주째에 접어들었다. 만약 1주일 이내에 수리가 안 되면 제 손으로 장을 담겠다는 식으로 이 점포의 주인인 명기웅 씨가 그토록 확고하게 장담을 했던 것이 아직도 내 손에 놀아오지 않고 있다.

21 (목) 맑음

아침에 서울의 정신문화원 정순우 교수 댁으로 전화하여 이번 답사의 성과에 관해 듣고, 앞으로의 나의 협력 방향과 아울러 이번에 나에 대한 보수가 없었던 문제에 관해 의견을 나누었다. 정 교수 일행은 간밤에야 답사에서 돌아왔다고 하는데, 이번 걸음에서 소득도 많았고 고문서를 소장한 名儒의 후손들로부터 대접도 톡톡히 받은 모양이었다.

25 (월) 맑음

지난 19일자 공문을 통하여 나의 교수 승진이 결정되었음을 알았다. 새로 개정된 법령에 의하여 정교수의 경우는 더 이상의 재임용 절차가 필요치 않게 되었으므로, 이로써 앞으로는 종신고용이 보장된 셈이다.

수리를 맡겨 두었던 컴퓨터가 돌아왔다는 연락을 받고서 구내 컴퓨터점에 가서 찾아왔다.

26 (화) 맑으나 다소 쌀쌀함

아침에 정신문화연구원의 정순우 교수 자택으로 전화하여 지난주 내가 전화한 용건에 관해 그동안 무슨 조치를 취했는지 물어 보았다. 보수는 백만 원 수준으로 예정되어 있으므로, 매번 지급하면 너무 액수가 작을 것 같아 몇 번에 한 차례 정도씩 모아 지급하는 것으로 되어 있다는 것이었다.

27 (수) 맑으나 쌀쌀함

학교에서 컴퓨터로 다시 논문 작업을 시작하여, 그 사이 이미 출력해 둔 부분을 토대로 교정 본 내용을 다시 입력하고 있고, 내용의 일부가 삭제되고 없는 것은 새로 작성해 넣고 있다.

28 (목) 흐리고 쌀쌀함

학교에서는 종일 논문 작업을 계속하였다. 오늘 점심시간 무렵 지난번 교체하기 전의 배터리를 돌려받아 몇 차례 테스트를 해 본 결과 역시 그것으로는 컴퓨터가 작동되지 않으므로, 새 배터리로 고쳐 끼워 작업을 하다 보니 얼마 후 다시 전기가 컴퓨터에 공급되지 않는 현상이 발생한 것을 발견하였다. 부산의 금성서비스센터에까지 보내졌다가 돌려받은 지 얼마 되지 않는 노트북 컴퓨터를 도로 구내 컴퓨터 매장에다 갖다 맡겼다.

29 (금) 비 온 후 강한 바람

『龜巖集』 중의 「壽瑞詩」와 그 續集을 검토하였다.

30 (토) 맑음

정오부터 계동의 금하식당에서 남명학연구원 이사회가 있어 참석해 보았다. 안건은 남명학연구원의 사단법인 설립에 관한 것인데, 조 사장이 사업상의 일로 마산에 갔다가 참석이 늦어지는 바람에 두 시간 가까이 기다려서 회의가 개최되었다. 김충렬 교수가 초안을 잡은 사단법인 남명학연구원의 設立趣旨文과 定款을 일전에 나도 검토하여 다소 의견을 첨부해서 조 사장에게로 돌려보낸 바가 있었지만, 오늘은 그것을 부산의 한국남명학연구원 간사인 한상규 씨가 다시 손을 보아 인쇄해 가져온 것을 토대로 이사회가 그 내용을 심의하였다. 한 선생 자신이 조 사장의 위촉을 받아 부산에서 인쇄 작업을 했을 뿐 아니라, 오늘은 한국남명학연구원의 신임 원장과 부원장·이사장을 비롯한 핵심 임원들 네 명이 또한 이 이사회에 참석하고 있어, 도대체 山天齋에 본부를 둔 종래의 남명학연구원과 부산의 그것은 어떤 관계에 있는 것인지, 이 연구원의 간사인 나로서도 종잡을 수가 없다. 요컨대 物主인 조 사장이 작심하면 그것이 곧 법인 상황인 것이다.

금년의 남명제 때에는 한상규 씨가 강연의 연사로 초빙되어 왔고, 이 연구원의 간사인 내가 해야 할 일들도 현재 한 씨가 대행하고 있는 점들이 많은 터이다. 한 씨의 언행 등으로 미루어 보아 사단법인이 되고 난 이후 이 연구원 총무간사의 직은 한상규 씨가 맡게 되지 않을까 싶다. 나로서는 지금까지 여러 차례에 걸쳐 간사의 직을 사임할 뜻을 표명해 왔고, 또 실제로 이런 사무적인 일에는 나의 기질이 맞지 않는 점도 있으나, 한 씨가 조 사장에게 접근하여 그의 환심을 사기 위해 노력하고 있는 품이 H 선생 등의 처세술을 연상케 하는 하는 면이 있어 고소를 머금기도 하는 이즈음이다. 한 씨로부터 회의를 마친 후 함께 조 사장을 만나 내년에 있을 국제학술회의의 준비에 관한 문제를 협의해 보자는 제의를 받은 바 있었으나, 조 사장으로부터 그런 제의를 받은 적이 없으므로 모임이 끝나자 별말 없이 먼저 돌아와 버렸다.

31 (일) 맑으나 제법 쌀쌀함

서울대 철학과 후배인 이혜경 양이 밤늦게 집으로 전화를 걸어 왔다. 일본 文部省 장학금을 받게 되어 京都大學으로 유학하고자 한다면서, 나에게 중국철학사 전공의 교수들에 관한 정보를 제공해 달라는 것이었다.

11월

1 (월) 맑음

오는 3일에 있을 교내 인문학연구소의 초청 세미나에 내가 논평자의 한 사람으로 위촉되었으므로, 오후 늦게부터 호서대 김교빈 교수의 발표 논문 「새로운 패러다임: 氣」를 읽어 보고 있는 중이다.

3 (수) 맑음

수업 이외의 시간에는 김교빈 씨의 논문을 계속 검토해 보았다. 오후 세 시부터 인문대 세미나실에서 김 씨를 초청한 본교 인문학연구소 세미나가 개최되었는데, 나와 한문학과의 장원철 선생이 토론자로 나섰다. 김교빈 씨는 예상했던 것보다도 젊어 53년생이라고 한다. 자신이 과거에 발표했던 徐花潭·李栗谷·鄭霞谷에 관한 논문에다 崔惠崗을 포함하여, 한국 전통 철학에서 氣에 관한 사상의 발전 과정을 더듬었는데, 그 주장 내용은 과거의 논문 요지를 정리한 것으로 보이나 천착이 심해서 대부분 동의하기 어려운 무리한 논지였다. 김 씨는 한국철학사상연구회의 동양철학 분야 핵심 멤버로서, 이 학회 내에 氣哲學分科를 만들기도 하는 등 이미 상당한 기간 동안 자신의 학문적 탐구의 중심을 氣의 문제에 두어 왔다. 그러나 이념성이 강한 반면 자료의 객관적 분석에는 미흡한 감이 있었다.

4 (목) 맑으나 오전 중 짙은 안개

아침에 한문학과의 이상필 선생에게서 지난번 남명학연구소의 제2차 초청세미나 때 와서 발표한 바 있는 경북대 대학원 국문과 출신 청년의 석사학위논문을 빌려와 종일 그 내용을 검토하였다. 남명의 詩를 다룬 것인데, 주로 시를 해석한 부분을 골라 읽었다.

귀가하여서는 지난 10월 29일 부산교육회관에서 있은 한국남명학연구원의 제3회 남명학 정기총회 및 학술강연회에서 발표되었다고 하는 부산대 사범대학장 유탁일 교수의 논문 「性齋先生文集 刊行의 出版社會學的 分析」을 다시 한 번 읽어 보았다. 이 논문은 지난번 유 교수의 저서에 선가 한 번 읽은 적이 있었던 것이다.

어제 김교빈 선생으로부터 입수한 권인호 씨의 새 전화번호를 가지고서 아침에 의정부시에 사는 권 선생 자택으로 전화하여 통화하였다. 권 선생이 전남대의 정병련 교수에게 내년 서울에서 개최될 남명학연구원의 국제학술회의 발표 논문의 위촉을 하기로 정했었던 것인데, 지난번 경산의 영남대학교에서 있은 철학자대회에서 정병련 교수를 만났을 때 물어 보니 그것에 대해서는 들은 바 없다고 하므로 권 선생에게 그동안의 경과를 물었다. 아울러 오래 전에 연구비 총액의 절반을 이미 수령하고서도 아직도 논문을 제출하지 않고 있는 중앙대의 노인숙 교수 및 경성대의 송긍섭 교수에게는 권 선생 및 부산의 한상규 선생이 각각 다시 독촉해 보기로 했었던 것인데, 알고 보니 그늘은 아직 그 일로 낭사자와 연락한 적이 없었다. 권 선생과의 통화가 끝난 직후 정병련 교수로부터 전화가 걸려 와, 권 선생으로부터 그 말을 들은 적은 있었으나 공식적인 요청은 받은 적이 없었다는 설명을 하였다.

5 (금) 맑음

오전 10시부터 본관 5층 대회의실에서 본교 남명학연구소 주최의 '16세기 유학 사상의 전개와 그 특성'이라는 주제의 남명학 연구 학술발표회가 개최되었으므로, 교양 수업 및 점심시간을 제외하고는 퇴근 시간까지 참석하여 보았다. 이번 모임에서는 한문학과의 이상필 선생이 「16세기 유학 사상의 전개와 남명의 학문」으로 첫 발표를, H 선생이 「남명학의 계승 양상」이라는 마지막 발표를 맡은 이외에는, 서울의 한국역사연구소 17세기유학사상사반의 멤버들인 高榮津·吳恒寧·鄭在薰·趙誠乙 씨가 각각 「16세기 호남 사림의 활동과 학문」 「一齋 李恒의 생애와 학문」 「柳希春의 생애와 학문」 「盧守愼의 학문과 성리학」이라는 주제로 발표를 하였으며, 발표 및 종합 토론 때는 한문학과의 장원철·최석기 선생이 각각 사회를 맡아 보았다. 그 외에 로비나 회의장 내에서 심부름하는 학생들도 모두 한문학과였고, 한문학과 학생회 이름으로 인문사회대 건물 안 여기저기에 이 모임을 홍보하는 대자보도 붙여 놓는 등, 본교의 행사라고 하기보다는 한문학과의 행사라고 하는 것이 타당할 정도이다. 지금까지 남명학을 연구해 온 나는 아무런 역할도 없는 참석자의 한 사람일 뿐이었다.

모임을 시작하기 전에 『남명집』 최고본을 기증해 준 趙穆來 씨에게 감사장을 수여하는 절차가 있었다. 내가 이 연구소의 간사인 한문학과의 황의열 선생에게 조 씨의 기증 의사를 전할 때, 이 판본에 대해서는 나는 甲辰本이라고 보고 있고, 김윤수 씨는 丙午本이라고 하여 아직은 학설이 엇갈려 있으므로, 당분간 그냥 현존 최고본이라고만 해 달라는 주문을 달았으나, 오늘 사회자인 장원철 씨가 이를 소개할 때는 여러 차례에 걸쳐 병오본이라고 못을 박아, 의도적으로 내 학설을 오류로 치부해 버리고 있었다.

6 (토) 비

아침에 남명학연구소 간사인 황의열 교수 연구실로 전화하여, 내가 사전에 당부해 두었음에도 불구하고 어제의 『남명집』 기증본에 대한 감사장 수여식에서 함부로 丙午本 운운한 점에 대해 유감의 뜻을 전했다. 황 선생의 말로는 나의 뜻을 홍보부장인 조규태 선생에게 전하긴 했었지만, 자신의 힘이 약해 그것을 실현시킬 수가 없어 미안하게 생각한다는 것이었다. 그럴 것이다. 그들이 판본 문제 등에 대해 알기는 무엇을 알겠는가마는, 요컨대 나를 적으로 생각하는 H의 부하들인 것이다. 그러나 저러나 어제의 H 선생 논문은 리포트 수준에도 미치기 어려운 계몽적인 것이어서 가소로웠다. 남명학연구소 및 그 후원 기금과 南冥館 설치에 따르는 헤게모니를 장악하여, 돈과 권력과 명예를 그들이 가로채어 우쭐해 하고 싶어 하는 것이겠지만, 그것들은 처음부터 내가 바라는 바가 아니었다. 그들이 나로부터 연구 능력까지 빼앗아가지는 못할 터이니 내가 잃을 것이 무엇인가? 학교에서는 다시 논문 작성에 착수하여, 台溪河溍이 『壽瑞詩續集』의 말단에다 붙인 次韻詩의 의미에 대해 언급했다.

8 (월) 흐림

그동안 원고지에다 적어 둔 논문 제3장의 일부를 컴퓨터로 옮겨 적는 작업을 진행했다. 구내 컴퓨터점에다 노트북 컴퓨터를 맡겨 둔지 또 두 주일이 지난지라 점심시간에 들러 현재의 진척 상태를 알아보았더니, 아직도 서비스 센터로 보내지 않고서 그대로 두어 두고 있었다. 별 이상이 없다고 하므로, 찾아 와 그것으로 작업을 계속하였다.

9 (화) 흐리고 저녁 무렵 쌀쌀함

학교에서 종일 논문 작성에 몰두했다. 이미 원고지에다 작성해 둔 부분을 컴퓨터에 입력하고 수정하는 작업을 마쳤는데, 이까지로써 벌써 200자 원고지로 환산한 분량이 거의 80매에 육박하고 있다. 그러므로 이미 예상하고 있었던 바와 같이, 『남명집』의 훼판 사건에 관한 부분만을 따로 떼어 「『南冥集』 壬戌本의 毁板」이라는 독립된 논문을 구성하여 이를 본교 남명학연구소의 『남명학연구』 제3집에다 싣고, 「『남명집』 이정본의 성립」은 이번 겨울 방학 중에 완성하여 남명학연구원의 『남명학연구논총』 제3집에다 발표할까 싶다.

10 (수) 비

논문 작성을 계속했다. 오늘은 『松亭集』 부록에 실린, 河謙齋가 찬한 송정 행장 중 퇴계학파와의 관계를 기술한 부분이 왜곡 삭제되어, 李大山이 찬한 것으로 대체되게 되는 사정을 다루었다.

11 (목) 흐리고 때때로 부슬비

학교에서는 온종일 논문 작성을 계속하여 제법 진척이 있었다. 『松亭集』이 6.25 동란 중에 미군의 소이탄 투하에 의해 소실되고 만 부분까지를 썼다.

12 (금) 흐림

오늘도 종일 작업하여, 어제 적은 내용을 상당 부분 수정 보완하였다. 이미 80매의 분량을 넘어섰다.

13 (토) 오전 중 비 온 후 개임

어제의 작업을 계속했다.

15 (월) 맑음

논문 작업에서는 嶺南大 李樹健 교수의 학설을 비판하는 내용의 주석 하나를 더 첨가하였다. 남명학연구소의 간사인 한문학과 황의열 교수가 내년 초에 나올 『남명학연구』 제3집에 나의 논문을 싣겠는지 여부를 확인하는 전화를 걸어 왔기에, 지금 쓰고 있는 논문을 거기에다 싣겠다는 확답을 했다.

16 (화) 맑음

쓰고 있는 논문의 제목을 「『南冥集』 壬戌本의 毁板」으로 바꾸고, 각 장의 제목들도 고쳤다.

동양철학 공부를 계속하기 위해 현대화학을 그만 두고 대학원 입시 준비를 하고 있는 차영석 군이 연구실로 찾아왔으므로, 함께 차를 마시며 한동안 대화를 나누었다. 차 군은 그동안 다니던 회사와 부모 집이 있는 충남 서산에 주로 거주하며, 山寺에도 두 달 정도 가 있었다고 하는데, 회사 가까이에 있으면 직장을 그만 둔 이후에도 때때로 도와달라는 요청이 올 때 뿌리치기가 어렵고 하여, 아예 진주로 내려와 학교 근처에 기숙하면서 매일 도서관에 나와 공부하기로 마음을 정했다고 한다.

밤에는 서울의 기독교방송국에 근무하는 조평래 군으로부터 안부 전화가 걸려왔다. 조 군은 이즈음 일이 많아 다시 아침 여덟 시 반부터 밤 일곱 시까지 직장에 나가 있다고 한다.

지방 대학의 교수로 근무하면서 생활상의 면에 별다른 불만은 없고, 어느 쪽이냐 하면 오히려 시골 생활을 즐기고 있다고 할 수 있겠지만, 맹자가 말하는 '得天下之英才而教育' 하는 즐거움을 누릴 수가 없어 허무한 마음을 금할 수 없는 점이 아쉽다고 하겠다. 후진을 얻었다고 할 수 있을지 없을지는 모르겠으나, 그래도 제자들 중에 이들과 같은 마음에 드는 젊은이가 아주 없는 것은 아니니, 스스로의 마음에 다소 위로가 된다.

17 (수) 흐림

남명집 훼판 사건 관계 통문철의 자료 카드들을 다시 한 번 면밀히 읽어 보고 있다.

18 (목) 맑음

『文祿·慶長の役』에 이어, 貫井正之의 논문 「文祿·慶長の役」研究史に於ける義兵の位置と義兵鄭仁弘軍について」를 읽었다. 최근에 수정한 내 논문 계획에 맞추어 본문의 내용도 다소 수정하였으며, 尹承慶이 덕천서원 원장의 직에서 축출되던 당시의 상황을 좀 더 상세하게 서술하였다. 이미 집필한 부분까지의 논문 분량은 200자 원고지 87매에 달하고 있다.

19 (금) 흐림

집에서는 貫井正之 씨의 논문 「豊臣秀吉의 조선 침략 전쟁에 있어서 조선 인민의 동향에 대하여—특히 조선의 의병을 중심으로—」(『豊臣政權의 연구』, 戰國大名論集 18, 1984, 吉川弘文館)를 읽고 있으며, 학교에서는 논문의 수정 작업을 계속하였다.

20 (토) 맑음

학교에서 오전 중 논문 작업을 계속하여, 退溪學派와의 갈등에 관련된 부분을 좀 수정하고 추가하였는데, 오늘로써 90매의 분량에 달하였다. 일본에서 발행되는 계간 『三千里』 13호(1978)에 실린 貫井正之 씨의 「의병장 곽재우—임진 의병의 평가에 관하여—」를 한 편 더 읽었다.

정오부터 경남문화예술회관 소공연장에서 사단법인 남명학연구원의 발기 총회가 있었다. 발기인 대표로 나온 李正漢 전임 총장과 賓榮浩 현 총장을 위시하여 각지에서 많은 명사들이 참석하였다. 현재의 燕庵工專 학장이 신임 이사장으로, 김충렬 교수가 원장으로 각각 추대되었다. 나는 오래 전부터 사임할 의사를 표명해 왔으므로, 아마도 한상규 씨에게 실무책임자의 직을 넘겨주게 될 것으로 생각하고 있었는데, 사단법인 발기인 총회와 그 옆방에서 있은 점심 식사가 끝나고 나서 회의장을 나오다가, 그래도 신임 실무진이 구성되기까지는 내년도 국제학술회의에 관한 구체적인 준비를 점검해 두어야 할 책임이 간사인 나에게 있을 듯하여 김충렬 원장이 있는 총회장 옆의 다방에 들렀다. 그랬더니 김 교수는 나에게 계속 실무책임자의 역할을 맡아 줄 것을 당부하고 있었고, 주위에서도 그럴 것으로 알고 말하는 사람들이 많았다.

김 교수는 금년 3월 중에 논문을 수합하여 내년 5월에 서울에서 개최하기로 일정이 잡혀 있는 국제학술회의의 시기 문제에 관해서도 아직 유동적인 생각을 가지고 있었다. 지난번 모임에서 논문을 위촉하기로 합의를 본 바 있는 금장태·정병련 교수에게 11월말이 된 지금까지도 위촉한 적이 없을 뿐 아니라, 지난번에 추천하던 臺灣 학자에게도 아직 그런 이야기를 꺼낸 적이 없다 하므로, 정말 맥이 빠지는 느낌이었다. 일정은 가능한 한 예정대로 추진하고, 지난번에 합의된 논문 위촉자들에게는 지금이라도 곧바로 접촉을 하며, 여러 해 전에 연구비의 반액을 수령하고서도 아직 논문을 제출하지 않고 있는 사람들에게도 마지막으로 독촉을 해 보기로 합의하였다.

조옥환 사장의 승용차에 동승하여, 조 사장·김 교수·한상규 교수와 함께 넷이서 삼현여고로 가 故 崔載浩 교장의 유고집인 『我川文集』 출판기념회에 참석하였다. 고인의 친우인 설창수 시인이나 시조 시인 김상옥 씨 등이 나와서 축하를 겸한 회고담을 하고 있었다. 그 자리에서 김 교수로부터 들은 바에 의하면, 연구위원 중 한 명의 상임연구원을 두어 그가 사실상의 부원장으로서 원장 유고시에 그 직무를 대리하게 하고, 총무간사는 대학원생 중에서 임명하여 연구의 실무와 연락을 맡게 하며, 또한 사무국장을 두어 사무적인 일을 맡아 보게 한다는 구상이어서, 지난번 이사회 때 우리가 김 교수가 기초해서 보내온 정관을 해석했던 것과는 다른 생각이었다.

22 (월) 첫 얼음이 얼고 상당히 추움

논문 작업을 계속하여 제4장의 첫 부분을 작성하기 시작했다.

지난번 남명학연구소 주최의 학술발표회 때 와서 논문을 발표했던 高英津 씨로부터 당시 내가 부탁해 두었던 그의 서울대 대학원 국사학과 문학박사 학위논문 「朝鮮 中期 禮說과 禮書」가 부쳐져 왔으므로 대충 검토해 보았다.

23 (화) 오후 한때 첫 눈이 내리고 강추위

학교에서는 덕천서원의 『남명집』 毁板 당사자들에 의한 尹承慶 원장 축출 사태에 진주목사의 관권이 개입하게 되기 전후의 훼판 당사자들의 동향에 대한 기록을 정리하였는데, 오늘로써 원고지 95매의 분량에 달했다.

24 (수) 맑으나 추움

새벽에 일어나 池內宏『文祿慶長の役』〈付編·解說〉(東京, 1987, 吉川弘文館) 중 池內의 임진왜란 연구 업적 전체를 소개한 〈해설〉 부분을 읽어 보았다. 학교에서는 논문 작성을 계속하여, 원고지 99매의 분량에 다다랐다.

25 (목) 맑음

논문은 진주목사 李尙逸의 개입 부분을 집필하여, 102매의 분량에 달했다.

26 (금) 오전 중 비

새벽 다섯 시 반에 집을 나서 시외버스로 부산에 가서, 다시 택시로 갈아타고 釜關페리 터미널로 갔다. 小林 군 일행은 여덟 시 40분경부터 출구로 나오기 시작하였는데, 일행이 모두 나와서 대기하고 있던 관광버스로 경주를 향해 출발할 때까지 터미널 구내에서 얼마 동안 小林 군과 대화를 나누었다. 小林 군은 현재 山口大學 敎育學部 國語科의 전임강사로서 漢文을 담당하고 있으며, 그의 후임으로서 내가 유학하고 있던 시절 후배였던 末岡 군이 현재 京都大 中哲硏究室의 助手로 근무하고 있다고 한다. 이번이 小林으로서는 최초의 해외여행이 되는 셈이다.

27 (토) 기온은 풀리고, 오전 내내 짙은 안개 낀 후 오후에 개임

논문은 진주목사 李尙逸에 관한 기술을 좀 더 첨가하여, 원고용지 104매의 분량에 이르렀고, 조옥환 사장의 부탁에 따라 남명학 관계 석사학위 논문의 목록을 작성하기 시작하였다. 이왕 만드는 김에 박사학위 및 기타 일반 논문까지를 포괄해서 남명학에 관한 기왕에 나온 모든 연구논문들을 망라하여, 장차 나의 박사학위논문 끝 부분에 참고문헌으로서 수록할까 한다.

28 (일) 맑음

어제에 이어 남명학 관계 연구 문헌 목록 작성 작업을 계속하고 있다.

큰집 장남인 伯煥 형의 맏딸 승아의 결혼식이 오전 11시 40분부터 부산 동래의 사직동 고속버스 터미널 뒤편에 있는 한아름예식장에서 있는지라, 아홉 시 경 막 집을 나서려고 옷을 갈아입는 무렵에 서울의 金忠烈 교수로부터 전화가 걸려 와 약 반 시간 동안이나 통화하였다. 조금 전에 조 사장으로부터 전화가 걸려 와, 교내의 남명학연구소에서 추진하고 있는 『남명집』 번역 사업 지원 문제에 관해 상의를 해 왔었던 모양인데, 무엇 때문인지 또 자신은 정식 남명학연구원장이 아니라고 하면서, 다음 달 국제학술회의 준비를 위해 가지기로 한 모임에 내려오지 않겠다는 것이었다. 연구원을 사단법인화 할 것을 제의한 장본인이 김 교수이고, 그 작업을 위한 발기취지문 및 정관을 기초한 사람도 김 교수이며, 얼마 전에 있은 발기 모임에서 다시 원장으로 선출되어, 단상에서 눈물을 글썽이며 감회어린 인사를 한 분이 또한 김 교수 당신인데, 그로부터 반달도 채 되지 못한 오늘에 와서 원장을 그만두겠다는 것은 납득이 가지 않았다. 그러나 김 교수도 나와 마찬가지로 행정적 수완이 별로 없는 분인데다, 개인적으로도 현재 고려대학교 내의 인사 문제에 관련되어 아주 어려운 처지에 봉착해 있어서, 만사가 귀찮은 모양이었다.

나는 발기 모임 이후 정관을 새로 검토해 보았더니, 원장의 밑에 상임연구위원과 연구위원이 있고, 상임연구위원 중에서 연구원의 실무를 추진할 총무간사 및 간사를 두며, 사무적인 일들은 사무국장이 총괄하게 되어 있었던 점을 설명하고, 자신은 이미 여러 차례에 걸쳐 기틀기틀 간사의 직을 그만 둘 뜻을 밝혀 왔었던 터이니만치, 이번 기회에 결단코 다시 총무간사의 직은 수락하지 않을 뜻임을 분명히 했다. 그러나 이미 내년에 있을 남명학 국제학술회의를 위해 국내외의 학자들과 접촉을 해 두었을 뿐 아니라 연구비의 일부가 지급된 곳도 있으니, 이 일을 매듭짓기는 해야 할 것이 아닌가라고 주의를 환기하여, 결국 대회는 치르지 않되 원래의 예정대로 내년 3월 말까지 원고를 수합하여 5월 중에 연구논총 제3집을 간행하기까지의 일만은 추진하기로 합의하였다.

29 (월) 흐림

출근 전 J 사장 댁에 전화하여, J 사장이 부탁한 남명학 관계 석사 학위 논문 목록이 작성되었음을 알리고, 아울러 어제 김 교수와 통화한 내용을 두고서 한참 동안 대화하였다. J 사장의 설명에 의하면, 김 교수가 원장 직을 수락하지 않겠다는 것은 두 가지 이유로서, 첫째는 사단법인 설립의 법적 수속이 끝난 이후 원장이 선출되어야 마땅함에도 불구하고 발기회의 단계에서 자신을 추대한 점이요, 둘째는 본교 내의 남명학연구소는 국립대학교 부설이므로 국가의 예산으로 움직여 나가야 함에도 불구하고, J 사장 등이 거기에다 많은 지원을 하게 되면 상대적으로 연구원에 돌아올 재정적 지원이 빈약해지지 않겠느냐는 것이었다고 한다. 그 외에도 사적인 사정이 있다고 하더라는 것은, 아마도 최근의 인사 문제로 말미암은 파문을 말하는 것인 듯했다.

나는 다시 한 번 더 J 사장에게 사단법인 설립을 계기로 자신은 남명학연구원 간사의 직에서 물러날 뜻임을 분명히 했다. 내 나이 마흔다섯이요, 직급으로는 정교수이며, 남명학 연구를 위한 노력과 능력에 있어서는 아무 누구에게도 둘째가지 않는다는 긍지를 가지고 있는 터인데, 언제까지나 남의 부하로 남아 있고 싶지는 않은 것이다. 더구나 J 사장이 재력을 바탕으로 현직 본교 총장과도 사돈을 맺어 남명에 대한 현창을 문중의 爲先事業 차원에서 저렇게 독단적으로 처리해 나가고 있는 터인데, 명색이 최고의 지성인 교수라는 사람들이 그 앞에서 저자세로 심부름꾼 노릇을 하며 돈을 좀 얻어 보겠다고 끌려 다니는 것이 가소롭기도 하다. 원장인 김충렬 교수는 연구원 사업에 대한 성의도 능력도 없으면서 서울의 명문대학 교수라는 것을 간판으로 내걸고서 매사에 大家然하며 행세하고 있는 바, 내가 자기 돈 써 가면서 그들의 밑에서 궂은일을 도맡아 할 필요는 느끼지 않는 것이다. 나는 오직 한 사람의 연구자일 따름이니, 학자의 本務로 돌아가 아무 누구에게도 속박 받지 않는 자유의 몸으로 자신이 하고 싶은 연구에 종사하는 것으로써 자족하고자 하며, 감투나 그에 따르는 행정적 사무는 나 아니라도 자진해서 하고 싶어 나서는 사람들이 많은 터이니, 그들에게 맡겨 두면 될 것이다.

정헌철 선생의 아우가 모처럼 다시 내 연구실로 방문해 왔으므로, 몇 달 전에 약속한 바 있는 江右茶會에서의 나의 초청 강의 날짜를 다음 달 18일로 정했고, 주제는 현재 작성하고 있는 논문으로 하기로 합의했다.

30 (화) 흐리다가 정오 무렵부터 빗방울 듯은 후 퇴근 무렵 소나기

학교에서는 논문 작성을 계속하여, 영남감사 尹根壽가 덕천서원의 창건 당시 도산서원과 나누어 분급해 준 金山의 眞興廢寺 位土 문제에 언급했는데, 원고용지로 111매의 분량까지 진척하였다.

12월

1 (수) 모처럼 맑고 포근함

간밤에는 잠이 잘 오지 않아 밤 두 시에 기상하여 여섯 시까지 작업을 하고 난 후, 한 시간 동안 TV를 보면서 조반을 들고서는, 일곱 시부터 여덟 시 25분의 출근 시간까지 다시 취침하였다.

논문 작성을 계속하여 덕천서원의 창건과 영남감사 尹根壽의 관계에 관한 부분을 매듭지었는데, 114매의 분량에 달하였다.

오후 1시 40분에 본부 소회의실에서 총장으로부터 김영삼 대통령의 이름으로 총무처에서 내려 온 正教授 임명장을 받았다. 발령 일자는 10월 1일인데, 정교수에 한한 종신임용이 적용되는 첫 케이스여서, 우리 이전에 이 직급으로 발령받았던 사람들은 다시 재임용 절차가 필요하다고 들었다.

2 (목) 맑고 포근함

논문은 尹承慶의 축출 이후 德川書院 새 院長이 된 釣隱 韓夢參 및 그를 내암의 문하에 끌어들이려고 했다는 疆齋 成好正의 정치적 성분에 관한 부분에까지 이르렀는데, 이제 약 120매 정도 될 것이다. 집에서는 貫井正之의 『秀吉と戰った朝鮮武將』(東京, 六興出版, 1992)을 계속 읽고 있다.

5 (일) 맑으나 쌀쌀함

貫井正之의 『秀吉と戰った朝鮮武將』을 다 읽었다.

6 (월) 맑고 포근함

논문 작성을 다시 계속하여 원고지 120매의 분량을 넘겼다. 오늘은 진주 및 그 주변 지역의 25,000분의 1 지도를 펼쳐 놓고서, 韓夢參·朴齊仁·尹承慶·河溍 등의 거주지와 臨川書院·新塘書院의 위치 및 주소를 확인하여 적어 넣었다.

7 (화) 맑음

이현구 씨의 박사학위 논문을 계속 읽고 있고, 논문 작성에는 별로 진척이 없었다.

중국철학사의 기말고사를 실시하여 채점까지 마쳤다. 지난번 중간고사 때에도 몇 명의 부정행위자를 적발하여 그 시험을 몰수한 바 있었으므로, 이번에는 시험을 실시하기에 앞서 감독 중 부정행위를 하다가 발각되는 자가 있으면 그 학생에게는 이 과목의 성적 전체를 F로 처리하겠다고 엄포를 놓아두었다. 시험지와 함께 들고 간 釣隱 韓夢參 관계의 문헌들을 읽고 있다가 가끔 한 번씩 돌아다니며 감시를 하였다. 마침 며칠 전에 내 일을 도와 준 이현곤 군이 책상 위에다 커닝 페이퍼를 얹어 두고 있는 것을 적발하였으나, 차마 선언한 대로 처리하기가 거북하여 가만히 페이퍼를 집어 내 포켓에다 넣고는 모른척해 주었다.

9 (목) 맑음

학교에서 논문 작성을 계속하였다.

10 (금) 흐리고 때때로 비

논문 작성을 계속하여 韓釣隱을 비판하는 통문들에 관한 부분까지 들어갔다.

11 (토) 맑고 포근함

학교에서는 오전 중 논문 집필을 계속하여 韓釣隱을 비판하는 통문들에 관한 부분을 계속 다루었고, 학교 식당에서 점심을 든 후 오랜만에 학교 뒷산의 오솔길을 따라 걸어서 집으로 돌아왔다.

오후 다섯 시에 우리 아파트 3동 앞에서 東亞高等學校 在職同門 가족들이 모여, 봉고와 승용차에 나누어 타고서 晋陽郡 奈洞面 內坪里 안들마을에 있는 竹林집이라는 음식집으로 가서 토종닭과 동동주로 망년회를 겸한 모임을 가졌다. 이곳은 하동 가는 국도를 따라가다가 옆길로 빠져서, 울퉁불퉁한 비포장도로로 얼마 동안 더 들어간 곳에 있는 晋陽湖 댐의 서남쪽 끝 부분이다. 언젠가 본교 사회교육과 역사전공의 金俊亨 선생으로부터 晋州民亂의 주모자인 柳繼春이 민란 당시 이 마을에 살고 있었다는 말을 들은 적이 있었는데, 호수의 저녁 풍경을 구경하기 위해 그 집 마당의 대나무 숲 옆으로 잠시 벗어나와 보니, 그곳 빈터의 밭 가운데 근사한 비석이 세워져 있었다. 다가가서 다소 주위가 어두워진 가운데 비문을 더듬어 읽어 보니, 이 마을이 민란의 진원지가 되었을 당시 그 배후 조종자로 지목되어 古今島에 유배된 적이 있는 李某라는 校理 벼슬을 지낸 인물의 후손들이 그가 살던 집터에다 세운 것이었다.

14 (화) 맑으나 추움

학교에서 논문 작성을 계속하여, 134매 정도까지 나아갔다. 이번 겨울에는 현재의 논문을 마무리 지은 후, 원래 예정하고 있던 「『남명집』이정본의 성립」이라는 이에 後續되는 내용의 논문을 한 편 더 써 볼까 싶다. 그것을 마치고, 남명학 관계 연구문헌목록까지 작성하면, 박사학위 논문을 위한 전체적 체제가 대충 갖추어 질 것이다.

16 (목) 맑으나 쌀쌀함

학교에서는 연일 논문 작성을 계속하여, 趙澗松이 시도하던 『南冥粹語』에 관한 부분까지 진척이 되었는데, 이미 143매의 분량에 달했다.

17 (금) 맑음

논문 작성을 계속하여, 趙澗松의 『南冥粹言』 편찬 작업에까지 이르렀다.

18 (토) 맑음

어제까지 작성한 원고를 새벽에 집에서 출력해 보았는데, 프린터의 용지자동공급장치가 제대로 작동하지 않을 뿐 아니라, 노트북 컴퓨터에다 프린트를 연결시켜 보았더니 노트북 컴퓨터 자체가 이상을 일으켜 도무지 말을 들어 주지 않으므로, 이 파일을 데스크톱 컴퓨터에다 복사하여 상당한 시간을 들여 한 장 한 장씩 출력했다. 아침에 정헌철 선생의 아우 鄭憲植 씨가 연구실로 방문하여 출력한 원고를 받아갔다. 연구실에서 논문 작업을 계속하여, 원고용지 148매의 분량에 이르렀다.

밤에는 금성로터리 동쪽에 있는 禪茶苑이라는 전통찻집까지 산보 삼아 걸어가, 정헌식 씨가 회장으로 있는 江右茶會의 연말 모임에 참석하여, 이 회의 격식에 따른 茶會를 가지고 난 다음, 아침에 전해 준 원고를 토대로 한 시간 정도 초청 강좌를 가졌다. 내 원고를 포함한 회원들의 글들이 그새 인쇄가 되어, 『和白茶談(2)』라는 會誌로서 제본되어 나와 있었다.

강연이 끝난 후 사례 조로 멋진 茶器 한 세트를 선물로 받았고, 多率寺 曉堂 崔凡述 師의 『韓國茶生活史』를 비롯한 한국 차도에 관한 책 세 권도 얻었다. 손병욱·정헌철 교수 및 참석했던 회원들과 함께 어느 실비 집으로 자리를 옮겨 뒷모임을 가졌다. 정헌철 선생이 자꾸만 술을 더 시키는 바람에 밤 세 시 무렵까지 계속 앉아 있다가, 단식을 끝낸 직후인 내가 상 위에 놓인 꽃게찜 등의 음식을 계속 주워 먹는 것을 보고서 걱정이 된 손 교수의 권유에 따라 둘이서 먼저 일어나 집으로 돌아왔다.

20 (월) 맑고 포근함

지난 주말에 출력해 둔 논문을 처음부터 읽어 가며, 문제점이나 잘못 입력된 부분들을 체크했다.

21 (월) 매우 추운 바람

어제 교정한 내용을 지금까지 작성한 부분에다 새로 입력해 두고, 趙澗松의 『南冥粹言』에 관한 記述을 계속하여 마쳤는데, 이미 원고지 150매의 분량을 초과했다.

22 (수) 맑으나 찬바람

논문 작성을 계속하여 韓釣隱이 덕천서원 원장에서 축출되고 난 이후의 동향에 대해 집필하기 시작했는데, 거의 160매에 육박하고 있다.

오후 두 시부터 있은 남명학연구소의 초청 세미나에 참석했다. H 선생이 내년 중국 북경에 가서 일 년간 禮學에 관한 연수를 한다고 하더니, 아마도 그 튜터 쯤에 해당하는 사람으로 보이는 北京師範大學 研究生院 교수인 彭林이라는 나와 동갑인 사람이 와서 「南冥의 歷史認識」이라는 주제로 발표를 했다.

24 (금) 맑고 다소 포근함

학교에서 작업 중 드디어 노트북 컴퓨터가 또다시 작동되지 않는 상태에 이르렀다. 그동안에도 배터리의 蓄電 시간이 통상 두세 시간은 되어야 함에도 불구하고 아무리 오랫동안 전원을 연결해 두어도 반시간도 견디지 못하는가 하면, 작업 도중에 명령어를 듣지 않기도 하고, 배터리가 과열되기도 하는 등 여러 가지 하자가 있었으나, 한창 작업하고 있는 도중인지라 이번 논문을 마칠 때까지는 이럭저럭 버텨보려고 마음먹고 있었던 것이다. 그러나 오늘은 문제가 다소 심각하여, 점심 때 카오스 컴퓨터 점에 들고 가 보았으나 장 씨가 없었으므로, 연구실로 도로 들고 와 부팅을 시켜보니, 지난번 고장이 났을 때와 마찬가지로 전혀 작동이 되지 않는 것이었다. 그러고 보면, 지난번 이와 똑 같은 문제가 생겼을 때 배터리 이상이라 하여 멀쩡한 배터리를 교체했던 것은 금성 대리점 측의 농간이었음이 분명하다 하겠다.

학교에서는 더 이상 작업을 계속할 수가 없는 상황이 되었는지라, 컴퓨터를 가지고서 다시 별 수 없이 공설 운동장 부근의 금성 컴퓨터 대리점으로 들고 가 수리를 부탁해 두었고, 집으로 돌아와서 데스크톱 컴퓨터로 작업을 계속하였다. 이미 160매를 넘어섰다.

어제에 이어 최근에 우송되어 온『계간 철학과 현실』에 실린 연세대 유인희 교수의「한국 유학계 이래선 안된다」를 다시 한 번 읽어 보았다. 고려대의 윤사순 교수, 성균관대의 최근덕 교수 등 동양철학계의 원로급 교수들이 名儒들의 문중을 끼고서 여러 학회의 長 자리를 獨食하고 금전적 이익을 탐하며, 자신의 派黨 구축에 급급한 모양을 통렬히 비판한 것이다. 아마도 그것이 오늘날 동양철학계 현실의 진상일 것이다.

26 (일) 맑음

일본의 坂出祥伸 교수에게 부치는 연하장을 썼다. 坂出 교수에게는 새해에 서울에서 개최할 예정이었던 南冥學 국제학술회의는 취소될 가능성이 많다고 전하고, 새해 3월말까지 논문을 보내 줌과 아울러 연구비를 송금할 수 있는 통장 번호를 알려 달라고 적었다.

28 (화) 맑고 다소 포근함

학교에서는 논문의 제4장 집필을 마치고서 '맺는말'에 들어갔다. 오늘까지로서 171매의 분량에 이르렀다.

29 (수) 맑고 포근함

드디어 「『南冥集』 壬戌本의 毁板」을 탈고했다. 총 178매에 달하는 장편이다.

30 (목) 맑음

새벽에 일어나 어제 탈고한 원고 중 아직 한 번도 퇴고를 거치지 못한 부분을 한 차례 검토하여 수정하고 난 후, 프린터로 출력을 하였다. 그러나 출력되어 나온 부분들을 살펴보았더니, 인쇄가 잘 되지 않은 부분이나 불필요한 검은 선이 희미하게 보이는 부분들이 많았고, 또한 낱장공급장치의 용지가 순조롭게 공급되지 않는 경우도 있었다. 한 번은 용지의 일부가 프린터 안쪽에서 기계에 물려 찢어져 버리고 말았으므로, 프린터 덮개를 떼어 내고서 그 끼인 종이를 송곳을 이용하여 빼 내야만 했는데, 그러고 나서 다시 출력을 시켜 보았더니 인쇄 속도가 엄청나게 떨어지는 것이었다. 어떻게 처리하면 좋을지 몰라 다시 덮개를 떼어 내고서 체크해 보았으나, 도트 프린터의 리본이 잘못 연결되어 있는 듯한 점 외에 아무런 하자를 발견할 수가 없었다. 어쩌다 프린터에 접속되어 있는 노트북 컴퓨터의 키를 눌러 보았더니 그 순간은 다시 인쇄 속도가 정상으로 회복되는 것을 발견하였으나, 금세 도로 속도가 떨어져 버리므로, 아침 출근 시간이 조금 지날 무렵까지 내내 키를 눌러 주는 지루한 작업을 계속하여 간신히 인쇄를 마칠 수가 있었다.

출근한 후 인쇄된 논문과 플로피 디스켓을 조교에게 전해 주어, 교내의 남명학연구소 간사인 한문학과 황의열 선생에게 전하게 했고, 그러고 난 후에는 조교가 한 부 복사해 온 논문을 처음부터 다시 읽어 가며, 원고 제출 기한에 맞추느라 미처 충분히 체크가 되지 못한 오류나 미스타이핑 부분들을 찾아 수정하여 컴퓨터에다 입력하는 일을 시작했다.

31 (금) 맑음

학교에 나가서는 교내의 남명학연구소에 이미 제출해 둔 논문을 일단 돌려받아, 새로 읽어가며 타이핑 상의 미스가 있었던 부분 등을 수정하는 작업을 계속하였다.

1994년

1월

3 (월) 흐림

새해 첫 출근을 하여, 퇴근 시간까지 최근에 탈고한 논문 「『南冥集』 壬戌本의 毁板」의 퇴고를 계속하였다.

4 (화) 맑음

최근에 탈고한 논문 「『南冥集』 壬戌本의 毁板」의 교정 작업을 마쳤다. 수정하는 과정에서 다소 첨가된 내용들이 있어, 전체 분량은 200자 원고지 181매의 분량으로 늘어났다.

유교학회의 연구간사로 있는 안동대학 양재열 교수로부터 지난 연말에 이어 두 번째 시외전화가 걸려 왔다. 다음 달 중에 남원에서 있을 이 학회의 모임에 참석하여, 梁誠之의 『訥齋集』 중의 글 하나를 택해 발표해 달라는 용건이었다. 그동안 논문 수정 때문에 시간적 여유가 없어 『눌재집』을 검토하는 일을 미루어 두었으나, 양 교수의 두 번째 전화를 받은 데다 한 차례의 수정 작업도 일단 마쳤으므로, 비로소 퇴근 때까지 두어 시간 『눌재집』을 뒤적여 볼 수가 있었다.

5 (수) 맑음

퇴고를 마친 논문을 다시 출력하여 플로피 디스켓과 함께 남명학연구소 간사인 황의열 선생에게 전했다. 점심 때 한문학과의 이상필 선생에게서

들은 바에 의하면, 『남명집』의 번역 작업은 한문학과 교수 전원이 분담하여 작년 10월부터 연말까지 두 달간 작업하여 번역 자체는 거의 마쳤으며, 金侖壽 씨가 원문과 대조하고 뒷부분에 교감된 원문을 인쇄해 붙이기로 했는데, 김 씨의 작업이 2년이 지난 지금까지 지체되고 있다고 한다.

종일 『訥齋集』의 정조 연간 활자본과 일제시기에 간행된 석판본을 대조해 가며 목차 등을 검토하였고, 활자본에 실린 奏議나 그 부록에 실린 訥齋 梁誠之의 傳記 자료 등을 읽어 보고 있다.

6 (목) 맑음

퇴근 무렵까지 어제부터 읽고 있던 『訥齋集』 부록 중의 「政案」을 마저 읽었다.

7 (금) 맑으나 추움

『訥齋集』 부록을 다 읽고서, 활자본 문집을 처음부터 들추어 가며 관심이 가는 부분들을 읽어 보고 있다.

8 (토) 맑음

石版本 『訥齋集』의 續集을 검토하였다.

9 (일) 맑고 포근함

아내와 둘이서 月牙山에 올랐다. 먼저 시외버스로 文山까지 간 다음, 문산에서 택시를 타고서 青谷寺에 이르렀고, 청곡사에서 능선을 따라 해발 482미터의 정상인 將軍峰에 오른 다음, 杜芳寺 쪽으로 내려왔다. 이 청곡사는 退溪의 숙부인 松齋公이 진주목사로 있을 때 퇴계의 三兄인 漪와 四兄인 瀣가 따라와 이 절에서 공부한 적이 있고, 퇴계 자신도 1533년의 두 번째 南行 때 「過青谷寺」라는 시를 남기고 있는 것이다. 퇴계는 이때 宜寧으로부터 지금의 진주 터널 옆 산중턱에 있었던 法輪寺로 친구인 姜晦叔과 進士 同年인 姜奎之를 찾아가다가 金山 쪽으로 길을 잘못 들어

청곡사를 지나게 되었는데, 법륜사에서는 친구들을 만나지 못하고 이 절에서 혼자 하룻밤을 묵고 있는 것이다. 그 법륜사는 신라 고찰이라지만, 壬亂 때 불타 廢寺가 되어 버려 지금은 주춧돌과 돌층대 등만 잡초 가운데 잔존해 있다고 들었으므로 일찍부터 한 번 그곳을 찾아 볼 마음이 있었다. 그러나 그쪽 골짜기로 내려가는 길이 없고 아내도 반대를 하므로 그냥 부근의 능선에 서서 바라보기만 하다가 바로 옆 골짜기에 있는 두방사 쪽으로 내려왔다. 뜻밖에도 두방사 無量壽殿 앞뜰에서 40여 년 전에 法輪寺址로부터 옮겨 왔다는 나지막한 다층석탑을 하나 얻어 볼 수가 있었다.

10 (월) 맑음

학교에서는 『訥齋集』의 검토를 대충 마치고, 국문과 교수 연구실에 이 책의 번역본이 있는 것을 발견하고서 그것도 좀 빌려 두었다. 成宗이 訥齋를 태종·세종조의 文衡을 장악했던 卞季良과 같은 인물이라고 평했다 하므로, 『春亭集』을 꺼내어 변계량의 行狀 및 문집의 목차를 검토하고 난 후, 주로 변계량과 浩亭 河崙에 관계되는 글들을 읽어 보고 있다. 하륜이 왕자의 亂 때 태종을 도와 鄭道傳 일파를 숙청하고 난 후 國初의 文衡을 장악하였고, 그 이후 그러한 위치가 변계량을 거쳐 양성지에게로 이어지는 것임을 파악할 수가 있었다. 특히 『춘정집』에는 지금까지 본 적이 없는 진주의 五臺寺重建記文이 실려 있었는데, 이를 통하여 浩亭이 젊은 시절 이 절에서 공부하였던 사실을 알 수가 있었다.

을유문화사에서 신학기에 대비하여 나의 『중국철학사』를 새로 500권 인쇄하겠다면서 550장분의 인지를 보내왔다. 86년도의 초판 이래 거의 매년 판을 거듭해 온 셈인데, 이번이 몇 판째인지는 나도 분명치 않으나 아마 7판이 아닌가 한다.

11 (화) 맑음

어제 서울의 김충렬·권인호 씨, 조옥환 사장, 부산의 한상규 씨 등과 통화하여, 『南冥學硏究論叢』 제3집을 위한 원고를 3월 말까지 수합하여 5월 중에 책을 내기로 하고, 그 원고 독촉에 관한 일은 權·韓 두 박사가 나누어 맡기로 했으며, 조옥환 사장에게는 아직 연구비 착수금이 지불되지 않은 분들에게 그것을 송금하도록 요청했었는데, 오늘도 논문집 간행에 관한 일로 권인호·조옥환·김충렬 諸氏와 통화를 했었다. 김충렬 원장은 이 달 15일에 「人民日報」 초청으로 중국에 가 약 일주일 정도 체재하는 모양이므로, 김 교수 자신 및 그이가 수합하기로 한 중국 교수들의 원고도 3월 말까지는 脫稿하여, 5월 중에 책이 나오는 데 차질이 없도록 유의해 달라고 당부해 두었다. 내 통장에도 백만 원이 입금된 모양이다. 을유문화사에는 보내온 대로 인지 550권분을 우송했다.

오전 중 안동대학의 양재열 교수와 다시 한 차례 통화가 있었다. 다음 달 南原의 儒敎學會 모임에서 내가 발표할 내용은 『訥齋集』 卷2의 「請罷防納」을 중심으로 한 梁誠之의 방납 문제에 관한 奏議들에 초점을 맞추기로 합의하고, 「請罷防納」의 譯註 작업에 들어갔다. 『春亭集』을 한 차례 훑었고, 『詩集傳』은 邶風을 다 읽었다.

12 (수) 맑음

「請罷防納」의 譯註 작업을 계속하고 있다. 訥齋가 고려 시대의 三司 제도를 염두에 두고서, 이를 모델로 하여 收取 체제를 개혁하고자 하는 것임을 알 수가 있었다.

13 (목) 흐림

「請破防納」의 본문 譯註 작업을 일단 마쳤다. 본문은 얼마 되지 않지만 주석 부분이 길어, 이미 A4용지 두 매 분을 조금 넘었다.

14 (금) 맑음

「請罷防納」 譯註의 수정 작업을 계속하였는데, 오랫동안 알고자 노력해 왔던 주석에서의 문단 구성법을 드디어 터득했다. 컴퓨터로 입력할 때 주석 부분에서는 매 행마다 처음 한 자 정도의 빈 여백을 남겨 두고 싶었는데, 지금까지는 그것이 뜻대로 되지 않았던 것이다.

15 (토) 맑음

오후 한 시까지 「請罷防納」의 譯註 수정 및 『눌재집』에 보이는 그 밖의 방납 문제에 관한 奏議들을 검토하여 그 건의 내용을 요약하는 작업을 계속하였다.

18 (화) 맑으나 추움

訥齋의 防納 문제에 관한 奏議 내용을 요약하는 작업을 계속했다. 本集에 대한 검토를 마치고서 續集으로 들어갔다.

19 (수) 강추위

防納 문제에 관한 『訥齋續集』의 기록들을 찾아 읽고서 요약 정리하는 작업을 계속했다.

저녁 무렵 중문과의 鄭憲哲 교수로부터 전화를 받았다. 조옥환 사장이 『남명집』 번역을 담당하고 있는 한문학과 교수들에게 서신을 보내어 번역을 잘 해 달라는 당부를 하고, 아울러 교감은 외부의 대가에게 맡기는 것도 고려해 보라는 말을 적었다면서, 혹시 그 편지에 내가 관여한 바는 없느냐는 것이었다. 나로서는 今始初聞인데, 얼마 전에는 조 사장이 부산에 있는 韓相奎 씨를 본교의 장원철 교수에게로 보내어 『남명집』 번역에 관한 일을 묻기도 했었다는 것이다.

20 (목) 大寒, 추움

『訥齋集』 중의 防納 관계 자료들을 譯註하고 요약 정리하는 작업을 마치고서 오늘 프린터로 出力하였다.

21 (금) 맑음

어제 탈고한 防納 관계 원고를 발송하였다. 『訥齋集』 부록의 내용을 대충 다 읽어 본 다음, 관계 자료를 면밀히 찾아내어 譯註하고 정리하는 작업이었기 때문에 결국 거의 한 달 정도의 시일이 걸린 셈이다. 인쇄하여 A4용지 네 매의 분량이었다.

24 (월) 맑음

다음 논문 준비를 위해 퇴근 시간까지 카드 정리 작업에 몰두했다.

25 (화) 맑음

『남명학연구』 제2집에 실린 金侖壽 씨의 논문 「『南冥集』의 冊板과 印本의 系統」 중 내가 방학 중에 집필하고자 하는 釐正本에 관련된 부분까지를 다시 한 번 읽어 보았다.

26 (수) 맑음

사학과 鄭鉉在 선생으로부터 정 선생 논문이 실린 본교 인문대 사학과 및 사범대 역사교육과의 합동 史學 논문집 『慶尙史學』 제9집을 한 부 얻어, 그 중에 실린 丹城 戶籍臺帳에 관한 정 선생의 논문(각주 11번에 나에게서 빌린 『雲牕集』에 관한 언급이 있다)을 대충 훑어보았고, 이어서 사학과 姜吉仲 교수의 논문 「陳亮의 經世思想에 대한 一考」를 모두 읽었다.

27 (목) 맑음

趙輝晉의 문집인 『東窩遺集』의 부록을 읽으며 카드화 하는 작업을 마쳤다.

28 (금) 흐림

어제에 이어 『東窩遺集』의 本集 등을 읽으며 카드화하는 작업을 거의 마쳤다. 특히 大笑軒의 후손인 東窩 趙輝晉과 樊巖 蔡濟恭의 관계에 주목하고 있다.

29 (토) 맑음

오랫동안 중단해 두었던 南冥學硏究論著目錄의 작성을 다시 시작했다.

30 (일) 맑음

오전 중 집에서 南冥學關係硏究論著目錄 작성을 계속하였다.

오후에는 육거리에서 시외버스를 타고는 泗川郡 昆明面 松林里에서 내려 거기서부터 걷기 시작하였다. 隱士里에서 世宗大王과 端宗의 胎室 있던 곳들을 둘러보았다. 馬谷里에서 无悶堂이 最晩年에 와서 얼마동안 거주하기도 했던 지금의 多率寺驛 부근인 鳳溪里까지의 일부 구간은 새로 건설되고, 나머지는 舊道路를 따라 새로 2차선으로 擴鋪裝 공사가 진행되고 있는 옥종-곤명 간의 도로를 따라 하동군 옥종면으로 접어들었다. 知足堂의 고향인 三壯洞에서 동쪽으로 꺾어들어 北芳里 쪽으로 가다가 東學亂 당시 많은 農民軍이 일본군 토벌대에 의해 죽어간 高城山城을 바라보며 추동으로 빠져 나왔고, 날이 어두워진 후 晋陽郡 水谷面 昌村里에서 버스를 타고 집으로 돌아왔다.

나는 고성산성이 바로 『孤臺日錄』 및 『亂中日記』의 丁酉年條에 보이는 鼎蓋山城이 아닐까 하는 의문을 가지고 있었던 것이지만, 집에 돌아와 문헌 및 25,000분의 1 지도를 들추어 보고서 鼎蓋山은 玉宗의 서북쪽 斗陽里와 宗化里 사이에 별도로 존재하며, 거기에도 산성의 흔적이 남아 있음을 확인할 수가 있었다.

31 (월) 흐리고 오후에 비

남명학연구소의 조교가 논문 집필료 30만 원을 갖다 주었다.

새 논문 「『南冥集』 釐正本의 成立」의 집필을 시작했다.

2월

1 (화) 맑으나 저녁 무렵 추움

「『南冥集』釐正本의 成立」 작성을 계속하였다. 머리말을 고쳐 '崔栢年事件의 顚末'이라 하고는, 바로 「卞誣通文草」의 요약을 통해 이 사건의 경위를 설명하기 시작했다. 귀가해서는 남명학 관계 연구논저 목록의 작성을 계속했다.

2 (수) 맑음

오랫동안 끌어 오던 남명학관계연구문헌목록의 작성을 일단 마칠 수가 있었다. 학교에서는 논문 작성을 계속하였다. 崔栢年의 鄕案 入錄을 도와 준 金命兼이 바로 훼판 당시 李如泌 통문 連名者 가운데 한 사람인 金世兼과 동일인이며, 또 한 사람의 연명자인 金善兼은 그의 종형제임을 알아냈다. 이로써 문제의 열쇠를 찾아 낸 셈이다.

3 (목) 맑음

어제 탈고한 「南冥學 關係 硏究文獻 目錄」의 퇴고를 마쳤다. 오전 중에 남명학연구소 간사인 한문학과의 황의열 선생과 통화하여, 3월 중에 간행될 예정인 『南冥學硏究』 제3집에 이 목록을 실을 의사가 있는지를 물었다. 나로서는 원래 5월 중 간행하기로 예정을 잡고 있는 『南冥學硏究論叢』 제3집에 실을 예정이었으나, 다소 일찍 탈고가 되었으므로 교내의 논문집에 실어도 무방하겠다고 생각하고 있다. 이 논문집의 경우는 이미 편집에 들어간 데다 지금까지 수합된 원고와 자료만으로도 상당한 분량에 달할 것이 예상되므로, 황 선생이 임원들과 상의하여 나에게 통보해 주기로 했다.

『晋陽續誌』의 내용을 다시 한 번 훑어보며 인물 관계 기록 중 필요한 부분들을 카드화하였고, 이어서 『晋陽誌續修』의 序跋文들을 카드화하고 있다. 河謙齋의 嗣孫으로서 宗川書院 院變의 핵심 인물이 된 河大觀이 영조

말년에 쓴 『晋陽誌』 序文을 발견한 것은 하나의 소득이었다고 할 수 있다.

4 (금) 흐리고 낮 한때 눈

충남 예산군 修德寺에서 열리는 한국동양철학회의 동계학술발표회에 참석하기 위해 새벽 여섯 시의 시외버스를 탔다. 며칠 전 함양의 金倫壽 씨로부터 전화가 걸려와 함양에서 만나 같이 가기로 약속한 바 있으므로, 먼저 함양에 당도하여 김 씨와 만나 잠시 그의 집에 들르기도 했다. 둘이서 전주에 당도한 후 慶基殿과 그 구내에 있는 肇景廟·全州史庫址·睿宗太室 등을 둘러보고, 그 바로 부근에 있는 고색창연한 全州聖堂에도 들러 正祖期 최초의 천주교 박해의 계기가 된 이른바 珍山事件의 중심인물인 尹持忠·權尙然이 처형된 현장을 둘러 본 다음, 豊南門에 올라 사진을 몇 장 찍기도 했다.

둘이 다 아직 가보지 못한 군산과 장항을 거쳐 가기로 작정하였으므로, 군산에 들러 홍어찜으로 점심을 들고, 부두에 나가 배로 장항에 닿았더니 꽤 많은 눈발이 날리기 시작했다. 장항선 기차 시간에 맞추기 위해 읍내를 산책하고 다방에 앉아 있기도 하다가, 열차를 타고 수덕사에서 가장 가까운 삽교역에 하차했다. 군산에서부터 기차를 타고서 삽교역에 도착하기까지 계속 『남명집』의 판본 문제에 관한 서로의 입장에 대해 의견을 나누었고, H 선생과 나의 불화에 관한 이야기도 하였다.

군산에 닿은 후부터 장항선 열차를 타기까지 배와 기차 시간에 맞추기 위해 꽤 오래 기다려야 했으므로 수덕사에 도착했을 때는 이미 어둑어둑해 질 무렵이었고, 세 사람의 발표가 끝난 다음 학회의 회원들은 저녁 식사를 마치고서 휴식하고 있는 중이었다. 마지막 한 사람의 발표가 끝난 후 종합 토론이 있었는데, 오늘의 감사 보고를 내가 행하는 것으로써 지난 2년간 이 학회의 감사의 역할은 끝내고 새로운 임원들이 선출되었다. 尹絲淳 전임 회장을 이어 동국대의 宋錫球 교수가 새로운 회장으로 추대되었다.

5 (토) 맑음

거창·함양을 거쳐 집에 당도하니 어두워질 무렵이었다.

조옥환 사장이 설날 선물로 이번에도 사과를 한 궤짝 보내왔다.

6 (일) 맑음

아침에 조옥환 사장과 통화하여 매번 명절 때마다 과일을 한 궤짝씩 보내 주는데 대해 감사하다는 뜻을 전했다. 아울러 조 사장이 근자에 남명학연구소의 관계자들에게 편지하여 『남명집』 번역의 교감은 외부에 맡기는 것이 좋겠다는 뜻을 전한 데 대해, 김윤수 씨가 교감 작업을 치밀하게 잘 하고 있으니 그대로 맡겨 두는 것이 좋겠다는 것과, 아울러 사단법인 남명학연구원의 본부는 역시 중앙인 서울에다 두는 것이 옳겠다는 생각도 다시 한 번 전했다.

이어서 정신문화연구원의 정순우 씨에게도 전화하여, 지난번 덕산에서 가져간 曺龍玩 관계 자료는 내가 3월 말까지 탈고할 예정인 「『남명집』 이정본의 성립」 집필에 꼭 필요한 자료이니, 가능한 한 우선적으로 서둘러 작업하여 빨리 반환해 줄 것을 당부했다.

7 (월) 맑음

사학과의 정현재 선생을 만나 그의 연구실로 가서 대화를 나누었는데, 謙齋의 증손자 河大觀이 편수하여 올린 『晋陽誌』가 국사편찬위원회에서 영인 간행한 『輿地圖書』에 수록되어 있음을 확인하였다.

밤에 서울대 철학과 후배로서 현재 조교로 근무하고 있는 정원재 군으로부터 전화가 걸려왔다. 금년 겨울의 서울대 동양철학연구회 세미나는 설악산에 있는 현대패밀리콘도에서 열리게 됨을 알려 주었으나, 그 기간 중에 내가 남원에서 열리는 儒教學會에 나가 발표를 해야 하므로 참석할 수 없다는 뜻을 전했다. 정 군이 하는 말로는, 후배들 가운데 나에 대해 호감을 갖고 있는 사람들이 매우 많으니, 서울에 올 기회가 있을 때는 꼭 자기에게 사전에 연락하여 후배들과 만나는 자리를 마련할 수 있는 기회를 만들게 해 달라는 것이었으며, 가능하면 서울대에 한두 학기 출강하여 주었으면 좋겠다는 말도 하였다. 나는 이후 세미나를 위한 장소 물색에 애로가 있을 경우에는 나에게 연락하면 김윤수 씨가 있는 仁山農場의 연수 시설과 차량을 이용할 수 있도록 지난번 덕천서원 모임에 이어 또 한 번 주선해 보겠다는 뜻을 전했다.

뒤이어 정신문화연구원의 정순우 교수로부터도 전화를 받았는데, 정문연에서 지난번 가져간 曺龍玩 관계 자료들의 목록을 구정이 지난 후 나에게 보내겠고, 그 중 내가 필요로 하는 자료는 정문연 측에서 복사해 보내 주겠다고 했다.

8 (화) 흐림

정현재 선생에게서 빌려 온 『輿地圖書』의 해제를 읽으며 카드화 하는 작업을 마쳤다.

11 (금) 흐리고 오후부터 큰 눈

설날 연휴의 마지막 날, 『孝宗實錄』 元年 2월과 5월 條에서 栗谷·牛溪의 文廟從祀를 둘러싼 南人과 西人 간의 대립되는 주장을 읽으며, 張旅軒의 성리설이 퇴계와 상반되고 율곡의 그것에는 부합된다고 하는 서인 측의 주장 내용을 카드화하였다.

12 (토) 맑고 포근함

『晉陽誌』 初刊本을 읽으며 필요한 내용을 카드화하는 작업을 마쳤다.

13 (일) 맑음

새벽부터 오전 내내 『晉陽續誌』 『晉陽誌辨誣通文』 『續修晉陽誌』 『晉陽通志』 등을 대조해 읽으며 나에게 필요한 내용들을 카드화 하는 작업을 계속했다. 정오가 지나, 눈 온 후의 풍경도 감상하고 산책도 할 겸 진주산업대학(舊農專) 앞에서 시외버스를 타고서 남해고속도로를 경유하여 곤양에 이르렀고, 多率寺 입구를 지나 원전에서 다시 하동 가는 국도로 접어들어 北川에 다다랐다.

북천 읍내의 정육점 식당에서 오리 로스로 다소 늦은 점심을 들고 난 후, 귀가 어두운 그 댁 안주인의 시아버님께 큰 소리를 질러가며 이 지방에 사는 全州崔氏에 관해 물어 보았다. 그 양반도 전주최씨인 데다 先代의 일에 대해 관심이 많아 자세히 일러 주며, 전주최씨의 集姓村인 건너 마을 玉亭里 南浦洞으로 가서 崔圭環 씨를 만나 보라고 하는 것이었다.

최규환 씨는 이미 팔순의 노인이지만 아주 정정한 분이었다. 崔濯을 享祀하던 仁溪書院과 仁川里에 대해 상세히 설명해 주었고, 仁溪서원 下馬碑가 아직도 남아 있는 이웃 中黃里까지 나를 안내해 서원 터를 가리켜 주었으며, 최탁의 『竹塘實紀』며 『全州崔氏族譜』도 빌려 주었다. 이 문헌들과 최 노인의 설명에 의하여, 지금 내가 쓰고 있는 논문의 핵심 인물인 崔栢年이 바로 竹塘 崔濯의 둘째 아들이며, 金命兼, 즉 善兼은 죽당의 사위임을 확인할 수가 있었다. 오늘도 다시 한 번 현장 답사의 필요성을 절실히 느낀 바 있었다.

귀가하여 문헌들을 읽으며 카드화하는 작업을 계속하였다.

14 (월) 맑음

『晋州通志』의 카드화 작업을 마쳤다.

함양의 김윤수 씨로부터 편지와 함께 지난번 수덕사 모임에 갈 때 거두어서 쓰고 남은 돈 2만 원이 부쳐져 왔고, 小林淸市 군으로부터는 겨울 문안 그림엽서가 도착하였다. 小林 군이 山口大學에 부임한 지도 벌써 일년이 된다고 한다.

19 (토) 봄 날씨처럼 포근함

남명학연구소로부터 내 논문 「『南冥集』 壬戌本의 毁板」의 校訂紙가 보내져 왔으므로, 그 교정 작업에 착수하였다. 인쇄하여 모두 40페이지의 분량에 달하는데, 교정을 보는 도중에 다시 일부 내용을 삽입하기도 했다.

본교 도서관 직원으로부터 경북대학교에서 『韓國思想史學』 창간호에 실린 나의 「南冥集板本考(1)—來庵 刊本을 中心으로—」의 복사 요청이 왔으나 본교에는 그 책이 소장되어 있지 않다는 전화 연락이 와, 얼마 후 직원 두 명이 내 연구실로 와서 책을 빌려 갔다.

20 (일) 흐리고 한때 빗방울

오전 중 논문의 교정 작업을 마쳤다. 거의 모두가 한자의 교정이었는데, 내가 자형편집기로 만든 글자들은 물론, 흔글 2.0의 한자확장패키지에 들어 있는 글자, 심지어는 기본 한자의 일부조차도 인쇄되어 있지 않아 일일이 새로 적어 넣어야 했으니 어찌된 셈인지 모르겠다.

점심을 든 후 사학과의 鄭鉉在 선생 차로 함께 답사에 나섰다. 우선 진양군 대곡면 단목리로 가서 河氏의 世德祠에서 그곳 故老들에게 尤庵 宋時烈이 滄洲의 손자인 河洛 등에게 보낸 편지의 현존 여부에 관해 확인해 보고자 했으나, 그러한 자료는 전하고 있지 않다는 대답이었다.

이어서 의령군 칠곡면 陶山里에 있는 宜寧南氏의 사당인 學稼亭을 찾아보았다. 이곳은 생육신의 한 사람인 秋江 南孝溫 및 의령군 너실(板谷)마을 출신의 근세 학자인 素窩 南廷燮과 그 조카인 夷川 南昌熙를 享祀하는 곳인데, 이 마을에는 현재 의령남씨가 살고 있지 않고, 근자에는 문중 사람들이 제사지내려도 잘 오지 않는다고 한다. 素窩의 아우인 立巖 南廷瑀와 더불어 이들 너실마을 출신 의령남씨 집안의 세 숙질은 합천 쌍백 사람인 老柏軒 鄭載圭의 저명한 문인들인데, 이곳에 그들의 재실이 있는 것은 그들의 지계 선조가 族叔인 秋江이 화를 입자 지금의 三嘉인 嘉樹縣 자굴산중으로 처음 은둔해 내려왔기 때문인 듯하다.

칠곡에서 비포장도로를 경유해 좌골티재를 넘어서 대의면 杏亭里의 유명한 씨름 선수 이만기의 고향 곡소마을에 들러, 남명 문인 陶丘 李濟臣을 모시는 사당인 寒泉齋와 그 바로 위쪽의 玉氏네 묘소 한 모퉁이에 있는 陶丘의 묘소를 둘러보았다. 이 마을에도 도구의 후예인 固城李氏는 아무도 살고 있지 않았고, 재실을 관리하는 이규석 씨도 합천이씨라고 들었으나 외출 중이라 만나 보지는 못했다.

귀로에 許眉叟의 연고지인 중촌리 慕義마을을 지나, 진양군 집현면 정평리에 있는 신라 고찰 凝石寺에 들렀다가, 그곳에 食水를 받으러 온 국문과의 최용수 선생 및 수의학과 교수 가족을 만났다. 응석사는 원래 큰 사찰이어서 無學·懶翁 등의 유명한 고승들이 많이 거쳐 갔다고 한다. 조선 초기에는 세종조의 영의정 河演의 선대 영정들을 보존하고 있던 곳이라, 당대의 명사들인 김종서·황보인 등이 이 화상에 대해 讚詩를 지은 사실도 『晉陽續誌』 등에 보인다. 정유재란 때 소실된 후 寺勢가 극히 쇠잔해 있다가 근자에 왕성하게 불사를 이루어 신축된 건물과 탑이 여럿 눈에 띄었다. 丹溪 金麟燮도 만년에 집현산에 들어와, 이 아래의 대암리에 大巖書堂을 짓고서 강학하다가, 거기서 卒하고 있는 것이다.

21 (월) 맑음

오늘부터 2박 3일 일정으로 전라북도 南原의 관광단지 안에 있는 남원파크에서 유교학회가 개최되므로, 오전 중 학교에 나가 교정을 마친 논문 원고를 전해 주고서 남원을 향해 출발했다. 오늘부터 내일까지 설악산 현대패밀리콘도에서 서울대학교의 동양철학사상연구회 정기 학술발표회가 있지만, 이번에는 참석하지 못하게 된 사정을 총무간사 정원재 군으로부터 전화가 걸려 왔을 때 사전에 전해 둔 바 있었다.

오후 한 시 무렵에 당도하여 점심을 든 다음, 두 시부터 시작되는 崔根德 본회 회장의 강연 「訥齋 梁誠之의 生涯와 思想」을 경청한 다음, 준비된 자료와 순서에 따라 『訥齋集』의 원문 윤독에 들어갔다. 매년 참석한다는 김윤수 씨가 이번에는 오지 않았기에 전화해 보았더니, 저녁 무렵에 한 번 다녀갔다. 김 씨는 이번 유교학회의 일행을 인산농장에다 초대하고자 했으나, 都有司 梁承武 교수가 그렇게 할 수 없는 사정을 설명하였고, 나는 다음번 서울대 동양철학연구회의 정기학술발표회 모임이 인산농장에서 열릴 가능성이 있음을 김 씨에게 전해 두었다.

22 (화) 맑음

지금으로부터 이십 년 전인 74년 무렵, 당시 서울대 철학과 2학년생이었던 내가 방학 중이면 曉堂 崔凡述 스님을 찾아 진주 부근의 多率寺에 가서 한 달 정도씩을 보내고 있었다. 당시 마침 여름 방학을 이용하여 성균관대 학생인 제자 두 명을 거느리고서 이 절에 와서 머무르고 있던 저명한 한학자 放隱 成樂熏 선생과 해후하여 한 보름 정도를 같이 지낸 적이 있었고, 그러한 인연으로 상경한 이후에도 서울대학교 부근의 신림동에 자택이 있었던 방은 선생 댁에 출입하며 서울대 철학과 학생들과 함께 약 반 년 정도 한문을 배운 바 있었다. 그 때 방은 선생이 데리고 왔던 학생 두 명이 바로 지금 중앙대 중문과에 근무하는 盧仁淑 선생과 公州師大 한문교육과에 있는 宋錫準 선생으로서, 그 송석준 선생을 이십 년 만에 이 모임에서 다시 만나게 되었다. 당시 다솔사에서 찍은 사진이 있다기에 한 매 복사해 줄 것을 당부했다. 放隱 선생은 당시 다솔사에서 감기를 얻은 것이 낫지 않고서, 그것이 원인이 되어 서울로 돌아가신 후 그리 오래 되지 않아 끝내 별세하시게 되었다고 한다.

나의 「請罷防納」에 관한 발표는 원래 내일 첫 순서로 예정되어 있었던 것이지만, 일정을 다소 변경하여 오늘 아침에 발표하게 되었다. 오전 중 儒教學會 정기총회 및 오늘의 발표 일정을 모두 마치고서, 오후에는 남원 시내의 향교와 萬人義塚, 萬福寺址, 南原梁氏 시조 및 訥齋 선조들의 祭壇이 모셔져 있는 곳과 남원양씨 세 명이 幷享되어 있는 서원 등을 둘러보았다. 이어서 구례의 화엄사로 가서 경내를 둘러 본 다음, 화엄사 입구에 있는 음식점에서 푸짐한 山菜 요리와 막걸리를 들며 즐거운 저녁 한때를 보내고 돌아왔다.

24 (목) 맑음

어제 김충렬 교수로부터 온 서신을 읽었었다. 김 교수는 1월 15일부터 20일까지 6일간 人民日報 초청으로 중국에 다녀왔는데, 北京大學 湯一介 교수와 人民大學 張立文 교수를 만나 위촉해 둔 남명학 관계 논문에 관해 이야기해 본 결과, 3월말까지 탈고하기는 어렵고 4월말까지 제출하겠다고 한다면서, 원고 마감을 4월말까지로 한 달 더 늦추자는 내용이었다.

25 (금) 맑으나 다소 쌀쌀함

중문과의 정헌철 선생이 나를 좀 보자기에 그의 연구실로 따라갔는데, 지난번 남명학연구소의 임원 회의에서 내가 작성한 「남명학관계연구문헌목록」을 『남명학연구』 제3집에 싣기로 결정되었으나, 稿料를 지급할 수 없는 점을 양해해 달라는 것이었다.

어제까지로 지난주 일요일에 北川에 가서 빌려 온 『全州崔氏族譜』의 검토를 마치고서, 함께 빌려 온 『竹塘崔先生實紀』를 읽으며 카드화하고 있다.

26 (토) 맑으나 다소 쌀쌀함

어제에 이어 『竹塘實紀』의 행장 및 묘비명을 읽으며 카드화하는 작업을 계속하였다.

27 (일) 맑고 포근함

오후 세 시쯤 되어, 시외버스를 타고서 晋陽郡 寺奉面으로 향했다. 사봉삼거리에서 버스를 내려, 같이 내린 중년 남자에게 蔚山金氏가 사는 곳을 물었더니, 그 바로 부근에 있는 武村里 中村 부락으로 가 보라고 일러주었다. 중촌 못 미친 곳에 있는 죽항부락에 다다라 여기저기에 물어 김재상(개명하여 孝相) 씨 댁으로 가 보았더니, 주인은 출타 중이고 부인만 있는지라, 다시 중촌부락까지 가서 여기저기로 울산김씨 댁을 찾아보았으나, 역시 모두 출타 중이었다. 김병도 씨 댁에 들렀다가 김해에서 온 젊은 아들에게 족보를 보여 달라고 하여 펼쳐 보았더니, 바로 내가 찾고자하는 白巖 金大鳴의 派譜였다. 돌아 나오려는 참에 팔순이나 아직 기골이 정정한 병도 씨가 집으로 들어오는지라, 방 안으로 따라 들어가 찾아 온 용건을 말했는데, 의외로 바로 내가 찾고자 한 김대명의 증손자

三緘齋 金命兼의 문집을 소장하고 있었으며, 김대명이 살았던 東面 上寺里 白也村이 바로 지금의 武村里이며, 죽항의 김재상 씨 댁 옆에 유허비가 있다는 정보도 일러 주었다.

김병도 씨로부터 『蔚山金氏白巖公派譜』 및 『三緘齋集』을 빌려 노인과 함께 다시 죽항마을의 김재상 씨 댁에 들렀고, 재상 씨의 아들과 더불어 셋이서 백암의 유허비가 있는 곳까지 가 보고서 돌아왔다. 귀가한 후에 『重齋集』 後集 권19에 실려 있는 「白巖先生金公舊居碑」를 찾아 카드화하였다.

28 (월) 맑음

학교에서는 『竹塘崔先生實紀』의 카드화 작업을 마치고서, 금년부터 나의 자료 복사 작업을 거들어 주게 된 오정석 군이 이 자료들의 복사를 마친 후 해인사 아래의 치인리에 있는 집에 갔다가 오늘에야 수강 신청차 학교에 나타났기에, 복사 제본이 끝난 자료를 원본과 대조해 보고 나서는 원본을 빌려 온 곳에다 등기로 우송케 했다.

지난번 단목 마을에 다녀온 이후, 이 마을 출신으로서 지금은 부산의 동래구 온천 2동에 사는 澹山 河禹植의 嗣孫 河孝俊 씨에게로 여러 차례 전화를 걸어 보았으나 번번이 부재중이라고 하므로, 나의 전화번호를 일러 주며 돌아오시면 한 번 전화해 주시도록 당부하여 두었지만 역시 아무런 연락이 없었다. 오늘도 몇 차례 전화해 보았더니 회사 직원을 통해 내가 필요로 하는 자료를 구하려면 丹牧으로 가보라는 회답을 보내왔다. 내가 하 씨와의 접촉을 시도해 왔던 것은 부산대 柳鐸一 교수를 통해 입수한 『남명집』 인출본 혜판 관계 통문철 복사물의 원본이 이미도 이 사람에게서 나온 것이 아닐까라고 짐작되며, 宋尤庵 등이 단목의 하씨 문중에 보낸 편지 원본들을 비롯한 관계 자료가 아직 더 있는 것이 아닐까 하는 기대를 떨쳐버릴 수 없었기 때문이다.

퇴근길에 중앙시장 입구에서 칠보당이라고 하는 보석상을 경영하는 김근주 씨에게 들러, 김 씨가 중심이 되어 간행한 『蔚山金氏白巖公派譜』 및 『白巖集』 각 한 책을 얻어서 돌아왔다.

3월

1 (화) 맑음

어제 얻어 온 『蔚山金氏白巖公派譜』를 읽으며 카드화 하는 작업을 마쳤으며, 지금은 『白巖集』을 읽고 있는 중이다.

2 (수) 맑음

금년도의 첫 학기가 시작되었다. 한국철학사와 한국철학연구, 그리고 동아시아의철학사상 수업에 들어가 보았다. 한국철학연구의 경우에는 근년의 예에 따라 『南冥先生學記類編』을 윤독하되 下卷부터 읽기로 하며, 다음 주부터 본격적인 수업을 시작하기로 했다. 이번 학기에도 수업을 주로 월·수·금요일의 오전 중으로 몰아 나머지 시간은 내가 연구에 활용할 수 있도록 만들어 두었다.

3 (목) 흐림

지난 일요일 晋陽郡 寺奉面 武村里에 가서 빌려온 白巖 金大鳴의 증손자 金命兼의 『三緘齋集』을 읽으며 카드화 하는 작업을 계속하고 있다. 이 문집은 일제시기에 그 후손에 의해 편집되었다가, 작년에 비로소 부산에서 간행된 것인데, 훼판 사건 및 현종 연간의 崔栢年 사건과 관련된 기록들이 제법 보이고 있어 만족스러웠다.

정신문화연구원의 丁淳佑 부교수에게 당부해 두었던 曺龍玩의 후손인 山淸郡 三壯面 坮下里 居住 曺辰燮 씨의 景愚堂에서 빌려 간 고문서들이 오늘에야 나에게 입수되었다. 영남대학교 교육학과 박사과정의 학생으로서 당시 우리를 수행하여 고문서 조사 작업을 도왔던 청년이 같은 전공 석사 과정에 재학 중인 여학생과 함께 자기 차에 실어서 내 연구실로 가져다주었으므로, 그들과 함께 교직원식당으로 가서 점심을 함께 들었다.

일반대학원 석사 과정에 진학한 이정기 군이 연구실로 찾아와 나의 중국철학연습 과목을 신청하였다고 하므로, 다음 주부터 금요일 오후 세 시간에 걸쳐 이 군 한 명을 상대로 내 연구실에서 朱子의 『詩集傳』을 가지고서 수업하기로 하였다.

퇴근길에 시내의 진주예식장 안에 있는 飛鳳茶房으로 가서 본교 남명학연구후원회의 사무국장인 남명 문인 栢谷 陳克敬의 후손 陳正鉉 씨를 만나 『驪陽陳氏族譜』를 빌려왔다. 훼판에 동조하는 이여필 통문의 연명자 중 한 사람인 陳偰의 인적 사항을 파악하기 위해서인데, 어제 나의 전화를 받은 이후 진 씨가 아무리 찾아보아도 그런 사람의 이름은 눈에 띄지 않더라고 한다.

진 씨로부터 들은 바에 의하면, 본교 남명학연구소 운영 기금의 목표액인 1억2천만 원은 거의 채워져 가고 있고, 본교 구내에 세워질 南冥學館의 건축 비용은 당초의 예정보다 훨씬 많은 20억 원의 예산이 책정되었기 때문에, 조 사장이 10억을, 그리고 후원회 회장인 남성당 한의원장 김장하 씨가 5억의 출연을 약속하였지만, 다른 이사들은 기금 출연은 고사하고 아무리 독촉해도 이사의 연간 회비인 10만 원도 좀처럼 내놓지 않고 있는 상황이기 때문에, 부족한 5억 원의 마련 때문에 답보 상태에 빠져 있으나, 조만간 이럭저럭 해결될 것이라고 한다. 김 회장은 2억 정도를 더 내 놓을 의사가 있는 모양이지만, 조 사장이 선뜻 추가 출연의 의사를 밝히고 있지 않는 까닭에, 한때 김장하 씨가 회장 사퇴의 의사를 표명하는 발언을 하기도 했었다고 한다.

4 (금) 흐리다가 퇴근길에 비

어제에 이어, 책장 정리 결과 나에게 상대적으로 그다지 필요치 않은 것으로 분류된 책들은 보자기에 싸서, 들고 갈 수 있을 만한 분량의 또 한 묶음을 도서관 수서과에 운반해 가서 기증하였다. 아침 이른 시각이라 담당 직원이 아직 출근해 있지 않은 까닭이기도 하겠지만, 기증자의 명단에 기록도 하지 않았을 뿐 아니라, 이틀 동안 책을 기증했는데도 고맙다는 인사 한 마디 듣지 못했다.

출근하는 길로 어제 빌려 온 『驪陽陳氏世譜』 丙申譜 중에서 陳侙에 관한 기록을 찾아보았는데, 얼마 가지 않아 그가 바로 陳克敬의 生父인 定의 4대 嗣孫임을 확인하였다. 카드화 한 후 족보 중의 나에게 필요한 부분들을 조교에게 맡겨 복사하였고, 이어서 『三緘齋集』의 카드화 작업도 거의 마쳤다.

5 (토) 맑음

『三緘齋集』에 대한 검토를 마친 다음, 이 달 중에는 아내가 토요일 중에 수업이 많은 관계로 학교에서 좀 늦게 퇴근해야 한다고 하므로, 모처럼 학교 식당에서 점심을 들고서 산길을 걸어 집으로 돌아왔다.

6 (일) 흐림

책장을 정리하다가 陳正鉉 씨 조부의 遺作으로서 91년도에 번역 간행된 『農庵詩集』이 눈에 띄기에 한 번 훑어보았다. 이 책에 실린 작품들은 1865년에서 1918년까지 54세의 생애를 산 진 씨의 조부 陳洛成(字 禹玄, 시집에서 본인은 在明이라는 이름을 쓰고 있다)이 累世에 걸친 貧賤에서 벗어나 어버이에게 영예를 안겨 주기 위해, 27세 때인 고종 28년(1891) 8월 30일부터 12월 10일까지의 100일 동안에 과거에 급제할 수 있도록 天地神明께 기도하는 뜻으로 매일매일 같은 내용의 祈祝文과 더불어 갖가지의 서로 다른 대상들을 읊은 시 한 수씩을 지어, 모두 일백 수의 시를 모아 놓은 특이한 것이었다. 고종 26년 9월 2일에 지은 祝天文도 하나 수록되어 있어, 과거 합격을 위해 그 날을 기점으로 하여 매일 하늘에 기도할 뜻을 표명하고 있으나, 이 무렵의 시는 보이지 않고 있다. 農庵은 鄭芝山과 勿川 金鎭祜의 문인이라고 하는데, 결국 과거 급제의 소원을 이루지 못하고 만년에는 混泉齋라는 學堂에서 후진을 가르치다 여생을 마쳤다고 한다.

7 (월) 종일 비

정신문화연구원에서 보내 온 景愚堂 소장의 고문서들을 검토해 보았다. 경우당이란 남명의 6대손인 老愚 曺命勳이 正祖의 崩御 후 位를 設하고서 望哭한 장소인 泣弓臺 부근에 뒷사람이 그를 경모하는 뜻에서 세운 집 이름인데, 『秋淵集』 권17에 「重修景愚堂記」가 수록되어 있다. 문서의 양은 많았으나, 나에게 필요한 자료들은 별로 눈에 띄지 않았고, 봉투에 '龍宮宅回納' 등으로 적힌 簡札들은 龍宮縣監을 지낸 문제의 曺龍玩에게 온 것이 아닐까라고 짐작되지만, 간찰이란 거의가 초서로 씌어져 해독하기 어려울 뿐 아니라, 거의 오백 통에 가까운 것을 일일이 분류하여 가려낸다는 것도 간단하지 않은 일이다.

8 (화) 흐리다가 오후에 개임

종일 景愚堂 문서 중 丹城 校洞 출신의 老柏軒 鄭載圭 문인인 權載奎의 문집 『而堂集』을 뒤적이며, 노백헌의 중요 문인들에 관한 傳記 자료들과 그들의 남명에 관한 견해를 검토하여 카드화하였다. 귀가한 후에도 밤 열 시 무렵까지 『儒學近百年』에 실린 奇蘆沙 문인들에 관한 기록을 읽어 보았다. 당시 慶尙右道 지역의 노백헌 문인들은 기본적으로는 西人에 속하는 蘆沙學派임에도 불구하고 같은 主理派인 西人의 華西學派나 南人의 寒洲學派와 매우 우호적이었을 뿐 아니라, 심지어는 학설상으로는 대립적인 관계에 있던 艮齋 문인들과도 상당히 교제가 있었음을 알 수가 있었다.

9 (수) 흐리고 꽤 쌀쌀함

계속 景愚堂 文書 중의 書冊들을 검토하며 카드화하였다.

10 (목) 꽃샘추위

학교에서는 이미 수집되어 있는 두 종류의 『昌寧曺氏(文貞·忠順衛公)派譜』와 이번의 景愚堂 문서 가운데 들어 있는 필사본 『昌寧曺氏家乘』을 비교해 가면서, 德巖 曺龍玩 이래 德山의 남명 가문을 영도해 온 恩津宋氏 소생 남명의 3남인 次矸의 후예들 계보를 정리해 보았다. 덕암의 후예로서 덕암의 아우 龍現의 후예인 弦齋 曺庸相의 뒤를 이어 남명의 가문을 이끌어 온, 현재의 景愚堂 주인 辰燮氏의 부친 相夏의 문집인『石菴遺稿』의 刊本과 筆寫本을 대조하며 카드화 하는 작업을 진행하고 있다.

11 (금) 흐리고 쌀쌀함

일반대학원의 본격적인 수업이 시작되었다. 애초에는 이정기 군 한 명을 데리고서 수업할 예정이었으나, 국문과 박사 과정 3학년에 재학하면서 국문과의 시간강사를 맡고도 있는 조구호 군이 이 수업을 듣기를 희망하므로, 학생이 한 명 더 늘었다. 조 군은 세 시부터 영문과 박창현 교수의 수업에도 나가야 하므로, 원래 세 시간 수업을 하게 되어 있는 이 과목을 오후 한 시부터 連講하여 두 시간 정도로 마칠 예정이다. 교재로는 明初에 나온 五經集註大全本『詩集傳』으로 하되 朝鮮版 內閣本을 텍스트로 하며, 成百曉 씨의 번역본을 참조하도록 했다. 과제로서 經의 本文과 朱子의 集傳 전부에다 붉은색으로 구두점을 찍어 오게 하고, 아울러『詩經』에 관한 200자 원고용지 50매 이상 분량의 리포트를 제출하도록 했다. 결국 이 학기 중에『詩集傳』전부를 독파할 것을 요구한 셈이다. 조구호 군은 시내의 二以齋에 나가 다년간 한문을 공부한 적이 있는 모양이라, 토를 붙여 읽는 품이 꽤 능숙했다.

12 (토) 간밤에 눈 온 후 오전 중 비

학교에서『石菴遺稿』의 서신들을 읽으며 카드화 하는 작업을 계속하였고, 교직원 식당에서 점심을 든 후 산길을 걸어 집으로 돌아왔다.

13 (일) 맑음

오전 10시에 산청 德山의 덕산다방에서 덕천서원 內任인 曺鍾明 씨와 만나게 되어 있기 때문에 아침을 든 후 집을 나섰다. 조 씨와 만나서 우선 臺下里에 있는 石菴 曺相夏의 장남 辰燮 씨 댁을 방문하였다. 진섭 씨는 내 아버지와 동갑인 기미년 생인데, 2년 전부터 관절염으로 거동을 거의 못하고 있었다. 그가 사는 집은 老愚·德巖 등 남명 문중을 대표해 온 그의 역대 선조들이 살아 온 그 위치라고 하는데, 목하 지붕 등을 수리하고 본채 옆에 따로 한 칸을 달아서 짓고 있는 중이었다. 그의 집 벽장에 있는 책들을 다 꺼내 보았지만, 내가 찾고자 하는 德巖 曺龍玩의 實紀는 눈에 띄지 않았다.

집 뒤 대밭 위의 언덕에 있는 景愚堂에 소장된 서적들도 뒤져 보았지만, 역시 눈에 띄지 않았다. 老愚가 正祖의 붕어를 맞아 3년 동안 서울을 향해 호곡했다는 경우당 뒤편 泣弓臺에 올라보았다가, 건너편 大浦 마을로 가서 弦齋 曺庸相의 손자요, 石菴에 이어 문중 일을 맡아 보았던 啓燮의 둘째 아들을 만나, 예전에 한 번 조사한 적이 있는 小川書堂의 서책과 문서들을 다시 한 번 검토해 본 다음, 덕산으로 도로 나와 종명 씨와 함께 늦은 점심을 들었다.

종명 씨의 말에 계섭 씨 이후 문중을 대표하고 있는 대포리의 義生 씨가 문중 사람들에게 德山碑 사건 등과 관련하여 자신의 입장을 정리해 배포한 『須知』라는 인쇄물이 있다고 하므로, 도로 대포리로 올라가서 鍾明 씨 댁에 소장되어 있는 서적들을 뒤져 몇 권 빌려 왔다. 종명 씨 댁도 일제시기에 문중 일을 맡아 보았던 그의 증조부 曺杓 등이 대대로 살아 온 집이라고 한다.

14 (월) 맑으나 추움

어제 빌려 온 자료들을 검토해 그 중 『老愚實紀』는 오정석 군에게 주어 복사하게 했다.

15 (화) 맑으나 아직 다소 추움

『昌寧曺氏派譜』 중에서 宋氏 소생의 남명 둘째 아들 후예인 漆原公派와 셋째인 萬戶公派의 계보를 더듬어 보았다.

출근 전에 山淸郡 三壯面 大浦里에 살고 있는 현재의 남명 문중을 대표하는 장로 曺義生(족보상의 원명은 文燮) 씨에게로 전화하여 그의 5대조에 해당하는 德巖 曺龍玩의, 족보에 있다고 기록되어 있는 實紀가 과연 현존하고 있는지를 물어 보았다. 그이의 대답에 의하면, 이 실기는 간행되지 않고서 필사본의 형태로 두 부인가가 전해 오다가, 종손 댁이 화재를 만났을 때 소실되고서 이제는 전하지 않는다는 것이었다. 『石菴遺稿』 권2에 실린 「讀熙政殿登對錄後」에 의하면, 덕암이 正祖에게 登對한 내용을 적은 이 기록은 6.25 동란의 와중에 "兵燹에 들어가 보존되지 못"한 것으로 되어 있으며, 이 때 문중의 書冊이 보관되어 있던 景愚堂도 불타 없어져 6년 후에 재건하게 되므로, 아마 이 무렵에 실기도 함께 소실된 것으로 보아야 할 것 같다.

정신문화연구원의 정순우 교수 자택으로도 전화하여 지난 일요일 小川書堂을 방문해 보았을 때 거기에 상당량의 고문서가 있었음을 알리고, 아울러 아직 입수되지 못한 老柏書舍 소장의 고문서들을 서울로 가져가 작업하기 위해서는, 이 마을 출신인 성균관대학의 崔根德 교수를 통해 후손들과 다시 한 번 접촉해 볼 것을 권했다. 나로서는 남명 관계 자료를 비롯한 이 고장의 문헌들이 적어도 일단 마이크로필름化 되어 길이 보존될 수가 있고, 또한 그것들이 장차 서적의 형태로 출판되어 널리 이용될 수 있게 하는 데 일정한 역할을 수행하는 것으로써, 남명학을 연구하는 사람으로서의 자신의 소임을 어느 정도 다하는 것으로 생각하고 있는 터이다.

학교에서는 종일 景愚堂 문서들을 검토하였고, 『學記類編』 下卷에 실린 朱子의 「敬齋箴」을 『朱子集』 및 『退溪集』의 「聖學十圖」에 실린 그것들과 대조하여 읽었고, 내일 수업 때 학생들에게 배부하여 한국철학강독의 보조 자료로 삼기 위해 「聖學十圖」 第九圖의 '敬齋箴'을 조교에게 주어 복사하게 하였다. 簡札들은 모두 457통에 달하고 있는데, 봉투에 '龍宮政軒執事回納' 등으로 적힌 것으로 미루어 대부분 龍宮縣監을 지낸 曺龍玩 앞으로 온 것임을 짐작할 수가 있지만, 草書로 적힌 이 많은 편지들의 내용을 검토하는 것은 지금으로서는 무리라 생각하여, 아쉽지만 그냥 후손에게 돌려보내기로 작정하였다.

함양 지리산중의 仁山農場에 있는 金侖壽 씨에게도 전화하여, 경우당 문서를 검토한 결과 및 지난 일요일 조용완 관계 자료를 찾아 답사해 본 결과 등을 일러 주었다.

16 (수) 흐리고 아직도 다소 추움

아침에 덕천서원의 內任 조종명 씨에게 전화하여, 빌려 온 자료들의 검토를 마쳤으니 가져가시라고 했다. 나에게 차가 없으므로, 조 씨가 늘 이렇게 수고를 해 주고 있는 것이다. 지금까지는 남명 관계의 자료라면 논문이든 일차 자료이든 무엇이라도 일단 복사를 해 두는 주의였지만, 書架의 공간적 여유도 없고, 학과 예산으로 그 비용이 충당되는 복사기 및 용지를 개인적 연구의 목적으로 사용한다는 점이나 無給으로 오 군에게 복사 작업을 시키는 일도 마음에 부담스럽다. 앞으로는 나 자신의 연구에 정말 필요한 자료가 아닌 이상 검토만 하고서 복사하지는 않으며, 논문 종류라면 컴퓨터의 목록 파일에다 그 서지 사항을 입력만 하고서 돌려주는 것으로 방침을 바꿀 생각인 것이다.

오후에 자기 차를 몰고 와 나의 연구실을 방문한 조 씨에게 정신문화연구원에서 보내 온 경우당 문서와 소천서당 문서 및 조 씨 댁에서 빌려 온 자료 일체를 반환하였다. 아울러 오 군이 3분의 2 정도나 이미 복사 작업을 마친 『老愚實紀』는 알고 보니 이미 수집되어 복사 제본까지 되어 있었으므로, 작업을 중단시키고서 이미 복사된 부분은 조 씨에게 주어 나머지 부분을 마저 복사 제본하여 이용하도록 했다.

『노우실기』의 카드화 작업을 계속했다.

17 (목) 맑고 다소 포근함

弦齋 曺庸相이 그 부친인 復庵 曺垣淳 및 스승인 溪南 崔淑民·俛宇 郭鍾錫으로부터 받은 편지들을 필사해 둔 『父師遺詔錄』과 德巖 曺龍玩과 그 父·

祖의 三代 행적을 기록해 둔 것 등 남명 문중에 전해 오는 필사본 서책들을 검토해 보았다. 덕암의 묘갈은 南履愚가 썼음을 확인했지만, 너무 節略되어 있어 만족스럽지 못했다. 金倫壽 씨로부터 몇 차례 전화가 걸려왔으므로, 『부사유조록』 등을 통해 새롭게 확인한 내용을 일러 주었다. 조종명 씨로부터도 전화가 걸려 와 정신문화연구원에서 빌려갔던 경우당 문서 중 敎旨類가 반환되지 않았다기에 다시 한 번 찾아보았더니, 책상 및 전기난로 뒤편에 굴러 있었다.

18 (금) 맑고 포근함

어제에 이어 昌寧曺氏 『家蹟』 등 필사본 책자들을 검토하며 카드화하였다.

19 (토) 맑은 봄 날씨

오전 중 학교에서 曺辰燮 씨 소장 景愚堂 문서 중 실수로 반환되지 못한 禮曹立案 등의 고문서들을 다시 한 번 검토해 보며, 그 중 판독이 잘 되지 않는 吏讀語들에 대해서는 그 방면의 전문가인 옆 연구실의 국문과 裵大溫 교수에게 자문을 구했다.

정오경에 사학과의 정현재 선생 차로 사학과 2학년 남학생 한 명 및 1학년 여학생 두 명을 대동하고서, 曺龍玩의 비문을 탁본해 오기 위해 德山으로 향했다. 曺 씨 문중의 필사본 서책들에 의하면, 曺龍玩의 墓碣文을 쓴 사람은 翊贊 벼슬의 南履愚인데, 그는 德巖 부친인 曺明勳의 贈職件에 관해 純祖에게 품신한 右副承旨 南履恭과 어떤 관련이 있는 인물이 아닐까라고 짐작이 된다. 그러나 이들에 관해서는 인명사전 등을 들추어 보아도 아무런 기록이 없고, 또한 이 묘갈문 자체가 매우 축약된 형태로 필사되어 있는지라, 직접 무덤에 찾아 가 비문을 탁본해 오기로 한 것이다.

원지를 거쳐, 우선 入德門 부근에 차를 세우고서 입덕문과 조용완이 직접 썼다는 德巖이란 두 글자, 그리고 그 부근 덕천강 가의 濯纓臺 등을 둘러보고서 사진을 찍어 두었다. 덕암의 부친 老愚 曺明勳의 묘소가 이 근처 우리가 차를 세워 둔 소리당의 산에 있으므로, 조용완이 만년에 이곳 덕천강 가에 德巖亭이란 정자를 짓고 거처했던 것으로 보였다. 조용완이 직접 쓴 것이라는 '德巖'이란 두 글자가 바위에 새겨져 있어 차를 타고 지나가면서도 볼 수 있게 되어 있는데, 나는 일찍이 이런 글자가 있는 줄을 알지 못했었다.

지난번에 덕천서원 내임 조종명 씨와 더불어 점심을 들었던 덕산의 보현갈비라는 식당에 들러 그 때 먹었던 해물탕으로 일행에게 점심을 사고서, 삼장면 대하리의 조진섭 씨 댁에 다시 들러 지난번 빠트렸던 조용완의 교지 등 문서들을 반환하였다. 6.25 때 경우당도 불타고 문중의 문헌들이 많이 소실되었는데, 이러한 문서들은 어떻게 보존될 수 있었는지를 물어 보았더니, 石菴 曺相夏의 아들인 덕암의 5대 嗣孫 진섭 씨의 설명으로는 6.25 당시 疏開를 가면서 문중의 소중한 서책과 문서들을 집 부근 여기저기에 땅을 파고서 묻어 두었었는데, 소개지에서 돌아와 보니 그 중 대부분이 남한 측의 전투 경찰에 의해 훼손되어 없어졌고, 경우당도 당시 그들에 의하여 불 질러졌으며, 문서의 일부는 건질 수가 있었다는 것이었다.

진섭 씨가 우리의 방문에 대비하여 친척 한 사람을 미리 불러다 두었으므로, 우리 일행은 그가 운전하는 코란도 지프차와 정 선생이 운전하는 소나타 승용차에 분승하여 일제시기에 만들었다고 하는 橫川 行 산복도로를 따라서, 중산리로 가는 도중에 있는 公田의 內公 마을 뒷산 정상 부근에 있는 덕암의 묘소에까지 올라가 보았으나, 진섭 씨와 종명 씨로부터 들었던 바와는 달리 무덤 앞에는 비석이 존재하고 있지 않아 헛걸음을 한 셈이 되었다.

귀가하는 길에는 七汀 마을에서 水谷 가는 코스로 접어들어, 도중 대평면 내당리 내당마을에 있는 淸溪書院의 遺墟碑를 찾아보고서, 완사와 나동을 거쳐 진주로 돌아왔다.

21 (월) 흐리고 다시 추움

본교 남명학연구소가 발행하는『南冥學研究』제3집이 발간되어, 오늘 다섯 부를 받았다. 나의 논문「『南冥集』壬戌本의 毁板」과「南冥學 關係 研究文獻 目錄」, 그리고 지난 호에 이어 내가 발굴한『孤臺日錄』제3·4권의 影印分이 수록되어 있다. 논문의 경우는 내가 교정 본 내용이 대체로 반영되어 있으나 아직도 誤字들이 다소 눈에 띄었으며, 목록의 경우에는 시간 관계 때문인지 작성자인 나의 눈을 한 번도 거치지 않고서 재량에 따라 적당히 고쳤는데, 같은 필자의 것인 경우에는 이름을 중복해서 적는 것을 피하고서「――」를 그어 같은 사람임을 표시했으나, 착오로 이름이 서로 혼동되어 있는 부분들이 눈에 띄었다.

22 (화) 비

曺 씨 문중의 필사본 자료들을 읽으며 카드화 하는 작업을 계속하였다.

일본의 內山俊彦·池田秀三·坂出祥伸 교수에게 새로 나온『南冥學研究』제3집을 각각 한 권 씩 우송하였다.

23 (수) 흐림

어제 하던 작업을 계속하였다.

金侖壽 씨로부터 두 차례 전화가 걸려 와, 그의 형 侖禹 씨가 근무하는 단국대학교 동양학연구소에서 편집하는『韓國漢字語辭典』제1·2권이 간행되어 나왔음을 알려 주었으므로, 단국대 출판부로 전화하여 각 한 권 씩을 주문하고, 우체국에 들러 대금 13만 원을 송금하였다.

24 (목) 아침 한때 큰 눈이 내린 후 추움

重建 이후의 山天齋 초대 齋任을 맡았던 蔡樊庵의 문인 李志容의 문집인『南皐集』을 읽으며 카드화하고 있다.

25 (금) 맑고 다소 흐림

오전 오후에 걸쳐 네 시간의 수업을 하였는데, 한국철학강독에서는 『學記類編』 下卷에 실린 朱子의 「敬齋箴」을 퇴계의 「聖學十圖」 第9圖에 실린 그것과 비교 검토해 보는 작업을 마쳤고, 대학원의 중국철학연습에서는 朱子의 『詩集傳』 關雎篇을 읽었다.

오후 세 시부터 22동 3층 강의실에서 남명학연구소의 94년도 정기총회가 있었다. 부서별 사업 결산 및 올해의 계획을 보고하는 외에는 뚜렷한 토의 안건이 없었기 때문인지 참석률도 저조했다. 기존의 네 부서 외에 총무부라는 부서가 또 하나 설치되어 있다는 것과, 이 연구소의 한 해 예산 규모가 적립된 기금 117,500,000원으로부터 나오는 이자 수익 14,000,000원 외에도 갖가지 명목의 찬조금 등을 합하여 작년도에는 도합 34,452,510원이 지출되었고, 올해에는 39,595,044원의 수입을 확보하고 있음을 알았다.

26 (토) 맑음

학교에 나가 『南皐集』의 카드화 작업을 계속하였고, 서울대 조교인 정원재 군과 일본에 있는 아들 세원이에게 새로 나온 『남명학연구』 제3집을, 그리고 함양의 김윤수 씨에게는 지난번 수덕사에서 열린 동양철학회 모임에 참가하러 같이 가면서 전주의 豊南門에 올라 찍은 사진을 각각 우송하였다. 정 군에게는 서울대 동양철학연구회 회원들의 연구실적 목록 가운데서 누락되거나 잘못 기록된 나의 논문들도 각각 한 편씩 동봉하였다.

27 (일) 맑고 포근함

처가에서 간밤에 제사를 지냈다며 점심 들러 오라기에 가 보았는데, 큰 처남댁 및 아이들과 황 서방네 가족들도 합류하였다.

식사를 마치고서 환담을 나누다가, 나는 혼자서 산보에 나서 서부시장 옆 봉곡로터리 부근의 처가를 떠나, 인사동을 거쳐 신안동의 강변을 따라 평거동에까지 이르렀다. 거기서 진주-대전간 고속도로 공사를 위해 설치해 놓은 작업용 가설 다리를 건너 奈洞面 篤山里에 이르렀다. 凌虛 朴敏이 거처하던 집터를 찾아보기 위해서였다. 간밤에 능허의 종손인 상봉서동의 朴源弘 씨 댁에 전화를 걸어 그 위치를 물어 둔 바가 있었는데, 그 때 들은 내용에 근거하여 우선 면사무소 맞은 편 언덕에 있는 포도밭에 올라 능허가 임란 이후에 거주했던 집의 주춧돌이라는 것을 찾아보았으나 눈에 띄지 않았고, 주민들에게 물어도 오늘날에 와서 아는 사람이 있을 리 없었다. 주민들이 필시 그곳일 것이라며 알려 주는 바에 따라 포도밭 건너편 芝所 부락 한가운데에 있는 언덕 아래의 널찍한 공간에 가 보았더니, 거기에는 옛날 박 씨 성의 갑부가 살았다는 집터가 남아 있었고, 그 지형적 조건으로 보아도 여기가 선비의 거처할 만한 장소임을 알 수가 있었다.

왔던 길을 따라 신안동의 아파트 단지 옆까지 되돌아와, 시내버스를 타고서 집으로 돌아왔다. 밤에 박원홍 씨 댁에 다시 전화하여, 내가 가 본 곳이 맞는지를 확인해 보았다. 박 씨의 설명에 의하면 능허가 임란 이후에 거처한 집의 주춧돌은 포도밭 안에 있고, 내가 본 집터는 능허의 후손이 累代에 걸쳐 살아 온 곳이라고 하며, 枕流亭이 있었던 곳은 고속도로 공사 현장에서도 서쪽으로 한층 더 들어간 곳이라고 하는 것으로 미루어 약수암 가는 도중에 있는 독교리 부근이 아닐까라고 짐작되었다. 능허로부터 4대조 때에 그 마을에 입주했다고 하는데, 6.25 동란으로 말미암아 진주 시내에 있던 종손 집도 소실됨에 따라 전해 오던 문헌과 유품들도 모두 재로 변해 버려 현재는 침류정의 정확한 위치를 알아낼 방도가 없다고 한다. 현재 三溪里의 사천 쪽으로 빠지는 진양댐 수문 부근에 침류정을 한 채 지어 두고는 있으나, 그것 또한 조만간 댐의 승상 공사로 말미암아 수몰될 상황에 처해 있으므로, 문중에서는 원래의 장소로 이건할 계획을 세우고 있다고 한다.

29 (화) 맑음

刊本 『南皐集』을 다 읽고서, 같은 李志容의 필사본 『南皐遺稿』와 순조

때 만들어진 필사본 『丹城邑誌』 등을 읽었으며, 无悶堂 제자의 實紀를 읽으며 카드화하고 있는 중이다.

30 (수) 맑음

法印文化社의 金璀中 사장이 오랜만에 연구실로 방문해 왔기에, 그가 가져 온 『退溪學資料叢書』 열 권 한 질을 삼십만 원에 구입하였다. 안동대 퇴계학연구소에서 편집하고 법인문화사에서 간행한 것으로서, 기왕에 영인 간행되지 않은 퇴계 문도들의 문집을 모은 책인데, 일부 門中 사람들을 제외하고서 학자로서는 나에게 첫 질을 팔았다고 한다. 기왕에 계명대학교 한문학연구회에서 편집하여 대전의 學民文化社에서 간행한 퇴계학 시리즈들과 대조해 보기 위해 한문학과의 이상필 교수 연구실에서 『退溪學文獻全集』 및 『退溪先生文集』을 빌려 와 그 목차와 해제 등을 면밀히 검토해 보았고, 아울러 계명대 간본이 기왕에 내가 구입해 둔 퇴계학 관계 총서들과는 어떻게 다른지도 대조해 보았다.

오전 중 조교가 어제 주문해 둔 5단 셔터 서류함을 연구실로 가져 왔고, 오늘도 김윤수 씨로부터 전화를 받았다.

31 (목) 맑고 포근함

어제 하던 『퇴계학문헌전집』에 수록된 자료들과 내가 기왕에 구입해 둔 것들과의 異同을 대조해 보는 일에 또 하루를 온통 보냈다. 이 총서를 구입할지 말지 결정하기 위해서였는데, 여기에 수록된 대부분의 문헌들이 이미 수집되어 있을 뿐 아니라, 나에게 꼭 없어서는 안 될 정도의 것도 아닌 일부 2차 자료들 때문에 24책이나 되는 巨帙을 구입하자니, 돈보다는 무엇보다도 공간 문제에 대한 걱정이 앞서서 엄두가 나지 않았으므로 구입을 포기하기로 결론을 내렸다.

저녁 무렵에는 대구의 來庵 후손 정기철 씨 및 함양의 김윤수 씨로부터 전화를 받았다.

4월

2 (토) 맑고 화창한 봄 날씨

학교에서 无悶堂 문인인 산청 사람 洪箕範의 『牛峰實紀』를 다 읽었다.

內山俊彦 교수로부터 내가 보낸 『南冥學硏究』 제3집을 잘 받았다는 엽서가 왔다.

4 (월) 맑음

奎章閣에 근무하는 신병주 씨가 『南冥學硏究論叢』 제3집을 위한 최초의 논문 「南冥 曺植의 學風과 南冥門人의 活動」을 우송해 왔으므로, 부산교통에 전화하여 완성 후에 지급하기로 되어 있는 연구비의 잔액 백만 원을 우송하도록 조처했고, 그 논문 내용을 검토해 보고 있는 중이다.

5 (화) 맑음

진주의 향토사학자 金相朝 씨가 보내 온 『法勿禮仁智齋古文書 其一』을 대충 훑고, 신병주 씨의 논문도 계속 읽어 보았다.

오후에는 시외버스를 타고서 泗川郡의 昆陽으로 나가, 면 소재지에서 南海島로 가는 국도를 따라 남쪽으로 십 리 정도 내려간 곳의 도로 가 언덕 위에 있는 鵲島精舍까지 걸어서 다녀왔다. 이곳은 退溪가 33세 되던 해인 中宗 28년(1533)에 세 번째로 南行했을 때, 法輪寺와 矗石樓를 방문한 다음 당시 곤양군수였던 灌圃 魚得江의 초청을 받아 곤양에 와서 관포 일행과 함께 노닐던 곳으로서, 1914년에 이곳 儒林이 이를 기념하여 精舍를 세우고, 66년에 중건한 것이다. 퇴계 당시 이곳은 바다에 둘러싸인 섬으로서 썰물 때는 앞 쪽의 關門 같은 모양을 한 두 산 사이로 바닷물이 빠져나가 육지가 되기도 하여, 당시 이들은 배를 타고 들어와서 더불어 潮汐을 논하고 膾를 안주로 술을 마시기도 하였었는데, 언제부터인지 육지로 되어 있는 것이다. 精舍는 퇴락하여 아무도 없고, 옆방의 벽장 속 궤짝에는 時到記나 『秋帆集』 등의 서적들이 열쇠도 없이 아무렇게나 방치되어 있었다.

6 (수) 흐리고 때때로 빗방울

나에게 배달되어 온 정기간행물들을 전해 주기 위해 학과 사무실에 두 차례, 그리고 철학과 학생들의 세미나실을 한 차례 방문하였다. 세미나실의 서가에는 내가 기증한 수많은 책들 가운데 상당 부분은 어디론가 사라져 버리고 그 중 일부만이 남아 있었다. 나로서는 집의 공간도 부족하고 하니 이 책들을 과의 구성원들과 함께 나누어 보자는 뜻으로 기증한 것이었지만, 그것들은 결국 세월과 더불어 대부분 없어져 버리고 마는 것이다. 내일부터는 뒷산 청소 및 학과에다 책과 정기간행물들을 기증하는 일을 중단하겠다고 다시 한 번 마음먹어 본다. 나의 마음 씀과 수고에 대한 정신적 보상이 없을 뿐만 아니라, 오히려 그들로부터는 내가 좀 이상한 사람으로 간주될 수도 있을 것이기 때문이다.

7 (목) 저녁 무렵 소나기

어제 서울의 권인호 씨에게 전화하여 『남명학연구논총』 제3집을 위한 원고 수합에의 협조를 다시 한 번 당부한 데 이어, 오늘은 일본의 坂出祥伸 교수 및 부산의 한상규 씨에게 전화하여 같은 내용을 당부하였다. 坂出 교수의 말에 의하면, 교수 자신이나 東京大의 小川晴久 교수는 바빠서 남명학에 관한 논문을 쓸 시간이 없다고 한다.

12 (화) 새벽까지 비 온 후 흐리다가 오후에 개임

남명 문중의 현재의 장로인 曺義生 씨가 73년 4월에 편찬하여 90년도에 문중 사람들에게 인쇄 배포한 許眉叟의 德山碑를 넘어뜨린 사건에 관해 문중의 입장을 정리한 『須知』, 이 사건의 전말을 정리한 『德山丙戊錄』, 그리고 당시에 조 씨 문중이 전국에 배포했던 「布告域中文」 등을 읽으며 카드화 작업을 진행하였다.

13 (수) 맑음

어제에 이어 『德山丙戊錄』의 카드화 작업을 마쳤다. 1920년대에 있었던 덕천서원 분규의 전모를 파악할 수가 있었다. 이에 관한 기록으로는 그밖에도 弦齋 曹庸相이 편집한 『雜說辨』을 들 수가 있는데, 『덕산병무록』은 그것과 마찬가지로 이 사건들의 중심인물인 弦齋 본인이 당시의 통문 등을 편집한 것으로 추측되며, 그가 講學하던 小川書堂에서 발견된 필사본이다. 화재로 책 가장자리의 상당 부분이 불에 타 버려 온전한 형태로 남아 있지는 못하다.

14 (목) 맑음

학교에서는 종일 深齋 曹兢燮의 글들을 曹庸相이 필사해 놓은 것으로 짐작되는 『寡言』을 읽으며 카드화하였다. 이 글들은 예전에도 읽은 적이 있었는데, 남명과 퇴계의 관계에 대한 해설 및 西人 측의 남명 비판에 대한 심재의 반론과 문집 刪定에 관한 심재의 입장을 파악할 수 있는 글 등이 있어 쓸모가 있었다. 전남대 국민윤리교육과의 鄭炳連 교수로부터 『남명학연구논총』 제3집을 위한 원고가 부쳐져 왔다.

15 (금) 맑음

어제 도착한 정병련 교수의 논문 「曺南冥의 理氣論 辨正——齋 李恒과 관련하여—」를 읽어 보았다.

16 (토) 맑음

어제 읽은 정병련 교수의 논문 가운데서 남명과 직접 관계되는 부분들을 관련 문헌의 원문들과 대조해 가며 다시 읽어 보았다. 의심했던 바와 같이 역시 원문을 잘못 해석한 부분이 적지 않음을 발견하였다.

20 (수) 비

우리 晋社連 및 學林會의 멤버들 중 몇 명이 참가하여 다년간 계속하고 있는 한문학과 H 교수 主宰의 한문 강독은 H 선생이 올해부터 일 년 동안 중국으로 연수를 떠나고 부재중이므로, 그 대신 이 학과의 이상필 선생과 함께 근자에 교육대학원 한문 전공의 李政喜 군이 석사학위 논문의 주제와 관련하여 모은 지리산 관계 원전 자료들을 영인하여 책으로 만들어서 텍스트로 삼고 있다고 한다. 이상필 교수로부터 그 책을 빌려와 내용을 검토하고서 그 중 일부를 카드화하기도 했다. 『頭流山 遊覽錄 研究 資料 集成』이라는 제목의 두 책으로 되어 있었다. 이정희 군은 과거에 나의 수업을 수강한 적도 있었던 학생이다.

22 (금) 비

어제 읽던 지리산 유람기들을 계속 읽었다.

24 (일) 맑음

아내와 함께 문리대 선배인 중문과의 姜信雄 선생이 회원으로 있는 望京山岳會의 山淸 淨水山 등반에 참여하였다. 정수산은 해발 830미터의 그다지 높지 않은 산인데, 德溪 吳健이 젊은 시절 공부하던 곳이다.

25 (월) 맑음

종일 弦齋 曹庸相의 문집인 『弦齋集』의 刊本과 그 준비 단계에서 이루어진 몇 종류의 『弦齋遺草』들을 대조하여 검토해 보았다.

29 (금) 황사 현상에다 다소 강한 바람

이번 학기 한국철학강독의 교재인 『學記類編』 下卷에서는 남명 사상과 직접적 관계가 있는 구절들을 발췌해 읽어 이미 거의 다 끝나가고 있다. 앞으로 읽을 새로운 텍스트로서 愼後聃의 「西學辨」을 택해, 그것이 실려 있는 李晩采의 『闢衛編』을 수강생들에게 주어서 복사하게 했다. 아울러 천주교의 도입과 그 비판에 관한 리포트 하나를 추가하여 부과했다.

5월

10 (화) 흐리고 저녁 무렵 부슬비

오전 중 서울 法印文化社의 김근중 사장이 연구실로 들러 한동안 남명학자료총간에 관한 건을 협의하였다. 이 총서는 일찍이 아세아문화사의 이창세 사장과 출판에 관한 합의가 이루어져 88년도에 그 解題緖論을 발표한 바도 있었으나, 학위논문 문제가 남아 있는 내가 이 방대한 작업에 전적으로 매달리기에는 도무지 시간적·정신적인 여유가 없어 京都大에서의 학위 취득 문제가 매듭 될 때까지 무기연기 해두기로 하고 있는 터이다. 그러나 근자에 김윤수 씨가 나에게 여러 차례 전화로 총간의 영인 출판을 촉구한 바 있었으므로, 나로서는 현재 시간적 여유가 없고 이미 그 중 일부분은 논문집 등에 실려 간행되고 있는 형편이기도 하니, 무엇하면 김 선생 자신이 그 작업을 해 볼 수도 있지 않겠느냐고 대답해 둔 바가 있었던 것이다. 오늘 김 사장으로부터 들은 바에 의하면, 김윤수 씨는 최근에 김 사장과 더불어 이 총간의 출판에 관한 구체적인 협의를 하고 있는 중이며, 김 사장은 시장성을 고려하여 문중 측에서 백질을 구입해 줄 용의가 있는지를 타진한 바가 있었고, 김 씨가 조 씨 문중(아마도 조 사장)에 그러한 뜻을 전한 바도 있었는데, 문중에서는 이에 대해 긍정적인 반응을 보여 오고 있지는 않다는 것이었다.

13 (금) 흐림

근년에 한국철학강독의 교재로서 채택해 온 남명의 『學記類編』을 오늘로써 모두 마쳤다. 네 시간 수업을 마치고 난 후 다음 주 월요일부터 이어서 다루게 될 李晩采 編 『闢衛編』에 수록되어 있는 愼後聃의 「西學辨」의 수업 준비에 착수하여 서문 부분을 마쳤다.

27 (금) 맑음

평거동에 사는 李商元 씨가 이번 달에 나온 자신의 시집 『풀이 가는 길』을 보내 왔으므로 다 읽어 보았고, 이 씨의 자택으로 전화를 걸어 감사의 뜻을 표하였다. 이 씨는 진주고등학교와 慶尙大 행정학과 및 同大學院 출신으로서, 90년도에 「남명집①」 외 1편으로 남명문학상 신인상 장려를 수상한 바가 있었다. 이번 시집 제2부의 제목도 「남명집」이라 되어 있다.

6월

3 (금) 맑음

『詩集傳』 陳風을 거의 다 읽었다. 지난 두 주 동안 이런저런 사유로 휴강을 한 후 오랜만에 일반대학원의 『詩經』 강의를 재개하였다. 이미 학기말에 접어든 까닭에 國風은 오늘의 衛風을 끝으로 대충 마치기로 하고, 다음 주부터 두 주 간은 각각 小雅와 大雅의 첫머리를 읽은 후 종강하기로 했다. 『詩經』에 관한 리포트는 부담이 과할 것 같아서 면제해 주기로 하고, 『詩集傳』 전체에 標點을 붙여 제출하는 것만으로 과제를 한정시켰다.

5 (일) 맑음

우리 부부는 아침에 회옥이를 대선의 국립과학관에서 열리고 있는 어린이 공룡 캠프로, 진주 YMCA 주관 1박2일 코스의 여행에 참가시켜 떠나보내 준 다음, 모처럼 둘만의 별도 여행에 나섰다.

오전 11시 경에 舊 農專 앞 정류소를 출발하여, 우선 하동으로 가서 재첩국으로 점심을 든 다음, 거기 松林 옆에서 섬진강을 가로질러 근년에 새로 난 다리를 건너 전라남도의 광양군으로 접어들었고, 순천에서 다시 해남 행 버스로 갈아타서, 해남에서는 군내 버스로 송호리 해수욕장을 지나 한반도의 남쪽 끄트머리인 갈두리의 땅끝(土末)에 이르렀다. 갈두리 선창에서 한 시간 이상 연착된 배를 기다리다가 마침내 그 날의 마지막 화물선을 얻어 타고서 반시간 남짓 항해하여 노화도의 산양진에 이르렀고, 상륙한 후에는 택시로 갈아타고서 다도해 해상국립공원 甫吉島를 마주 보는 노화읍 소재지인 이포리에 닿았다. 보길도로 건너가는 배는 이미 끊어지고 없었으므로, 배가 떠나는 지점이 내려다보이는 부두가 여관 2층에 오늘 밤의 숙소를 정했다. 둘이서 밖으로 나가 항구의 밤경치를 둘러보고, 의류점에 들러 바다 바람의 추위를 막기 위해 긴소매 남방셔츠도 하나 산 다음, 복어국을 안주로 소주 한 병을 기울이기도 했다.

6 (월) 맑음, 현충일

어제 사 둔 과일로 점심을 때우고, 아침 일곱 시의 渡船을 타고서 이번 여행의 주목적지인 보길도의 청별 항에 이르렀다.

거기서 도보로 孤山 尹善道가 병자호란 직후 은둔을 결심하고서 제주도로 향해 가다가 풍랑을 만나서 처음 보길도에 정박했다고 하는 黃源浦를 지나, TV 등에서 몇 차례 본 적이 있는 부황리에 있는 유명한 정원 洗然亭에 이르렀고, 거기를 관람한 다음 다시 얼마간 걸어가다가 길 가의 간판을 따라 옆길로 들어가서 민박집 白鹿堂을 둘러보고서, 돌아 나와 孤山이 주로 거처하면서 「漁父四時詞」 등의 시가를 창작했던 부용리에 이르렀다. 고산은 51세에 이곳 부용동으로 들어와 85세를 일기로 이곳에서 죽었으니 햇수로는 35년이 되는 셈이지만, 실제 이곳에서 기거했던 기간은 14~15년쯤으로 추정된다고 한다.

먼저 부용리 앞산의 洞天石室에 올라 이 마을의 全景을 내려다보고, 마을 사람들에게 묻고 물어서 간신히 고산이 거처하던 집인 樂書齋 터를 찾았지만, 여기저기 헤매던 끝에 산 중턱의 숲속 어두컴컴한 곳에서 집터 흔적과 약간의 기와 조각, 그리고 집터 뒤편의 이른바 小隱屛인 듯한 바위를 찾아냈을 따름이요, 고산의 아들 학관이 살았다고 하는 曲水堂의 유적을 찾아보기 위해 다시 여기저기서 묻고 또 찾아가 보았지만, 마을에서는 확실히 아는 사람을 만나지 못해 끝내 단념할 수밖에 없었다.

세연정이 있는 부황리까지 다시 걸어 나와, 공중전화로 택시를 불러서 섬의 반대쪽에 있는 예송해수욕장에 잠시 들른 다음, 정오에 출발하는 페리 편으로 완도 항에 이르렀다. 완도에서 버스로 丁茶山의 유배지인 다산초당과 백련사가 있는 만죽산 뒤편의 국도를 통과하여 강진에 이르렀다. 강진에서 장흥 가는 버스로 갈아타고, 장흥에서는 다시 군내 버스로 갈아타, 九山禪門의 하나인 가지산 寶林寺를 찾아 본 다음, 장흥 읍내로 돌아 나와 순천 행 버스로 갈아탔고, 순천에서 진주 행 버스로 갈아타 밤 여덟 시가 넘어서 집에 당도했다.

20 (월) 맑으나 서늘한 가을 날씨

권오민 선생이 내 연구실에 들러 함께 차를 마시며 대화를 나누었는데, 학위논문의 준비는 잘 되어 가고 있느냐고 묻는데 대해 대답할 말이 궁색하여 부끄러웠다.

內山俊彦 교수는 97년 3월까지 京都大學에 재직하며, 박사 논문의 심사에는 통상적으로 일 년은 걸린다고 하므로, 내년 정도까지는 완성된 논문을 제출하지 않으면 안 될 상황임에도 불구하고, 지난번 「『南冥集』 壬戌本의 毁板」 탈고 이후로 논문 준비에 전혀 진척이 없었기 때문이다. 평소 직업과 관련된 작업은 연구실에서 한다는 입장을 지니고 있으면서도, 지난 학기 내내 연구실에서 한 것이라고는 대학원 수업 준비를 겸하여 『詩經集傳』을 통독한 것 밖에 없으며, 앞으로도 학교의 원전을 다루는 수업에서는 그동안 통독하지 못했던 고전들을 한 권씩 독파할 계획을 세우고 있으니, 이래서는 연구에 할애할 시간이 마련될 리가 없는 것이다. 그래서 그저 읽기만 하는 공부는 집에서 하기로 하고, 학교에서는 학위 논문 준비에 정력을 집중하기로 다시 한 번 마음먹었다.

21 (화) 맑음

아침에 서울의 金忠烈 교수 및 權仁浩 선생, 부산의 韓相奎 씨 등과 통화하여, 『남명학연구논총』 제3집의 간행을 위한 원고 수합에 관해 협의하였다. 지난 3월까지로 정했던 원고의 마감 기한을 4월 말로 늦추었지만, 지금까지 모인 것은 나에게 우송되어져 온 정병련·신병주 선생의 것과 김충렬 교수에게 온 중국의 張立文, 미국 UCLA의 던컨 교수 등 네 편뿐인 것이다. 이번 여름방학 중으로 각자가 맡은 원고들을 탈고하고, 위촉한 사람들에게도 독촉하여, 어쨌든 금년 중으로는 책을 내자고 다시 한 번 다짐했다.

22 (수) 부슬비

오늘부터 실로 오랜만에 노트북 컴퓨터를 꺼내어 책상 위에 올려 두고서, 「『南冥集』釐正本의 成立」 논문 작성을 다시 시작했다.

23 (목) 흐림

종일 컴퓨터 앞에 앉아 논문 작성에 몰두했다.

24 (금) 다소 흐림

최근 태동고전연구소 출신의 한문학과 선생으로부터 이 연구소의 1기생으로서 그곳의 강사로 오래토록 있다가, 현재는 연구소와 함께 한림대학교 소속의 교수로 되어 있는 李光浩 씨를 만났더니, 이번 여름 동양철학사상연구회(지난 겨울방학 중 설악현대패밀리타운콘도에서 있었던 정기연구발표회 때의 총회에서 종전의 서울대학교동양철학연구회를 이렇게 개칭하기로 결정했다고 하며, 이 때 이광호 씨가 신임 운영위원장, 엄연석 군이 총무간사로 선출됨)의 정기연구발표회를 함양의 仁山農場에서 가지게 되었다고 하더라는 것이었다. 전임 총무간사인 정원재 군으로부터 설악 모임에서 내가 제안한 이 장소 문제가 논의되었다는 통지는 받고 있었지만, 아직 결정되었다는 소식을 듣지는 못했던 터였다. 그러나 운영위원장이 그렇게 인식하고 있다면, 그 중개자 역을 맡고 있는 셈인 내가 미국에 가기 전에 미리 인산농장 및 연구회 측과 모임 준비를 위한 충분한 협의를 해 두는 것이 필요하겠다 싶어, 어제 밤 몇 차례 정원재·엄연석·이광호 씨에게로 전화를 내어 보았지만 모두 부재중이었다. 오늘 아침 다시 엄 간사의 자택으로 전화를 걸어 보았더니, 엄 군의 말로는 아직 그렇게 결정된 바는 없다는 것이었다. 나에게 이 모임의 장소로서 인산농장을 이용할 것을 제안한 바 있는 金侖壽 씨의 전화번호와 나의 미국 방문 및 귀국 일자를 엄 간사에게 일러두었다.

종일 논문 작성에 몰두하여, 崔栢年 사건에 대한 慶尙監司의 처분 대목까지를 적었다.

25 (토) 다소 흐림

오전 중 어제까지 적은 논문 내용의 일부를 수정하고 추가했을 뿐, 새롭게 나아간 점은 없었다. 남명의 막내 妹夫 鄭師賢 夫妻의 묘소와 거주지 등에 관해 좀 더 상세한 정보를 얻기 위해 그 후손인 高靈邑 快賓洞에 사는 鄭洙煥 씨 댁의 바뀐 전화번호를 확인하여 여러 차례 통화를 시도하였으나 웬일인지 아무도 받는 사람이 없었다. 퇴근 후 다시 시도하였더니 겨우 통화가 되어 얻고자 하는 정보를 입수할 수가 있었다.

27 (월) 흐리다가 부슬비

종일 논문 작성에 몰두하여 李泰淵 監司의 최백년 사건에 관한 처치 내용에까지 언급했다. 집에서는 연일 TV 화면을, 학교에서는 계속 컴퓨터 모니터를 들여다보고 있으려니, 시력의 감퇴를 절감하여 안경을 꼈다 벗었다 하기를 거듭하였다. 예전에 이미 카드화를 마쳐 둔 내용이기는 하지만, 수많은 독서카드 중 그것이 어디쯤에 끼어 있는지 찾아낼 길이 없어, 점심 때 도서관 漢籍室에 가서 『草溪鄭氏族譜』를 다시 대출하고, 며칠 전 高靈의 鄭洙煥 씨와 통화한 내용 등을 참조하여, 기왕에 집필해 둔 남명의 네 누이에 관한 주석 부분의 기술 내용을 수정·보충하였다.

28 (화) 흐리다가 개임

논문은 하명·하달원에 대한 성균관의 儒罰이 해제되고, 최백년 측에서 이에 이의를 제기하는 통문을 보낸데 대한 성균관의 答通 부분을 집필하고 있다.

29 (수) 흐렸다 개었다 함

논문 작성은 상당한 진척이 있어 200자 원고지 25매 정도의 분량이 되었다. 오늘은 崔栢年에게 講學禮에 응할 것을 촉구하는 진주향교의 통문 내용을 추가하고, 河洺 등을 옹호하는 진주 유림들이 성균관에다 尹承慶에 대한 儒罰마저 해제해 줄 것을 요청하는 통문을 보내는 데까지 집필하였다.

7월

1 (금) 흐림

논문은 순조롭게 진척되고 있다. 제1절 '崔栢年 사건의 전말'을 마쳤고, 제2절의 제목은 '최백년과 그 주변'으로 정해 보았다.

韓國思想史學會로 부터 8월 3~4 양일간 변산의 원광대 임해 수련원에서 열릴 이 학회의 하계학술발표회에서 논문을 발표해 달라는 위촉장이 왔다. 지난번 수덕사 모임 때 이 학회의 최영진 간사로부터 구두로 위촉을 받아 두었었던 것인데, 당시 나는 서울에서 있는 월례 발표회에서 해 달라는 정도로 알아듣고서 승낙한 바 있었다. 최 교수가 재직하고 있는 성균관대 한국철학과 사무실 및 연구실 등으로 전화해 보았으나 부재중이었다. 자택으로 전화하여 부인에게 그 기간 중 미국을 여행하게 되는 관계로 응할 수 없다는 뜻을 전해 달라고 연락해 두었다.

2 (토) 맑음

학교에서는 논문 제1절의 내용을 다소 수정하고, 끄트머리에『남명집』훼판 사건에 관한『顯宗實錄』및『顯宗改修實錄』의 내용이 정확하지 못한 이유에 대한 설명을 부가하였다.

5 (화) 무더위

논문은 상당히 진척이 있어 제2절의 최백년의 家系와 그의 거주지인 仁川里, 즉 지금의 河東郡 北川面에 관한 기술까지를 거의 마쳤다.

6 (수) 무더위

논문은 金命兼과 그 아들 金聖運이 바로 최백년의 妹夫요 甥姪임을 설명하는 대목에까지 나아갔다.

7 (목) 무더움

오전 11시에 동방호텔 커피숍에서 남명학연구원 임원들의 모임이 있었다. 지난 6월 30일자로 사단법인 인가가 났기 때문에 새로운 체제의 출범에 대비하는 사무모임이었다. 김충렬 원장, 권순찬 이사장, 조옥환 사장, 조규섭 사무국장, 김상조 선생, 권인호·한상규 박사, 그리고 내가 참석하였다. 새 연구원의 행정 업무를 총괄할 사무국장으로서 내가 李商元 씨를 추천하여, 본인의 의사를 타진해 볼 책임을 위촉받았다.

오후 다섯 시에 부산의 동래온천장 온천극장 뒤편에 있는 중국집 夜來香 2층에서 부산·대구 및 경남 지역의 각 대학에 근무하는 서울대 철학과 동문 교수 열 명 정도가 모여 진목을 겸한 고등학교 윤리 및 철학의 교직 과목과 관련한 협의를 하였다. 앞으로는 이 모임을 일 년에 두 번 정도씩 정례화 시켜 나가기로 하고, 내년 여름쯤에는 가장 연장자인 내가 있는 진주의 德川書院 쯤에서 모이기로 했다.

8 (금) 바람 한 점 없는 찜통더위

논문은 金命兼의 아들 金聖運의 「家傳落跡」에 적힌 최백년의 아버지 竹塘 崔濯의 서원 봉향을 둘러싼 물의에 관한 대목까지 진척되었으며, 이미 200자 원고지 51매의 분량에 이르렀다.

10 (일) 무더움

장대동의 합동주차장에서 아침 아홉 시 시외버스를 타고서 고령으로 향했다. 남명 막내 누이가 출가한 月潭 鄭師賢의 집터와 그들의 유적을 찾아보기 위한 것이었다. 지난번 고령에 사는 월담의 후손 鄭洙煥 씨에게 전화를 내어 그들의 묘소 위치 등에 관해 문의해 본 적이 있었는데, 꼭 한번 현장에 와 보아 달라는 당부가 있어 오늘 가 보기로 한 것이다. 정수환 씨 및 그 일족으로서 나도 안면이 있는 중년 남자 한 사람이 내가 버스에서 내리기로 되어 있는 고령읍의 축산업협동조합 앞 정거장에서 대기하고 있었다. 그들을 따라 우선 월담정 아래쪽 연못 터였다고 하는 고령여중 교정과 지금은 밭으로 변해 버린 월기 부락의 월담정 터를 둘러 본 다음, 이 집안의 재실인 黃山齋와 월담 내외 및 그 모친과 아들 손자들이 함께 묻혀 있는 묘소, 그 일대의 曺氏夫人旌閭碑, 月潭遺蹟碑 등을 둘러보았다. 그들은 내가 오는 것에 대비하여 상당히 신경을 썼던지 여러 사람이 나와서 묘소 및 유적비 주변의 벌초를 하고 있었고, 황산재의 마루도 깨끗이 청소해 두고 있었다.

봉고버스를 타고서 牛谷面 沙村里 서원골에 있는 鄭月潭이 봉향되어 있던 靈淵書院遺蹟碑閣 및 사촌리의 이 서원 主壁인 高靈申氏네 재각에도 들러 그 후손과 인사를 나누었고, 읍내로 돌아오는 길에 良田洞의 선사시대 岩刻畵도 둘러보았다. 읍내에서 쇠고기 불고기로 점심을 대접받았고, 사례조로 오만 원이 든 봉투 하나와 차비 만 원까지 받았다. 원치 않는 바이지만, 끝내 사양하는 것도 예의가 아닐 듯하여 받아 두었다.

집에 돌아와 보니, 동양철학사상연구회의 대표인 이광호 씨로부터 전화가 걸려 왔었다고 한다. 서울대 출신 동양철학 전공자들의 모임인 이 회에서 이번 여름의 연구발표회를 내가 제안한 함양의 인산농장에서 가지기로 결정하였음을 짐작할 수가 있었다.

11 (월) 무더움

학교에서는 논문 작성을 계속하였다. 오전 중 어제 답사한 내용을 참고로 하여 기왕에 써 둔 정월담의 유적에 관한 부분을 새로 고쳐 썼고, 오후에는 金聖運의 「家傳落蹟」에 관한 언급을 다소 보충하였다. 함양의 김윤수 씨로부터 전화가 걸려 왔는데, 서울대 측의 간사 및 이광호 씨와 통화하여 8월 18일부터 2박 3일의 일정으로 인산농장에서 여름 발표회를 가지게 되었다고 한다. 그 때의 답사 예정지에 관해 내 의견을 묻기에, 그 지역의 유서 깊은 장소들 몇 곳을 추천해 주었다.

12 (화) 무더위

어제 조옥환 사장으로부터 전화가 걸려와, 문화체육부에서 선정하는 '이 달의 문화인물' 95년도 분에 남명 선생을 포함시키려고 하는데, 가능한 한 여러 기관에서 추천서를 올리는 것이 좋다고 하므로, 남명학연구원 쪽에서는 내가 추천서를 작성해 주면 좋겠다는 것이었다. 문화체육부의 이런 기획이 그저 행사를 위한 행사에 불과한 것으로 보여 평소 그다지 좋은 인상을 가지고 있지 않았던 데다, 이런 사무적인 일이 나의 기질에도 맞지 않는지라, 우선 김충렬 원장께 상의해 보라고 하고, 원장이 못하겠다고 하면 내가 맡겠노라고 대답해 두었었다. 그런데 오후 무렵 무덥고 졸음이 오기도 하여 속셔츠 바람으로 소파에 누워 좀 눈을 붙이고 있었더니, 조 사장의 비서 역할을 하고 있는 부산교통의 여직원이 문화체육부에서 보낸 서식을 가지고서 나의 연구실을 방문해 왔으므로, 별 수 없이 컴퓨터 앞에 앉아 퇴근할 무렵까지 작업하여 대충 작성을 마쳤다.

13 (수) 찜통더위

오전 중 부산교통으로부터 전화가 걸려왔는데, 어제 나에게 위촉되어져 온 문화체육부로의 추천서는 그 후 조 사장의 말에 의하면 잘못 위촉된 것이라 작성하지 않아도 좋다고 한다는 것이었다. 어제 오후 상당한 시간을 들여 이미 작성을 끝내 출력까지 해 두었는데, 이것은 또 무슨 엉뚱한 소리인가? 이미 작성해 두었다고 했더니 찾으러 오겠다고 했으나, 퇴근 무렵까지 오지 않았다. 교내의 남명학연구소 조교로부터도 전화 연락이 와서, 이 연구소의 조규태 교수에게로 가야할 추천서 관계 자료가 나에게 와 있다고 한다기에, 어제 나에게로 보내져 온 서식을 전해 주었다.

동양철학사상연구회의 간사인 엄연석 군으로부터 전화가 걸려 왔기에, 2박 3일 동안의 답사 일정 등에 대한 나의 의견을 말해 주었다.

14 (목) 무더위

오전 중 훈글 2.0의 일본어 자판 배열을 외우기 위해 노력을 해 보다가, 오후부터는 이를 토대로 內山 교수에게 보내는 여름 문안 편지를 작성해 보았다. 그러나 역시 별 소용이 없어 화면에다 자판을 띄워 놓고서 한 줄 한 줄 쓰다 보니 하루가 걸려도 별로 길지 않은 편지 한 통을 다 적지 못했다. 내년 연말까지 완성된 학위논문을 제출할 계획임을 밝히고, 내가 가진 워드프로세서로서는 縱書나 尾注 처리가 되지 않는 등의 문제점에 대해서도 상의를 해 보았다.

오후에 졸업생 박라권 군이 개업 인사 차 연구실로 방문해 왔다. 육거리 부근에다 조그만 인쇄소를 차렸다는 것인데, 박 군을 통해서 金敬洙 군의 전화번호가 예전과 다르지 않음을 확인하고서 고성에 있는 김 군 집으로 전화를 내어 사단법인 남명학연구원 사무국장의 직을 맡아 볼 용의가 있는지 물어 보았다. 이 직책은 연구원의 행정 실무를 맡아 볼 전임 요원으로서 사단법인 정관에 따라 이번에 신설된 것인데, 처음에는 향토사학자이자 시인이기도 한 李商元 씨를 추천했다가, 이 씨가 固辭하는 바람에 지난날 나의 개인조교로서 남명학 관계 자료의 복사 작업을 담당했던 제자인 김 군을 추천하게 된 것이다. 한 달 급료가 50만 원 정도이고, 일 년에 두 차례 각각 백 퍼센트씩의 보너스를 지급한다는 조건이지만, 김 군이 맡아보겠다는 적극적 의사를 표명했다. 조 사장에게 전화를 내어 김 군과의 통화 결과를 전하고, 아울러 직접 접촉해 볼 수 있도록 그의 전화번호도 일러 주었다.

김 군이 나의 지시에 따라 각각 두 부씩 복사 제본했던 방대한 양의 남명학 관계 문헌들은 나의 연구실과 조 사장 자택에 각각 한 부씩 보관되어 있었는데, 조 사장 댁에 보관되어 있던 것 전체가 원장 및 수집자이자 간사인 나와는 아무런 상의도 없이 본교의 남명학연구소로 이관되어 한때 물의를 초래한 바가 있었다. 연구소로 이관되었던 분에 대해서는 이번에 조 사장이 본교의 연구소에다 복사기를 사 주어 따로 복사 비치하도록 하고, 원래 조 사장 댁에 비치되어 있었던 것들은 돌려받아 조만간 개설될 예정인 연구원 사무실에 당분간 보관했다가, 궁극적으로는 연구원 본부가 있는 山天齋 구내에 새 건물이 준공되면 연구원 사무실과 함께 그리로 옮겨져 보존될 것이라고 한다.

이 달의 문화인물에 대한 연구원 측의 추천서는 김충렬 원장이 이미 써 주었다고 한다.

16 (토) 暴炎

집의 컴퓨터가 정상적으로 작동하기 시작하였으므로, 학교에서는 다시 논문 작성 작업에 몰두할 수가 있어, 金聖運의 仁溪書院 건립 운동과 최백년 사건이 동일한 성격을 가지고 있음을 설명하는 대목까지를 적었다.

內山 교수에의 문안 편지를 발송하였고, 그 내용 중의 몇 부분을 수정하여 池田 선생에게 보내는 편지도 작성하였다.

18 (월) 무더위

논문은 鄕案의 배타적 특성과 최백년 사건의 성격에 관한 부분에까지 나아갔다. 오전 중에는 바람기가 전혀 없어 연구실 안이 마치 찜통 같아 시종 선풍기를 켜 놓고 있었는데, 오후 좀 늦은 시각부터 제법 책갈피가 날릴 정도로 시원한 바람이 불어 들어왔다.

19 (화) 무더위

논문은 鄕案의 일반적 성격과 丹城 및 晋州鄕案에 관한 언급까지 나아갔다. 분량은 이미 거의 칠십 매에 육박하고 있다.

20 (수) 찜통더위

논문은 모두 70매 정도 나아갔다. 오늘도 『晋州鄕案』의 내용 분석과 金命兼에 대한 여러 문헌들의 기록 내용을 다루었다.

21 (목) 폭염

논문은 73매까지 나아가, 오늘은 『晋州鄕案』 가운데서 임술본 훼판 사건 관계자들에 관한 기록만을 추출하여 도표를 만들고, 이 사건 이후 진주 지역에 있어서 南人의 鄕權 장악 및 그것과 최백년 사건과의 관련에 관해 언급하였다.

오후에 도서관장이 내 연구실로 와서 한두 시간 대담하며 중앙도서관에 소장할 漢籍 및 族譜의 수집에 관한 의견을 물었다.

8월

9 (화) 맑았다가 흐림

모처럼 다시 학교의 연구실에 나갔는데, 집에서나 연구실에서나 여행하고 있던 기간 동안에 도착한 우편물들과 신문 등을 점검하노라고 하루를 거의 다 보냈다. 저녁 무렵 논문 작성에 다시 착수하였다.

영남대학교 철학과의 강사로 있는 백도균 씨로부터 어제 집으로 전화가 걸려 왔었던 모양인데, 오늘 아침 다시 전화가 걸려와 통화하였고, 학교에도 그가 부친 우편물이 도착해 있었다. 용건은 대구에 있는 현대종교문제연구소에서 「한국인의 심성과 종교」라는 주제로 10월 22일에 제16회 종교문제세미나를 가지게 되는데, 나더러 유교 분야의 주제 발표를 맡아 달라는 것이었다. 최근 들어 한국사상사학회나 艮齋사상연구회 등으로부터도 잇달아 발표 요청이 있었으나, 내가 평소 연구하고 있는 주제가 아닌데다 시간적·정신적 여유도 없어 모두 사절하고 있다. 이러한 발표 요청들이 학계의 발전에 기여하기보다는, 가치 없는 일들에 재능과 시간을 낭비하게 만들어 진정한 학문을 불가능하게 만드는 측면이 오히려 큰 것이 아닐까라고 생각하고 있다.

10 (수) 흐리고 저녁 무렵 태풍

內山俊彦 교수로부터 나의 문안 편지에 대한 답장과 함께 京都大學의 개정된 「博士學位論文審查出願手續에 대하여」 및 「京都大學文學研究科課程博士論文執筆要綱」이 부쳐져 왔으므로, 그 내용을 검토해 보았다. 논문 작성을 계속하였다.

12 (금) 맑음

학교에서 논문 작성을 계속하고는 있으나, 날씨가 무더워 그다지 집중하여 능률을 올리지는 못하고 있다.

13 (토) 맑음

취침 중인 밤 열 시 경에 서울대의 동양철학사상연구회 간사인 엄연석 군으로부터 전화가 걸려 와, 이 달 18일부터 함양에서 있을 모임의 세부 계획을 통지해 주었다.

16 (화) 흐리고 때때로 부슬비 내리며, 시원한 초가을 날씨

논문 작성을 계속하여 상당한 진척이 있었다. 『三緘齋集』에 실린 金命兼의 행장 및 행록에 근거하여 최백년의 성균관에 대한 통문 사건이 발생한 시기와 당시 金命兼의 역할에 관한 부분까지를 적었다.

함양의 김윤수 씨와 통화하여, 18일부터 2박 3일에 걸쳐 仁山農場에서 있게 될 서울대 동양철학사상연구회 모임 및 답사 계획에 대한 일을 협

의했다. 모임을 불과 이틀 앞두고 있는 오늘까지도 이 회의 간사로부터 아직 구체적인 일정표가 보내져 오지 않고 있다.

18 (목) 맑음

금년도 동양철학사상연구회 여름 모임이 2박 3일간에 걸쳐 함양읍 죽림리의 인산농장 인산죽염연수원에서 있게 되는지라, 서울대 철학과 동문 일행의 남원 도착 예정 시각에 맞추어 남원 고속버스 터미널로 마중을 나갔다. 한림대 철학과 교수인 李光虎 운영위원장과 許南進 서울대 철학과 교수를 위시한 일행은 처음 통지 받았을 때보다 훨씬 적은 여덟 명이었는데, 예정보다 이른 오후 한 시 무렵에 도착하였고, 얼마 후 고향이 남원인 인천대학교의 윤찬원 교수가 별도로 터미널에 와서, 나까지 포함하여 모두 열 명이 되었다.

어제 무주에서 열린 도교학회 모임에 참석했던 김윤수 씨가 인산농장의 소형 버스를 대동하고서 얼마 후 당도하였으므로, 먼저 남원에서 점심 식사를 하게 되었다. 회원 일행은 학생 3만 원, 전임강사 이상 5만 원의 참가비를 낸다고는 하지만, 그 절반가량이 서울까지의 왕복 교통비에 소요되어 간사가 경제 문제로 꽤 걱정하고 있는 눈치였으므로, 내가 초청자인 김윤수 씨와 상의하여, 오늘 점심은 내가 내겠다고 하고, 인산농장에서는 일체의 보수를 받지 않고서 숙식과 교통편을 제공해 주겠다는 언질을 얻었다.

먼저 고속 터미널 옆에 있는 玉溪 盧禛을 모신 滄洲書院을 참관한 다음, 남원의 별미인 미꾸라지 요리로 점심을 들고서, 八良재 너머 경상도 땅에 있는 인산농장에 이르기까지 내가 운전석 뒤편에 앉아 마이크를 들고서 안내를 맡았다. 남원 시내에 있는 김시습의 『금오신화』 중 「만복사저포기」의 무대가 된 萬福寺址, 남원·운봉 사이에 있는 女院峙, 인월에 있는 이성계의 荒山大捷碑閣, 山內의 實相寺와 그 부속 암자인 百丈庵에 들렀다.

해진 후 농장에 도착하여 늦은 저녁을 들고 난 후, 소주와 맥주를 들며 다음날 새벽 한 시 무렵까지 臺灣大學에서 박사학위를 받아 최근 귀국한

鄭相峰 군 등과 대화를 나누었다. 우리가 마신 맥주는 이곳 함양군 북상면 소재지의 고향에서 방위 근무를 하고 있는 박창환 군이 사 들고 온 것인데, 박 군을 포함하여 참가 회원은 열한 명으로 늘었다.

19 (금) 낮에 몇 차례 소나기

오전 중 먼저 함양 읍내와 安義 일대의 답사에 나섰다. 무오사화의 원인이 된 學士樓, 함양 上林에 있는 崔致遠神道碑, 介坪의 鄭一蠹宗宅 및 그 마을의 豐川盧氏齋室, 그 부근의 고려 충신 유적 등을 둘러 본 다음, 안의 읍내로 가서 이곳의 현감을 지낸 바 있는 朴燕巖 기념비와 그 부근의 古家, 光風樓를 참관하였고, 濫溪書院을 둘러본 다음 안의 읍내로 돌아와 이곳의 별미인 원조갈비집의 갈비찜 등으로 점심을 들었다.

오후에는 거창군 마리면 영승촌에 있는 퇴계의 셋째 장인 權礩의 妻家 마을에 들러 그곳의 迎勝書院과 四樂亭을 참관하고, 위천면 강동의 桐溪 鄭蘊 宗宅, 葛溪里의 葛川 林薰과 瞻慕堂 林芸 유적을 둘러 본 다음, 葛川古宅에서 잠시 비를 피하고서, 빗물에 젖은 풀잎에 구두를 적시며 鄭桐溪가 만년을 보낸 某里齋까지 등반을 하였고, 하산 도중 산 속의 개울물에서 발가벗고 목욕도 하였다.

돌아오는 길에는 同春堂 宋浚吉이 인조 연간에 피난 생활을 보낸 月星와 黃店 마을을 거쳐, 거창군과 함양군의 경계를 이루는 고개 마루를 넘어 함양 땅의 南德裕山 아래 靈覺寺에 들렀다가, 花林 계곡을 거쳐 오면서 居然亭과 知足堂 朴明榑의 유적인 弄月亭에서도 잠시 머물렀다.

저녁 식사 후 인산농장의 연수원 앞마당에서 돼지고기를 구워 그 바비큐를 안주로 소주 및 내가 멕시코에서 가져온 데킬라를 마셨고, 이날도 자정이 넘어서야 자리에 들었다. 밤에 또 학생 두 명이 서울에서 내려와, 참가한 회원은 모두 열세 명이 되었다.

20 (토) 맑음

오전 중 짐을 챙겨서 마지막 날의 답사 및 귀가 일정에 나섰다.

지리산 뱀사골 입구와 달궁, 성삼재를 거쳐 구례 땅에서 泉隱寺와 梅泉祠를 참관하였다. 섬진강변의 舊道路를 따라 남원으로 향하는 도중, 보성강을 따라 왼쪽으로 접어들어 20 킬로미터 정도 들어간 곳에 있는 九山禪門의 하나인 桐裏山 泰安寺에도 들렀는데, 방학만 되면 이 절에 와서 참선을 하고 있던 우리 철학과의 박선자 교수는 근자에는 여기서 한 시간 정도 떨어진 곳에 있는 절에서 수도한다고 한다.

남원에 도착하여 광한루 부근에서 추어탕으로 늦은 점심을 들고, 고속터미널에서 서울로 돌아가는 회원 일행과 작별하였다. 나는 인산농장의 차로 김윤수 씨 및 서상면의 고향으로 돌아가는 박창환 군 등과 함께 지리산 구룡계곡과 정령치를 거쳐 농장으로 돌아와 저녁을 얻어먹고는, 함양 시외버스 터미널에서 버스로 갈아타 진주로 돌아왔다.

22 (월) 맑음

중문과 정헌철 교수 연구실에 들러 내 컴퓨터의 키보드에다 정 선생 필체로 일본어 자판 문자를 새로이 쓰고, 구내매점에서 구입한 여성용 매니큐어로 그 위에다 덮어 칠하여 지워지지 않도록 조처했다.

24 (수) 맑으나 다소 더움

어제 내가 부재중이었을 때에 이어 오늘 밤에도 서울에 있는 조평래 군으로부터 집으로 전화가 걸려왔다. 조 군은 중국 행 비행기 표를 구하지 못해 백두산 등반은 포기할 수밖에 없게 되었다는데, 이번 주말에 모처럼 나와 함께 1박 2일 정도의 일정으로 국내의 어딘가로 등산을 가고 싶다는 것이었다. 내가 이미 아내와 더불어 멋-거리산악회의 內邊山 안내 산행에 참가 신청을 해 두고 있다고 대답했더니, 언젠가 한번 상경하여 자신의 거처에서 일박하면서 함께 산행을 해 보자고 권유하므로, 적당한 시기에 서울의 도봉산이나 북한산에 같이 올라 보자고 대답했다.

29 (월) 맑음

2학기가 개강하였다. 첫 수업인 일반교양과목 '동아시아의 철학사상'과 1학년 전공과목 '중국철학사'의 첫 수업에 임하였다. 前者는 지난 학기에 수강생 미달로 폐강되었던 과목인데, 오늘도 14명밖에 출석하지 않고 있었다. 본부 수업과에 문의해 보았더니, 공식적으로 집계된 신청자는 21명이나, 일반교양과목의 강의 개설 요건인 30명에 미달이므로 이미 폐강 조치하였다는 것이었다.

이 과목은 내가 발의하여 오랫동안 개설을 요구해 오다가 지난 학기에 비로소 개설된 것인데, 두 학기 째 연달아 폐강이니 앞으로도 그러할 가능성이 클 것으로 보이므로, 무언가 그 정확한 원인을 파악해 보아야 필요를 느꼈다. 일반교양과목 일람표를 펼쳐 보고서 비로소 그 원인을 찾아내었다.

제2영역인 철학과 사상 분야에 개설된 과목들은 철학과 및 국민윤리학과 교수들이 담당하는 것들로서, 이 영역에 개설된 과목이 모두 13개인데, 그 중 세 번째가 내가 담당하는 '동아시아의 철학사상'이며, 네 번째가 '동아시아의 고전이해'로서, 중문과의 강신웅 교수가 담당하는 과목이다. 강 교수로부터 이 과목의 수강생이 폭주하여 400~500명에 달한다는 말을 들은 적이 있었으나, 나는 강 교수의 전공이 문학이므로 그것이 제1영역인 '언어와 문학'에 배속되어 있을 줄로 알았는데, 제2영역에서 나의 과목과 나란히 열거되어 있었던 것이다. 두 과목이 그 명칭도 비슷하여 서로 중복되는 내용이 많을 것이라는 인상을 주었을 것으로 짐작되는데, 철학사상보다는 고전이해 쪽이 四書三經이나 諸子百家 등을 연상시켜 훨씬 접근하기가 쉬워 보이는 것이다.

30 (화) 맑으나 무더움

중국철학강독의 첫 수업에 들어갔다. 다음 주부터 지난 학기 대학원에서 읽은 다음 부분인 『詩經集傳』 小雅, 祈父之什, 十月之交에서부터 읽기 시작하기로 했다.

9월

9 (금) 맑으나 다소 더움

오전 중 서울대 철학과의 허남진 교수로부터 전화가 있었다. 어제 서울대 국사학과의 이인근 교수로부터 전화가 있었는데, 허 교수로부터 내 이야기를 들었다면서 11월 10일에 서울대 교수회관에서 있을 서울대 한국문화연구소의 가을 심포지엄에서 문헌학의 문제를 다루게 되므로, 나더러 발표자의 한 사람으로서 異本의 正本化 및 解題의 문제에 관한 주제를 맡아 달라는 것이었다. 근자에 들어 거의 매달 한 건 정도씩 발표 요청이 들어오고 있지만, 그러한 요청들을 수락하다가는 나 자신의 연구는 물론이고, 학위논문 작성에 무리가 오게 되므로 모두 사양하고 있는 터이다.

10 (토) 흐리고 오후에 부슬비

학교에서는 어제에 이어 京都大學 및 일본 文部省이 정한 박사학위에 관한 규정을 면밀히 검토해 보았다.

15 (목) 맑음

오랫동안 중단해 두고 있는 논문 「『남명집』 이정본의 성립」 중 지금까지 작성한 부분을 출력해 둔 것을 다시 한 번 읽어 보았다.

16 (금) 맑음

오전 중 동방호텔 커피숍으로 나가 조옥환 사장과 김충렬 교수 및 이사장인 연암공전 권 학장 등과 함께 남명학연구원의 사무 모임에 참석하였고, 호텔 식당에서 점심을 함께 한 후 다시 커피숍으로 내려와 대화를 나누었다.

연구실로 돌아오는 길에 본성동의 한국관광여행사에 들러 일본 행 왕복 항공권 구입을 위한 공무여행증명서를 제출하여, 2할 할인된 요금으로 표를 연구실로 배달해 받았다.

22 (목) 맑음

며칠 전 김충렬 교수로부터 전해 받은 중국 인민대학 張立文 교수의 논문「南冥性理哲學入門」의 일부를 읽었다. 이 논문은『남명학연구논총』 제3집에 싣기 위해 연구비를 지불하고서 받은 것이다.

23 (금) 맑음, 秋分

2교시 수업을 마치고서 연구실로 돌아오니, 어제 약속한 바에 따라 사단법인 남명학연구원의 초대 사무국장으로서 지난번 동방호텔 모임이 있은 이후 본격적인 업무를 보기 시작한 김경수 군이 이미 도착하여 나를 기다리고 있었다. 차를 마시면서 대화를 나누다가 시내의 상평교 부근으로 나가, 김 군과 마찬가지로 본교 철학과 제1회 졸업생 중의 하나인 조재호 군이 약 반 년 전부터 진주로 돌아와 개업하고 있다는 복어 전문 식당으로 가서 함께 점심을 들었다. 그동안 내가 보관하고 있었던『남명학연구논총』 제3집을 위한 논문 세 편을 김 군에게 전달함으로써 이 연구원의 간사로서 지낸 오랜 기간을 정식으로 마감하고 보니, 마음이 홀가분했다. 김 군이 앞으로는 권순찬 이사장의 휘하에서 연구원의 실무를 관장하게 될 것이다. 김 군은 나의 추천으로 이 일을 맡게 되어, 한 달 70만 원의 월급과 일 년에 두 번 백 퍼센트 씩의 보너스를 받게 되었으니, 충분하다고는 할 수 없으나 지난 학기까지 하고 있던 대학 강사 생활보다는 나을 것이다. 점심은 김 군이 초대한 셈이지만, 취직을 축하하는 뜻에서 내가 내는 것으로 했다.

24 (토) 오후 한때 비

멍하니 창밖으로 삼천포의 와룡산을 바라보고 있다가, 문득 어제 학보사로부터 청탁받아 둔 '느티나무 길목' 칼럼에 실을 수필 생각이 나서, 와룡산 이야기로부터 시작되는「다시 산책로에서」라는 제목의 수필을 쓰기 시작했다.

26 (월) 맑음

「다시 산책로에서」라는 수필을 탈고하여 학보사로 넘긴 후로는 퇴근 시간까지 내일의 수업을 위하여 『詩集傳』 小雅, 小弁篇을 읽었다.

27 (화) 맑음

오후 세 시에 인문대 세미나실에서 남명학연구소의 학술발표회가 있었다. 한문학과의 崔錫起 선생이 「南冥의 〈神明舍圖〉·〈神明舍銘〉에 대하여」 라는 주제로 발표하였다. 발표가 끝난 후 토론 시간에 세 차례에 걸쳐 질문하여, 최 교수의 발표 내용 중 몇 가지 의문점에 대해 의견을 피력하였다. 퇴근 시간에 최 교수가 오늘 발표에 대한 사례금으로 술을 산다며 나도 오라고 하므로, 모처럼 한문학과 교수 네 명 및 독문과의 이영석, 사학과의 강길중·이원근 교수 등과 어울려 도동의 법원 부근에 있는 호돌이집이라는 실비집에서 맥주를 마셨다. 또 자리를 옮겨 길 건너편에 있는 다른 실비집에서 자정 무렵까지 마셨는데, 2차는 내가 사는 것으로 했다.

28 (수) 맑음

오후에 모처럼 다시 논문 작성에 착수했다.

29 (목) 맑음

어제에 이어 계속 논문 작성을 하여 金命兼과 河謙齋와의 관계 및 이들의 정치적 성분에 관한 분석을 시도했다.

10월

4 (화) 맑음

노트북 컴퓨터가 부산의 서비스 센터로 가 있어 논문 작업을 계속할 수가 없으므로 『경남문화연구』에 影印되어 실린 『无爲子遺集』을 읽으며 카드화 하다가, 저녁 무렵 노트북 컴퓨터가 수리되어 돌아왔으므로 다시 논문 작성을 시작했다.

내가 쓴 수필 「다시 산책로에서」가 오늘 발행된 ≪경상대학보≫에 실렸다. 말미에 학교 뒷산의 산책로를 어지럽히는 풍물패 학생들을 좀 비판해 두었는데, 그래서 그런지 오늘 산책길에 보니 그들이 연습하는 장소 주변의 쓰레기들을 그런대로 청소해 두고 있었다.

6 (목) 黃沙 현상

저녁 무렵 다시 논문 작업을 계속하였다.

7 (금) 맑음

東京의 茶水女子大學에서 열리는 日本中國學會 제46회 대회에 참가하기 위해 아침 식사 후 여덟 시 남짓에 집을 나섰다.

8 (토) 맑음

이번 대회에는 내가 京都大學 중국철학사 연구실에 유학하던 시절의 동창생들이 대거 참가하였다. 비슷한 연배로는 현재 東京大 中國哲學科에 근무하고 있는 川原秀城 씨를 비롯하여 大阪女大의 福嶋正, 大東文化大學의 林克, 山口大學의 小林淸市 등이 참가했고, 후배로는 富山大學의 中純夫, 信州大의 宇佐美文理, 岐阜大의 坂內榮夫, 그리고 현재 京都大 연구실 助手로 있는 末岡宏, 日本學術振興會의 지원을 받으면서 硏修員으로 재학 중인 모양인 南澤良彦 군 등이 보였다. 南澤 군을 제외하고서는 모두가 내 유학 시절 한솥밥을 먹던 학우들인데, 당시 연구생·청강생 및 연수원 등까지 합하여 열다섯 명이 채 못 되었던 이 연구실에 재학하고 있던 학우들 거의 모두가 오늘날 일본의 각 대학에 新進 학자로서 포진하고 있는 것이다.

발표는 前例에 따라 哲學思想部會가 101호실, 文學語學部會가 201호실

로 나뉘어 진행되었는데, 나는 川原秀城·內山俊彦 교수가 각각 사회를 맡아 본 오전의 발표에만 참석하였다. 오전 발표가 끝난 다음 광장에서 기념사진 촬영이 있었고, 준비된 도시락으로 점심을 들었다.

간밤에 약속한 대로 양일모 군이 오후 한 시 반경에 나를 만나러 회의장까지 찾아왔으므로, 광장 한 모퉁이에 마련된 자리에 앉아 함께 두어 시간 대화를 나누었다. 아침에 川原 교수에게서 들은 바대로, 東京大學 중국철학과는 현재 학부의 한 학년 정원이 10명인데, 지망생이 태부족이라 학부·대학원을 모두 합하여 열댓 명 정도의 학생 밖에 재학하고 있지 않다고 한다. 東京大의 경우도 목하 대대적인 학제 개편이 진행되고 있어, 미국의 하버드대학 東아시아學科 식의 巨視的이고도 學際的인 방향으로 나아가고 있으며, 조만간 중국철학이라고 하는 세부적인 학과명조차 없어질 전망이라고 한다.

양일모 군과 작별하고서 內山 교수와 약속한 바에 따라 戶川芳郎 교수가 사회를 맡아보고 있는 마지막 발표 무렵에 다시 대회장으로 들어가서, 內山 교수와 함께 밖으로 나와 휴게실에서 대화를 나누었다. 그러나 이런저런 사람들이 인사를 건네 오는 통에 우리의 대화는 종종 중단될 수밖에 없었는데, 학위 논문 및 제출 서류의 작성 형식에 관한 의문점들에 관해서는 대충 대답을 들었다고 할 수 있겠다. 오늘 內山 교수는 오히려 논문의 양이 너무 방대하지 않고 400자 원고지 300~500장 정도인 편이 심사하는 측으로서는 바람직하겠다고 했다. 작년에 東方學會 모임에서 만났을 때까지만 해도 상당한 정도의 분량이 있을 것을 주문하던 터였는데, 이렇게 바뀐 것은 역시 근년의 대학 개혁 바람과 관련이 있는 듯하다. 內山 교수는 그 때나 지금이나 나의 학위 취득에 관해 전향적인 자세를 지니고 있는 것으로 보였다.

오늘의 발표 일정을 모두 마치고서, 오후에 도착한 小林淸市 군을 비롯한 京都大 학우 일동은 東京大學이 있는 本鄕 부근에서 모여 오랜만에 회포를 풀기로 약속이 되어 있는 모양이었다. 그러나 나는 이 대학 부근에서 田中 씨 등과 만나기로 선약이 되어 있고, 또한 懇親會의 참가비를 이미 납부해 두었던 터라, 어떻게 할까 망설이며 小林 군과 宇佐美 군을 따라 대학 밖의 한길까지 한참을 걸어가다가 혼자서 도로 돌아왔다.

대학 구내식당에서 뷔페식으로 열린 간친회에는 주로 나이 든 元老 교수들이 많이 참석하였는데, 內山 교수는 평소 이런 사교 모임에 취미가 없어 참석하지 않았으므로, 나는 구면인 關西大學의 坂出祥伸 교수와 주로 어울렸다. 坂出 교수도 일본 중국철학계의 원로급에 속하므로, 이런저런 사람들에게 나를 소개해 주었다. 坂出 교수는 지난번 국제전화에서 못쓰겠다고 하던 남명학 관계 논문을 다시 써 주겠노라고 약속했다. 大阪市立大學의 三浦國雄 교수도 오랜만에 만나 얼마간 대화를 나누었다.

밤 일곱 시에 茗荷谷驛에서 田中良子 씨 등과 만나기로 약속이 되어 있으므로, 그 시각에 맞추어 懇親會場을 나왔다. 역에는 武本民子 여사 및 결혼하여 甲斐로 姓이 바뀐 綾子 씨 등 여자 세 명이 나와 나를 기다리고 있었다. 우리는 역 부근 옛날 咸錫憲 선생이 유학해 있던 高等師範學校 자리라고 하는 현재의 筑波大學 부속중고등학교의 정문 앞에 있는 어느 서양식 레스토랑에 들러, 멋진 정원을 끼고 있는 테이블에서 비프스테이크로 저녁을 들었고, 손님인 나는 맥주와 위스키를 마시기도 하며 밤 열 시 무렵까지 대화를 나누었다. 예전에 함 선생이 공부하던 교사는 지금 남아 있지 않으나, 학교 構內의 오래된 나무들은 그 당시의 모습과 비슷하다고 하며, 이 부근은 가로수도 온통 한국의 시골에서 흔히 보는 느티나무였다.

밤늦게 그곳을 떠나, 지하철로 茶水驛까지 함께 와서 작별하였다. 그녀들로부터 집에 가져 갈 선물도 받았다.

9 (일) 맑음

약속된 오전 아홉 시 반 정각에 武本民子 씨와 山本幸子 씨가 내가 머물고 있는 호텔로 찾아 왔다. 이 두 분은 내가 대학생 시절부터 함 선생 및 장기려 박사의 모임을 통하여 알게 되었으니, 그럭저럭 20년 가까운 정도의 오랜 교제 역사를 가지고 있는 셈이다.

함께 秋葉原 전자제품 거리로 가서, 학위 논문 작성을 위해 131,000엔을 투자하여 최신형 일본어 워드프로세서인 書院 WD-X300 한 대를 구입하였다. 정가 10,880엔의 컨버터와 프린트용 리본 두 통 등 부속 器機는 武本 여사가 사 주었다.

10 (월) 흐리다가 저녁 무렵 부슬비

일본에서 사 가져온 워드프로세서를 처음으로 작동해 보았는데, 기능이 매우 다양하고 설명서가 무려 여섯 책이나 되므로, 언제 익혀서 효과적으로 사용할 수 있을지 아득한 생각이 들었다. 武本民子 여사가 적지 않은 돈을 들여 사 준 휴대용 변압기는 필요치 않았다.

13 (목) 흐림

논문 작성에 몰두하여 마침내 제2장 '최백년과 그 주변'을 마쳤다. 이미 분량이 200자 원고지 100매를 넘었다.

14 (금) 맑음

논문 작성을 계속하여 제3절 '釐正 작업의 推移'를 집필하기 시작했다.

15 (토) 맑음

논문 작성을 계속했다.

17 (월) 흐림

계속 논문 작성에 몰두하였다.

서울의 함석헌선생기념사업회에서 나에게 『씨ᄋᆞᆯ사상』지에 실을 원고 청탁을 해 왔다. '자유'라는 제목으로 함석헌 선생의 씨ᄋᆞᆯ 사상에 직간접으로 관련된 내용을 200자 원고지 50~100매 정도 써 보내라는 것이다. 평소 연구하고 있던 것도 아닌 이런 주제에 관해 글을 쓴다는 것도 다소 막막할 뿐 아니라, 모처럼 논문 작성이 궤도에 올라서려 할 무렵에 논문

한 편 정도의 분량에 해당하는 다른 주제의 글을 써야 한다는 것도 부담스럽다.

18 (화) 맑음

종일 논문 작성에 몰두했다.

오후 세 시부터 대학본부 5층 대회의실에서 있은 경남문화연구소 주최의 초청강연회 및 금년도 종합학술조사 중간발표회에 한동안 참석했다. 초청강연회에서는 평소 그 이름을 알고 있고, 논문도 읽은 바 있는 공주대 역사학과의 李海濬 교수가 「지역 문화 자료의 정리와 과제—연구의 효율화와 활성화를 위한 제언—」이라는 주제로 발표를 했다. 김준형 교수의 발표까지를 듣고 나서 연구실로 돌아와 작업을 계속하다가, 퇴근 시간에 시내의 歸程食堂에서 있은 회식에 참석했다. 이 자리에는 이해준 씨 및 진주 지역의 향토사학자로서 평소 이름을 알고 있는 김범수 씨도 참석하여 처음으로 서로 인사를 나누었다.

19 (수) 맑음

계속 논문 작성에 몰두하고 있다.

함석헌선생기념사업회에 원고 청탁을 사절하는 내용의 엽서를 띄웠다.

20 (목) 흐림

논문은 200자 원고지 120매의 분량을 초과하고 있다. 尤庵 宋時烈이 釐正의 원칙을 제시해 온 이후 이정본의 刊役을 촉구하는 통문까지를 인급했다.

21 (금) 부슬비 오고 쌀쌀함

오늘도 논문 작성을 계속하여 열 매 정도의 분량을 적었다. 종일 노트북 컴퓨터의 침침한 화면을 들여다보고 있노라니, 눈이 피로하다 못해 다소 아팠다. 집에서는 TV, 학교에서는 컴퓨터 화면을 계속 쳐다보고 있으니 눈이 나빠질 수밖에 없겠다.

22 (토) 흐림

논문은 원고지 130매 정도의 분량까지 나아갔는데, 오늘은 河洛·河達漢이 懷德으로 宋尤庵과 宋同春을 찾아가 제자로서 입문하는 대목까지를 썼다.

24 (월) 흐림

오늘 배달되어 온 『展望』誌와 안기부에서 만든 것으로 짐작되는 북한의 민민연 방송과 남한 운동권과의 연계를 밝힌 출판물을 읽어 보느라고 논문은 별로 진척을 보지 못했다.

25 (화) 맑음

논문 작성을 계속하여, 지난주까지 해 놓은 작업 내용의 일부를 수정하였다. 오늘부터 晋社連 모임이 다시 시작되지만, 내년 연말 무렵까지는 학위논문 작성 관계로 바쁘기도 하고, 아내의 권유도 있어 나는 참가하지 않기로 작정했다.

27 (목) 맑음

학교에서는 논문 작성을 계속하여, 임술본 훼판 사건 당시의 진주목사 龍巖 李尙逸과 崔栢年 사건과의 관계에 대해 언급하기 시작했다.

28 (금) 맑음

오전 중 남명학연구원의 사무국장 김경수 군이 연구실로 찾아와 中國人民大學 張立文 교수에게 보내는 중국어 서신의 초안을 잡아와서 고쳐달라기에 잠시 봐 주었고, 함께 예하리로 나가 羊 불고기로 점심을 들었다. 이번 일요일에 내년 2월 중에 있을 남명학국제학술회의를 위한 사무모임이 있었으나, 나는 소금강 등반에 따라가서 참석하지 못했었는데,

그 자리에서 내년 2월 20일에서 28일 사이의 어느 하루에 서울 프레스센터에서 행사를 가지며, 내국인 외국인 합하여 다섯 명 정도가 발표를 하고, 종합토론에는 스무 명 정도가 참여하기로 잠정적인 결정을 보았다고 한다. 외국인이라 할지라도 반드시 발표를 해야 하는 것은 아니라고 하기에, 내가 坂出祥伸 교수에게 연락하여 참석할 수 있도록 다시 한 번 교섭해 보겠노라고 했다.

29 (토) 맑음

학교에서 논문 작성을 계속한 다음, 오후 1시 50분 고속버스로 서울로 향했다. 서울에서 기독교방송국에 근무하고 있는 제자 조평래 군이 북한산 등반을 가 보자면서 여러 차례 전화를 걸어 온 바가 있었기 때문에, 오늘 마침내 출발하게 된 것이다.

30 (일) 맑음

종로구 이화동의 이승만 전 대통령 관저인 梨花莊 뒤편 정원에 맞붙어 있는 조평래 군의 전셋집에서 조 군과 한 방에서 잤다.

이화장 주위를 잠시 둘러보고 온 다음, 조 군이 지어 주는 아침밥을 같이 들고서, 나오는 길에 모처럼 내가 학부 본과 3년 동안 공부한 대학로의 옛 서울문리대 자리로 가서 기념사진도 찍어 보았다. 지하철과 택시를 갈아타서, 아홉 시 무렵 우이동 우이산상 부근의 6번 버스 종점으로 갔다. 여기서 오전 열 시에 성균관대 강사인 권인호 씨 및 나의 서울대 후배들과 만나기로 되어 있있는데, 권 씨는 오늘 새벽에 외출에서 돌아와 조 군과 통화를 하더니, 결국 반시간이 지나도 나타나지 않았다.

서울대 철학과의 조교로 재직하고 있는 정원재 군과 박사 과정을 마친 후 규장각에서 한국 문집 해제 작업에 참여하고 있는 의령 출신의 신정근 군이랑 넷이서 등반을 시작했다. 도선사를 거쳐 인수산장 앞을 지나가는 가장 일반적인 코스로 올랐는데, 정상인 백운대 부근은 너무 사람이 붐비어 오르내리는데 시간이 무척 많이 걸렸다. 백운대에서 점심을 들고서, 구파발 쪽으로 하산하기로 작정했는데, 일반적인 계곡 코스로 내려가지 않고서, 그보다 시간은 좀 더 많이 걸리지만 조망이 좋다는 조 군의 말에 따라 노적봉을 지나 북한산성 성문을 좀 더 지나간 곳으로 하여 하산하는 코스를 택했다.

강남고속터미널에 당도하여 밤 10시 50분 발 우등고속 버스표를 구입한 다음, 터미널 건너편 쪽에 있는 빌딩 지하 식당가의 紫禁城이라는 중국집으로 가서 늦은 저녁을 들고 술을 마셨다. 청주 출신의 후배 조남호 군도 전화 연락을 받고서 뒤늦게 나타나 함께 어울렸다. 자금성을 나온 후 가족이 있는 신정근 군은 먼저 가고, 나머지 네 명이 택시를 타고서 내가 카드로 결제를 할 수 있는 日食집으로 가서 함께 술을 마시다가, 간신히 우등고속의 출발 시간에 맞추어 터미널로 돌아올 수가 있었다.

31 (월) 맑음

東京大學 박사과정에 재학 중인 후배 梁一模 군이 부탁했던 일본어 워드프로세서 소프트웨어인 '一太郞'과 'DOS v.6.1'을 우송해 보내왔다. 둘 합해서 3.5 인치 디스켓으로 스물 석 장의 분량에 달하는 것인데, 내 컴퓨터의 하드디스크 용량이 부족하므로 당분간 사용할 수는 없겠다.

11월

1 (화) 맑음

간밤에 일본의 坂出祥伸 교수로부터 전화를 받았다. 지난 토요일 내가 전화를 걸었을 때 출장 중이었는데, 오늘 아침 다시 걸려고 했던 것이 저쪽에서 먼저 걸어온 것이었다. 내년 2월 20일에서 28일 사이의 어느 하루에 서울 시청 뒤 프레스센터에서 남명학 국제학술회의를 개최하고자 하는데, 참석이나 발표를 할 수 있겠는지를 물었다. 坂出 교수는 완성된 원고를 차후에 제출해도 무방한 것이라면 「曺南冥과 老莊思想」에 관한 주제로 발표까지 할 수 있겠다고 쾌락하였고, 아울러 지난번 교섭했던 東京大 교양학부의 小川晴久 교수에게도 토론자의 자격으로 참가할 의사가 있는지를 타진해 보겠노라고 했다. 출근하는 길로 남명학연구원의 사무국장 김경수 군에게로 전화를 걸어 교섭 결과를 알리고, 그러한 결과를 바탕으로 국제학술회의의 계획을 추진하도록 했다.

2 (수) 흐린 후 쌀쌀함

논문은 오늘 썼던 부분의 대부분을 지워 버리는 바람에 별로 진척이 없었다. 모두 해서 140매 정도의 분량이다.

3 (목) 맑음

논문은 慕學齋 崔絅에 관한 내용 등을 추가하여 원고지 145매의 분량에 달하였다.

4 (금) 맑음

논문 작성을 계속하였다.

5 (토) 맑음

논문 작성을 계속하였다. 河洺과 河達漢이 회덕으로 우암 송시열과 동춘당 송준길을 방문한 것이 현종 8년 여름임을 확인하였고, 인조반정으로 來庵이 찬한 남명 신도비가 제거된 이후 그것이 재건되기에 이르기까지의 과정을 쓰고 있는 중이다.

7 (월) 맑음

논문 작성을 계속하여 약 150매 정도까지 집필하였다. 남명 신도비 재건에 관한 부분을 쓰고 있다.

10 (목) 맑음

종일 논문 작성에 몰두했다. 淸陰 金尙憲이 남명 신도비문의 위촉을 수락하지 않게 된 배경에까지 언급하고 있다. 3학년 남학생 한 명이 남명학의 실천적 성격에 관한 졸업논문 계획서를 써 왔기에, 그 주제가 너무 평범하다는 점에 관한 내 의견을 말해 주었다.

퇴근 시간에 남명학연구원 사무국장인 김경수 군이 차를 가지고 와서, 자기가 종종 간다는 이현동의 술집으로 나를 초대해 갔다. 도중에 육거리에서 인쇄소를 경영하는 졸업생 박라권 군의 점포에 들러, 박 군 및 박 군의 일을 돕고 있는 하동군 옥종 출신의 금년도 철학과 졸업생 한 명을 대동하여 갔다. 김 군이 남명학연구원의 실무를 맡게 된 이후, 연구원 관계의 인쇄물은 대부분 후배인 박 군의 점포에다 맡기고 있는 모양이며, 그 인쇄소는 또한 본교 철학과 졸업생들의 아지트가 되어 있기도 한 모양이었다.

11 (금) 아침에 짙은 안개

아침에 조옥환 사장에게서 집으로 전화가 걸려왔다. 김충렬 교수가 지은 『南冥 曺植의 行狀과 事蹟』 개정판을 냄에 즈음하여, 그 뒷부분에다 『德川師友淵源錄』에 보이는 淵源의 인물 등을 추가할 것에 대한 내 의견을 묻는 것이었다.

학교에서는 논문 작성을 계속하여, 楸灘 吳允謙과 淸陰 金尙憲이 공동으로 내암의 晦退辨斥箚를 비판하는 承政院의 啓文을 올린 데까지 언급하였다. 오후 두 시 무렵에 김경수 군이 연구실로 방문하여 三浦國雄 교수의 논문 「曺南冥과 老莊思想」 및 본교 朴宗玄 교수의 번역문을 받아 갔고, 아울러 내가 보관하고 있던 남명학연구원 관계 문서들도 빌려갔다. 박종현 교수의 譯文은 『경남문화연구』 제11집에 한 차례 게재되기는 했었지만, 그 당시 교정 상태가 엉망이어서 이 훌륭한 논문을 판독조차 옳게 하지 못하도록 만든 터이므로, 이번에 『남명학연구논총』 제3집을 내게 될 때 다시 한 번 원문을 곁들여 새로이 게재하도록 내가 권고한 바 있었던 것이다. 부산교통에도 남명학연구원 관계 서류들이 별로 남아 있지 않은 모양인데, 이번에 김 군이 그러한 것들을 수습 정리하여 논총 3집의 권말에다 부록으로서 이 연구원의 沿革을 게재할 예정인 모양이었다.

12 (토) 아침에 짙은 안개 끼고 포근함

淸陰 金尙憲에 관한 부분의 집필을 마쳤다. 200자 원고지 160매의 분량에 달했다.

15 (화) 흐리고 쌀쌀함

종일 논문 작성에 몰두했다. 龍洲 趙絅과 眉叟 許穆이 찬한 남명 신도비에 관해 적고 있다. 원래는 제3장 '釐正 作業의 推移'의 일부분으로서 신도비 문제를 언급할 예정이었으나, 제3장의 내용이 다른 장에 비해 이미 꽤 길어진 데다 신도비 문제로 언급해야 할 것도 적지 않아, 제4장 '神道碑의 再建과 黨論의 動向' 하나를 따로 설정하였다.

17 (목) 맑음

논문 작성을 계속하여 165매까지 적었다.

18 (금) 새벽에 소나기 오고 오전 중 흐리며 때때로 부슬비

학교에서는 어제 『淸陰集』을 읽은 데 이어, 오늘은 趙絅의 문집인 『龍洲遺稿』를 훑어보며 남명 신도비와 관련된 내용을 카드화하였다.

19 (토) 맑고 포근함

오전 중 학교에 나가 논문 작성을 계속하였다.

20 (일) 맑음

오전 여덟 시 반에 우리 아파트 앞으로 큰처남 황광이가 처가 식구들을 태운 황 서방네 봉고를 몰고 와, 우리 가족 및 창환이를 태우고서

함께 소풍을 떠났다. 이번에도 내가 전라남도 화순군 운주사로 목적지를 정했다. 남해고속도로를 경유하여 가다가 전라남도의 주암 인터체인지에서 松廣寺 쪽 국도로 접어든 후, 승주호(혹은 주암호)의 수려한 경관을 끼고서 계속 내려갔다. 때마침 국도 주변에는 가는 곳마다 가을 억새풀이 한창이었다. 호수를 가로지르는 다리를 지나 광주 쪽으로 향하는 국도로 접어들어 조금 더 간 곳에 있는 고인돌공원에서 내려, 잘 손질된 공원 구내를 돌아보며 댐을 만들 당시 수몰 지구로부터 이곳으로 옮겨다 놓은 각종 고인돌들과 선사 시대 사람들의 복원된 주거지 및 전시관들을 참관하였고, 우리 집에서 준비해 간 음식으로 점심도 들었다.

화순군에 이르러서는 국도 주변 여기저기에 널린 탄광들을 바라보며 읍내에서 능주 쪽으로 방향을 잡았다. 옛 牧使 고을이었다는 綾州에서 향교와 이곳에 유배되었던 靜庵 趙光祖가 귀양살이 하던 집을 둘러보았다. 운주사는 거기서 얼마를 더 간 곳에 있었다.

운주사는 조선 초기의 문헌인 『東國輿地勝覽』에 千佛千塔이 있다는 기록이 있으므로, 현재 남아 있는 수십 기의 탑과 불상들은 대개 고려시대 말기에 조성된 것으로 추정하고 있는 모양이다. 그 형태가 매우 소박한 것들이어서 지방화 된 민중 신앙을 반영하는 것으로 간주되고 있는 것이다.

21 (월) 맑음

오후에 논문 작업을 계속했지만, 별로 진척되지는 못했다.

22 (화) 맑음

논문 작성을 계속하였다. 남명 신도비의 재건을 둘러싼 서인과 남인 간의 당파적 문제를 다루고 있다.

23 (수) 맑음

논문 작성을 계속하였다. 노트북 컴퓨터 액정 화면의 명암 조절 기능이 정상적으로 작동하지를 않는 모양이어서 화면 상태가 밝지 못하다. 매일 이러한 화면을 들여다보고 있으려니 답답하기도 하려니와, 근년 들어 가뜩이나 급속히 나빠지고 있는 나의 눈에 좋지 못한 영향을 미칠 것은 분명한 일이다.

24 (목) 흐리고 낮 한때 부슬비

논문 작성을 계속하여, 宋尤庵이 지은 남명 신도비에 관해 언급하기에 앞서 西人 일반의 남명 및 그 門徒에 대한 시각을 언급하고 있다.

25 (금) 맑음

논문 작성을 계속했는데, 오늘은 西人 일반의 남명에 대한 비판적 시각을 논하고 난 다음, 宋尤庵의 신도비에 대한 언급을 시작했다.

26 (토) 맑음

어제 퇴근 시에 인사동의 금성 컴퓨터 대리점에 들러 노트북 컴퓨터의 화면 상태 불량을 고쳐 달라고 그것을 맡겨 두었다. 그래서 논문 작성을 계속하기는 어렵게 되었으므로, 일단 지금까지 적어 놓은 내용을 교정하는 작업을 하기 위해 출력해 보았더니 A4용지 25매의 분량이었다. 200자 원고지로는 약 180매 정도가 될 것 같다.

오늘은 학교에서도 논문 작업은 일단 중단하고서, 어제 구입한 『古事類苑』의 내용을 검토해 보기 위해 그 총목록을 훑어보았다.

27 (일) 맑음

오전 11시부터 동방호텔 6층 무궁화 홀에서 사단법인 남명학연구원 창립이사회가 있었다. 이사들은 대부분 남명 淵源家의 후손들로 구성되어 있었는데, 조 사장이 내게 물어와 일러 준 함양의 介庵 姜翼, 함안 郡北의 篁巖 朴齊仁·松巖 朴齊賢 형제, 禮下里에 사는 新庵 李俊民의 후손들도 참석해 있었다. 남명의 중요 문인 집안이 거의 망라된 셈이었다. 95년도 사업 계획안이 상정되어 거의 원안대로 통과되었다. 내년 2월 중에 있을 국제학술대회 경비로 47,000,000원, 총계 99,000,000원이라는 방대한 예산이 잡혀 있었다. 나는 金忠烈·曺淮煥·韓相奎·權仁浩·金敬洙 諸氏와 더불어 상임연구위원으로 임명 되었는데, 앞으로 연구원장에게는 월 50만 원, 원장과 사무국장을 제외한 상임연구위원에게는 월 10만 원, 사무국장에게는 급료 年 980만 원과 활동비 연 120만 원, 출장비 연 50만 원을 지급하기로 예산이 책정되어 있었다.

회의가 끝난 후 그 장소에서 뷔페식으로 점심을 들고 난 다음, 나는 김충렬 원장 및 조옥환 운영위원장과 함께 오랜만에 새로 지은 인사동의 부산교통사무소로 가서 대화를 나누다가, 조 사장과 더불어 다시 김 교수와 그 동행인인 省庵 金孝元 후손을 숙소인 동방호텔 입구까지 동행한 후 귀가하였다. 그들과 대화하는 도중에 비로소 알게 된 것이지만, 남명이 내달 2월에 문화체육부에서 선정하는 이 달의 문화인물로 지정되게 된 것도 역시 조 사장이 官界에 로비 활동을 하여 김충렬 원장을 그 選考委員의 한 사람으로 포함시킨 결과였던 것이다.

29 (화) 맑음

어제 학교에서 지난 일요일 부산교통 사무소에 들렀을 때 그 마당 앞의 영화여객 건물 안에 임시로 들어 있는 남명학연구원 사무실에서 얻어 온 『恒齋先生追慕詩集』 중에서 恒滓 鄭宗榮과 남명과의 관계를 조사하며 카드화 한데 이어, 오늘은 『南冥集』과 『德川師友淵源錄』 등을 뒤지며 梅谷 姜瑞 및 그 형제들에 관해 조사해 보았다. 일요일의 이사회 때 나 바로 옆에 앉은 의령에서 왔다는 진양강씨 姓의 한 노인이 남명 문인 누구의 후손이라고 하는데 내가 알지 못하는 이름이었으므로, 좀 더 물어 보았더니 『남명집』과 『덕천사우연원록』에 그 형제들 모두에 관한 기록이 있다는 것이었다. 오늘 찾아보았더니, 아닌 게 아니라 『남명집』 권2에 「進士姜君墓表」, 권1에 「挽姜進士瑞」 두 首가 실려 있었으며, 사우록의 권2 從遊續錄 및 권4 門人續錄에 姜瑞의 4형제가 모두 올라 있었다. 아울러 남명이 慶尙監使 鄭恒齋의 來訪 때 지은 詩 두 수도 찾아서 읽어 보았다.

12월

9 (금) 맑음

모처럼 다시 논문 작업에 착수하여, 종일 기왕에 작성해 두었던 원고 중 제4절 '神道碑의 재건과 黨論의 동향'을 다시 한 번 읽어 가며 수정 보완하였다.

10 (토) 맑음

출근하는 길로 구내 우체국에 들러 內山俊彦 교수와 狩野直禎 교수에게 보내는 연하장을 띄웠고, 귀가한 후에도 연수 차 현재 홍콩대학 중문과에 가 있는 池田 조교수 등에게 연하장을 썼다. 학교에서는 논문의 宋尤庵이 남명을 보는 시각에 관한 부분 집필을 계속하였다.

12 (월) 흐리고 때때로 부슬비

尤庵의 南冥觀에 관한 부분의 집필을 계속했다.

13 (화) 寒波

許眉叟가 찬한 남명 신도비에 관한 부분을 언급하기 시작했다.

14 (수) 맑음

논문은 許眉叟의 「答學者」에 관한 언급으로 들어갔다. 200자 원고지로 190매 남짓 되는 분량에 이르렀다.

15 (목) 맑으나 추움

오전 중 논문 작성을 계속했다.

19 (월) 맑음

다시 논문 작업을 계속하여, 許眉叟의 신도비를 쓰러트린 사건에 관하여 다소 보충했다.

23 (금) 맑음

논문은 드디어 제4장 '神道碑의 再建과 黨論의 動向'을 마쳤는데, 이미 200자 원고지 200매의 분량을 초과하였다.

24 (토) 맑음

미국에 가 있는 기간을 고려하여, 토요일임에도 불구하고 오후 다섯 시까지 연구실에 남아 논문 작업을 계속하였다. 주로 어제 작성한 내용을 수정 보완하였다.

25 (일) 흐림

크리스마스에다 일요일임에도 불구하고 보온밥통에 도시락을 싸서 연구실로 나가, 평소의 퇴근 시간까지 논문 작업을 계속하였다.

26 (월) 흐림

종일 논문 작업을 계속하여, 210매에 가까운 분량까지 집필하였다. 마지막 章인 '結言'에로 들어갔다.

27 (화) 맑음

京都의 宇治市에 있는 坂出祥伸 교수 댁으로 전화하여, 내년 2월 22일 成均館 儒林會館에서 南冥學 國際學術會議가 열리기로 확정되었음을 전하고, 이 일과 관련된 협의를 했다. 며칠 전에도 한 번 전화를 걸었었는데, 다른 대학에서의 집중강의 관계로 부재중이었다. 東京大의 小川晴久 교수와는 아직 상의해 보지 못했다는 것이었으나, 조금 후 坂出 교수로부터 도로 전화가 걸려와, 小川 교수로부터도 논평자로서 참가하겠다는 응낙을 얻었다는 소식을 전해 주었다.

오전 중 평소처럼 학교로 나가, 연구원의 사무국장 김경수 군에게 통화 내용을 전했고, 아울러 日本中國學會 회원 명부에 실린 小川교수의 주소 및 전화번호를 팩스로 발송했다. 논문 작업을 계속하다가, 점심을 든 후 집으로 돌아왔다.

1995년

1월

5 (목) 오전 한때 눈

나는 韓國孔子學會의 회원이 아니지만, 은사인 서울대학교의 李楠永 교수가 이 학회의 새 회장으로 취임했기 때문에 새로운 이사 명단에 내 이름도 포함되었다. 有名無實한 학회의 감투들을 나도 이미 적지 않게 써 왔고 또한 쓰고 있는 셈이다.

9 (월) 맑음

오후부터 논문 작성을 재개하였다.

10 (화) 맑음

논문의 결론 부분 작성을 계속하였다.

11 (수) 맑으나 꽤 쌀쌀함

논문은 200자 원고지 225매의 분량까지 나아갔다. 노트북 컴퓨터의 침침한 액정 화면을 온종일 들여다보고 있노라니 눈이 매우 피로했다.

12 (목) 맑고 포근함

논문은 231매의 분량까지 나아갔다.

어제 을유문화사 측으로부터 내가 번역한 狩野直喜의 『中國哲學史』第

7·8刷分에 대한 인세 약 80만 원이 입금되었다는 연락을 받았으므로, 이미 브라운관이 낡아 색상이 선명하지 못한 회옥이 방의 TV를 교체해 주기 위해, 저녁 식사 후 회옥이를 데리고서 시내의 아남 텔레비전 대리점으로 가 새 것 한 대를 주문해 왔다.

13 (금) 맑으나 꽤 쌀쌀함

오후에 다시 논문 작성을 시작했지만, 金侖壽 씨의 논문 내용을 검토하느라고 별로 진도는 나가지 못했다.

14 (토) 맑음

학교에서와 귀가 후에 김윤수 씨의 논문을 읽으며 관계된 원전 자료 및 내가 쓴 「『산해사우연원록』의 출판」 중 관련 부분들과 대조해 보는 작업을 계속하였다. 『남명집』 합집본의 출판 시기가 숙종 연간임에 관해 비로소 확신을 가질 수가 있었다.

16 (월) 맑음

학교에서 논문 작업을 계속하였다. 김윤수 씨의 글들을 마저 읽고서, 선행하는 내 논문들에 관한 그의 異見에 대해 나의 견해를 진술함으로써 내 학위 논문 전체의 결론으로 삼고자 한다.

17 (화) 맑음

학교에서 종일 논문 작성에 몰두하였다. 『南冥先生別集』에 관한 언급에까지 나아갔다. 온종일 침침한 노트북 컴퓨터의 모니터를 들여다보고 있노라니 눈이 쓰릴 지경이었다. 문명의 利器라는 것은 이처럼 인간 신체의 자연적 조건과는 조화를 이루지 못하는 것인가? 근년에 와서 갑자기 시력이 나빠진 것은 물론 나이 탓도 없지 않겠지만, 아무래도 컴퓨터와 TV의 영향이 클 것이다.

18 (목) 맑음

문화체육부가 선정하는 다음달 '이 달의 문화인물'로서 曺南冥이 결정되었으므로, 서울의 KBS 제1라디오 문화살롱을 담당하고 있는 방송 작가 李明洙 씨가 젊은 여자 보조원 한 명을 데리고서 남명에 관한 방송자료를 취재하기 위해 내 연구실을 방문하였다. 남명학연구원 김경수 사무국장 및 연구원 이사로 있는 정현택 씨와 來庵 문중의 정기철 사장도 동행하였다. 이미 며칠 전 서울에서 김충렬 교수를 만나 대담했었다고 하는데, 오전 열 시 반 남짓부터 연구실에서 나와의 대담을 녹음하였고, 김경수 군이 운전하는 차로 함께 중앙시장 안의 제일식당으로 나가 진주비빔밥으로 점심을 들었다.

오후에는 연구실에서 논문 작업을 계속하여, 원고지 243매의 분량에까지 이르렀다. 지금까지의 내 논문들은 대체로 長篇이었지만, 이번 논문은 특히 길어서 이미 보통 논문 두 편 이상의 분량에 이르렀다.

어제 미국으로의 송금을 위해 은행에 들러 백만 원을 인출해 보았더니, 내 통장에 이미 을유문화사로부터의 인세 약 80만 원과 남명학연구원에서 금년부터 매달 상임연구원들에게 지급하는 手當 십만 원이 입금되어 있었다. 나의 『중국철학사』는 86년도에 초판이 나온 이래 이번으로서 여덟 번째 인쇄가 되며, 기증본 등을 제외하고서 모두 해서 7,000부가 발매되었다고 한다. 만 부가 넘으면 인세의 배당률을 현재의 部當 성가 8,000원에서 1할보나 나소 상항 조정해 주겠다는 대답을 출판사 측으로부터 들었다.

20 (금) 맑음

연구실에서 논문 작성을 계속했다. 이미 250매의 분량을 넘어섰다.

21 (토) 흐림

허균과 이이첨의 관계를 다룬 KBS 제1TV의 〈역사의 라이벌〉을 시청하였다.

오전 중 논문 작성을 계속했다. 258매 정도의 분량에 달했다. 퇴근한 이후로도 얼마간 작업을 계속했다.

22 (일) 부슬비 온 후 흐림

밤에 坂出祥伸 교수로부터 국제 전화가 있었다. 三浦國雄 교수도 지진으로 災難을 당하기는 하였지만 무사하시다고 하니 다행이다. 兵庫縣南部地震으로 말미암은 사망자의 수는 이미 거의 오천 명에 육박하고 있다. 1923년 關東大地震 이후 최대의 참사인데, 오늘은 마침 이 지역에 꽤 많은 비가 와 더욱 위험했을 것이다.

23 (월) 맑으나 다소 쌀쌀함

학교에 나가 종일 논문 작성에 몰두했다. 몰두하다 보니 점심시간도 평소보다 30분 정도 짧아졌고, 퇴근버스 시각도 깜박 잊어 허둥지둥 달려 나가는 사태가 있었다.

어제 坂出 선생과 통화한 내용을 남명학연구원의 김경수 사무국장에게 전달하고, 2월 말에 있을 국제학술회의 때 외국에서 초빙되어 오는 학자들을 위한 호텔을 예약할 것과 東京大 小川晴久 교수가 논평을 맡을 논문도 가능한 한 빨리 발송할 것, 그리고 앞으로 외국으로 연락할 경우 문서는 한글로 적되 漢字語들은 가능한 한 漢字로 적어 외국인이 이해하는데 편리를 도모하는 것이 좋겠다는 등의 의견을 말했다. 얼마 후 김 국장으로부터 다시 연락이 왔는데, 김충렬 원장과 통화해 보았더니, 한국 측의 발표자로는 김충렬 교수가 원장으로서 주제 강연을 행하고, 전남대 정병련 교수와 내가 논문 발표를 맡았으면 한다기에, 이를 수락하였다.

24 (화) 맑음

논문 작업을 계속하여 甲辰本에 대한 언급으로 들어갔다.

26 (목) 맑음

오늘도 계속 논문 작업을 했으나, 아직도 脫稿에 이르지는 못했다.

27 (금) 맑음

오늘도 종일 논문 작성에 몰두했지만 탈고하지는 못했다. 이미 298매의 분량에 이르렀으니, 보통 논문의 두세 배 정도 되는 길이다. 김경수 군으로부터 또 원고를 독촉하는 전화가 걸려왔으므로 내일 중 전해 주기로 약속했고, 아울러 坂出祥伸 교수 논문의 논평자로서 누가 적합하겠느냐고 묻기에 圓光大 종교철학과의 梁恩容 교수를 추천했다.

28 (토) 맑음

낮 12시 10분경까지 작업하여 드디어 「『南冥集』釐正本의 성립」을 탈고하였다. 200자 원고지 304매의 분량이었다. 내가 써 본 논문 가운데서는 기록적으로 긴 것이라고 할 수 있다. 퇴근 시간까지 논문을 탈고하여 그 디스켓을 전해 주겠노라고 약속했으므로, 김경수 군이 오후 한 시 무렵에 내 연구실로 방문하여 논문 디스켓과 『南冥學研究論叢』 제3집에 함께 影印 첨부할 자료인 碧寒亭 所藏 「南冥先生年譜」, 慶尙大 南冥學研究所 소장 『南冥集』 甲辰本 및 역시 내가 발견한 『南冥集』 沙隱本을 받아 갔다.

퇴근길에 김 군과 더불어 내가 아내와 결혼한 이후에도 한동안 살았었던 加虎洞 新基部落 부근 석류공원의 팔각정 2층에 올라가 맥주를 마시며 대화를 나누었다. 2월 22일에 있을 국제학술회의 시기에 맞추어 간행할 예정인 논총 제3집을 비롯한 남명학연구원의 모든 인쇄물은 철학과 졸업생인 박라권 군이 시내 육거리에서 경영하는 출판사에 맡기고 있다 하며, 박 군은 이 일만으로도 자기네와 같은 영세한 인쇄소로서는 일감이 너무 많아 벅차므로, 餘他의 주문은 다른 인쇄소로 위촉하여 작업하고 있다고 한다. 휴학 중인 철학과 일반 대학원생 안명진 군 등도 이 작업을 거들고 있는 모양이니, 결국 남명학연구원의 업무는 내 제자들이 모두 맡아 하고 있는 셈이다.

30 (월) 맑으나 추움

저녁에는 오랜만에 일본어 워드프로세서를 다시 꺼내어 取扱說明書의 文書篇을 읽으면서, 지난주에 탈고한 마지막 논문으로 이미 한글로는 완성되어 있다고 할 수 있는 나의 학위논문을 일본어로 고치고 또한 본격적으로 손질하기 위한 준비에 들어갔다.

31 (화) 맑음

설날인데도 제사를 지내지 않으니 설 같은 기분이 들지 않았다. 종일 집에서 컴퓨터 앞에 앉아 지난 토요일에 탈고한 논문의 퇴고 작업을 하여 제5절 結語 바로 앞부분까지를 마쳤다. 漢字擴張 패키지에도 들어 있지 않은 한자들은 그 부분에 임시로 한글을 쳐 넣기도 하고 더러는 예전에 자형 편집기로 만들어 둔 글자를 쳐 넣기도 했었다. 박라권 군의 인쇄소에다 맡겨 봐도 그들의 실력으로는 이 문제를 해결하기 어려울 것 같으므로, 그냥 한글로만 처리해 두기로 작정했다.

2월

1 (수) 맑음

논문 「『南冥集』釐正本의 성립」의 퇴고를 마치고서, 일본어 워드프로세서의 윈도우 화면을 보면서 연습을 해 보았다.

2 (목) 맑음

어제 밤 10시 5분부터 11시까지 KBS 제1라디오 〈문화 살롱〉 시간에 이 달의 문화인물로 지정된 南冥 曺植에 관한 프로가 방송되었다. 나는 일찍 잤으므로 아내에게 말하여 녹음을 해 보도록 했는데, 전부는 아니고 내가 나오는 부분들이 포함된 일부만이 녹음되어 있었다. 김경수 군의 설명도 상당 부분 들어 있었는데, 내가 녹음한 부분은 너무 말을 더듬

거려서 그런지 두어 군데 밖에 방송되지 않았다.

김경수 군에게 연락하여 지난 토요일에 전달한 디스켓을 가져와서 어제까지 퇴고해 놓은 새로운 논문 원고를 디스켓에다 복사해 가도록 했고, 아울러 『남명학연구논총』 제3집의 발간과 관련하여 일본어나 중국어로 쓰인 논문들은 그러한 언어를 아는 사람들에게 위촉하여 오류를 가능한 한 줄이도록 다시 한 번 당부해 두었다.

일본어 워드프로세서와 설명서 등을 학교로 가져가, 오늘부터 기왕에 작성해 둔 논문들을 일본어로 옮기면서 수정해 나가는 작업을 시작했다. 이제부터 본격적인 학위논문 작성에 착수하게 되는지라, 오늘은 표지 부분만 입력해 놓고 나머지 시간은 종일 문서 작성에 관한 설명서를 읽으며 블록 지정, 사용자사전 작성, 문서 보관과 호출 등에 관한 연습을 했다.

3 (금) 맑음

어제에 이어 일본어 워드프로세서를 익히기 위한 노력을 계속했다. 그런데 이 기계에는 문서 작성 중 주석을 다는 데에 관한 설명이 전혀 보이지 않고, 문단 모양에서 첫 행을 들여 쓰도록 조정하는 방법에 관한 설명도 보이지 않았다. 게다가 아무래도 한자 입력이 외국인인 나로서는 그다지 쉽지 않을 것 같은데, 이러한 기능들은 논문 작성에 있어서 결정적으로 중요한 것이므로, 차라리 一長一短이 있기는 하지만 이미 손에 익은 흔글의 일본어 입력 기능으로 작성하는 것이 낫지 않을까 싶은 생각이 들기도 했다. 지금과 같은 착수할 무렵에 신중하게 고려하여 잘 선택해야 할 것이다. 학위 논문의 전체 제목은 「『南冥集』諸板本의 成立과 그 思想史的 背景—17·18世紀의 板本을 中心으로—」라고 정했다.

4 (토) 맑음

학교에 가서는 일본어 워드프로세서 교재 검토를 계속하였고, 퇴근 시에도 교재와 기계를 집으로 가지고 와서 틈나는 대로 조금 읽었다.

7 (화) 맑음

새벽에 陜川鄕土史學會 會長 李仁甲 씨로부터 전화를 받았다. 无悶堂 朴絪의 後孫인 高靈朴氏 문중에서 3월 중에 나를 초청하여 강연을 듣고자 한다면서, 조만간에 나를 만나러 와서 구체적인 협의를 하겠다고 했다. 근자에는 학위논문 관계로 여유도 없고 하여 웬만한 원고 위촉이나 강연·발표 요청들은 모두 사양하고 있지만, 무민당에 관해서는 최근에 탈고한 것까지 합하여 논문을 세 편이나 썼고, 그동안 자료 수집 관계로 碧寒亭을 여러 차례 방문하여 맺어진 인간관계도 있으므로, 마다할 수가 없었다. 나의 논문들까지 포함하여 차제에 무민당에 관한 책을 한 권 꾸며 보고자 한다는 것이었다.

8 (수) 흐림

오전 중 김경수 군과 통화하여, 无悶堂의 碧寒亭으로 내가 쓴 논문 「『山海師友淵源錄』의 출판」 및 碧寒亭 소장 필사본 『산해사우연원록』이 영인 수록되어 있는 『남명학연구논총』 제2집과 최근에 탈고한 나의 논문 등을 보내 주도록 조치했다. 김 국장은 최근 서울에 가서 이 달 22일에 있을 남명학 국제학술회의의 준비 작업을 하고 돌아온 모양인데, 김충렬 원장은 내가 그 날 제1부의 사회까지 맡아 주었으면 한다는 것이었으나, 나는 경험도 없고 하여 權仁浩 선생에게 맡기기로 했다. 내 논문의 논평도 권 박사가 맡기로 예정된 모양이며, 北京大 湯一介 교수의 논문 논평은 本校 손병욱 교수에게 위촉하기로 했다. 국제학술회의 시기에 맞추어 출판할 예정인 『남명학연구논총』 제3집은 이미 분량이 상당히 많아, 애초에 영인 수록할 예정이었던 세 편의 문헌 자료 가운데서 『南冥集』 沙隱本은 이번호에서는 빼기로 했다고 한다.

오늘도 종일 일본어 워드프로세서의 사용법을 연습했다.

10 (금) 맑음

오후 네 시 무렵에 마산 MBC의 남명 일대기 제작 팀이 내 연구실을 방문하여, 인문대 앞에서 내가 남명의 사상 내용을 설명하는 장면을 촬영하였다. 김경수 군이 본교 철학과 학생 하나를 데리고서 함께 다니고 있었으며, 부산 동주여전의 한상규 교수도 사흘째 그들과 행동을 같이 하고 있다고 한다. 같이 온 책임자는 몇 년 전 남명을 소개하는 다른 프로의 제작 관계로 나를 만나 촬영한 적이 있어 구면이었다.

11 (토) 흐림

학교에서 일본어 워드프로세서 사용법 연습을 계속하였다. 자형편집기를 통한 漢字 만들기를 익혔는데, 한국 컴퓨터의 경우보다 매우 쉬워서 어떠한 글자라도 간단히 만들어 낼 수가 있음을 알고서 안심하였다. 밤에 京都府 宇治市에 사는 坂出祥伸 교수로부터 집으로 전화가 걸려 왔는데, 남명학 국제학술회의 참가를 위한 구체적인 사무 내용에 관한 문의였다. 사무국장에게 연락하여 팩스로 대답해 드리겠다고 했다.

13 (월) 맑음

아침에 김경수 군에게 전화하여, 지난 토요일 밤 坂出 교수와 통화한 내용을 알리고, 그것에 대한 회답을 일본에 팩스로 보내도록 조처했다. 坂出 선생이 慶北大에 와 있다는 山內라는 東京大 출신의 東洋史 전공자와 연락을 취해 보기를 원하므로, 경북대 사학과로 전화하여 조교와 통화해 보았으나, 山內 씨는 약 한 달 전에 이미 귀국했다는 대답이었다.

일본어 워드프로세서 사용법 익히기를 대충 마치고서, 저녁 무렵부터는 이미 한국말로 써서 발표한 논문들을 일본어로 정리 번역하여 入力하는 작업을 시작했다. 아직 서투르기는 하지만, 보다 구체적인 것은 타이핑하면서 익혀 나가기로 마음먹었다. 이제 본격적인 학위 논문 작성을 시작한 셈인데, 천리 길도 한 걸음부터라고 하니, 寸陰을 아껴 가며 이렇게 한 자 한 자 쳐 넣으면 언젠가 완성될 날이 있을 것이다. 문제는 이미 익숙해져 있는 한국 컴퓨터를 사용할 것인가 새로 익힌 일본어 워드프로세서를 사용할 것인가를 빨리 결정하는 일이다.

14 (화) 맑음

오랜만에 한글 컴퓨터를 다시 꺼내서 자판 배정을 새로 하여 한글과 영문 平假名이 토글 되도록 만들어 놓고서, 緖論의 첫 부분을 일본어로 입력해 보았다. 영문으로 가나를 입력하니 일본 글자 자판으로 할 때보다는 훨씬 손쉬웠지만, 아무래도 일본어 워드프로세서를 쓰는 것보다는 불편한 점이 많은 듯하여, 학위논문 작성은 작년 가을에 東京에서 사 온 書院 워드프로세서로 하기로 마음을 정했다.

아울러 흔글2.0의 config.sys와 파일 인쇄 모드의 용지 여백주기 등을 재검토하여, 여백 설정이 뜻대로 되지 않던 문제를 해결하였다. 內山 교수가 보내 준 京都大學의 박사학위 논문 작성에 관한 규정을 다시 한 번 검토하고, 사회교육과 박종현 교수가 京都大學 동양사학 전공에서 받은 학위 논문을 참조하여, 내 워드프로세서의 書式 설정을 이 기준에 맞추어서 재조정하였다.

15 (수) 맑음

학교에서는 어제에 이어 일본어 워드프로세서의 자동 레이아웃 및 자신의 뜻대로 書式을 바꾸는 연습을 계속했다. 다음 주에 있을 남명학 국제 학술회의를 위해 서울까지 왕복할 비행기 표를 예약하였다.

16 (목) 맑으나 다소 쌀쌀함

일본어 워드프로세서의 사용법 및 書式 설정에 관한 검토를 마치고서, 본격적인 논문 작성에 들어갔다. 緖論을 두 페이지 째 적고 있는데, 이는 내가 일찍이 88년 9월에 「南冥學資料叢刊 解題 緖論—旣刊文獻의 紹介를 兼하여—」라는 제목으로 남명학연구원이 발간한 『南冥學硏究論叢』 창간호에다 실었던 논문의 緖論 부분으로서, 또한 다소 손질을 가한 형태로 90년과 그 이후 경상대학교 경영행정대학원 및 남명학연구원을 통하여 「南冥思想의 理解」라는 제목으로 별도로 간행된 적이 있기도 한 것이다. 남명학 衰退의 원인과 남명 사상의 意義를 개괄한 내용으로 되어 있다.

17 (금) 흐림

오전 10시부터 본관 5층 대회의실에서 본교 남명학연구소가 주최하는 '남명의 사상과 그 사상사적 위치'라는 주제의 학술발표대회가 있어, 종일 거기에 참석해 있었다. 이번에는 연구소장인 국민윤리교육과 孔泳立 교수의 성균관대학 유학과 후배들로서 전국 각 대학에 전임 직을 가지고 있는 학자들이 발표를 맡았다. 계명대 국민윤리교육과의 李東熙, 성균관대 유학과의 李基東·吳錫源 교수는 모두 구면이며, 초면은 아니지만 비교적 낮이 선 부산대 국민윤리학과의 趙南旭, 慶山大 동양철학과의 朴洪植 교수 등 모두 다섯 명이 오전 오후에 걸쳐 발표를 맡았다. 그 외에도 구면인 안동대 동양철학과의 梁在悅, 강원대 한문교육과의 安在淳 교수가 어제 밤에 그들과 함께 와서 시종 참석하였고, 성균관대의 崔永鎭 교수 등 오늘 아침에 일찍 돌아간 사람들도 있다고 한다. 논문 발표가 끝난 후 종합 토론이 있었는데, 이번 학술대회에서는 나의 이름이 활자로나 구두로 여러 차례 거론되었고, 대체로 내가 기왕에 쓴 논문들의 영향을 받고 그 연장선상에서 논의를 전개한 것들인 듯했다.

저녁 다섯 시 반 무렵부터 본관 4층 소회의실에서 국역 교감본『남명집』의 출판 기념회가 있었다. 교감 작업을 맡은 金侖壽 씨도 함양에서 와 참석했다. 모임이 끝난 후 예하리 전원식당에서 염소 불고기로 저녁 식사와 소주를 들고난 후, 그들의 숙소인 시내의 성수장으로 함께 가서 방 안에서 내가 맥주를 대접하였다. 밤 아홉 시 반경에 그들과는 성대 동문인 류왕표 선생을 전화로 불러내어, 류 선생이 더러 이용하는 모양인 중앙시장 뒤편의 가야금과 장고 반주에 창이 일품인 청림실비집으로 가서 다음날 한 시 무렵까지 또 맥주를 마셨다. 김윤수 씨나 한문학과 교수 등『남명집』번역 작업에 동참한 사람 등도 따로 이 집에 와 있었다.

18 (토) 맑음

예약해 둔 서울까지의 왕복 비행기 표가 배달되어 왔으므로 이를 구입하였다. 어제부터 오늘까지 계룡산 민박휴게소에서 서울대 동문들의 모임인 동양철학사상연구회의 정기학술발표회가 있지만 비슷한 시기에 행사가 너무 많이 겹쳐 참석하지 못하였다. 어제 함께 어울렸던 성대 출신 교수들의 일부는 오늘 있는 남명선생 유적답사까지 참가했다가 돌아가는 모양이다.

20 (월) 맑고 포근함

출근 직후 인문대 4층 화장실에서 한문학과의 최석기 선생을 우연히 만났다. 이번에 남명학연구소에서 교감 국역하여 출판한『南冥集』을 새 학기 철학과의 한국철학강독 교재로 쓸 뜻을 말하고, 25,000원이라는 정가가 학생들에게는 좀 부담스러울 듯한데, 학내에서 강독 교재로 쓸 경우 좀 더 싸게 구입할 방법이 없겠느냐고 물어 보았다. 아울러 내가 그동안 여러 차례에 걸쳐 이 책의 교감을 담당한 K 씨의『남명집』판본 문제에 관한 주장에 문제가 있으므로, 충분한 토론을 거쳐 그 결과를 반영해 줄 것을 요구해 왔음에도 불구하고, 예상했던 바대로 이 책에서는 K 씨의 설을 전적으로 채택하고 있음에 대해 유감의 뜻을 표시했다. 후자의 문제에 관해 최 선생은 즉각적으로 불쾌하다는 반응을 보였다. 그의 말에 의하면, 그것은 K 씨와 나 두 사람 간의 문제이며, 그런 문제는 자신에게 말할 성질의 것이 아니니, 번역사업추진위원회 위원장인 조규태 씨라든가 하는 책임 있는 사람에게 말하라는 것이었다.

내가 이번에 쓴 논문「『南冥集』釐正本의 成立」結語에서 K 씨의 주장이 지닌 문제점을 19페이지에 걸쳐 상세히 지적하고 있으며, 아울러 이 번역본 간행 작업 및 K 씨의 논문이 나오게 된 배경에 대해서도 언급한 바가 있다. 이 번역본은 나의 구상과 건의에 의해 추진하게 된 것이며, K 씨의 연구라고 하는 것도 대부분 내가 수집한 자료 및 나의 논문을 토대로 하여 이루어진 것인데, 결과적으로는 이 교감 번역 작업에 있어서 나는 처음부터 철저하게 소외되었고, 내가 애초에 의도했던 공동 연구의 성과를 집성하는 방식이 아니라 일체의 토론을 배제한 가운데 번역은 본교 한문학과의 전체 교수가 분담하고, 교감 작업은 K 씨에게 위촉하여 그의 설을 일방적으로 채택함으로 말미암아 마치 나를 학문적으로 매장시키려는 식의 시도가 되고 말았다. 이 모든 일은 결국 막대한 기금을 가지고서 대학 당국으로부터도 인문사회과학 분야 특성화 연구 대상으로서 특별한 배려를 받게 될 학내 남명학연구소 운영의 헤게모니를 장악하려는 한문학과 교수들이 J 씨 등과 손을 잡고서 꾸민 일이며, 그 배경에는 무엇보다도 한문학과의 대부인 H 교수와 나 사이의 불화가 근본적 원인으로서 존재해 있는 것이다.

그러나 한편으로 생각하면, 京都大學 人文科學硏究所 식의 장기간에 걸친 연구원들 간의 공동 토론과 연구의 성과물로서 이 번역 교감본을 간행하고자 했었던 나의 구상은 우리 대학의 현실적인 사정으로 보아 이루어지기 어려운 면이 있었던 것도 사실이며, 그들에 의해 배제됨으로 하여 나는 오히려 일을 든 셈이라고도 할 수 있다. 오늘 아침 최석기 교수의 말에 의하면, 이 일에 대해서는 이제 더 이상 생각하기도 싫다는 정도로 이 작업은 그들에게 많은 시간과 노력을 요구했던 것이라고 할 수 있겠으며, 연구소 측과 재정적 후원자인 조옥환 사장과의 사이에도 적지 않은 갈등이 존재하고 있는 모양이었다. 나의 의견에 따라 조 사장이 이 사업을 신설된 남명학연구소에다 위촉했을 때, 그들은 애초에는 번역까지 포함한 이 작업 전체를 최석기 교수의 민족문화추진회 전문위원 시절 동료인 K 씨에게 용역을 주어 위촉하기로 결정했다가, K 씨의 교감 작업이 너무 오랜 시일을 끌게 됨으로 말미암아 한문학과 교수 등이 번역 작업을 나누어 맡고, 조규태·정헌철 선생이 潤文을 담당하게 되었던 것이다.

21 (화) 맑음

진주 시내 육거리에서 인쇄소를 경영하며 남명학연구원 관계의 모든 출판물의 간행 작업을 도맡아 있는 철학과 졸업생 박라권 군이 내가 김경수 군을 통해 부탁한 『남명학연구논총』 제3집 중의 내 원고 부분을 어제 별도로 출력하여 가져다주었으므로, 오늘 연구실에서는 종일 그것을 읽으며 내일의 국제학술대회에서 내가 읽을 부분을 선택하여 체크하였다.

하루 일과를 다 마친 후, 퇴근 시간에 사천공항으로 나가 오후 6시 5분발 비행기로 서울로 향했다. 공항에는 창환이가 마중 나와 있었다. 함께 택시를 타고서 중학 시절부터의 친우인 조기화 군과 약속한 장소인 방배동 카페골목의 코코스로 향했다.

밤 열한 시 무렵 종로구 평창동에 있는 라마다 올림피아 호텔에 당도하여, 10층의 룸에서 김경수·조평래·권인호·한상규·조옥환 씨 등과 어울려 대화하다가 다음날 한 시가 넘어서야 부근의 다른 방으로 가서 권인호 씨와 더불어 취침하였다.

22 (수) 맑음

새벽에 이웃 침대에서 자고 있던 G 교수가 부스럭거리며 일어나 샤워를 하므로, 이럭저럭 나도 거의 같은 시각에 기상하게 되었다. 오늘이 논문 발표 날인데, 간밤 늦게까지 술을 과음하고, 채 다섯 시간도 잤는지 마는지 하는 상태이다. 새벽에 샤워를 하고 난 후 G 씨가 쓴 내 논문에 대한 논평문의 내용을 한 번 읽어 보았다. 평소에 그렇듯이 G 선생의 글은 자신의 감정이 너무 드러나 있어 자칫하면 회장에 모인 사람들의 감정을 건드려 소동이 벌어질 우려가 있을 듯하므로, 너무 과격한 발언은 자제하도록 당부했다. G 선생은 내암에 관한 성균관대학교 박사학위 논문에서 鄭圃隱의 출처를 신랄히 비판하여, 그 결과로 이 논문의 심사위원이며 당시 포은사상연구원장이었던 김충렬 교수가 심각한 곤경에 빠져 마침내 그 연구원의 초대 원장직에서 축출되는 사태에까지 이른 적이 있었던 것이다. G 선생 자신도 그 이후 오랫동안 전임 교수의 직을 얻지 못하고서 여기저기서 시간강사 생활을 하며 지내다가, 불과 일주일 전에야 자신이 사는 의정부시에서 가까운 경기도 포천에 있는 大巡眞理會 재단의 大眞大學校 철학과에 취직이 결정되었다고 한다.

아침에 같은 호텔 이웃 방에 투숙해 있던 坂出祥伸 교수와 東京大 교양학부의 小川晴久 교수를 복도에서 만나 인사를 나누었고, 1층 뷔페식당에서 함께 조반을 들었다. 그 후 坂出 교수 논문의 논평자인 圓光大 梁銀容 교수와 더불어 넷이서 택시로 대회장인 명륜동의 成均館 儒林會館에 이르렀다. 大成殿 앞에서 告由儀式을 치르고 난 후, 예정보다 약 반 시간이 늦은 오전 열 시 경에 유림회관 3층 홀에서 남명학 국제학술대회가 개최되었다. 式順에 따라 김충렬 원장의 기조발표가 있은 후에, 오전 중에는 中國人民大學의 張立文, 北京大學의 湯一介, UCLA의 John B. Dunkan 교수의 순으로 발표가 진행되었다. 같은 시간 유림회관 지하층에서는 '南冥曺植先生을 讚함'이라는 題下의 全國儒林漢詩白日場이 개최되고 있었다. 오후의 논문 발표는 關西大의 坂出祥伸, 나, 全南大의 鄭炳連 교수 순으로 진행되었는데, 坂出 교수의 것을 제외한 나머지는 모두 오늘부터 배부되기 시작한 『남명학연구논총』 제3집에 실려 있다.

발표가 모두 끝난 후, 김충렬 교수의 사회로 종합토론이 있었다. 발표자의 순서에 따라 小川晴久·孫炳旭(慶尙大)·韓相奎(東洲女專)·梁銀容·權仁浩·孫永植(蔚山大) 교수의 논평과 발표자의 응답이 있었고, 청중 가운데서부터도 몇 명의 질의를 받았다. G 교수가 상당히 자제하여 문제가 될 만한 부분은 거의 읽지 않았음에도 불구하고, 내가 염려했던 바대로 그의 발언 내용에 대해 두 명의 항의성 질의가 있었으나, 사회자인 김충렬 원장의 중재로 이럭저럭 무마되었다.

점심을 들었던 지하의 식당에서 역시 뷔페식으로 리셉션이 있었다. 유림회관에서의 오늘 모임이 모두 원만하게 종결된 후, 나는 서울대 철학과 후배인 손영식 교수 및 권인호 교수 부부, 오늘 소개 받은 成大 강사 부부, 조평래 군과 더불어 명륜동의 어느 찻집에서 쌍화차를 마시며 활발하게 대화를 나누었다. 밤 아홉 시 경에 그들과 헤어져 조평래 군과 더불어 택시로 돌아와 올림피아 호텔 맞은 편 북악파크호텔 2층에 예약된 내 방에다 가방을 내려 두고서, 올림피아 호텔로 가 김경수 군과 坂出 교수를 찾았으나 만날 수가 없었으므로, 조평래 군은 먼저 귀가하였다.

趙 군은 최근에 다니고 있던 기독교방송국을 그만두었다고 하며, 친구와 더불어 자영업을 해 볼 것을 고려하고 있는 중이라 한다.

호텔 지하의 淸水라는 日食집에서 小川·던컨 교수 및 成大 안병주 교수 등과 어울려 있는 그들을 찾아내었다. 坂出·小川 교수와는 다시 호텔 12층으로 올라가 자정 무렵까지 양주를 마시며 대화를 나누었다.

23 (목) 맑음

오후에 사학과 최덕경 교수의 방문을 받았다. 최 교수는 삼천포 출신으로서, 창원전문대학에서 본교로 온지 몇 년 되지 않았는데, 이번에 모교인 부산대 사학과로 다시 옮기게 되었다. 내 생모의 사촌동생인 閔成基 교수가 작년 8월에 정년퇴임하시고서 그 후임을 물색하게 되었는데, 민 교수의 뜻에 의해 같은 中國農業史 전공인 최 교수가 발탁되었으므로, 오늘 그 작별 인사 차 들른 것이다. 어제 밤 坂出·小川 교수와 대화하던 도중에 학위 논문이 한국어로 다 이루어져 있으면 그것을 일본어로 고치는 작업은 본인이 직접 하지 않아도 무방하다는 助言이 있었다. 최 교수와 그 문제를 상의하던 중에 최 교수의 부산대 사학과 동문 중에 일본에서 박사학위를 취득하고서 귀국하여 강사 생활을 하고 있는 사람들이 있다고 하므로, 그들 중 한 사람에게 번역 작업을 맡기는 문제를 협의하였다.

어제 아침 서울을 출발하여 강원도에 가서 江陵과 오대산의 月精寺·上院寺 등을 둘러보고 있다는 坂出 교수로부터 밤에 집으로 전화가 걸려왔다. 며칠 후에 방영될 南冥에 관한 TV 프로를 하나 녹화하여 보내 달라는 부탁이었다. 이번 국제학술회의에 참가하는 외국 학자들도 촬영한다더니, 아마 이 프로에는 坂出 선생 자신도 등장하는 모양이다.

24 (금) 흐림

이번에 간행된 『南冥學硏究論叢』 제3집에 실린 나의 논문을 다시 읽으며 검토해 보고 있다.

25 (토) 흐림

내 논문 중 '神道碑의 再建과 黨論의 動向' 편을 읽었다.

27 (월) 맑음

『남명학연구논총』 제3집 및 이번에 서울에서 그 후손으로부터 입수한 남명 문인 金孝元의 문집 『省庵遺稿』의 내용을 검토한 다음, 새로 입수된 논문들을 「南冥學關係研究文獻目錄」에다 추가로 입력하는 작업을 시작하였다.

부산에 가 있는 사학과의 최덕경 교수로부터 전화를 받았는데, 내 논문을 일본어로 번역해 줄 사람을 물색하는 일이 여의치 않았다고 한다.

28 (화) 간밤에 비 온 후 맑으나 다소 쌀쌀함

학위 논문의 목차 작성을 거의 마쳐 간다. 김경수 군이 『南冥學研究論叢』 제3집 열두 권 한 묶음과 이 논문집에 영인 자료로서 수록하기 위해 빌려간 『南冥集』 甲辰本·沙隱本, 碧寒亭 소장 필사본 「南冥先生年譜」를 가져 와 반환하였다.

3월

2 (목) 맑음

금년도 새 학기가 시작되었다. 한국철학강독에서는 지난달에 출판된 새로운 번역본 『남명집』의 말미에 부록으로서 첨부되어 있는 교감된 원문을 처음부터 읽어 나갈 작정이며, 도가철학연습에서는 郭慶藩의 『莊子集釋』을 텍스트로 하여 역시 內篇 첫머리의 逍遙遊부터 차례로 읽어나갈 생각이다. 물론 내가 원전을 읽어 나가는 속도에 맞추어 중간 중간 건너뛸 것이다.

일본어로 학위 논문을 작성하는 작업을 차근차근 진행하여, 퇴근 무렵까지 「緖論. 南冥 思想의 理解」의 제1절 '남명학 쇠퇴의 원인'을 마치고서, 제2절 '南冥 思想의 意義'에서 '實踐儒學的 傳統의 集大成' 항목을 입력하고 있는 중이다. 매일 마다 수업과 그 준비를 위한 시간 정도 외에는 온종일 워드프로세서의 화면을 들여다보고 있으므로, 저녁때가 되면 눈이 침침하여 근처에 있는 사람도 누구인지 얼굴을 분간하기 어려운 지경이 되곤 한다.

3 (금) 맑으나 다소 쌀쌀함

오전 중 한국철학강독의 교재인 교감번역본 『남명집』을 가지고서, 80년도에 李翼成 씨에 의해 번역된 것과 대조해 나가면서 詩의 첫 부분부터 읽어 나가기 시작했다. 3교시에 한국철학강독의 첫 수업에 임했고, 오후에는 학위논문 작성을 계속했다. 아직 일본어 워드프로세서의 사용법에 익숙지 못해, 작성한 문서가 본체에 내장되어 있음에도 불구하고, 그것을 그대로 둔 채 디스켓에다 저장했던 문서를 몇 차례 불러 왔더니 같은 내용이 여러 개 중복되었으므로, 그 문제를 해결하느라고 상당한 시간을 소모하였다.

4 (토) 맑음

오전 중 학위논문 작성을 계속하였다.

6 (월) 맑음

수업이 없는 토요일을 제외하고서, 평일 오전 시간은 수업 및 그 준비에, 점심 식사 이후의 시간은 학위논문 작성에 충당하기로 작정하고 있는데, 오늘 오후에도 논문 작성을 계속하여, 緖論의 '實踐儒學的 傳統의 集成' 부분까지 入力을 마쳤다. 며칠 전에 논문 副題인 「17·18 世紀의 板本을 中心으로」에서 '板本'은 '刊本'으로 고쳤고, 오늘은 기왕에 입력해 둔 부분 가운데서 아라비아 숫자는 모두 半角文字로 바꾸었다.

7 (화) 맑음

咸陽의 김윤수 씨가 이번 학기부터 본교 한문학과에서 세 강좌를 맡아 출강하게 되었다면서 오후에 내 연구실로 들렀으므로, 더불어 한두 시간 대화하였다. 내 논문을 읽어 본 소감을 물었더니, 結語의 앞부분은 자신에게 참고 되는 바가 많았으나, 뒷부분은 별로 도움이 되지 않더라는 대답이었다. 그 말은 『南冥集』 甲辰本을 丙午板이라고 주장한 자신의 설을 철회할 생각이 없다는 뜻이었다. 이 문제와 관련하여 얼마간 대화를 나누었지만, 무리를 해서라도 물러서고 싶지 않은 뜻이 분명했다.

10 (금) 맑으나 저녁 무렵 추운 바람

오전 중 교감 번역본 『남명집』 중의 詩 부분을 계속 읽었고, 3교시에 한국철학강독의 첫 수업을 실시하였다. 이 수업에서는 내가 담당한 다른 강독 과목들의 경우와 마찬가지로, 『남명집』을 처음부터 계속 읽는 것이 아니라, 내가 이 책을 읽어 나가는 속도에 맞추어, 그 가운데서 일부를 선택하여 읽기로 하고 있다. 오늘은 첫머리의 「書刀柄贈趙壯元瑗」을 읽었고, 다음 시간에는 몇 페이지를 뛰어넘어 저 유명한 「題德山溪亭柱」를 읽기로 하고 있다. 김윤수 씨가 여러 판본들을 대조해 가며 교감하느라고 들인 수고를 충분히 짐작할 수가 있었다. H 선생의 시 부분 번역도 예전에 李翼成 씨가 번역했던 것보다는 훨씬 알기 쉽고 글 자체도 매끄러웠는데, 조규태·정헌철 선생의 潤文에 힘입은 점도 없지 않겠나.

京都大 中國哲學史 專攻의 內山俊彦·池田秀三 교수 및 서울대 철학과의 李楠永·許南進 교수에게 내 논문 「『南冥集』 釐正本의 成立」이 실린 『南冥學研究論叢』 제3집을 비롯한 근자에 간행된 남명학 관계 자료들과 京都大學 中哲研究室에서 간행하는 『中國思想史研究』 最新號 등을 우송하였다. 오후에는 퇴근 시간까지 논문의 일본어 입력 작업을 계속하였다.

11 (토) 맑음

坂出祥伸 교수가 寒岡의 『心經發揮』와 관련된 연구 논문이 있으면 알려

달라는 부탁을 해 왔으므로, 관계 논문 목록을 좀 뒤지다가 남명학과 관련되는 약간의 논문들을 추가로 발견하고서, 「南冥學關係研究文獻目錄」의 내용을 보충해 입력하여 두었다. 坂出 교수가 작년 4월에 발간된 자신의 저서 『東西 시놀로지 事情』을 우송해 왔다.

13 (월) 맑음

坂出祥伸 교수가 자신의 還曆을 自祝하는 의미로 회갑에서 일 년이 지난 작년에 출판한 新著 『東西 시놀로지 事情』 중의 끝 부분에 실린 坂出祥伸 年譜 및 著作目錄 등과 제1부 '日本에 있어서 중국 철학 연구의 현황' 제1절 「중국 철학 연구의 회고와 전망—通史를 중심으로」를 읽어보았다. 전자에서는 근년 나와의 접촉을 계기로 관심을 가지게 된 康有爲의 문인 眞庵 李炳憲에 관한 글들이 눈에 띄었고, 후자는 일본에 있어서 明治維新 이후의 중국 철학 연구 동향을 그 중심인 京都大學 중국철학사 연구실을 중심으로 서술한 것인데, 참고 되는 바가 많았다. 坂出 교수는 현재 關西 지방 중국철학계의 代父라고 할 수 있을 정도로 비중 있는 존재이다.

16 (목) 오전 중 비 오고 오후에 흐림

일본어 워드프로세서로 坂出祥伸 교수에게 보내는 답장을 완성하여 출력까지 마쳤다. 아울러 그동안 입력해 둔 학위논문의 표지와 목차 및 緖論 첫 페이지까지도 출력해 보았는데, 기대했던 것과는 꽤 다른 형태로 인쇄되어 나왔다.

20 (월) 맑으나 다소 강한 바람

오후에는 논문 작성을 다시 시작하기 위해, 지난주 坂出 교수에게 보내는 편지를 출력할 때 시험 삼아 함께 인쇄해 둔 논문의 旣作成 부분을 참조하여, 서식 설정을 변경해 보고자 노력했으나, 아무리해도 뜻대로 되지 않았다. 페이지 설정을 해도 그것이 인쇄되어 나오지 않으므로, 아래 위의 여백을 넉넉히 주고, 행간의 간격을 좁히고자 했던 것인데, 행간 간격 조정이 제대로 안 되고 페이지를 넣는 일도 여의치 않았다.

22 (수) 흐림

오전 중 『남명집』 번역 교감본을 계속 읽어 가며 수업을 준비하고, 오후에는 김경수 군이 李商元 씨로부터 전해 받은 『晋州市史』(진주시, 1994) 上卷을 가져왔기에, 그 가운데서 본교 역사교육과의 김준형 교수와 한문학과의 이상필 교수가 각각 집필한 것으로 짐작되는 제5장 제6절 '조선후기 진주지역의 사회변화' 및 제7절 '영남학맥과 진주'를 읽어 보았다. 남명학과 관련되는 내용은 대체로 내가 그동안 집필한 논문의 내용을 많이 참조하고 있음을 알 수 있었는데, 이상필 선생의 경우는 판본 문제와 관련하여 김윤수 씨의 입장을 채택하고 있었다. 김경수 군이 『남명학연구논총』 제3집 12권 한 묶음을 함께 가져 왔기에, 철학과 교수들 및 인문대의 유관 학과와 교수들에게 각각 나누어 드리도록 조교에게 지시했다.

23 (목) 흐림

사범대 화학교육과에 근무하는 영남대 李樹健 교수의 사위 金奉坤 교수를 통하여, 그 장인께 내가 보관하고 있던 『남명학연구논총』 제3집 두 부를 전하도록 조치했다. 퇴근 시간 무렵까지 이 논총에 실린 내 논문의 내용을 다시 한 번 훑어보았다. 페이지 중간에 중복 인쇄된 부분이 있는가 하면, 아예 아무것도 인쇄되지 않거나 결락된 부분도 있었으므로, 김경수 사무국장에게 연락하여 출판 과정의 감독에 좀 더 신경을 쓰도록 조처했다.

24 (금) 흐리고 낮 한때 빗방울

오후에 『남명학연구논총』 제3집에 실린 논문들을 훑어보고, 李東熙 교수의 논문 「明初 朱子學과 朝鮮前期의 朱子學」을 계속 읽었다.

內山俊彦 교수로부터 내가 우송한 남명학 관계 新刊 자료들을 잘 받았다는 그림엽서가 도착하였다.

25 (토) 밤에 비 오고 한때 눈 내린 후 흐리고 때때로 빗방울

『中宗實錄』 12년 8월 癸酉 條에 나오는 道學이 곧 心學임을 시사하는 내용의 기사를 읽으며 이를 카드화하였고, 이동희 교수의 논문을 한 차례 다 읽은 후 두 번째로 읽어가며 이 또한 카드화하였다. 이 논문은 남명학과 조선 전기의 성리학 및 명대 유학과의 관계를 생각함에 있어서 매우 시사적인 내용들을 담고 있어 주목된다.

26 (일) 오전 중 짙은 안개 후 개임

아침 여덟 시 남짓에 진주를 지나가는 광주 행 慶全線 열차를 타고서 답사 길에 나섰다. 하동군 橫川에 내려 赤良面 남산리에서 계곡 쪽으로 거슬러 올라 東里 입구에 이르니 길가에 河東鄭氏의 碑閣이 보였다. 안으로 들어가 비문을 읽어 보니 鄭麟趾의 5代祖요 鄭汝昌의 7대조에 해당하는 國龍의 墓碑였다. 마을 사람들에게 물어 가며 무덤 있는 곳으로 찾아갔는데, 東里의 鰕谷 저수지 아래쪽에 하동정씨의 齋閣이 있었다. 재각의 문은 잠겨 있고, 마을 사람들은 다들 일하러 나가 거의 눈에 띄지 않았다. 제각 뒤쪽 비스듬한 부분에 시조를 위시한 이 姓氏 最上代 선조들의 碑壇이 가지런히 나열되어 있는 것이 담 너머로 바라다 보였다.

어떤 아주머니 하나를 만나 무덤 있는 곳을 물었더니, 손가락으로 저수지 위편의 산자락 중턱 소나무 숲이 조금 옴팍하게 들어간 지점을 가리켜 주었으므로 그리로 찾아가 보았다. 석축을 한 사각형의 高麗式 무덤으로서, 鄭國龍과 그의 차남 蘭衍의 것이 아래위로 나란히 배열되어 있고, 난연의 무덤 앞에는 海葦 尹潽善이 지은 비문이 새겨져 있었다. 옆으로 통한 오솔길을 따라 이십 미터쯤 더 가면 다음 산자락에 국룡의 장남인 芝衍의 무덤이 위치해 있었으나, 도로교통지도에 표시된 學易齋 鄭麟趾의 무덤은 보이지 않았다. 내려오는 길에 다른 노인을 만나 물어 보아도,

이 마을에는 이 세 무덤 외에 다른 선조의 무덤은 없다는 것이었다. (집에 와서 책을 뒤져 찾아 본 바에 의하면, 정인지의 무덤은 충북 괴산군 불정면 외령리에 있는 것으로 되어 있다)

동리에서 한참을 더 올라가면 西里(西村)인데, 이 서리 일대를 삼화실이라 부르고 있고, 버스 정거장에는 삼화라는 표지도 보였다. 지금은 하동 읍내로부터 上西里의 저수지 건설 현장까지 2차선 포장도로가 개통되어 있었다. 삼화실의 下西 마을 도로 가에 있는 잡화점에서 빵과 맥주 등으로 점심 요기를 하고, 中西里를 거쳐 상서리에서 삼화실재를 넘기 시작했다. 남명의 「遊頭流錄」에는 이 재의 이름이 三呵息峴으로 표기되어 있는데, 남명 일행은 지리산 유람을 마치고서 악양에서 이 고개를 넘어 지금 내가 올라온 길로 하여 횡천 쪽으로 빠지고 있는 것이다.

그러나 이 산길은 지금은 아무도 이용하는 사람이 없어 윗부분에는 찔레와 철쭉 등의 잡목 숲이 우거져 전혀 길이 없었으므로, 가시에 걸려 바지가 상하고 손등에 상처가 남에도 불구하고 개울을 따라 악전고투하며 올라가 간신히 마루턱을 넘어설 수가 있었다. 그러나 거기서부터 반대편으로 또 한참동안 그런 식의 길도 없는 내리막 계곡이 계속되었는데, 얼마간 내려오니 조그만 오솔길에 나타나기 시작하더니, 어떤 절 입구에서부터는 제법 차가 다닐 만한 넓은 길로 변하였다. 내려오는 길에 어떤 작달막한 키의 마을 아주머니를 만나 물어보았더니, 그 아주머니는 현재 예순인데, 건너 쪽 상서리 부근 마을에서 가마를 타고 이 악양 마을로 시집을 왔고, 당시는 밤에도 사람들이 이 길을 넘나들었다고 한다.

악양에 당도하여서는 노인정 등에 들러 물어서 이 마을에 사는 퇴계 후손들에 관해 알아보았다. 그들이 가르쳐 주는 바에 따라 回南재 아래쪽에 있는 上中大里로 李源佑 노인을 찾아갔다. 이 노인은 악양 일대에서는 학자로 통하고 있었는데, 6년 전 동생의 거처를 따라 안동의 도산서원 부근 마을에서 이리로 이거해 와 살고 있었다. 그가 『眞寶李氏上溪派譜』를 꺼내 놓고서 설명해 준 바에 의하면, 악양에 자리 잡은 퇴계 후손들은 퇴계의 셋째 아들로 食母의 몸에서 태어난 庶子 寂의 후예로서, 서출이었던 까닭에 안동에서는 옳은 대접을 받지 못하여 경남 남해로 이주하였다. 본손은 남해에 아직도 살고 있고, 그 지파가 수백 년 전부터 이 악양의 上新興 (속칭 딱번지) 마을에 들어와 살며 현재는 모두 해서 열 가구 남짓 있다는 것이었다.

27 (월) 흐림

이동희 씨의 논문을 읽으며 카드화하는 작업을 마친 다음, 이 씨가 참조하고 있는 陳榮捷의 『朱學論集』(臺灣學生書局, 1982) 중에 수록된 논문 「早期明代之程朱學派」를 읽으며 카드화하기 시작했다.

28 (화) 맑았다가 저녁 무렵 흐리고 다소 쌀쌀함

이동희 교수가 금년 2월 17일에 본교 남명학연구소가 주최한 이 달의 문화인물 지정 기념 학술대회에서 발표한 논문 「南冥의 韓國思想史的 위치」를 먼저 읽고, 陳榮捷의 글을 마저 읽은 다음, 역시 이동희 교수의 논문에 인용된 尹南漢의 『朝鮮時代의 陽明學 硏究』(集文堂, 1982) 序說 제3절 '朝鮮時代 程朱學의 心學化 問題'를 읽기 시작했다. 李 교수의 이번 논문도 지난번 논문의 취지를 부연한 것이라고 할 수 있는데, 이 두 선행하는 연구에 크게 의존한 것임을 알 수가 있었다.

29 (수) 흐림

尹南漢의 『조선 시대의 양명학 연구』를 읽으며 카드화하는 작업을 계속하고 있다. 윤 씨는 예순이 못 된 나이로 생을 마쳤지만, 이 책을 읽어 보니 진지한 학자였음을 알 수가 있었고, 조선 전기의 유학 일반을 이해하는 데도 크게 참고가 되었다.

30 (목) 흐림

출근 버스에서 내려 연구실로 가는 도중에 어떤 낯선 학생이 인사를 하며 말을 걸어 왔다. 며칠 전 TV에서 나를 보았다고 했다. 물어 보았더니 마산에서 본 남명에 관한 프로였다고 한다. 지난 24일 (금요일) 밤 여덟 시 5분부터 아홉 시까지, 2월 중에 방영될 예정이었던 남명에 관한 프로를 1차로 그 제작을 담당했던 마산 MBC에서 방영할 것이라고 하더니 아마도 그 프로를 본 모양이었다. 마산 MBC는 진주에서는 시청이 불가능하므로, 나는 아직 그것을 보지 못하고 있다. 어제는 大邱日報인가 하는 신문의 기자라는 사람이 연구실로 전화를 걸어와, 자기네 신문에서 '嶺南名賢'이라는 칼럼을 연재하고 있는데, 내가 발굴한 『孤臺日錄』에 관한 김윤우 씨의 논문을 읽고서 이 문헌에 관해 소개하고 싶다면서, 鄭孤臺의 후손 및 내가 쓴 논문 등에 관해 물어 온 바가 있었다.

31 (금) 黃沙現象

오후 네 시에 남명학연구소 정기총회에 참석하여 『남명학연구』 제4집을 받아 온 이후로는 거기에 실린 이동희 씨의 논문 「남명의 한국사상사적 위치」를 다시 한 번 읽어 보았다. 지난번 읽은 발표 요지에다 다소 수정을 가한 것이다. 오늘의 정기총회에서는 2대까지 연임한 국민윤리교육과의 孔泳立 교수에 잇는 제3대 소장으로서 교육학과의 崔武錫 교수가 추대되었다. 이런 경우 의례 한문학과의 崔錫起 선생이 추천 발의를 하며, 일단 추천되면 아무도 다른 의견을 말하는 사람이 없는 것으로 보아, 사전에 내부적으로 의견 조정이 되어 있음을 대체로 알고 있는 모양이었다. 나는 첫 총회에서 평의원이 되었었는데, 2기째에는 아무런 역할도 맡지 않았다가, 이번 3기에는 평의원으로 천거된 손병욱 교수의 천거에 의해 다시 평의원이 되었나. 南冥學館의 설계를 맡았던 공대 고영훈 교수까지 합하여 평의원으로 선출된 사람은 세 명인데, 소장이 임명하여 이 연구소를 실질적으로 움직여 나갈 임원들도 자동적으로 평의원이 된다.

감사의 선출까지를 마친 후, 기타 토의 시간에 고영훈 교수의 질의에 의해 남명학관 건축 계획의 추진 상황에 관한 보고가 있었다. 孔 소장의 보고에 의하면, 남명학관 건축에는 당초 15억 원의 예산이 책정되어 있었는데, 시공 단계에서 건축비가 25억 원으로 증가되었으며, 그런 까닭에 아직 착공하지 못하고 있다는 것이었다. 그런데 보충 발언에 나선 국어교육과 조규태 교수의 설명에 의하면, 조옥환 사장이 10억, 후원회장인 金章河 씨가 5억을 내기로 되어 있었는데, 그동안 조 사장의 마음이 달라져서 현재는 학교 바깥의 남명학연구원을 육성하는 쪽으로 기울어져 있으므로, 본교의 남명학관 건축 계획은 사실상 취소된 상황이라는 것이었다.

내가 알기로는 애초에 남명학관의 건축 계획을 세울 때는 십억 정도의 예산이 잡혀져 있었는데, 그 후 설계 단계에서 15억으로 불어났으므로, 이 액수를 어떻게 마련하느냐는 문제를 두고서 조 사장과 김 회장 사이에 상당한 눈치작전이 있었던 것인데, 그 이후 다시 25억으로 늘어났다는 것은 오늘 처음 듣는 이야기이다. 더구나 김 회장이 1억 원의 연구 기금을 출연해 놓고서 이미 남명학연구소 후원회장의 직을 사퇴했다고 하니, 본교 구내에다 남명학관을 건립한다는 일은 이미 기공식을 마쳤고 신문지상에도 크게 보도되었던 바이지만, 이제는 砂上樓閣이 된 듯하다. 지난번 최석기 교수가 조옥환 사장을 비난하던 말은 이런 문맥에서 나온 것인 듯하다. 그러나 남명학연구소의 연구 기금은 이미 221,150,000 원에 이르며, 그 이자 수입만으로도 연간 약 삼천만 원에 달한다고 한다.

4월

1 (토) 맑음

어제 坂出祥伸 교수로부터 내 편지에 대한 답장이 도착하였다.

『남명학연구』 제4집에 실린 논문들을 「남명학관계연구문헌목록」에다 추가로 입력하였고, 이 책과 오늘 배부된 『경남문화연구』 제16호에 수록된 논문들을 검토해 보았다.

3 (월) 맑음

계속해서 『경남문화연구』 제16집에 실린 사천군 곤명면 종합학술조사 보고서를 읽었고, 『조선시대의 양명학 연구』 제3장 '朝鮮時代 程朱學의 心學化와 陽明學의 傳來問題'를 다 훑어보았다. 한문학과 이상필 교수가 쓴 「곤명면의 고문헌」을 통하여 三緘齋 金命兼의 아들인 金聖運의 『珠潭集』 2冊이 이미 간행되어 昆明面 松林里에 있는 著存齋에 소장되어 있음을 비로소 알았다. 후자의 경우는 저자인 尹南漢 씨의 이 부분에 관한 논증이 매우 근거가 박약하고, 그가 程敏政의 『心經附註』가 조선에 전래된 사실을 입증하는 최초의 자료로서 거론한 『東儒師友錄』에 보이는 南溪 許忠吉과 그의 스승 慕齋 金安國에 관한 記述의 경우(中宗 35·38년)나 退溪가 成均館에 遊學하면서 이 책을 입수한 시기(중종 28년)보다도 남명이 「書李原吉所贈心經後」를 쓴 시기(중종 26년)가 오히려 다소 앞서 있음을 확인하였다.

4 (화) 맑음

한문학과의 이상필 교수로부터 『昆明面誌』를 빌려 와 그 내용을 검토해 보았고, 어제 읽은 李 교수의 보고서 내용을 다시 한 번 체크해 보았다. 아울러 文後의 『練江齋集』 및 이와 관련된 『宣祖實錄』 甲辰年 6월 壬午條와 甲申 條의 西厓 문인 金允安 등이 올린 晦齋 李彦迪을 변호하고 五賢의 문묘 종사를 요청하는 내용의 상소문을 대충 훑어보았다.

6 (목) 맑음

엊그제 읽은 『宣祖實錄』 甲辰年條의 記事를 다시 읽으며 카드화하였고, 文後의 『練江齋集』 초간본과 중간본을 대조하여 읽으며, 역시 이 일과 관련된 내용을 카드화하였다. 『練江齋集』에서는 五賢의 문묘 종사와 관련하여, 선조가 李晦齋의 출처 및 학문에 대해 부정적인 시각을 가지고 있었던 것에 대해 嶺南儒生들이 회재를 변호하는 上疏를 올린 것을 가지고서 來庵의 晦退批判에 대해 兩者를 신원하는 상소를 올린 것으로 왜곡하고, 그 근거가 되는 疏文은 고의로 말살하고서 宣祖의 批答만을 싣고 있었다. 그러나 이 상소는 柳西厓의 문인 金允安이 疏頭가 된 것으로서, 江左의 퇴계학파가 대거 동원된 것인데, 『練江齋集』에 실린 同參人 명단에는 江右의 남명학파 인물들이 적지 않게 들어 있으니, 이를 어떻게 해석해야 할 것인지는 자못 흥미로운 일이라 하겠다.

7 (금) 맑음

鄭以諶의 『慕軒遺集』을 읽으며 카드화하는 작업을 마쳤다.

8 (토) 黃沙現象

尹南漢 著 『朝鮮時代의 陽明學 硏究』 가운데서 『恥齋日記』에 관한 부분을 읽었다.

국민윤리교육과의 孫炳旭 교수가 점심을 함께 하자고 전화를 걸어 왔으므로, 그가 몇 달 전에 구입한 스포티지라는 지프차를 함께 타고서 나동에 새로 생긴 식당으로 가서 肉膾비빔밥을 들며, 남명학연구소에 관한 이런저런 일들을 이야기하였다. 우리 대학의 남명학연구소에는 소장과 세 명의 평의원, 두 명의 감사 등이 있지만, 이들은 모두 전시용의 허수아비라고 할 수 있고, 사실에 있어서는 네 명의 부장들과 간사가 협의하여 이 연구소를 이끌어 나가며, 보다 정확하게는 H 교수 麾下의 한문학과 교수들이 운영하고 있다고 해도 과언이 아니다. H 교수는 일 년 반째 가족을 대동하여 北京에 유학하고 있지만, 연구소의 개설 이래 이번에 새로 구성된 임원진에 이르기까지 계속 연구부장의 직을 맡아 있고, 간사 및 조교는 반드시 한문학과 사람이어야 하며, 네 명의 부장 가운데서도 절반 혹은 그 이상이 한문학과 교수인 것이다. 남명 『學記類編』의 번역 작업을 성균관대학 교수들에게 용역을 주어 추진하고 있는데, 그 작업이 거의 마무리 단계에 들어가 있다는 소식을 처음으로 들었다.

9 (일) 아침에 부슬비 온 후 흐림

휴일이지만 도시락을 싸서 연구실에 나가,『조선시대의 양명학 연구』 제4장 '陽明學의 傳來·受容 및 斥王論' 가운데서 제1절「洪仁祐의 恥齋遺稿와 明學의 傳來問題」, 제2절「南彦經의 生涯·思想 및 陽明學 問題」까지를 읽으며 카드화 하는 작업을 마쳤다. 이들 최초의 양명학 수용자들이 남명학 내지는 남명학파의 인물들과도 밀접한 관계가 있음을 확인할 수가 있었다.

오후 두 시부터 사천의 전원예식장 야외에서 남명학연구원 金敬洙 사무국장의 결혼식이 있어 참석해 보았다. 김 군의 신부는 동갑인 서른네 살로서 하동여고의 가사 교사인데, 그 학교의 이사장은 河東 玉宗 출신으로서 晋州 二以齋의 堂長 격인 漢學者 晦川 崔寅贊 씨라고 한다.

오전 중에 大眞大學 교수로서 남명학연구원 상임연구위원이기도 한 權仁浩 씨로부터 전화가 걸려와, 예식장에 가거든 자기 몫의 축의금도 대신 내 달라는 부탁을 받았다. 권 교수로부터 들은 바에 의하면, 기독교방송국을 그만 둔 나의 제자 趙平來 군은 지난 2월에 종로 5가에다 사무실을 얻어 직원 네 명을 두고서 고등학생 상대의『철학과 자연』이라는 잡지를 내기 시작하였는데, 3월 10일 경부터 본격적인 업무를 시작했고, 지금쯤 아마도 창간호가 나와 있을 것이라고 한다.

10 (월) 흐림

『朝鮮時代의 陽明學 研究』 제4장 제3절「宣·仁間의 陽明學의 諸問題」를 읽으며 카드화하는 작업을 마쳤다. 이로써 이 책 가운데서 나에게 필요한 부분들은 거의 다 독파한 셈이다. 부산의 民族文化라는 영인출판사 대표 金容和 씨가 모처럼 내 연구실로 방문해 왔기에 그와 더불어 대화를 나누고, 그가 요청하는 대로 도서관에다 景仁文化社에서 영인한 韓國歷代文集叢書 1001책부터 1200책까지의 구입을 추천했다. 그에게서 경인문화사의 도서목록을 한 부 얻어 그 내용을 훑어보았는데, 이 총서 가운데는 내가 알고 있는 남명학 관계 자료들도 꽤 많이 포함되어 있음을 발견하였다.

11 (화) 흐리고 저녁 무렵 비

景仁文化社의 출판도서목록 가운데서 韓國歷代文集叢書 989번으로 无悶堂 朴絪의 6대손으로서 碧寒亭을 重修하고 『无悶堂集』을 간행한 朴龍田(字 能五, 1765~1836)의 『訥叟遺稿』가 수록되어 있었으므로, 중앙도서관 漢籍室에 들러 그 책을 빌려 와서 내용을 훑어보았다. 이어서 李相殷 編 『古書目錄』 가운데서 『心經附註』와 관련된 도서들을 검토하여 카드화 하였다.

12 (수) 맑음

약 두 달 만에 모처럼 다시 일본어 워드프로세서 뚜껑을 열어 학위논문의 입력 작업을 재개했다. 書式을 새로 정하여 상하 여백을 더 주고 페이지가 입력될 수 있도록 하는 문제는 아직 엄두가 나지 않아 보류해 두고서, 그냥 지난번 입력하던 부분 다음부터 계속 입력하고 있다.

14 (금) 오전 중 부슬비

오전 중에는 교감번역본 『남명집』을 읽으며 수업을 준비하고, 오후에는 학위논문의 입력 작업을 계속하였다. 前者의 경우, 지금 읽고 있는 것은 H 선생이 번역한 詩 부분인데, 80년도에 간행된 李翼成씨의 번역본을 참조하고 있음을 곳곳에서 확인할 수가 있었다. 당시 연구소의 연수부장으로서 번역작업에 있어서는 潤文을 맡았던 중문과의 정헌철 선생이 나의 연구실로 찾아와서 이익성 씨 번역본을 빌려 간 바 있었는데, 그 책을 여러 부 복사하여 번역 당사자들이 나누어 가졌던 모양이다. 그 후 돌려받은 나의 책은 상당히 파손되어 있어, 지금은 앞표지가 제본한 몸체 부분으로부터 떨어져 버렸다.

15 (토) 맑음

처제의 승용차에 동승하여 오후 세 시까지 집현면 사무소 입구로 나가 아내의 중고등학교 동기동창인 안옥련 씨를 만나서, 함께 맞은편 池

內里에 있는 산을 보러 갔다. 장인과 아내의 출생지인 鳳岡 마을 바로 맞은편 池內小溜池 안쪽에 있는 東西 방향의 자그만 구릉 하나였다. 나는 진주 부근에다 야산을 하나 사 두었다가 적당한 시기에 그 기슭에다 별장 겸 서재를 한 채 짓고서, 정년퇴직 후에는 아파트 방 안에만 있으면 갑갑할 터이므로 평소에 매일 연구실에 출퇴근하듯이 집에서 거기까지를 오가면서 독서와 집필을 하고 밭이나 가꾸면서 여생을 보내다가, 先山을 겸한 그곳에 나 자신도 묻힐까 하는 생각이었다. 그러나 그 산에는 이미 남의 무덤들이 더러 있고, 집을 지을 만한 땅은 포함되어 있지 않았다. 산 바로 아래에까지 차가 통할만한 비포장 農路가 하나 나 있었는데, 우리가 타고 간 안옥련 씨 차의 바퀴가 길옆의 밭으로 빠져 버리는 통에 그 차를 빼내는데 상당한 시간이 소요되었다.

17 (월) 맑음

오후에 학위논문의 입력을 계속하였다. 일본어 워드프로세서로 펜을 써서 한 자 한 자 입력하노라니 시간이 무척 들고, 더구나 漢文의 입력 등이 수월치 않아 차라리 한국 컴퓨터를 사용할까 싶은 생각이 들 때가 많다. 이왕 시작한 터이고 일본어는 역시 일본 제품으로 입력하는 편이 나은 면도 적지 않을 것이라 생각되어 그대로 계속하고 있다.

19 (수) 맑음

일본어 워드프로세서가 편리한 점이 많고 또 글씨체도 우아하지만, 내가 아직 사용법에 익숙하지 못한데다 주석 다는 법이 매우 불편하여, 오늘은 훈글 2.0을 가지고서 학위논문을 입력하는 방법을 시도해 보았다. 일본어 書院 워드의 경우에는 사용설명서에 주석 다는 법에 관한 설명이 전혀 없어, 일일이 주석 번호를 정해 주고 문서 下端에다 尾注 방식으로 입력할 수밖에 없다. 문제는 그 때마다 하나하나 인덴트를 설정하고 해제하는 작업을 해 주어야 하는데, 이 인덴트는 하나의 문서에 설정·해제를 포함하여 100개 밖에 사용하지 못한다고 되어 있는 점이다. 그렇다면 주석을 50개 밖에 달 수 없는 셈인데, 실은 본문 중에서도 다소 긴 인용문을 문단 형식을 바꾸어 입력하고자 할 경우에도 일일이 인덴트를 설정·해제해야 하므로, 실제에 있어서는 달 수 있는 주석의 수가 이보다도 훨씬 줄어드는 셈이다.

내 논문의 경우 어떤 것은 주석 번호가 100을 초과하는 경우도 있는 것인데, 이래서는 논문의 일본어 입력 자체가 물리적으로 불가능하므로, 한글과 일어 平假名을 토글 키로 지정하여 입력하는 방식을 시도해 보았다. 그랬더니 이번에는 입력하는 글자의 포인트 수를 평소보다 조금만 크게 지정해도 가운데 점이 위로 올라가 버리는 등의 버그가 발생하는지라 進退兩難인 셈이다. 書院의 경우, 내가 아직 사용법을 잘 몰라 이러한 문제가 발생하는지도 모르지만, 이미 상당한 시일을 소비하여 설명서를 한 차례 다 검토하였었고, 이와 유사한 다른 문제가 생기거나 워드 자체가 기계적으로 고장이 날 경우, 내 주위에는 문의하거나 수리를 부탁할 곳도 거의 없어 束手無策이 되고 마는 것이 큰 문제점이라고 하지 않을 수 없다.

20 (목) 맑음

오후에 사회교육학과의 박종현 선생이 와서 내 일본어 워드프로세서의 사용법이 혹시 잘못된 것은 아닌지 좀 봐 주기로 약속했었으나, 박 선생은 결국 오지 않았다. 혼자서 상하 여백주기와 페이지 넣기 등을 다시금 시도해 보았는데, 그러한 문제들이 이번에는 별 문제없이 해결되었다.

上海의 復旦大學에 교환교수로 가 있는 池田秀三 교수로부터 내가 京都의 자택으로 보낸 南冥學 관계 자료가 도착되었다는 연락을 부인으로부터 받았다면서, 감사의 뜻을 전하는 그림엽서가 부쳐져 왔다.

21 (금) 흐리고 오후에 소나기

오늘 오후에 박종현 선생이 와 주겠다고 했으나, 회의가 있어 또 못온다는 전화 연락이 있었다. 다시 혼자서 사용설명서를 읽으며 주석을 쓰기 위한 인덴트 설정 해제와 페이지 번호 변경 등을 연습해 보았다. 주석 숫자의 제한 문제가 해결되지 않음은 물론 어제 해결했다고 생각했던 페이지 넣기도 문서의 첫 페이지부터 차례로 번호를 넣는 데는 별 문제가 없으나, 표지와 목차 등을 제외한 도중의 페이지에서부터 번호를 넣는 기능이 사용설명서 상에는 나와 있지만 사실상 버그임을 확인하였다.

이 두 가지 문제는 이 書院 워드프로세서로 학위논문을 작성한다는 것을 사실상 불가능하게 만드는 치명적인 결함이라고 할 수 밖에 없겠다. 게다가 이 제품과 함께 東京에서 인쇄용 리본을 두 통 사 왔으므로 일단은 이것으로 충분할 것이라고 생각했었지만, 이 리본들은 일회용이어서 이번에 연습 삼아 출력해 보느라고 이미 한 개 반을 써 버린 정도이니까, 논문 전체를 출력하기에는 태부족일 듯하고, 이러한 소모품들은 한국, 특히 진주와 같은 지방도시에서 더 이상 입수하기에도 무리가 있는지라, 이래저래 이 제품을 사용하는 것보다는 차라리 한국 컴퓨터를 사용하는 편이 낫겠다는 판단이 들었다. 그렇다면 지난번 논문을 탈고한 이래 일본어 워드프로세서의 사용법을 익히기 위해서 보낸 시간과 그동안의 입력에 소요된 몇 달 간의 황금과 같은 시간이 모두 허송세월이 되고 마는 셈이 아닌가!

22 (토) 흐리고 오후에 비

학교에서는 내가 혹시 書院 워드프로세서의 사용법에 익숙하지 못해서 그런 것이 아닐까 싶어 오늘도 오전 내내 사용설명서의 문서작성 편을 들추어 보았으나, 색인에는 注라는 단어 한 자조차 올라 있지 않을 정도였다. 이 워드프로세서는 갖가지 편리한 기능들을 갖추고 있기는 하나 정작 내가 필요로 하는 논문 작성과 관련하여서는 기왕의 문제점들에 대한 아무런 해결책을 찾아 낼 수가 없었다.

24 (월) 흐림

오후에는 훈글 2.0을 통한 학위논문의 입력을 시작했다. 書院을 가지고서 기왕에 입력하여 출력해 둔 부분을 새로 입력하는 셈이다. 영문 平假名 입력 모드를 토글 키로 지정해 두고서, 漢字의 경우는 한글 입력 모드로 전환해 가면서 타이핑해 보니 퍽 편리하였다. 東京大 교양학부 교수 小川晴久 씨로부터 그의 부탁에 따라 우송한 내 논문들에 대한 사례의 엽서가 도착하였다.

오후에 김경수 군이 새로 수정한『南冥學研究論叢』제3집과 지난 2월에 국제학술회의와 더불어 성균관 유림회관에서 동시에 거행된 全國儒林漢詩白日場의 入賞 및 參加作品集인『讚南冥先生道學』을 가져다주었다. 전자에는 국제학술대회 때 金忠烈 院長의 基調發表文과 영인 수록된 原典資料에 대한 설명이 추가되었다. 그러나 기조발표문은 이미 당시에 배부된 別冊資料『討論 및 論評』에 실려 있는 이상 이 논문집에 중복해서 실을 이유가 없는 것이라고 생각되며, 자료 설명에는 내 이름이 불필요하게 들어가 있는가 하면,『南冥集』甲辰本의 경우 慶尙大學校 南冥學研究所 所藏이라고 적도록 메모해 주었더니, 엉뚱하게도 "慶尙大學校 南冥學研究所에서 복사하여 보관하고 있는 것"이라고 사실과 어긋난 기록을 하고 있었다. 그 후 다시 김 군으로부터 전화 연락이 있어서 그러한 문제점을 지적했는데, 종이를 덧붙여 다시 수정하겠노라고 했다.

25 (화) 흐림

일본어 워드프로세서의 사용법이 혹시 틀린 것은 아닌지 봐 달라고 부탁한 박종현 선생이 오늘까지도 나타나지 않고 있고, 일어교육과의 안병곤 선생은 어제 오늘에 걸쳐 여러 차례 연구실로 전화해 보았으나 계속 不在中이므로, 일어교육과의 외국인 강사인 中島 씨의 연구실로 전화하여 보았더니 마침 있었다. 中島 씨는 大阪府 吹田市 출신의 젊은 여성으로서 나와는 전혀 안면이 없으나, 마침 그녀도 워드프로세서를 사용한다고 하기에, 내 물건과 그 사용설명서를 들고 가서 문의해 보았다. 注

처리의 경우, 그녀는 인덴트가 아닌 탭 기능을 사용하여 입력할 수 있다고 하였고, 문서의 도중부터 페이지 번호를 넣는 문제는 그녀로서도 내 기계가 이상하다고 하며 어떻게 해 볼 도리가 없는 모양이었으므로, 역시 버그로 알고 포기하는 수밖에 없었다. 그녀가 가지고 있는 워드프로세서는 좀 오래된 것으로서 文豪라는 소프트웨어가 깔려 있었는데, 그것으로써 시도할 때는 탭 처리로서 注의 특수한 문단 설정을 할 수 있는 듯이 보였다. 돌아와서 내 물건의 사용설명서 중 탭 항목 전체를 다시 한 번 세밀히 읽으며 퇴근 시간까지 시도해 보았으나, 역시 탭 기능을 가지고서는 주석의 번호를 본문보다 조금 앞으로 나오도록 문단 모양을 설정하는 것이 무리인 듯하였다.

26 (수) 맑음

종일 한글 컴퓨터로써의 학위논문 입력 작업을 계속하였다. 손에 익은 기계라 편리한 점도 많으나, 일본어는 띄어쓰기를 하지 않는데, 도중에 문장 부호가 있는 곳에서 부호의 全角 처리를 위해 半角의 공백을 넣으면, 혼합식 문단 정렬 방식으로 말미암아 사이 공간이 너무 비게 되는 경우가 많은 것과 마침표와 쉼표 등의 문장부호가 일본어의 그것과 달라 어색한 점 등이 흠이다. 그러나 이제 더 이상 선택의 여지는 없는 것이다.

27 (목) 흐림

귀가 시에 신임 남명학연구소장 崔武錫 교수가 저녁을 함께 하자고 하였다. 그의 자택이 있는 법원 부근에서 생선회와 술을 들며 밤 열 시 무렵까지 남명학연구소의 여러 가지 문제점에 대한 대화를 나누었다.

28 (금) 맑으나 다소 더움

자정부터 약 40분에 걸쳐 방영된 MBC TV의 南冥에 관한 금요특집을 두 차례 시청하였다. 이는 지난 2월에 문화체육부 선정 이달의 문화인물로서 남명이 지정된 것을 기념하여 홍보 차원에서 전국에 방영할 목적으로 남명학연구원이 자금을 대어 제작한 것이다. 이를 만든 마산 MBC에 의해 한 차례 방영된 이후 전국적으로 방영되기는 오늘에야 비로소 실현된 것이다. 방영 시간도 꽤 줄어들었을 뿐 아니라, 이렇게 심야에 방영되어서는 시청하는 사람이 극히 적을 것이다. 부산 東洲女專의 한상규 박사가 해설자 형식으로 시종 출연하고 있었고, 김충렬 교수와 나를 비롯한 연구원의 상임연구위원들과 北京大의 湯一介, 東京大의 小川晴久 교수도 나오고 있다.

坂出祥伸 교수가 「李炳憲의 孔子教運動—康有爲에게 師事한 朝鮮의 儒者—」(『栗原圭介博士頌壽記念東洋學論叢』, 1995.3., 汲古書院)를 부쳐왔기에, 오전 중 한 번 통독하였다. 이 글은 坂出 교수가 『出版 다이제스트』 平成 5년 9월 30일, 12월 11일, 平成 6년 4월 1일자에 발표한 「康有爲와 朝鮮의 儒者 李炳憲 (上)(中)(下)」에다 약간 가필한 것인데, 그 序의 부분에서 나를 통해 眞庵 李炳憲과 培山書堂의 존재에 관해 알게 되었음을 언급하고 있다.

학위논문의 입력을 계속하였다.

29 (토) 흐리고 저녁 무렵 비

학교에서는 학위논문 입력을 계속하였는데, 지난번에 읽은 尹南漢의 저서에 적힌 내용을 토대로 『心經附註』에 관한 注를 하나 추가하였다.

30 (일) 맑음

점심을 들고는 시외버스를 타고서 泗川郡 昆明面 松林里에 있는 晋陽姜氏의 齋閣으로 가서, 이상필 교수의 「곤명면의 고문헌」(『경남문화연구』 제16호, 경상대 경남문화연구소, 1984)에 여기에 소장되어 있는 것으로 보고된 三緘齋 金命兼의 아들 金聖運의 『珠潭集』을 빌리고자 했지만, 관리인이 부재중이어서 만나지 못했고, 그 대신 나의 동아고등학교 후배인 법학과의 姜大成 교수가 이 마을 출신이라는 정보를 얻었다. 송림리에서

浣沙里까지 국도를 따라 걸어가서, 晋陽郡 水谷面 金城里에 있는 南冥 私淑人 文後의 練江亭을 둘러보고, 거기에 소장되어 있는 崔琦弼의 『茅山實記』와 『道統祠志』 각 1책을 빌려서 돌아왔다.

5월

1 (월) 흐리고 때때로 비

아침 첫 시간의 한국철학강독에서는 인문대 1층의 세미나실로 장소를 옮겨, 지난 금요일 자정에 방영된 남명에 관한 금요특집을 시청하였다. 학생들의 반응이 좋았던 모양인지 개중에는 내 연구실로 찾아와 복사를 하고 싶으니 녹화 테이프를 빌려 달라고 하는 학생도 있었다.

오후에는 어제 빌려온 자료들을 읽으며 카드화하는 작업을 했다. 『茅山實記』의 주인공 崔琦弼은 竹塘 崔濯의 숙부로서 임란 때 진주성에서 순절하여 彰烈祠에 봉안된 인물이며, 『晋陽誌』 武科 條에 실린 전주최씨 가운데는 그의 네 형제가 모두 포함되어 있음을 확인하였다. 『道統祠誌』를 통해서는 晋陽郡 大坪面 硯山里에 위치하고 있다가 지금은 화재로 말미암아 폐허로 변해버린 이 道統祠가 사실상 최초의 孔子敎運動 朝鮮支部로서, 1917년 8월에 중국 闕里總會의 支會가 이곳 同文堂에 설치되었는데, 이는 종래에 孔敎朝鮮支部로서 알려져 온 眞庵 李炳憲의 培山書堂이 1923년 9월에 落成된 것임에 비하여, 여러 해 앞서는 것임을 확인하였다.

3 (수) 흐렸다가 개임

오후에 법학과에 근무하는 동아고등학교 후배 姜大成 교수의 차에 동승하여 지난 일요일에 방문했다가 만나지 못한 著存齋의 관리인 姜太洙 씨를 만나기 위해 泗川郡 昆明面 소재지인 院田里의 그가 근무하는 농협으로 방문하였다. 그는 일족인 강 교수의 전화 연락을 받고서 사전에 저존재의 장서를 조사하여 내가 부탁한 책을 찾아보았던 것이었지만,

그가 찾아 놓은 것은 내가 이미 수집해 놓은 崔濯의 『竹塘實紀』였다. 그래서 그를 대동하고서 이웃 마을인 松林里의 저존재를 다시 방문하여, 궤짝을 열어 소장된 漢籍들을 직접 조사하여 내가 구하는 金聖運의 『珠潭集』을 찾아냈다.

연구실로 돌아온 후 퇴근 무렵까지 빌려 온 책의 내용을 검토하며 카드화하였는데, 기왕에 「『南冥集』 釐正本의 成立」에서 적은 내용을 보완할 만한 새로운 사실은 별로 눈에 띄지 않았다.

4 (목) 흐림

오후에 『珠潭集』을 계속 읽었다. 肅宗·景宗代의 南人의 동향과 息山 李萬敷가 德川書院의 원장을 역임하게 되는 일의 전말에 관한 자세한 정보를 얻을 수가 있었다.

밤에 奎章閣에 근무하는 서울대 사학과 출신의 후배 申炳周 씨로부터 『南冥學硏究論叢』 제3집에 실린 그의 논문 별쇄본을 잘 받았다는 것과 MBC에 방영된 남명 특집을 보았다는 전화 연락이 있었다. 그가 남명학과 관련된 주제의 논문을 더 써 볼 생각이 있고, 1년 이내에 그러한 주제로써 박사학위 논문을 쓸 예정이라고 하므로, 그것을 이번 일요일에 있을 연구원의 금년도 연구 계획에 관한 논의 때 언급할 생각임과 박사학위를 받게 되면 그를 상임연구위원으로 추천할 의사가 있음을 전했다.

6 (토) 맑음

어제에 이어 『珠潭集』의 카드화 작업을 계속하였다. 집에 돌아와서도 틈틈이 읽었다.

7 (일) 맑음

남명학연구원의 금년도 연구 계획 협의를 위한 모임이 있어 모처럼 부산교통으로 갔다. 버스를 잘못 타서 15분 정도 늦게 도착하였는데, 이 사장은 출장 중이라 참석하지 않았고, 曺玉煥 사장과 金忠烈 원장 및 曺淮

煥·韓相奎·權仁浩·金敬洙 등 상임연구원 전원이 참석해 있었다. 얼마 후 장소를 동방호텔로 옮겨 한정식으로 점심을 들면서 회의를 하였다.

외국어대학 정치학 교수인 조회환 씨는 昌寧曺氏 문중이며 臺灣 유학 출신이라고는 하지만 남명학과는 아무런 관계가 없는 사람인데, 예전에 김 원장의 권유로 연구비를 지급 받아 남명 관계 논문을 한 편 쓴 적이 있다. 그가 올해부터 매달 10만 원씩 보수가 지급되는 연구원의 상임연구위원이 될 자격은 없는 셈이지만, 이를테면 연구원 내에서 김 원장의 위상을 뒷받침하기 위한 의도로 김 원장이 추천한 것일 터이다. 김경수 사무국장은 간사였던 나를 대신하여 사단법인체의 사무적인 업무를 총괄하기 위해 나의 추천으로 채용된 것인데, 그가 상임연구위원을 겸임하게 된 것도 역시 내가 참석하지 않았던 회의에서 김 원장의 즉흥적인 발언에 의해 결정된 모양이다.

김 원장은 실제로는 연구원을 위해 이렇다 할 활동을 하는 것이 별로 없고, 그가 쓴 남명학 관계 몇 편의 글들이라 할지라도 내가 보기에는 남명이란 인물을 빌어 자신의 감정을 移入한 것일 뿐 이렇다 할 근거가 없는, 실로 어수룩하고 오류투성이인 것들뿐이지만, 올해부터는 한 달에 50만 원인가 되는 고정된 판공비를 지급받고 있어 연구원을 통해 일 년에 최소한도 600만 원의 수입은 확보하고 있는 셈이다. 조옥환 사장은 김충렬 교수의 학계 및 사회에서의 지명도를 수 년 전부터 새삼 인식하게 되어, 남명을 선양하는 데는 김 교수와 같은 존재가 꼭 필요하다고 보아 매사에 김 원장의 뜻을 따르며 그를 극진히 대우하고 있다. 권인호·한상규 두 교수는 남명학 관계 논문으로 박사학위를 받았기 때문에 상임연구위원이 될 만한 조건은 갖추었다고 하겠으나, 그들의 논문은 多作인데 반하여 내실이 부족하며, 특히 한 교수의 경우는 남명 연원의 인물들 문집이나 실기 한 권을 가지고서 그 속에 담긴 이른바 교육사상이라는 것을 한글로 해설하고 있는 수준이어서, 연구 논문으로 쳐주기도 어려운 정도라고 할 수 있다.

이 두 사람은 각각 한 回의 論叢에 두 편 씩의 논문을 실어 두 편 분의 연구비를 받은 적이 있는데, 이러한 사례가 거듭되어 관례화 하는 것이 바람직하지 않다고 보는 나의 거듭된 의견 제시에 의하여, 이번 제3집의 경우에는 이들이 각각 두 편씩의 논문을 실었음에도 불구하고 한 편 분의 연구비만을 지급하였다. 이에 불만을 품었던 까닭인지, 오늘 회의에서 권인호 씨는 내 논문 한 편이 원고지 300매의 분량을 초과한 사례를 들어, 앞으로는 투고 논문의 분량을 100매 내외로 제한하자는 의견을 제시하기도 하였다.

나로서는 학내의 남명학연구소가 사실상 한문학과 부설연구소나 마찬가지일 정도로 한 학과의 이익을 위한 私物이 되어 있는 사태나, 학외에 있는 연구원의 경우 원장을 위시한 상임연구위원들이 내실 있는 연구실적보다는 금전적인 이익과 자신의 위상 확보에 급급하고 있으며, 이 두 남명학 관계 연구 기관에 대해 사실상 유일한 스폰서로서 돈주머니를 쥐고 있는 조옥환 사장은 오직 사업가적인 수완과 爲先事業에 대한 열성만으로 일을 추진해 오고 있는 상황인지라, 나는 이들 모임에 참석할 때마다 심한 환멸감을 느끼고 있는 터이다. 이러한 일들은 모두 정치와 외교에 속하는 것이지, 학문적인 실력과 실적의 문제는 아닌 것이다. 순수하게 학문적인 일에만 관심을 가지고서 자신의 시간과 정력의 대부분을 여기에다 쏟는 사람은 나 밖에 없는 모양이지만, 이러한 사람에게 돌아오는 것은 찬밥 밖에 없는 법이니 실로 순진하다고나 할 것인가? 마음 같으면 연구소든 연구원이든 정치와 외교로서 이루어지는 모든 구질구질하고 치사한 인간관계를 끊고서 개인적인 연구에만 전념하며, 이러한 모임에는 앞으로 발걸음도 하지 말고 싶지만, 사람의 일이란 그렇게 뜻대로 되는 것도 아닌 것이다.

8 (월) 맑음

오후에 『李炳憲全集』 上에 실린 「培山文廟及道東祠奉安後曹變日誌」를 읽으며 카드화하였다. 眞庵 李炳憲의 孔子敎運動이 실패한 것은 역시 먼저 中國 闕里의 衍聖公府로부터 孔子敎 朝鮮支部의 인가를 얻은 道統祠 측과의 알력으로 말미암은 것으로서, 무엇보다도 도통사 측은 정통 程朱學의 입장에서 이 운동을 추진하였으므로 광범위한 호응을 받을 수 있었는데 반하여, 眞庵은 康有爲 類의 今文經學을 제창하였기 때문에 이단으로서 배척된 것이었음을 확인하였다. 1923년 10월 보름 무렵에 東萊 安樂書院으로부터 나온 최초의 聲討通文도 사실인 즉은 도통사 측 安 씨 문중의 사주에 의한 것임을 알았다.

9 (화) 맑음

모처럼 다시 학위논문의 입력에 착수하였다. 緖論의 '敬과 禮學'까지를 마쳤는데, 여기까지는 대체로 지난번에 일본어 워드프로세서로 작업해 둔 부분을 새로 입력한 셈이다.

10 (수) 비

오후에는 「『南冥集』 釐正本의 成立」 結語 부분의 김윤수 씨 논문에 대한 비판을 다시 한 번 읽어 보았다. 학위논문은 기왕에 입력해 둔 부분들의 자간 간격과 낱말 사이 간격을 조정하여, 일본어 입력의 경우 句節 간의 사이가 너무 떠서 보기가 좋지 않았던 문제를 어느 정도 해결하였다.

11 (목) 맑음

감기 기운이 있다.

수업을 위해 『南冥集』 교감번역본을 틈틈이 읽었다.

12 (금) 맑음

학위논문의 입력을 계속하였다. 노트북 컴퓨터와 일어 워드프로세서를 함께 책상 위에다 올려놓고서, 컴퓨터로 입력을 하다가 일본어 중의 漢字 쓰기에 자신이 없을 때는 書院 워드 프로세서로 새로 입력하여 변환키를 눌러 보아서 확인하는 방식으로, 이를테면 일일이 일어 사전을 펼쳐 보는 대신으로 이용하고 있다. 훈글의 한자확장 패키지에도 들어 있지 않은 한자는 일어 워드에는 있는 字形編輯機로 만들어 두었다가 나중에 출력한 논문에다 다시 오려 붙이는 방식을 취할까 했으나, 그러자면 퍽 번거로울 듯하여, 편법이기는 하지만 없는 한자는 그와 뜻이 가장 가깝거나 통용해 쓸 수 있는 글자로 대체하여 입력하기로 작정했다.

13 (토) 흐리고 때때로 비

논문 입력을 계속하였다.

15 (월) 흐리고 때때로 부슬비

학위논문의 입력을 계속하여 緖論 부분을 마쳤다. 티끌 모아 태산이라고, 매일 조금씩 작업을 계속하니 결국 한 단계를 매듭지을 수가 있었다.

16 (화) 맑으나 때때로 비

오후에 학위논문 第1章 「來庵刊本」의 입력에 착수하였다.

함양에 살고 있는 金綸壽 씨가 본교 한문학과에 出講 차 매주 화요일과 목요일 오후에 본교로 오고 있는데, 이즈음은 퇴근 무렵에 종종 내 연구실로 들러 스쿨버스 정거장까지 동행하곤 한다.

17 (수) 맑음

논문 제1장 '問題의 提起' 부분의 입력을 계속하였다. 이미 오래 전에 한글로 써서 『韓國思想史學』 창간호에 발표한 논문인데, 그 사이 새로운 연구들로 말미암아 수정해야 할 부분들이 꽤 있었다.

18 (목) 맑음

논문은 새로 진척된 것이 거의 없다. 지난번 입력해 둔 내용 가운데서 자간 간격이나 낱말 간격을 재조정 해 둔 것이 일본어 입력에 있어서 모양을 자연스럽게 하는데 그다지 효과가 없고, 장차 문자의 크기를 현재의 10포인트에서 12포인트로 높일 경우 한 행당 글자 수도 너무 적어

질 우려가 있으므로, 도로 원래대로 각각 0으로 환원시켜 두었다.

19 (금) 맑음

출근 전에 內山俊彦 교수의 『中國古代思想史에 있어서 自然認識』 가운데서 第9章 '董仲舒'를 마저 읽었고, 학교에서는 오전 중 『南冥集』 중의 七言四韻 詩들을 읽고, 오후에는 논문 작성을 계속하였다.

김경수 사무국장이 내가 부탁한 본교 남명학연구소 발행의 新刊書들 및 복사하여 울산대학교의 손영식 교수에게 보내 주기 위해 맡겼던 『學記類編』 관계 자료들의 원본은 들고 왔지만, 정작 지난번 곤양면에서 수집한 자료들의 복사물은 잊었는지 가져오지 않았다.

20 (토) 종일 비

정오를 조금 지나 김경수 군이 어제 잊었던 복사물들을 가지고서 재차 나의 연구실로 방문해 왔으므로, 수고를 위로할 겸 함께 육거리의 곰탕집으로 가서 수육과 곰탕으로 점심을 들며 淸河 술도 두 병 비웠다.

內山俊彦 교수로부터 내가 보낸 남명 관계의 비디오테이프를 잘 받았다고 감사하는 내용의 그림엽서가 도착하였다.

22 (월) 맑음

논문 입력 작업을 계속하였다.

23 (화) 맑음

정헌철 교수가 나에게 부탁했던 『남명학연구논총』 제3집을 받아 가기 위해 내 연구실로 올라와서 한동안 대화를 나누는 통에 논문 작업은 거의 진척이 없었다.

24 (수) 맑음

논문은 제1장 제1절에 해당하는 '문제의 제기'까지 입력을 마쳤다. 이 부분은 거의 새로 쓰다시피 하였으므로 제법 시간이 걸린 셈이다.

서울에 사는 함석헌 선생의 제자 曺亨均 씨로부터 오후에 연구실로 전화가 있었다. 근자에 방영된 南冥에 관한 TV 프로를 보셨던지 南冥에 관한 旣刊의 간행물들을 입수하고 싶다고 했다. 아울러 김 선생이 이즈음 대학을 순회하면서 한일 관계에 관한 강연을 하고 있는데, 우리 대학에서도 그런 기회를 가질 수 있도록 주선해 주기를 당부하는 내용이었다.

26 (금) 맑음

아침 출근 전에 坂出祥伸 교수로부터 국제전화가 있었다. 남명의 老莊思想에 관한 논문이 탈고되었다고 하므로, 남명학연구원으로 직접 우송해 달라고 했다.

28 (일) 흐리고 오후에 비

지난 목요일 숙모의 장례식에 참석한 관계로 하루를 쉬었기 때문에, 그것을 보충하기 위해 일요일임에도 불구하고 산에 가지 않고 도시락을 싸서 연구실에 나갔다. 오전 중 『多夕柳永模의 기독교 사상』을 다시 조금 들추어 보았고, 이후 학위 논문의 입력 작업을 계속하여, 제1장 제3절 壬寅本에 관한 부분을 거의 마쳐 간다. 수정할 부분이 그다지 많지 않아 비교적 진도가 빨랐다.

30 (월) 맑음

금년부터 도서관장을 맡아 보게 된 사학과의 이원근 교수가 지난번에 인문대 교수휴게실에서 나더러 古書 구입비로 천만 원을 책정해 두었으니 써 달라는 당부를 한 적이 있었다. 나 자신 그런 일로 신경을 쓰고 싶지 않아 그냥 있었는데, 며칠 전에는 직접 내 연구실로 전화를 걸어와 재차 당부를 하는 것이었다. 그래서 그동안 내가 남명학 관계 자료 수집을 위해 방문한 적이 있었던 古家들 가운데서, 우선 자료적 가치가 높은 유일본이나 필사본, 고문서 등을 소장하고 있는 곳부터 접촉해 보기로 마음먹고서, 오늘 아침 陜川鄕土史學會 會長으로 있는 李仁甲 씨와 통화하여, 雙柏面 陸里(묵골)의 老柏書舍에 소장된 奇蘆沙의 대표적 門人 鄭載圭의 유품과 龍州面 碧寒亭에 있는 无悶堂 관계 문헌들의 구입 가능성 여부에 대해 타진해 줄 것을 당부했다. 노백서사의 경우는 내가 한국정신문화연구원의 고문서 조사 팀을 인도하여 가서 그 자료들을 서울로 가져가서 마이크로필름化 한 이후 도둑이 들어 이미 거의 다 도난을 당한 상태라는 말을 들었다.

내가 아무런 보수도 없이 이런 일을 위해 시간을 내고, 경우에 따라서는 소장자들로부터 불필요한 오해를 당할 가능성이 농후함에도 불구하고 이 일에 착수해 볼 마음을 내게 된 것은 물론 직접적으로는 본교 도서관장의 간곡한 당부로 말미암은 것이지만, 소중한 유일본들이 도난이나 후손의 무관심으로 말미암아 유실되고 마는 것을 예방한다는 취지가 가장 큰 것이다. 咸安 入谷里의 一山亭 소장 문헌들의 도난 소식이나 노백서사의 경우를 두고 보더라도, 이러한 일이 때늦은 감조차 없지 않음을 새삼 느꼈다.

오후에 김윤수 씨가 내 연구실에 들러 한 시간 정도 함께 인삼차를 마시며 대화를 나누었다.

31 (수) 맑음

책상 앞에 앉으니 졸음이 오므로, 소파에 누워 한 시긴 정도 눈을 붙이고서 낮잠을 잤다가, 다시 일어나 제3절의 甲辰本에 관한 학위논문 입력 작업을 계속했다.

6월

1 (목) 맑음

『南冥集』을 계속 읽어 「六國平來兩鬢霜詩」까지를 마쳤고, 오후에는 논문 제1장 제3절 甲辰本 부분을 다소 입력하였는데, 圖表의 바깥 아래쪽 여백 조정이 여의치 않아 시간을 끌었다.

2 (금) 맑음

도서관장 이원근 교수의 당부를 받고서, 합천 향토사연구회장 이인갑 씨를 통하여 老柏書舍 및 碧寒亭 소장 문헌들을 본교 도서관이 입수할 수 있는지의 여부를 타진해 달라고 부탁해 놓은 데 대한 회답 전화가 왔다. 노백서사의 경우는 대대적으로 도난을 당하여 아무 것도 남은 것이 없다고 하며, 벽한정의 경우는 후손들이 자체적으로 보관할 뜻을 말하고 있으나, 계속 노력해 보겠다고 한다. 출근한 이후, 다시 부산의 李一相 씨, 韓冑 前晋州高等學校長, 진주의 향토사학자 梧林 金相朝 씨, 산청의 崔聽江 후손 댁, 山清郡 三壯面 大浦里의 小川書堂 등으로 전화를 걸어 같은 내용을 타진해 보았다. 이일상 씨와 한주 씨로부터만 소장하고 있는 장서를 본교 도서관으로 기증할 의사가 있다는 응낙을 얻었다.

3 (토) 오전 중 부슬비 내린 후 흐림

논문의 일본어 입력 작업을 계속하였다.

5 (월) 맑음

內山俊彦·池田秀三 교수 댁으로 교감·번역본『南冥集』과『남명학연구』 제4집, 지난 2월 성균관 유림회관에서 국제학술회의와 동시에 거행된 全國儒林漢詩白日場 당시 출품 및 입선된 작품들을 모은『讚南冥先生道學』을 각각 우송하였다. 오후에는 논문의 입력을 계속하였고, 저녁 무렵 사학과의 鄭鉉在 선생이 내 연구실에 들러 내가 수집해 둔 자료들 가운데서 남명학파의 壬亂 의병과 관련된 것들 몇 종을 빌려갔다. 본교 경남문화연구소에서는 이즈음 경상우도 지역의 의병활동에 관한 비디오 영상 教材를 제작하기 위한 작업을 진행 중이어서, 정 선생 등이 거기에 참여하고 있다. 정 선생이 이 작업을 위해 입수했다는 자료들 가운데에도 나에게 없는 것들이 더러 있어, 그것들을 복사해 주도록 당부해 두었다.

7 (수) 맑으나 초여름의 무더위

정현재 교수가 빌려갔던 자료와 함께 국사편찬위원회로부터 입수한 松菴 金沔의 연보를 한 부 복사하여 갖다 주었다.

8 (금) 맑음

오전 중 『南冥集』을 읽어 賦의 끝까지를 독파하였다. 퇴근할 때까지 논문 작업을 계속하였다.

9 (금) 흐리고 아침 한때 빗방울

학교에서는 오전 중 『莊子』 內篇을 다 읽었고, 한국철학강독을 종강하였다. 오후에는 논문 입력을 계속하여 제3절 甲辰本에 관한 부분을 마쳤고, 첫머리에서부터 마침표나 쉼표 이외의 거의 모든 문장 부호에서도 한 칸 씩을 띄워 흔글로 띄어쓰기를 하지 않는 일본어를 입력할 경우에 語句 사이의 간격이 너무 벌어지는 폐단을 줄이는 작업을 하였다.

14 (수) 흐리고 때때로 빗방울

논문 작성을 계속하여 제1장 제4절 己酉本까지를 마치고, 제5절 '『孤臺日錄』의 意味'로 들어갔다.

15 (목) 흐림

학교에서는 학위논문의 작성을 계속하여, 제5절 '『孤臺日錄』의 意味' 첫 번째 단락을 거의 마쳐 간다.

오후에 김윤수 씨가 연구실로 방문해 와, 재스민 차를 마시면서 한 시간 정도 대화를 나누었으며, 근자에 수집한 『珠潭集』의 복사물을 빌려 주었다.

16 (금) 흐림

종일 논문 작성에 몰두하여, 제5절 첫째 단락의 일본어 입력을 마쳤다. 아침에 이정기 군이 철학과 일반대학원 학생들이 종강을 맞이하여 이번 학기의 강의 담당 교수들을 모시고 會食을 할 계획을 가지고서 다시 내 연구실로 방문해 왔기에, 다음 학기의 중국철학연습 시간에는 역시 이 군이 원하는 바대로 한국철학을 다루기로 하되, 이번 학기에 학부생들과 함께 읽은 교감·번역본 『南冥集』을 가지고서, 다음 순서인 銘에서부터 차례로 읽어 나가기로 했다. 그쪽이 나로서도 강의 준비를 위한 시간을 절약할 수가 있으며, 현재 작성하고 있는 학위논문의 주제와도 관련되므로 경제적인 것이다.

오후 다섯 시에 도서관 6층에 있는 남명학연구소에서 일 년에 한 차례 있는 이 연구소의 평의원회가 있었으므로 참석하였고, 회의를 마치고 난 후에는 奈洞에 있는 금강산식당으로 가서 함께 저녁 식사를 들고 술도 몇 병 마셨다. 南冥學堂의 운영에 관한 평소의 내 생각을 피력하여, 지금과 같은 단순한 무료 漢文 강습을 지양하고, 남명학에 관한 문헌들도 다루어 애초의 개설 취지인 남명학 연구를 위한 후진 양성이라는 정신을 살릴 것을 건의하였다.

17 (토) 흐림

학교에서는 어제 남명학연구소장인 崔武錫 교수의 연구실에서 빌려온 凡崔氏宗中協議會에서 발행한 『崔氏淵源譜』의 내용을 검토하였다.

19 (월) 맑으나 초여름 더위

『崔氏淵源譜』를 읽으며, 진주 주변의 사천·고성·북천 등지에 살고 있는 全州崔氏들의 내력에 관한 기록을 카드화하는 작업을 마쳤다.

서울대 철학과 후배로서 학과 조교를 역임했던 정원재 군이 연구실로 방문해 와, 여러 시간 동안 대화를 하고 개양의 주공아파트 입구로 이전한 홍부보쌈갈비집에서 함께 점심을 들었다. 정 군은 광주 출신으로서,

올해 서른네 살인가 되지만 아직 미혼이라고 한다. 서울대에서 박사과정을 마치고 조교의 직무도 벗었기 때문에 충무·진주·부산 등을 거쳐 울산으로 가서 울산대학교에 근무하는 동문 손영식 교수를 만나, 그가 앞으로 그곳으로 내려와서 울산대 철학과의 전임강사로 근무하기 전에 먼저 그곳의 현지 사정을 좀 더 자세히 알아 볼 예정이라고 한다.

20 (화) 맑음

어제 정원재 군으로부터 서울대 철학과 후배들 중 몇 명이 나의 영향을 상당히 받고 있고, 근자에 간행된 『논쟁으로 본 한국철학』(한국철학사상연구회 연구총서 4, 예문서원, 1995.3)에 후배인 조남호·손영식 군 등의 논문이 실려 있는데 그 수준이 꽤 높으며, 조남호 군은 나의 논문을 인용하고 있다는 등의 새로운 소식을 들은 바 있으므로, 곧바로 구내서점에다 전화하여 그 책을 입수해서 어제에 이어 오늘도 계속 그 내용을 검토해 보았다. 조 군은 조선의 성리학을 주리·주기로 구분하는 高橋亨의 접근법이 타당하지 못하다는 한 증거로서 내 논문을 인용하여 남명학파와 같이 이러한 분류에 포함될 수 없는 경우가 있다는 말을 하고 있었다. 손영식 군의 논문은 상당 부분을 차근차근 읽어 보았는데, 예의 달변으로 꽤 예리한 논지를 펴고 있었다.

오후 세 시부터 본관 4층 소회의실에서 남명학연구소의 95년도 제1차 학술발표회가 있었다. 한문학과의 崔錫起 교수가 「南冥의 山水遊覽에 대하여—「유두류록」을 중심으로—」를, 그리고 같은 한문학과의 張源哲 교수가 「山水와 隱逸의 미학: 南冥詩와 大谷詩의 한 局面에 대하여」라는 주제를 가지고 발표하였고, 이어서 여섯 시 20분 무렵까지 토론이 있었다. 장원철 교수의 논문은 이론은 화려하나 건실치 못한 독단이 대부분이었기 때문에 다소 신랄하게 비판해 주었다.

발표회를 마친 다음, 개양의 진양식당에서 함께 저녁 식사를 들었다. 김윤수 씨와 함께 우리 아파트에 사는 황의열 교수의 차로 귀가하였는데, 아파트 구내까지 차가 들어 온 김에 김윤수 씨를 집으로 초대하여 밤 아홉 시 무렵까지 다과를 들며 대화를 나누었다.

22 (목) 흐림

남명학연구소장인 최문석 선배의 아우 崔武錫 교수가 자신의 선조로서 임진왜란 때 의병 활동을 한 均과 堈 형제의 『雙忠實紀』을 가지고서 내 연구실을 방문하였다. 더불어 서부경남 및 경북 善山 일대에 주로 사는 全州崔氏 按廉使公派 일족과 내가 근년에 쓴 논문 가운데서 이 파에 속하는 崔栢年의 事件과 관련된 내용을 설명해 주었다.

23 (금) 맑음

종일 金山 출신의 의병장 呂大老의 문집인 『鑑湖集』과 어제 얻은 『雙忠實紀』의 내용을 검토하며 카드화하였다.

24 (토) 무더위

『雙忠實紀』를 읽으며 카드화하는 작업을 마쳤다. 이로써 全州崔氏 文成公派 가운데서 泗川·固城·北川·善山 등지에 분포되어 살아 온 高麗末의 慶尙道按廉使 龍生의 후예들의 전체적 맥락 관계를 파악할 수가 있게 되었고, 또한 『南冥集』에 수록된 「恭人牟氏之墓」 「宜人崔氏之墓」 등과도 대조해 보았다. 金敬洙 군이 연구실로 방문해 왔으므로, 최근에 입수한 『鑑湖集』을 주어 복사·제본하도록 하였으며, 남명학연구원이 나아갈 방향에 대한 나의 우려를 말했다.

26 (월) 맑음

논문의 입력을 계속하여 또 한 단락을 마쳤다.

28 (수) 맑으나 무더움

논문 입력을 계속하였다. '『孤臺日錄』의 意味' 세 번째 단락을 입력하고 있다.

29 (목) 맑음

논문 입력을 계속했다.

30 (금) 흐림

논문의 일본어 입력을 계속하여, '『孤臺日錄』의 意味' 제4 단락을 거의 마쳐간다.

7월

1 (토) 흐림

오전 중 김경수 군이 연구실로 들러 자신이 직접 복사한 『鑑湖集』 두 책을 제본하여 전해 주었다. 아울러 얼마 전에 坂出祥伸 교수가 탈고하여 보낸 「南冥과 老莊思想」이라는 제목의 글도 한 부 복사하여 전해 주므로, 그 全文을 읽어 보았다. 坂出 선생의 글은 논문으로 간주하기에는 너무나 짧고 注도 두 개 밖에 없는데, 대체로 재작년 京大會館에서의 東方學會 때 내가 복사해서 건네준 「退溪言行錄」 등의 1차 자료들과, 역시 내가 복사해 준 李相殷 編 『古書目錄』, 그리고 내가 알려 준 尹南漢 著 『朝鮮時代의 陽明學硏究』에 실린 『心經附註』 관계 기록 등을 언급하고 있었다.

2 (일) 비

아내와 함께 장터복산장의 제32차 안내등반에 참여하여 전남 장흥의 天冠山(723m)에 다녀왔다. 용전리에서부터 등반을 시작하여 천관사를 거쳐서 기암괴석이 즐비한 능선에 올랐다가 고려 毅宗 때부터 비롯되었다고 하는 頂上의 봉수대 옆에서 비를 맞으며 점심을 들었다. 하산 길에는 長興魏氏의 齋室인 長川齋가 있는 쪽으로 내려왔다. 혼자서 재실 안에 들어가 記文과 板上韻 등을 둘러보았는데, 실학자인 存齋 魏伯珪도 이 집안 출신으로서, 이 재실에서 강학하기도 하였다고 한다.

3 (월) 흐림

종일 작업을 계속하여 학위논문의 제1장을 마치고서, 제2장 「滄洲刊本」의 제1절 '光海期의 南冥學派'에 들어갔다.

4 (화) 흐림

광해군 시대의 궁중 이야기를 主題로 하여 어제 밤부터 매주 월·화요일에 방영되기 시작한 KBS 제2TV의 연속 드라마 〈西宮〉의 첫 회분을 시청하였다. 교육방송을 통해 德山의 남명 유적지에 관한 내용이 포함된 〈역사 속으로의 여행: 지리산이 품은 마을—하동·산청〉을 시청하였다.

학위 논문의 입력을 계속하였고, 점심시간에 함양의 金侖壽 씨가 방문해 와 그와 함께 한문학과의 崔錫起 교수 연구실에서 대화를 나누었다. 오후에는 최석기 교수의 지도로 금년에 본교 교육대학원 한문교육전공을 졸업한 文水映 군의 석사 논문 「錦帶 李家煥의 散文 硏究—人物描寫에 나타난 作家意識을 中心으로—」를 읽으며 남명학과 관련된 부분을 카드화 하였다.

5 (수) 아침 한때 비온 후 맑고 서늘함

〈西宮〉 제2회 분을 시청하였다. 아직은 선조 때 광해군이 세자로 있으면서 父王의 미움을 받고 있는 대목이다.

한문학과를 졸업하고서 교육대학원 한문교육전공 석사과정을 마친 후 지금은 학내의 경남문화연구소 조교로 근무하고 있는 李政喜 군이 내가 최석기 교수를 통해 부탁해 둔 그 자신의 석사 논문 「頭流山 遊覽錄에 나타난 嶺南士林의 精神世界—朝鮮前期 慶尙右道士林을 中心으로—」(1995.6) 및 같은 한문교육전공 李永淑 양의 석사 논문 「玉溪盧禛硏究」(1995.6)를 가져왔으므로, 그 내용을 검토해 보았다.

김경수 군으로부터 연락이 있어, 이 달 24일에서 29일까지 덕천서원에서 成均館大學校 儒學大學의 동양철학을 전공하는 학생들로써 구성된 한림원의 학생 54명과 成均館長 崔根德 씨를 비롯한 그 대학 교수들이 여름

연수회를 갖게 되는데, 나더러 두 시간 정도 강연을 해 주었으면 좋겠다고 하였다. 25일 저녁 시간에 「南冥神道碑의 再建과 黨論의 動向」이라는 제목으로, 지난번 남명학 국제학술대회 때 시간이 없어 읽지 못한 「『南冥集』 釐正本의 成立」 제4장의 내용을 가지고서 말하기로 약정하였다.

6 (목) 흐림

본교 교육대학원 한문교육전공에서 나온 다섯 편의 석사논문을 비롯한 새로운 글들을 「南冥學關係研究文獻目錄」에다 추가하였고, 『玉溪集』을 계속 읽었다.

7 (금) 비

『朝鮮學報』 제76호에 영인 수록된 天理圖書館(今西文庫)藏 『龍蛇日錄』과 소 제77호에 실린 京都大學附屬圖書館(河合文庫)藏 『征蠻錄』을 비교 검토하며 카드화하였다. 『朝鮮學報』에 실린 문헌들은 慶北 義城 출신의 鄕吏로서 임진왜란 당시 대구 監營으로 차출되어 慶尙監司 金睟 麾下의 邊報次知로서 감사가 조정으로 올리는 狀啓 등의 大小文帖들을 製進하는 일을 맡은 營吏로 있던 李擢英이라는 사람이 임란 당시의 狀啓와 各種 관계 公文들을 정리해 놓은 것이다. 두 책은 모두 필사본으로서 서로 공통되는 내용이 많은데, 전자는 卷을 나누거나 제목을 붙이지 않고 狀啓를 중심으로 엮은 것인데 비하여, 후자는 모두 5권으로 되어, 권1·2는 상계, 권3·4는 난이 끝난 후 都體察使 李元翼의 지시에 따라 임란 당시의 일들을 정리한 「事蹟」, 권5는 附錄으로서 이탁영에 관한 내용이었다. 당시 營吏 세 사람을 포함한 열 명의 儒生들에게 이러한 壬亂의 事蹟을 기록할 사명이 부여되었는데, 개중에는 桐溪 鄭蘊·茅谿 文緯·百忍齋 李鯤變 등의 이름도 보이고 있다. 후자의 말미에 義城縣監 吳澈常이 쓴 「忠孝堂識」가 수록되어 있는데, 거기에 이탁영의 '六代孫百良' 등의 이름이 나오는 것으로 미루어 후자는 전자보다 훨씬 후에 이루어진 것임을 짐작할 수가 있었다.

8 (토) 아침까지 흐렸다가 개임

근년에 나온 본교 한문교육전공의 석사학위논문들인 梁基錫의 「德溪吳健 漢詩硏究」(1991), 姜貞和의 「大谷成運硏究—詩 世界에 나타난 '處'意識을 中心으로—」(1994), 李永淑의 「玉溪盧禛硏究」(1995) 등을 훑어보았고, 鄭鉉在 교수에게서 빌려 온 尹景男의 『灆湖實紀』를 읽으며 카드화하고 있다.

9 (일) 흐리고 낮 한때 비

망경산악회 회원들과 함께 모두 일곱 명이 居昌郡 北上面 山水里 鶴峴마을 위쪽에 있는 덕유산 골짜기로 들어갔다. 여러 해 전에 趙平來 군과 더불어 林葛川 형제가 공부하던 장소를 찾아 여기까지 들어왔다가, 결국 찾지 못하고서 山水川 계곡의 폭포가 있는 넓은 바위 위에서 놀다가 돌아간 적이 있었다. 오늘도 골짜기를 따라 오솔길이 끝나는 지점의 金鑛이 있던 곳까지 들어왔다가, 거기서 주능선 쪽으로 다시 얼마간 더 올라가 보았지만, 결국 길을 발견하지 못하고서 도로 내려와야 했다. 광산 터 부근 계곡의 웅덩이 곁 나무 아래에서 비를 피하며 점심을 든 다음, 하산길에 결국 葛川 林薰과 그의 仲弟인 處士公, 季弟인 瞻慕堂 林芸이 공부하던 磨學洞 遺墟碑를 찾아낼 수가 있었다.

10 (월) 흐리고 몇 차례 부슬비

학교에서는 『灆湖實紀』의 카드화를 마치고서, 정현재 교수로부터 입수한 국사편찬위원회에서 사진판으로 소장하고 있는 필사본 『松庵先生年譜』를 통하여 松庵 金沔과 旅軒 張顯光과의 교제에 관련된 기록들을 카드화하였다. 張旅軒이 南冥學派의 인물들과 꽤 폭넓은 교제를 하고 있음을 다시 한 번 확인하였다. 어제의 숙취로 몸이 고단하여, 오후에는 소파에 드러누워 『葛川集』과 『瞻慕堂集』을 새로 뒤적이며, 이들 형제와 德裕山, 특히 어제 다녀온 山水里의 磨學洞 遺墟와의 관계를 다시 한 번 확인해 보았다. 『첨모당집』의 行狀 등에 언급되어 있는 蘆洞이 바로 거기가 아닌가 싶다.

11 (화) 맑음

학교에서는 居昌 搜勝臺 옆의 龜淵書院에 奉享되어 있는 愼守彝의 문집인 『黃皐集』을 다시 한 번 훑어보며 카드화하였고, 그의 스승인 陶庵 李縡의 『陶庵全集』도 읽어 보았다. 후자의 말미에는 東國大 교수인 후손 李丙疇 씨가 쓴 「도암 선조를 경모하며」 라는 글이 실려 있는데, 이 글에 번역되어 실린 『陶庵集』의 원문들과 관련하여, "민족문화추진회의 金侖壽 씨도 번역을 도와주었으며" 라고 언급되어 있다. 국사학사 李丙燾 씨도 그 문중임을 알 수 있었다.

12 (수) 맑음

학위논문의 입력을 다시 시작하였다.

13 (목) 맑음

한국동양철학회 하계 수련회 및 학술발표회에 참가하기 위해 오전 아홉 시 경에 집을 나섰다. 금년 여름의 모임은 慶北 蔚珍郡 蔚珍邑 古城里 山城마을 道統祠 및 울진읍의 군청 강당에서 가지게 되었다. 남해고속도로를 경유하여 울산 가는 시외버스로 부산의 동래에서 내려, 포항 가는 버스로 갈아탔다가, 포항에서 다시 울진 행 무정차 버스를 탔다.

내가 제일 먼저 도착하였고, 얼마 후 서울에서 버스를 대절하여 단체로 온 회원들이 당도하여 함께 사당에 참배한 다음, 읍내의 군청 강당으로 가서 학술발표회를 가졌다. 울진 문화원장의 사회로 이번에 첫 민선 군수로 당선된 분이 환영사를 하고, 梁承武 본회 연구이사의 사회로 회장인 宋錫球 동국대 총장이 인사 및 「朱子의 生涯와 思想」이라는 주제의 기조 발표를 하였으며, 이어서 徐遠和 中國社會科學院 교수가 「朱子的社會發展觀」, 금년에 계명대 철학과로 부임한 洪元植 씨가 「程朱學의 知行說 — 先後·互發說을 중심으로」를 발표하였다. 이번 모임에는 대학원생까지 포함하여 약 서른 명 정도의 평소보다 다소 적어 보이는 인원이 참가하였다. 나의 은사인 서울대 철학과의 李楠永 교수와 미국 켄트 주립대 교수인 이광세 씨도 왔다.

15 (토) 흐림

학교에서는 김경수 군에게 전화하여, 이번 동양철학회에서 만나 나와 비교적 많은 대화를 나눈 中國 社會科學院 교수 徐遠和 씨가 남명학 관계 논문을 한 편 집필해 주기로 한 사실을 전했다. 金忠烈 원장을 통해 서울 東崇洞의 국제회관에서 금년 말까지 체제하게 되는 그와 접촉해 보도록 일러두었다.

16 (일) 흐리고 낮 한때 부슬비 온 후,
저녁 무렵부터는 바람 한 점 없음

학회 참석 기간 동안의 부족분을 보충하기 위하여, 일요일임에도 불구하고 도시락을 싸서 평소처럼 연구실에 나갔다. 서울 瑞草洞에 본부가 있고 上海市 中山北路에 그 秘書處가 있는 世界朱氏聯合會에서 발행하는 『世界朱氏會訊』 第二期(1995.3.20)의 내용을 훑어보고, 이 집안의 名人으로서 光海君 때 來庵의 晦退辨斥을 반박하는 嶺東儒疏의 중심인물이었던 朱介臣과 그 아들의 문집을 合編한 『二友堂集 (梅溪公遺集附)』를 읽으며 카드화하였다. 이 자료들은 모두 이번 여행에서 얻어 온 것들이다.

17 (일) 맑음

『二友堂集』의 카드화를 마쳤다.

18 (화) 맑음

모처럼 논문의 입력을 계속하였다.

구내서점으로부터 내가 주문해 두었던 李佑成 교수의 『韓國古典의 發見』(한길사, 1995.5)이 보내져 왔으므로, 퇴근 시간까지 그 내용을 훑어보았다. 총 576 페이지로서, 내용은 모두 문집 등의 해제인데, 호화 제본으로 되어 있어 정가가 12만 원이나 되므로 그 가격이 엄청나게 비싼

데 놀랐다. 자기 선조들의 문집과 그 家學에 관련되는 退溪學 내지 近畿實學 관계 문헌들이 대부분을 이루고 있었다. 진작부터 짐작하고 있었지만, 이 교수의 家學에 대한 의식이 어느 정도인지를 여실히 보여 주는 대목이라고 하겠다.

19 (목) 흐리고 때때로 부슬비

내일부터 光州의 褒忠祠에서 儒教學會가 열려, 霽峯 高敬命의 원전을 輪讀하게 되므로, 고경명에 관한 기록들을 이런저런 문헌에서 찾아 읽어 보았다. 『霽峯集』에는 詩 외에 별다른 내용이 없었으므로, 『國朝人物考』 下卷에 실린 尹根壽 撰 고경명 神道碑文을 두 차례 읽어 보았다.

20 (목) 흐리다가 밤에 소나기

『國朝人物考』에 실린 高敬命과 그 장남 從厚, 차남 因厚, 제6남으로서 막내인 用厚, 錦山에서 함께 전사한 柳彭老·安瑛 관계 기록들을 읽었으며, 원광대 羅鐘宇 씨의 「嶺·湖南義兵活動의 比較檢討」(『慶南文化研究』 14, 1992), 光州大 高英津 씨의 「16세기 湖南士林의 활동과 학문」(『南冥學研究』 3, 1993)을 읽으며 카드화 하였다. 후자를 통하여 고경명의 조부인 雲은 『己卯名賢錄』 下에 그 傳이 실린 인물인데, 父인 大司諫 高孟英과 장인인 兵曹參知 金百鈞은 明宗代의 척신이었던 李樑의 黨與이며, 특히 그 장인은 李芑의 문인이기도 하여, 명종 18년(1563)에 이량이 실각하사 삭달관작 되어 귀양 가고, 霽峯 자신도 당시 홍문관 교리로 있으면서 홍문관에서 이량을 축출하려는 箚를 올릴 때 참여하였으나, 그 내용을 기초할 때 미리 장인인 김백균에게 누설하였다고 하여 결국 파직되어 19년 동안 敍用되지 못하였고, 上記한 그의 아들들도 모두 일찍이 문과에 급제하였으나 이 일이 있은 이후로는 發身하지 못한 사실을 확인하였다.

퇴근 후, 오늘부터 2박 3일간 光州廣域市 南區 院山洞에 있는 褒忠祠에서 열리는 유교학회에 참가하기 위해, 오후 일곱 시 광주 행 마지막 고속버스 편으로 광주로 향했다. 광주종합시외버스터미널에서 내려 택시를 잡아서 포충사로 향했다. 도착하고 보니, 모임은 포충사의 옛 祠宇 앞 부속 건물에서 열리고 있었는데, 오늘의 일정은 이미 끝나고서 술잔을 앞에 놓고 회의 같은 것을 하고 있었다. 성균관대 동양철학과의 양재혁 교수와 처음으로 정식 인사를 나누었고, 金侖壽 씨 및 목포대의 金承鉉 교수 등과 어울려 다음날 밤 세 시가 지나도록 까지 대화를 나누었다.

21 (금) 밤에 소나기 온 후 흐리고 때때로 부슬비

세 시간 남짓 수면을 취한 후, 아침 일곱 시부터 열리는 輪讀會에 참가하였다. 이번 모임에서는 高敬命의 임란 당시 의병 활동 기록을 모은 『正氣錄』을 텍스트로 삼고 있는데, 오늘 아침 시간에는 이번 모임의 都有司인 전남대 鄭炳連 교수가 「義烈公諡狀」, 퇴계학연구원 李明洙 연구원이 跋文을 읽었다.

부근에 있는 후손 댁에서 朝飯을 든 후, 오늘 하루는 종일 답사로 일정이 잡혀 있으므로, 대절 버스로 무등산 일원을 한 바퀴 빙 돌았다. 아홉 시 무렵에 출발하여 먼저 포충사 부근의 압촌에 있는 霽峯의 고향 마을을 방문하여 不祧廟와 정려비각 등을 둘러보았으며, 羅州市 大湖洞에 있는 健齋 金千鎰 장군을 모신 旌烈祠를 방문한 후, 多侍面에 있는 白湖 林悌의 묘소를 산 아래에서 망배하고, 능주 읍내에 있는 靜庵 趙光祖 謫廬遺墟追慕碑를 다시 한 번 둘러보았다. 그 부근인 和順郡 寒川面 牟山里에 있는 조광조를 모신 竹樹書院에 들렀다가, 보성 방향으로 향하는 도중에 한천면 우산리에 있는 日休堂 崔慶會를 모신 褒忠祠를 차 안에서 망배하였고, 和順郡 이서면 장항리에 소재한 名勝 赤壁과 이를 조망할 수 있는 언덕 위에 세워진 勿染亭을 둘러보고, 이 정자에서 준비해 온 도시락과 술로 점심을 들었다.

다시 무등산 동쪽으로 향하여, 담양군 昌平의 息影亭에 올랐다가, 창평 柳村에 소재한 霽峯 次子인 義烈公 因厚의 묘소를 둘러보고, 長城邑 영천리에 있는 霽峯 및 그 막내아들 用厚 내외의 묘소와 재실 등을 참배하였으며, 호남의 名泉이라고 하여 마을 이름이 되기도 한 鈴泉을 방문하여 샘물을 떠 마셔 보기도 하였다. 끝으로 장성읍 長安里에 있는 임란 당시 火車를 발명하여 幸州大捷에서 큰 공을 세운 望庵 邊以中을 모신 鳳巖書院 및 그 유물관을 둘러보고서, 김윤수 씨와 나는 장성 읍내 시외버스 터미널 부근에서 일행과 작별하여 귀가 길에 올랐다.

광주로 돌아와 종합터미널에서 함양으로 향하는 김윤수 씨와도 작별하여, 나는 올 때와 마찬가지로 오후 일곱 시 막차를 타고서, 두 시간 십 분 후에 진주에 당도하였다.

22 (토) 흐림

도서관장인 사학과의 이원근 교수가 나의 주선으로 白雲書堂에 소장 중인 한적들을 본교 도서관에 기증하겠다는 의사를 표시한 前 진주고등학교장 韓胄 선생과 함께 오늘 점심을 들자고 했으므로, 식당에도 가지 않고 전화를 기다렸으나 끝내 아무런 연락이 없었다.

24 (월) 맑음

온종일 논문 입력을 계속하였다.

25 (화) 맑으나 낮 한때 비

학위논문의 입력을 계속하여, 논문의 끝에 '附'라 하여 붙여 두었던 『學記類編』 초간본의 발견에 관한 이야기를 논문 중간에다 삽입하였다.

26 (수) 맑음

이번 주 월요일부터 5박 6일 동안 성균관의 고전강좌 코스인 한림원에서 학생 일흔여 명이 덕천서원으로 와 하계임간학교를 열고 있다. 사전에 남명학에 대한 강연을 해 달라는 요청을 받고 있었으므로, 오전 중에는 오늘의 강연 내용인 나의 논문 「『南冥集』 釐正本의 成立」 제4절 '神道碑의 再建과 黨論의 動向'을 두 차례 읽어 보았고, 오후에는 사학과의 정현재 교수에게서 빌려 온 『茅谿先生日記』 필사본 한 책의 내용을 검토하며 카드화하였다.

이 일기는 茅谿 文緯가 36세 때인 宣祖 22년 (己丑) 정월 초하루에 草溪로 科擧를 보러 가는 대목에서부터, 40세 때인 선조 26년 (癸巳) 삼월 그믐에 의병장 松庵 金沔이 죽어 장사를 치르고서 고향으로 돌아오는 대목에 이르기까지의 내용이다. 『茅谿集』의 年譜 己丑年條 註에 보이는 내용과 일치하며, 일기 다음에는 「義兵三將事蹟」을 위시한 여러 종류의 다른 기록들이 실려 있었다. 그런데 이러한 기록들 가운데에는 來庵에 관해 文茅谿가 최대의 敬意를 가지고서 칭송한 내용들이 보이고 있어 흥미로웠다.

오후 네 시 경에 김경수 군이 연구실로 방문해 왔으므로, 『灆湖實紀』와 함께 이 자료를 복사하도록 맡겼고, 그의 차로 완사·수곡을 거쳐 덕천서원으로 향했다. 서울에서 내려온 한림원의 강사진 두 명과 함께 저녁 식사를 하고서, 일곱 시 반 무렵부터 약 한 시간 반 동안 강연을 하였다. 김 군의 차로 밤 열 시 반경에 집에 당도하였는데, 차비는 고사하고 강사료를 한 푼도 받지 못한 것은 의외였다.

27 (목) 맑음

鄭琪哲 씨가 편집한 『鄭來庵思想硏究論叢』 第1輯(陜川, 來庵先生紀念事業會, 1985)의 내용을 검토해 보았다. 이를 통하여, 어제 『모계일기』에서 읽은 의병장들의 사적에 관한 기록은 趙慶南의 『亂中雜錄』이나 『燃藜室記述』 등에 인용된 『慶尙巡營錄』의 내용과 거의 일치하는 것을 알았다. 『慶尙巡營錄』이란 어떤 책인지 잘 알지 못하겠으나, 지난번에 『朝鮮學報』를 통해 검토한 慶尙巡營의 營吏인 李擢英이 기록한 『征蠻錄』이나 『龍蛇日錄』 같은 책이 아닌지 모르겠다.

28 (금) 맑으나 무더움

오전 중 어제 읽던 『鄭來庵思想論叢』 제1집의 내용을 다시 한 번 훑어보며, 거기에 나오는 내용을 가지고서 「南冥學關係硏究文獻目錄」의 내용

을 수정·보완하였다. 오후에는 『朝鮮學報』 제83집(1977)에 실린 貫井正之의 논문 「郭再祐―抵抗とその生涯―」를 훑어보았다.

29 (토) 맑음

오전 중 학위논문의 작성을 계속하였다.

31 (월) 맑음

논문 입력 작업을 계속하였다.

8월

1 (화) 맑으나 무더움

종일 논문 입력 작업을 계속하여 學記圖에 관한 도표 작성을 끝냈다.

2 (수) 맑으나 무더움

일본어 워드프로세서를 사용하여, 종일 內山俊彦 선생에게 보내는 여름 문안 편지를 작성했다. 그동안 학위논문의 진척 상황과 문제점들에 대해 설명하는 내용이어서 평소보다 다소 길었다.

3 (수) 맑음

京都大의 內山俊彦·池田秀三 교수에게 보내는 여름 문안 편지와 小林清市 君·坂出祥伸 교수에게 보내는 문안 엽서도 썼다.

오후에는 논문 작성을 계속하였다. 연구원의 김경수 사무국장이 내가 복사 제본을 부탁해 두었던 『澹湖實記』 및 『茅谿日記』를 가지고서 내 연구실로 방문해 왔고, 아울러 지난번 덕천서원에서 翰林院 학생들을 상대로 강연한 데 대한 강사료도 전해 주었다.

4 (금) 맑음

무더운 날씨임에도 불구하고 종일 논문 작업을 계속하여, 學記圖에 관한 부분의 일본어 입력을 마치고서 壬戌本에 관한 마지막 節로 들어갔다.

서울대 철학과의 후배인 정원재 군이, 지난번 그가 진주에 들렀을 때 부탁했었던 것을 잊지 않고서, 『心經附注』와 관련된 조선조의 간행물 및 국내의 연구 논문 목록들과 몇 편의 논문 複寫物을 보내 주었으므로, 그 목록 두 장을 다시 복사하여 日本의 坂出祥伸 교수에게 우송하였다.

5 (토) 맑음

오전 중 논문 입력을 계속하였다.

7 (월) 맑음

논문 입력 작업을 계속하여 마지막 절인 '改校內容' 부분에 들어갔다.

퇴근 시간 얼마 전에 이원근 도서관장과 본교 도서관의 신임 수서과장인 서울대 미학과 출신의 한 씨랑 더불어 시내 YMCA 부근의 동궁집이라는 한식점으로 가서, 진주고등학교의 전 교장이었던 韓冑 선생을 만났다. 한 교장이 산청군 柏谷里의 白雲精舍 및 자택에 소장하고 있는 약 천 권 정도의 한적을 본교 도서관에 기증하는 문제에 관해 상의하였는데, 원만한 타결을 보아 내일 오전 중으로 도서관 직원을 한 교장께로 보내어 기증할 도서들을 일차 조사해 보기로 하였다. 내가 이 관장의 당부를 받고서 같은 일로 지난번에 전화 연락해 보았었던 향토사학자 梧林 金相朝 씨도 오늘 이원근 관장이 만나 보았다는데, 내일 중으로 다시 만나 오림이 자택에 소장하고 있는 다량의 한적들을 구경하기로 했다. 지난번 전화 연락이 안 되어 직접 통화하지 못하고, 오림께 의사를 전해 주도록 당부해 두었던 그의 族兄 東湖 金麟煥 翁도 마침 서울에서 산청군 奈勿里의 고향 자택으로 내려와 있어, 내일 오림과 함께 가서 만나 보기로 했다고 한다.

8 (화) 맑음 (立秋)

도서관장 이원근 교수가 오늘 중에 다시 梧林과 회동하여 東湖 翁을 만나러 나물리로 들어가는 모양이다. 아침에 관장실로 전화를 걸어, 가는 김에 그 마을 商山金氏 문중의 重軒 후손이나 麗澤堂·仁智齋 소장 漢籍 및 고문서 등과, 같은 마을 義城金氏 문중의 저명한 한학자인 故 重齋 金榥의 장남 昌煥 씨가 소장하고 있는 한적, 그리고 端溪里의 端磎 金麟燮 문중 자료들을 본교 도서관이 입수할 수 있을지에 대해서도 타진해 보도록 권유했다.

박사학위 논문 제2장 「滄洲刊本」의 일본어 입력을 끝냈다.

9 (수) 대체로 흐리고 오후 한때 비

학위논문의 제3장 「『山海師友淵源錄』의 編纂」 제1절 '序言'의 입력을 마치고, 이어서 제2절 '由來'의 입력에 들어갔다.

10 (목) 맑음

오전 중 을유문화사로부터, 다음 학기에 대비하여 나의 『中國哲學史』 第9刷 500부를 찍겠다는 연락이 있었다. 내가 낸 책이란 이 한 권의 번역서 밖에 없는데, 이 책이 86년도의 초판 이래 해마다 판을 거듭하여, 이제 중국철학을 공부하는 사람치고 모르는 사람이 없을 정도로 나의 이름을 전국적으로 알린 것이다.

일본으로 우송하기 위해 출근 전에 학위논문의 旣入力 부분에 대한 인쇄를 시도하였다. 프린터의 낱장사동공급장치가 이번에도 역시 제대로 작동하지 않더니, 결국 종이가 안쪽에서 물려 버려 빼낼 수도 없게 되었으므로, 작업을 중단할 수밖에 없었다.

오전 중 제3장 제2절의 입력을 계속하였다.

11 (금) 맑으나 무더움

종일 논문 입력을 계속하여, 제3절 '參與人物'의 朴无悶堂에 관한 항목을 거의 다 마쳤다. 밤에는 이미 입력된 제2장까지의 출력 작업을 끝냈다.

12 (토) 맑음

어제 출력한 논문을 세 부 복사하여 일본의 內山·池田 두 교수 및 小林 군에게 부쳤다.

도서관장 이원근 교수가 韓冑 선생 소장 장서 및 고문서들을 오늘 싣고 왔다면서, 한 번 와서 검토해 보라는 전화 연락을 해 왔다. 도서관 수서과로 가서 약 천 권정도 되는 한적과 고문서들을 대충 둘러보았고, 李 관장에게 권유하여 한문학과 교수들에게 연락해서 그 상세한 내용을 검토하도록 했다.

13 (일) 맑으나 무더움

어제 입수한 新한국사상사 시리즈의 제1권에서 5권까지의 내용을 다시 한 번 검토해 보았다. 이 책은 근년에 국내에서 나온 소장 학자들의 박사학위 논문을 엮어 전 60권 정도의 기획으로 출판하고자 하는 것인데, 그 제1권은 權仁浩 씨의 『조선중기 사림파의 사회정치사상—남명 조식과 내암 정인홍을 중심으로』(서울, 한길사, 1995.7)이며, 이 책의 부록 4에는 「'『남명집』 이정본의 성립'에 대한 논평」이라는 제목으로, 지난 2월에 있었던 제2회 남명학 국제학술대회 당시의 내 논문에 대한 논평문도 실려 있다.

14 (월) 맑으나 바람 한 점 없는 찜통더위

권인호 씨 책의 참고문헌 부분 등을 참조하여 「남명학관계연구문헌목록」의 내용을 보완하고 체제도 좀 바꾸었으며, 논문 작업의 일부도 진척되었다.

조교인 權順貞 양에게 을유문화사로부터 보내져 온 인지를 맡겨, 520부 분 가운데서 인세를 받을 500부 만에다 내 도장을 찍어 서울로 반송하게 했다.

15 (화) 흐리고 오후 한때 소나기

광복절 휴일이지만 평일처럼 연구실에 나갔다. 「남명학연구문헌목록」의 형식을 다소 수정하였고, 최석기 선생으로부터 키보드 매크로 기능이라는 것이 있다는 정보를 얻어, 흔글 2.0 기능설명서를 읽으며 종래에 문제가 있었던 '·'을 매크로로 @1 키에 입력해 두었더니, 이전에 전각기호로 들어가 작업할 때 생겼던 문제가 해결되었다. 이 점이 출력할 때 위쪽으로 삐쳐져 나오는 현상을 나는 지금까지 버그인 줄로만 알고 있었는데, 알고 보니 이 점은 원래부터 그 위치에 붙는 것이었다. 전각기호 가운데서 자주 쓰이는 부호 몇 개도 매크로로 1~10번 키에 배당해 두니 아주 편리하였다.

16 (수) 흐림

논문은 제3장 제3절의 '參與人物' 가운데서 朴无悶堂·林林谷·趙澗松 부분을 마치고서 이 절의 마지막 단락인 河謙齋 부분에 들어갔다.

17 (목) 맑으나 무더움

논문은 종일 작업하여 河謙齋 부분의 입력을 마치고서, 제4절 '江右學派의 南人化'에 들어갔다.

18 (금) 모처럼 다소 바람

종일 논문 작업을 계속하였다.

金侖壽 씨가 농국대 국문과의 李內疇 교수 일행을 따라 열흘 간 중국을 여행하고서 오늘 학교에 처음 나타났다.

19 (토) 대체로 맑으나 몇 차례 천둥과 소나기

논문 작업을 계속하였고, 內山俊彦 교수로부터 나의 여름 문안 편지에 대한 답장이 왔다.

21 (월) 비

논문 입력을 다시 계속하여, '江右學派의 南人化'를 마치고서 마지막 節인 '編纂經過'에 들어갔다.

22 (화) 흐리고 약간 부슬비도 있었으나 오후에 개임

논문 작업은 순조롭게 진척되어, 내일쯤이면 또 한 章을 마칠 수 있을 듯하다.

23 (수) 오전 중 몇 차례 비 온 후 개임

본교 교직원의 제3차 산업시찰단에 참여하여, 거제도의 옥포 대우조선소에 다녀왔다. 밤중에 학교의 연구실로 도로 돌아가 밤 열한 시 남짓까지 논문 입력 작업을 하였고, 집에 돌아오지 않고서 하룻밤을 연구실 소파에서 잘까 하고도 생각했지만, 마침 사회대 교수 중에 그 시간에 귀가하고자 하는 이가 있어 그 차에 동승하여 돌아왔다.

24 (목) 흐리고 여러 차례 소나기

남명학연구원의 이사로서 서울에 사는 정현택 씨가 자기 조상의 實紀를 국역 출판한 『龜溪 鄭麟祥先生 遺稿(存部)』를 우송해 왔으므로, 그 내용도 좀 훑어보았다. 학위논문의 제3장 「『山海師友淵源錄』의 編纂」 부분의 입력을 마쳤다.

京大의 池田秀三 교수로부터도 내 문안 편지에 대한 답장이 왔다. 내 편지를 받고서 內山俊彦 교수와 상의를 해 보았던지 두 분의 회답 내용이 대체로 일치하고 있는데, 일본에서 사 온 워드프로세서의 문제점을 그런대로 해결할 수 있는 방안을 상세히 설명하고 있었다.

25 (금) 대체로 맑으나 오전 몇 차례 소나기

학위논문 제3장의 퇴고를 마치고서, 제4장 「『山海師友淵源錄』의 出版」 부분의 입력에 들어갔다.

26 (토) 맑았다가 오후부터 소나기

토요일 오후임에도 평소의 퇴근 시간인 오후 여섯 시 무렵까지 연구실에 남아 논문의 입력을 계속하였다. 제4장 제2절 '姜寒沙와 河謙齋'까지의 입력이 상당 부분 진척되었다.

27 (일) 快晴

일요일임에도 도시락을 싸서 학교의 연구실로 나가 논문 작업을 계속했다. 알고 보니 제4장부터는 컴퓨터로 입력해 둔 한글 원고가 있으므로, 어제까지 작업한 부분의 다음에다 그 뒷부분을 블록으로 잡아 복사해 넣어서 日語로 고치고 다소 수정하기만 하면 되는 터이니, 한결 진척 속도가 빠르고 힘을 덜게 되었다. 제2절을 마치고 제3절도 상당 부분까지 나아갔다. 「『山海師友淵源錄』의 出版」의 경우는 흔글 1.51판으로 작성해 둔 것이라, 그것을 2.0으로 옮겨와 작업할 때는 문단 형식과 부호 등에서 다소 새로운 조정이 필요했다.

28 (월) 맑음

낮에는 학교의 연구실에서, 귀가하여서는 집안에서 온종일 풀벌레의 울음소리를 듣게 되니, 정녕 가을이 성큼 다가온 모양이다.

오늘부터 금년도 2학기 수업이 시작되었다. 중철강독에서는 朱子의 『詩經集傳』을 가지고서 지난번에 다룬 부분의 다음인 大雅 棫樸 篇부터 읽어 나가기로 하였고, 중철연구에서는 이정기 군의 희망에 따라 한국철학에 관한 텍스트를 다루기로 하여, 역시 『南冥集』의 지난번 읽은 다음인 銘에서부터 시작하기로 했다.

논문 입력 작업을 계속하여, 第四章 第三節 '『南冥別集』 初刊本을 둘러싼 對立'에 뒤이어, 第四節 '別集校正本의 成立과 그 視角' 부분을 계속 쳐 넣었다.

29 (화) 맑음

종일 논문 작업을 계속하였다.

30 (수) 흐리고 때때로 비 온 후 저녁 무렵 개임

논문 작업을 계속했는데, 수정·보완해야 할 내용이 많아 진도는 그다지 많이 나가지 못했다.

31 (목) 맑음

오전 중 한국도교사상연구회 편, 한국도교사상연구총서의 제5집으로 나온『韓國道教와 道家思想』(亞細亞文化社, 1991)에 실린 원광대 梁銀容 교수의 논문「忘憂堂 郭再祐의 養生思想」을 읽고, 거기에 인용된 망우당 관계 연구 문헌들을「남명학관계연구문헌목록」에다 추가하였다. 오후에는 사학과의 정현재 교수로부터 빌려 온 국사편찬위원회 所藏 李擢英『征蠻錄』2책의 복사물 및 한국도교사상연구총서 제1집『道教와 韓國思想』(汎洋社出版部, 1987)에 실린 金洛必 교수의 논문「『海東傳道錄』에 나타난 道教思想」의 제2절까지를 읽었다. 前者는 大正 13년 7월에 柏原昌三·洪憙가 慶北 義城郡 義城面의 李東弼 씨가 소장하고 있는 자료를 採訪하여 同年 9월에 朴容九로 하여금 謄寫하게 하고 中村榮孝의 檢閱을 거친 것으로서,『朝鮮學報』에 실린 것들과 대동소이하나, 卷乾에는 임진년의 이탁영 일기가 실린 점이 다르고, 계사년 이후 기해년까지의 기록은『조선학보』에 영인된『정만록』권3·4의「事蹟 下」와 유사하며, 卷坤의 내용은 이탁영의 서문이 있는 외에는『조선학보』의『龍蛇日錄』과 동일하다고 한다.

9월

2 (토) 흐리고 비온 후 저녁 무렵 개임

토요일임에도 평일 퇴근 시간까지 연구실에 남아 있었다. 어제 정현재 교수에게서 빌려 온 貫井正之의『秀吉이 이기지 못한 朝鮮武將』을 내가 내암 후손 정기철 씨로부터 얻어 가지고 있는『秀吉과 싸운 朝鮮武將』(東京: 六興出版, 1992)과 비교해 본 결과, 전자가 후자의 再版임을 확인하였고, 北島万次『豊臣政權의 對外認識과 朝鮮侵略』(東京, 校倉書房, 1990), 池內宏『文祿慶長의 役 〈付編·解說〉』(吉川弘文館, 1987) 등의 壬亂 관계 문헌, 그리고 서울대 철학과 후배인 仁川大學校 尹燦遠 교수의 서울대 박사학위논문 「『太平經』에 나타난 道敎思想 硏究」(1992.8)의 내용도 검토해 본 다음, 내 논문의 입력 작업을 계속하였다.

4 (월) 맑음

內山俊彦 교수로부터 제법 두툼한 편지가 도착했는데, 내가 보낸 학위논문 日語 입력 부분 제2장까지의 내용을 검토하고서, 내용이나 일본어 문장 가운데서 고칠 필요가 있는 부분들에 대한 의견을 피력해 온 것이었다. 지난번 여름 인사 편지에서 고칠 부분이 있으면, 내가 뒤이어 보낼 원고에다 첨삭해서 의견을 적어서 반송해 보내 주면, 그것을 참고하여 퇴고할 때 수정하겠다고 한 데 따른 것이다. 訂正 부분은 "이를테면 이렇게 고치면 어떻겠습니까 라는 것이지 이렇게 고쳐주십시오 라는 것은 아닙니다."라고 말하고 있기는 하나, 일본어 표현 부분을 고치는 것은 별 일이 아니겠지만, 내용 자체를 수정하자면 상당한 시일이 소요될 것이니 그 점이 걱정이다.

5 (화) 맑고 다소 서늘함

수업을 마친 후 논문 입력을 계속하여, 제4장의 끝부분 조금만 남겨두고서 거의 다 마쳤다.

나나 우리 가속의 해외여행 때 자주 이용하는 시내의 한국관광여행사에 연락하여, 日本의 새 비자를 신청하고 아울러 내달 초순 부산에서 大阪까지의 왕복 항공권을 예약하였으며, 인문대 서무과 및 본부 연구지원담당관실에도 연락하여 항공권 할인 구매에 필요한 수속을 취하였다. 밤에는 京都大學 부근의 百万遍에 있는 재단법인 內外學生센터에 국제전화를 내어, 내가 日本中國學會의 대회 참석차 京都에 머물게 되는 10월 7일부터 9일까지 2박 3일간의 숙박을 신청하였다. 때마침 8일은 이 센터의 휴관일이라 하므로, 7일 하루만의 숙박을 예약해 두었다.

6 (수) 맑음

논문 제4장의 입력을 마치고서, 퇴고 작업에 들어갔다.

7 (목) 흐리고 저녁 무렵 빗방울

논문 제4장의 퇴고를 계속하였다.

8 (금) 흐리고 약간 부슬비

내일이 추석이라 오늘부터 사흘간 연휴이지만, 가방에 보온밥통을 넣어 가지고서 시내버스를 타고 평소처럼 연구실에 나갔다. 제4장의 퇴고를 마치고서, 제5장 「壬戌本의 毁板」에 들어가, 제1절 '序言'의 입력을 마치고서 제2절 '事件의 經緯'에 들어갔다. 아울러 제3·4장의 문단 형식을 조정하여 본문의 행간 간격을 200%로 하고, 자간 간격을 75% 늘여 글자의 배치가 보다 여유 있어 보이도록 했다.

9 (토) 흐림

추석임에도 불구하고 평소와 다름없이 연구실에 나가 논문 작업을 계속하였다. 학위논문 제3장을 새로 읽으면서, 內山 교수의 편지 내용을 참고로 하여 수정하였다. 평소에는 일요일이나 공휴일 등에도 연구실에 나와 있는 사람들이 더러 보이지만, 오늘 21동 4층에는 나 이외에 아무도 없는 듯하였다.

10 (일) 맑음

일요일임에도 연구실에 나가 하던 작업을 계속하였다. 제2장의 퇴고를 마치고, 제5장의 입력을 다시 시작하였다.

11 (월) 흐리고 서늘한 가을 날씨

오후에 人文大 2층의 교수 PC실에 들어가, 이미 검토를 마친 학위논문 第3·4章을 레이저 프린터로 출력하였다. 거기에 비치된 컴퓨터의 흔글 버전이 2.5라 그런지 나의 2.0으로 작성한 문서에는 분명 입력되어 있는 한자들이 간혹 출력되어 나오지 않는 것이 있었다. 조교에게 주어 세 부를 복사하여 각각 內山俊彦·池田秀三·小林清市 교수에게 우송하도록 했다.

12 (화) 맑음

KBS의 '역사의 라이벌' 퇴계·남명 편 및 광해군의 생애를 다룬 연속 드라마 〈西宮〉을 시청하였다.

오후에 김경수 군이 내가 부탁했었던 '역사의 라이벌' 비디오테이프 네 개와 단성향교에서의 남명을 기념하는 한시 백일장을 책으로 엮은 것, 그리고 『征蠻錄』 및 내암 후손 정기철 씨로부터 입수하여 새로 복사한 山西 趙慶男의 『亂中雜錄』 번역본 및 원문을 복사 제본하여 가져왔으므로, 그 내용을 검토해 보았다. 후자는 민족문화추진회에서 古典國譯叢書 54로서 1971년에 간행한 『大東野乘』 제26권분인데, 『대동야승』의 제26권부터 34권 사이에 9편으로 나뉘어 들어 있는 것을 그 중 첫째 권에 해당하는 壬辰·癸巳 年의 倭亂 부분만 복사한 것이었고, 후손 가에 보존된 초본으로서는 선조 15년에서 仝王 26년(癸巳) 6월까지의 제1·2권에 해당하는 부분이었다.

13 (수) 맑음

학위논문 제5장의 입력 작업을 계속하였다.

14 (목) 맑음

학위논문 제5장 「壬戌本의 毁板」의 제2절 '事件의 經緯' 부분 입력을 마치고서, 제3절 '毁板의 裏面' 부분의 입력에 들어갔다. 이미 한글로 작성해 둔 파일이 있어서 그것을 가지고서 일본어로 고치기만 하면 되는 것이니, 한층 일이 수월하고 진도가 빠르다.

이즈음 퇴근 시간에는 이번 학기부터 일 년 간 본교 중문과에 외국인 강사로서 근무하게 된 中國人民大學 語言文字研究所 基礎理論研究室 主任인 聲韻學者 劉廣和 부교수와 출퇴근 시간 및 가는 방향이 같아 매일 도서관 앞 버스정류장에서 만나 같은 1호차로 함께 오게 되는데, 그와 더불어 모처럼 중국말로 대화를 할 기회를 가지고 있다.

15 (금) 맑음

틈틈이 논문 작업을 계속하였고, 오후 세 시부터는 22동 101 강의실에서 있은 UCLA 한국학연구소의 존 던컨 교수 초청강연회에 참석하여 「미국에서의 한국학 연구 동향」이라는 주제를 경청하였다. 던컨 교수는 금년 2월에 서울에서 있었던 남명학 국제학술회의에 나와 더불어 발표자로서 참여한 바 있었기 때문에 초면은 아닌 셈이라, 그도 나를 금방 알아보았다.

이번에는 케임브리지대학에서 다섯 권으로 간행하는 『韓國史』의 집필 및 편집 작업을 마친 후 고려대학교와의 자매결연 사업 추진 등 여러 가지 목적으로 다시 한국을 방문한 모양인데, 대구의 효성여대에 강연차 내려왔던 길에 고려대 사학과 동문인 이원근 도서관장이 주선하여 본교에서도 강연을 하게 된 모양이다. 그와 학창 시절부터 친한 벗이었다는 高大 사범대학 역사교육과에서 일본 고대사를 전공하는 金鉉球 교수 및 효성여대에 있다가 작년부터 고대 한국사학과로 적을 옮겨 한국고대사를 전공하고 있다는 다른 젊은 교수도 한 사람 동행하고 있었다.

강연회가 끝난 후 사학과 사무실에서 잠시 그들과 더불어 차를 마시며 대화를 나누었고, 퇴근 시간에는 시내의 동궁집에서 사학과 측이 마련한 회식 모임에도 참석하였다. 저녁 모임에 본교에서는 사학과장인 정현재 교수와 이원근 교수, 금년 겨울방학 중에 안식년을 얻어 일 년 예정으로 UCLA로 가게 된다는 사회학과의 이혜숙 교수 및 같은 사회학과의 김중섭 교수 등이 동석하여 모두 여덟 명이었는데, 서영배 총장도 도중에 와서 잠시 자리를 함께 하였다.

던컨 교수는 미군으로서 한국에 왔다가 고대 사학과에 만학으로 입학하여 모두 해서 약 6년간 한국에서 생활하였고, 부인도 고대 영문과 출신의 한국인이라고 한다. 석사는 하와이대학, 박사는 워싱턴대학에서 마쳤다고 하는데, 한국말이 실로 유창하여 발음도 별로 이상하게 느껴지지 않을 정도이다. 麗末鮮初를 주로 연구하며, 한국에는 일 년에 두 번 정도 오는 것이 보통이라고 한다.

16 (토) 맑음

간밤에 한국정신문화연구원의 丁淳佑 교수로부터 진주의 평거동에 와 있다면서 전화 연락이 있었는데, 오늘 오전 중에 나의 연구실로 방문해 왔다. 구면인 安承俊 씨와 또 한 사람의 젊은이를 대동하고 있었다. 금년 5월 31일자로 간행된 仝 硏究院의 國學振興硏究事業推進委員會 編『古文書集成二十三—居昌草溪鄭氏篇—』『仝二十四—濫溪書院篇—』『仝二十五—德川書院篇—』을 나에게 전해 주기 위한 것이었다. 제23책은 鄭桐溪 宗宅의 소장 문헌을 수록한 것이다. 이러한 책들은 모두 내가 정보를 제공하거나 혹은 직접 안내해 가서 수집하여 마이크로필름化 하게 된 것인데, 그 당시 조사한 나머지 가문의 것들은 아직 간행되지 않았다고 한다. 원래 丁淳佑·朴丙鍊·許昌武 교수 등이 본교 손병욱 교수의 소개로 나를 찾아와 협조를 요청할 당시에는 백만 원의 보수를 지급하겠으니 공동연구원의 자격으로 참여해 달라는 것이었고, 이러한 간행물에 나의 이름도 들어간다는 것이었지만, 두 차례 그들과 동행하여 첫 번째는 40만 원의 보수를 받고 두 번째는 아무런 보수를 받지 못하였으며, 그 후로는 연락이 없었다. 인쇄된 책에도 鄭文硏 관계자 이외의 참여자 이름은 들어 있지 않았다. 내가 알고 있는 거의 모든 정보를 이미 제공하였으니, 그들로서는 더 이상 나의 도움이 필요치 않았던 것이라고 볼 수 있겠다.

18 (월) 맑음

독문과 이영석 선생의 도움을 받아 지난 토요일 새 컴퓨터에 2.0을 깔아 실행되지 않던 문제는 메모리를 늘여 줌으로써 해결할 수가 있었고, 한문학과 졸업생으로서 현재 본교 출판부에서 일하고 있는 신상현 군의 도움을 받아 한자확장패키지도 인스톨하여 실행시킬 수 있게 되었다. 이로써 일단 2.0을 실행하는데 필요한 모든 준비를 마쳤으므로, 저녁 무렵 하던 작업을 좀 더 계속하였다. 귀가할 때는 칠암동의 으뜸컴퓨터에 들러 ᄒᆞᆫ글 도스용 3.0을 구입해 왔다.

20 (수) 맑음

간밤에 정신문화연구원의 丁淳佑 교수 자택으로 전화하였으나, 출타 중인데 반시간 쯤 후에는 돌아올 것이라 하여 전화를 기다렸었는데 끝내 걸려오지 않았으므로, 아침 출근 전에 다시 내 쪽에서 전화를 걸었다. 그가 수 년 전 본교 국민윤리교육과 손병욱 교수의 소개로 동료인 박병련 교수와 함께 내 연구실로 찾아와『古文書集成』작업에의 동참을 요청할 때에는, 내가 공동연구자의 자격으로 참가하며, 보수는 백만 원, 간행물의 책임자 명단에 자기네와 함께 나의 이름을 기록한다는 점을 누누이 강조하여 설명한 바 있었지만, 그 후 그는 처음 2박 3일간 함께 작업한 경우에는 40만 원의 보수를 지급한 바 있었으나, 그 이후 함안 지역에서 하루 종일 작업한 경우에는 아무런 보수를 지급하지 않아 내가 이후 그의 자택으로 그 점을 문의한 적이 있었다. 그는 당시에는 보수의 금액이 적을 듯하여 다음에 합하여 지급하려 했다고 대답했었지만, 그 이후 아무런 연락이 없더니 며칠 전에야 1차로 간행된 책들을 가지고서 나를 다시 찾아 주었던 것인데, 이번에는 간행물에 나의 이름이 전혀 표기되어 있지 않으므로, 그 점을 따지기 위해 전화한 것이었다.

정 교수는 처음에는 그런 합의를 한 기억이 없다고 하더니, 얼마 후의 설명으로는 자기네가 백만 원의 보수를 약속한 것은 작업을 다 마친 후에 지급한다는 뜻이었으며 게다가 해제의 집필까지를 고려해서 제시한 것이었는데, 그 이후 내가 돈 문제로 전화까지 하는 등 너무 엄격하여 자기네로서는 불편하고, 또 이미 내가 없이도 자기네끼리 작업할 수 있을 것으로 판단하여 더 이상 연락하지 않았으니, 나머지 분의 보수를 지급할 필요를 느끼지 않는다는 것이었다. 나의 이름을 기재하는 문제는 자기네의 배려가 부족했음을 시인하고 시정을 약속했으나, 명단에다 내 이름을 넣는 문제는 연구원 측과 상의해 보아야겠다는 것이었다.

나는 그들이 나에게 협조를 요청한 것은 현지의 정보와 안내 및 내가 구축해 있는 이 지역 고문서 소장자 등과의 인간관계에 있으므로, 그런 점에서는 이미 성의를 다해 나에게 맡겨진 책임을 완수하였다는 뜻을 거듭 표시했다. 내가 두 차례에 걸쳐 정 교수에게 나의 의사를 밝히는 것은, 계약서를 문서로 작성해 두지는 않았다고 할지라도, 그들이 공적인 일을 추진함에 있어서 타인과의 합의 사항을 함부로 저버리는 일은 서로간의 신의에 어긋나며 상대방에게 심적인 상처를 입히기 때문이지 돈 문제는 처음부터 나의 관심사가 아니었다. 그러므로 백만 원의 잔액을 지불할 것은 더 이상 요구하지 않겠지만, 차후에 간행될 남명 연원가 관계 고문서의 同役者 명단에는 반드시 나의 이름을 명기할 것을 요구하였다.

21 (목) 맑음

친우 小林清市 군으로부터 내가 보낸 여름 인사장과 논문에 대한 회답이 전혀 없어 섭섭하게 생각하고 있던 터인데, 오늘에야 그림엽서가 도착하였다. 그는 평소에 꽤 엉뚱한 구석이 있는 사람이라 상식적인 예절에는 구애받지 않는 모양이다. 내가 보낸 학위논문의 초고 가운데서 일본어의 구사가 부자연스러운 곳들을 체크해 주겠노라고 했고, 내달 초순에 京都의 立命館大學에서 개최되는 일본중국학회의 대회에도 참석할 예정이라고 한다.

22 (금) 흐리고 밤에 부슬비

연구실에서는 종일 드보르작의 현악 오케스트라를 위한 세레나데와 교향곡 제8번이 든 CD를 나지막하게 틀어 놓고서, 새로 입수한 컴퓨터 및 소프트웨어들에 딸려 온 설명서들을 검토하였다. 일본어로 문서를 작성하는데 필요한 전각부호들을 상용구로서 추가로 등록해 둠으로써 종래에 애로를 겪어 왔던 거의 모든 문제들을 해결할 수가 있었다.

25 (월) 맑음

슈만의 피아노 콘체르트, 페달 피아노(오르간)를 위한 여섯 개의 카논, 합창단·솔리스트·오케스트라를 위한 마농 레퀴엠 등을 틀어 놓고서 논문 작업을 계속하였다.

정신문화연구원으로부터 『古文書集成二十六—居昌鄕校篇—』(1995.5)와 韓國學資料叢書七『勝聰明錄—十八世紀 固城縣의 農家日記—』(1995.5)가 우송되어 왔다. 丁淳佑 씨가 해제를 쓴 것들인데, 지난번 丁 씨 일행이 간행된 남명학 관계 고문서집성 세 책을 가지고서 내 연구실을 방문했을 때, 나의 안내나 정보 제공으로 발굴한 것이 아닌 그 외의 서부 경남지역 자료의 간행물들도 보내 줄 것을 당부해 두었던 결과이다.

27 (수) 맑음

우리 가족이 단골로 이용하는 한국관광여행사의 직원이 신청해 두었던 일본 비자 및 아시아나항공의 왕복 항공권 수속을 마치고서 연구실로 가져다주었다. 평소에 일본 비자는 유효 기간이 1년씩이었는데, 이번에는 3년간 유효한 것이었다. 여행사의 직원도 이런 경우는 처음이라고 했다.

28 (목) 맑음

코렐리 등 17~18세기 이탈리아 음악가들의 合奏協奏曲 및 피아노 소나타들을 들으며 논문 제5장의 입력 작업을 계속하였다. 점심 때 구내 컴퓨터 점에서 保眼窓을 하나 사 와서 새 컴퓨터에다 설치하였는데, 주의

하느라고 했지만 다소 비뚜로 접착시켜 버리고 말았다. 종일 컴퓨터 모니터를 들여다보고 있으려니, 전신이 피로하고 눈이 침침하였다.

29 (금) 맑음

학교에서는 프란츠 리스트와 세자르 프랑크 및 율리우스 뤼프케 등의 낭만적인 오르간 음악을 들으며 논문의 입력 작업을 계속하였다. 내일 하루 정도 더 작업하면 제5장을 마칠 수 있을 것 같다.

서울대 후배인 동아대학교 철학과의 박영태 교수로부터 전화가 걸려와, 내달 중에 본교에서 개최될 예정인 영남철학회의 대회에서 발표될 계명대 홍원식 교수의 논문에 대한 논평을 맡아 달라고 했다. 학위논문 작성 및 일본중국학회 참가 등으로 인해 시간적 여유가 없어 몇 차례 사양하다가 결국 승낙하였다.

30 (토) 흐림

오늘도 토요일임에도 불구하고 평소의 퇴근 시간까지 연구실에 남아, 협주곡 1·2번을 비롯한 리스트의 피아노 음악들을 들으며 논문의 입력 작업을 계속하였다. 오전 중에 제5장을 마치고서, 이 장을 처음부터 새로 읽으며 퇴고하는 작업을 시작하였다. 점심 들러 가기 전에 작업을 끝내다가 저장 여부를 묻는 대화 박스에 잘못 응답하여, 오전 중 작업한 내용을 모두 날려 버리고서, 오후에 다시 같은 작업을 되풀이하지 않으면 안 되었다.

10월

1 (일) 오전 중 비온 후 흐림

날씨가 흐려 학교에 나갔지만, 연구실에서 컴퓨터 앞에 앉아 작업을 시작한지 얼마 되지 않아서 정전이 되어 버렸다. 저녁 여섯 시까지 이러한 상태가 계속된다는 것이었다. 집에 오려고 가방을 챙겨 나서는 참에, 강원도 제천에 있는 대학에 취직한 부인 및 아이들과 떨어져 진주에서 학교 부근의 주공아파트에 전세 들어 혼자 거처하고 있는 중문과의 권호종 교수가 어디론가 함께 가서 점심이나 들고 오자고 권유하는 바람에, 국문과의 류재천 교수가 운전하는 차로 셋이서 지리산을 한 바퀴 도는 긴 드라이브에 나섰다.

3 (화) 흐림

휴일이지만 학교에 나가 논문 제5장의 퇴고 작업을 계속하였다. 내일 새벽에 장인 내외가 다시 서울로 올라가 4차 치료를 받게 되므로 황 서방이 점심을 대접한다고 하여, 점심시간 무렵에 처가 식구 전원이 琴山面의 금호가든으로 가서 불고기를 들었다. 황 서방이 학교까지 실어다 주어 다시 논문 작업을 계속하다 평소처럼 저녁 여섯 시 무렵에 연구실을 나서서 돌아왔다.

4 (수) 맑음

학교에서는 하던 작업을 계속하였는데, 혼글 3.0에서는 일본어 입력에서 마침표와 쉼표가 자동적으로 일본식의 全角符號로 입력되므로, 이에 맞추어 다른 모든 부호도 전각으로 고쳐 입력하자니 번거롭기가 이만저만이 아니었다.

도서관장 이원근 교수로부터 전화 연락이 있었다. 이 달 중순에 있을 愚山文庫 전시회 때 배부할 기증도서 목록 책자의 序文과 기증자인 韓胄 선생에 대한 소개를 나더러 집필하라는 것이었다. 내가 바빠서 도저히 시간을 낼 수 없노라고 몇 차례 사양하였지만, 달리 위촉할 사람이 없노라고 하는 말에 결국 11일까지 탈고해 줄 것을 수락하고 말았다.

5 (목) 흐림

온종일 작업하여 마침내 학위논문 제5장의 퇴고를 마쳤다. 내일 일본에 가져가기 위해 막상 출력하려고 하니, 인문대 교수 PC室에 있는 컴퓨터에 깔려 있는 워드프로세서는 훈글 2.5인지라, 3.0으로 작성한 내 논문 가운데서 전부 고쳐 입력하노라고 그토록 수고한 全角符號들은 전혀 읽어 내지를 못하는 것이었다. 3.0을 쓰고 있는 독문과의 김완 교수 연구실로 가서 그의 잉크젯 프린터로 출력해 보고자 했으나, 공교롭게도 그의 프린터에는 잉크가 다 떨어져 포기할 수밖에 없었다. 내 연구실이 좁아 공간적 여유가 없으므로, 자주 쓰지 않는 프린터는 인문대 교수 공용의 레이저 프린터를 이용할까 했으나, 이처럼 출력 자체가 안 되는 상황에 직면하고 보니 별 수 없이 새로 개인용 레이저 프린터를 한 대 구입해야겠다는 생각이 들었다.

6 (금) 맑음

京都의 立命館大學 衣笠캠퍼스에서 개최되는 日本中國學會 제47회 대회에 참가하기 위해 아침 식사 후 집을 나섰다.

7 (토) 맑음

평소처럼 일찍 일어났으므로, 내외학생센터 건물의 출입문이 열리는 아침 일곱 시 남짓에 일찌감치 나서서, 이웃의 田中 쪽으로 산책을 해 보았다. 내가 이곳 모퉁이에 있는 교포가 경영하는 한국 불고기식당에서 처자를 대동하여 저녁 식사를 하고 있다가, 본교 농학부 교수로서 京都大學에 유학하고 있다 학위를 취득하여 귀국하는 농대 기계공학과의 李昇揆 교수와, 역시 지금 본교의 농업경제학과에 근무하고 있는 서울대 동문 金秉택 씨를 우연히 만나, 서로 작별 인사를 하던 중에 이 교수가 자신이 근무하는 慶尙大로 올 생각이 없느냐고 물어 온 것이 지금까지 내가 13년 동안이나 진주에서 생활하게 되는 운명의 화살이었던 것이다. 조총련계 재일교포가 집단으로 거주하고 있던 田中 지역의 모습도 크게 달라지고, 지금은 그 불고기 점도 눈에 띄지 않았다.

오후의 京都大學 研修員인 小笠智章 군의 발표가 끝난 후에 지하의 휴게실로 가서 內山俊彦·池田秀三 교수와 더불어 나의 학위논문에 관한 협의를 하였다. 池田 교수랑 學會場에 나를 만나러 나와 준 李惠京 양, 그리고 小林清市·福島·宇佐美 君 等 옛날 같이 공부하던 동창 및 후배들, 그리고 懇親會에 참석하고서 돌아온 발표자인 末岡宏·小笠智章 군 등과 어울려 三條河原町에서 저녁 식사를 겸한 술을 마시고 잡담을 나누었다. 池田 교수가 일어나는 시간에 맞추어 李惠京 양과 함께 버스를 타고서 먼저 돌아왔다.

10 (화) 맑음

어제 계명대의 洪元植 교수가 팩스로 보내 온 성리학에 있어서의 형이상학 문제를 다룬 발표논문 초고를 검토하며, 논평문 작성의 방향을 생각해 보았다. 이 달 하순 본교에서 영남철학회의 학술발표대회가 개최되게 되는데, 주최 측인 동아대 김영태 교수의 요청에 따라 내가 홍 교수의 논문 논평을 맡게 된 것이다.

11 (수) 맑음

이 달 16일에 그 전시회가 개최될 예정인 愚山文庫의 목록 서문 및 기증자 소개를 집필하였다. 여러 가지 관계 문헌들을 참조해야 했기 때문에, 아침부터 작업을 시작하여 퇴근 무렵에야 간신히 마쳐서 복사한 디스켓을 도서관 측에 전달할 수가 있었다.

12 (목) 맑음

어제 썼던 「愚山文庫目錄序文」과 기증자 소개의 수정 작업을 하여 오후에 새로운 디스켓을 도서관 직원에게 전했고, 그 이후로는 홍원식 교수의 논문에 대한 논평문 작성에 몰두했다.

13 (금) 맑음

아침 열 시 경에 홍원식 교수의 논문에 대한 논평문을 탈고하여 팩스로 계명대 교학과로 발송했는데, 오후 세 시 경에 아직 도착하지 않았다는 연락이 있었으므로, 또 한 차례 새로 발송해야만 했다. 이후로 모차르트의 변주곡 등을 들으며 새로 도착한 이런저런 간행물들을 뒤적였고, 白雲精舍에 관한 기록들도 다시 한 번 검토해 보기 시작했다.

점심 식사를 마치고서 중문과에 와 있는 中國人民大學 교수 劉廣和 씨와 함께 농대 옆의 실험농장을 거쳐 그 부근 학교 바깥의 들판과 학교 뒷산의 산책로를 걸으며 대화를 나누었다. 서울 東崇洞의 國際會館에 거주하고 있는 中國社會科學院의 徐遠和 교수로부터 편지가 도착하였다. 내가 京都로부터 돌아오기 전날쯤에 어떤 중국인으로부터 집으로 전화 연락이 있었다는 아내의 말을 듣고서 누군지 궁금하게 생각했었는데, 바로 그였음을 이제야 알았다. 徐 교수는 금년 11월 12일에 北京으로 돌아가게 된다고 하며, 내년 4월 말에서 5월 초 사이에 중국의 鄭州市와 濮陽市에서 거행되는 中原宋學研究會 주최 中國宋學與東方文明國際學術研討會에의 초청장을 보내 왔다.

밤에 徐 교수에게 전화하여 이번 학술회의에의 참가를 신중히 검토해 보겠다는 회답을 했다.

14 (토) 맑음

白雲精舍에 관한 자료들을 다시 한 번 검토해 보았고, 학위논문 제6장 「『南冥集』釐正本의 成立」 입력에 착수했다.

16 (월) 맑음

모차르트의 피아노와 오보에 및 바이올린 콘체르토 등을 들으며 논문 제6장의 입력을 계속했다.

17 (화) 맑음

어제부터 도서관 1층 로비의 한 귀퉁이에서 愚山文庫의 전시회가 열리고 있다. 도서관에 들러 전시된 도서를 둘러보고, 내가 쓴 서문과 기증자 소개가 첫머리에 실려 있는 본교 중앙도서관 발행 『愚山 韓先生(諱 愉) 文庫 目錄』을 한 부 받아 그 내용을 검토해 보았다. 내가 서문이나 기증자 소개에서 언급한 자료적 가치가 비교적 높은 중요한 문헌들을 한 권도 이 문고에 포함되어 있지 않음을 비로소 알았다. 오늘 오전 10시에 중앙도서관 2층의 회의실에서 우산문고의 기증을 기념하는 식전이 있는 모양이었지만, 수업도 있고 하여 참석하지 않았다.

논문의 입력을 계속했다.

18 (수) 맑음

축제 중이라 수업은 없었고, 논문의 입력을 계속하였다.

20 (금) 맑음

논문 작업을 계속하여, 제6장의 제1절 '崔栢年 事件의 顚末'을 마치고서 제2절 '崔栢年과 그 周邊'으로 들어갔다.

21 (토) 맑음

오후 1시 반부터 22동 101강의실에서 '형이상학과 반형이상학'을 주제로 한 영남철학회의 1995년도 정기학술발표회 및 총회가 있었다. 나는 오늘 학회가 있는 것을 깜박 잊고 있었는데, 점심 식사 후 인문대 교수들과 함께 뒷산을 산책하다가, 다른 사람의 말을 듣고서야 비로소 오늘인 줄을 알았다. 나 자신도 제2부에서 계명대 홍원식 교수의 논문 「주자학의 理本體論과 도덕형이상학」에 대한 논평을 맡게 되어 있으므로, 정병훈 교수 연구실로 따라 가서 넥타이를 하나 빌려 매었다.

예정된 시간보다 꽤 늦게 개양의 뷔페식당으로 가서 저녁 식사를 들고난 다음, 이번 모임에 총무 또는 발표자·논평자의 자격으로 참가한 서울대 철학과의 후배들인 동아대의 박영태, 울산대의 손영식, 경남대의 박윤호 교수 등과 함께 권오민 교수가 운전하는 차로 중앙시장 뒤편의 청림식당으로 향했다. 근처의 시민옥으로 갔던 고려대·연세대 팀도 밤 열한 시 가량 되어 뒤늦게 이리로 합류하여, 자정이 넘도록 까지 북 치고 가야금 뜯고 唱하는 소리도 들으며 흥겹게 놀았고, 마치는 마당에 그 중에서 연장자인 나더러 인사말을 하라고 하므로, 이 자리의 술값 21만 원은 내가 부담하겠노라고 했다. 주머니에 있던 15만 원을 지불하고서, 이들이 투숙할 촉석공원 입구의 성수장여관까지 함께 가서, 거기에 아직도 남아 있던 학과 교수들 및 학생들과 함께 맥주 등을 마시며 얼마간 더 앉아 있다가, 다음날 1시 50분경에 귀가하였다.

27 (금) 맑음

종일 논문 입력을 계속했다.

28 (토) 맑음

평소처럼 학교에 나가 논문 작업을 계속했다. 제6장 제2절 '崔栢年과 그 周邊'을 거의 마쳐 간다.

30 (월) 맑음

수업을 마치고 난 후 논문의 입력을 계속하여, 제6장 제2절을 마치고서 제3절 '釐正作業의 推移'에 들어갔다.

31 (화) 한때 흐리고 빗방울 듯은 후 강한 바람과 추위

논문의 입력 작업을 계속하였다.

11월

1 (수) 흐리고 중부 지방 이북은 눈

학위논문 제6장 제3절의 입력 작업을 계속하였다.

2 (목) 맑음

어제 퇴근 무렵 김윤수 씨가 연구실로 방문하여 왔으므로, 그에게 내가 근년에 수집한 山天齋와 德川書院 소장 고문서들을 보여 주느라고 꺼내 놓은 문헌들이 오늘까지도 탁자에 가득 널려 있었는데, 그것들을 원래 위치대로 정리해 올려 두기 전에 거기에 실린 내용들을 가지고서 내 논문의 내용을 일부 수정 보완하였다. 한글로 발표한 논문에는 들어 있지 않았던 산천재 소장『德川書院靑衿錄』편찬을 위한 單子,『忠烈實錄』등을 가지고서, 제2·6장의 내용 가운데서 龍巖書院廟庭碑·張墉·崔琦弼 등에 관한 내용을 보충하였다.

4 (토) 맑음

오늘도 토요일임에도 평일 퇴근 시간인 오후 다섯 시까지 학교에 남아 작업을 계속하였다. 제6장의 제3절을 마치고, 제4절 '神道碑의 再建과 黨論의 動向'을 쓰기 시작했다.

6 (월) 맑음

아침에 서울 동숭동의 국제회관 454호실에 머물고 있는 中國社會科學院 哲學研究所 東方哲學室 主任 徐遠和 교수와 통화하여, 내년 4월 말에서 5월 초 사이에 中國 河南省의 省都인 鄭州市와 濮陽市에서 개최될 中國宋學與東方文明國際學術研討會에의 참가 건에 관해 상의하였다. 나의 발표 논문 및 그 要綱을 서 교수가 중국의 적당한 사람에게 맡겨 중국어로 번역해 주며, 북경에서의 숙소 및 鄭州까지의 교통편도 예약해 주겠다고 하므로, 어느 정도 참가할 뜻을 굳혔다. 이 국제학술회의에 참가하여 중국 및 세계 10여 개국에서 모인 宋學 관계 학자들과 교류하는 것도 의미가 있겠지만, 무엇보다도 河南省 일대는 이른바 中原으로서, 夏·殷·周 이래 중국 고대 문명의 중심이 된 곳인지라, 이 기회에 꼭 한번 둘러보고 싶기 때문이다. 오후에 내가 발표할 논문「南冥思想의 理解」(南冥學研究院 刊行) 및 그 요강「南冥學研究의 意義」(『慶南文化研究』第11號, 1988)를 서

교수에게 우송하였다.

7 (화) 흐리고 찬바람

아침 출근 전에 다시 徐遠和 교수에게 전화하여, 河南省에서의 학회에 참가할 의사가 정해졌음을 전했다. 아울러 어제 저녁 金侖壽 씨가 내 연구실로 찾아와 대화하던 중에 나와 함께 이 학회에 참가해 보고 싶다는 의사를 표시한 바 있었으므로, 그도 함께 가게 되는 데 따른 양해를 구했다.

8 (수) 立冬. 맑으나 초겨울의 강추위

중국의 여러 지도책들을 뒤지며 河南省에 관한 내용을 검토해 보았고, 金侖壽 씨가 빌려 준 西山大師의 『三家龜鑑』에 관한 중앙대학교 도서관학과의 서지학전공 박사학위 논문을 읽으며 카드화하는 작업을 시작하였다.

15 (수) 맑음

수업을 마친 후, 宋日基 씨의 중앙대 박사학위논문 「三家龜鑑의 書誌學的 硏究—禪家龜鑑의 成立과 關聯하여—」를 읽으며 카드화하였다.

16 (목) 맑음

송일기 씨의 박사논문을 읽으며 카드화 하는 작업을 마쳤고, 영남대학교 철학과의 신귀현 교수가 보내 준 논문 「退溪와 南冥」도 훑이보았다.

17 (금) 맑음

어제 연암공전의 신임 학장인 姜麟求 박사가 나의 연구실로 찾아와 자신의 5~6代祖의 문집 및 中國使行記錄을 전해 주고 갔으므로, 그 중 그의 5대조에 해당하는 時永의 문집 『星沙文稿』를 검토해 보았다.

18 (토) 맑음

오전 중 학교에서 『星沙文稿』를 마저 읽었고, 퇴근 버스로 일찍 귀가하여 엊그제 집에 있는 286 데스크톱에다 3.0을 설치한 이후 발생한 문제점들을 해결하느라고 노력하였다.

20 (월) 맑음

姜時永(字 汝良, 1788~1868)의 燕行錄인 『輶軒續錄』과 그의 부친인 浚欽(字 百源, 1768~1833)의 문집인 『三溟集』의 내용을 검토하며 카드화하였다. 이들 부자가 正祖 말에서 純祖 초년에 이르는 동안의 천주교 박해사건에서 闢衛論을 주장한 인물이며, 시영의 장인은 『闢衛編』에 보이는 李基慶임을 알았다.

21 (화) 맑음

남명학연구소의 금년도 제2차 학술발표회에 들러 보았다. 金侖壽 씨의 「南冥詩의 編年考」 및 국문과와 교육학과 학생 두 명의 박사학위 논문 발표가 있었다.

22 (수) 맑음

브람스의 헝가리 무곡 및 교향곡 제2번을 반복해서 들으며 학위논문의 입력 작업을 계속하였다.

23 (목) 맑음

종일 논문 입력을 계속하였다.

24 (금) 맑으나 추움

논문의 입력 작업을 계속하였다. 논문 제6장의 結語 부분을 독립시켜 별개의 장으로 만들었다.

25 (토) 맑음

논문 입력을 계속하였다.

27 (월) 맑음

內山俊彦 교수로부터 나의 학위논문 제2회분(제3·4장)을 읽고서 수정할 곳들을 적은 편지가 도착해 있었다. 이번에는 내용에 관한 지적은 별로 없고, 다만 일본어 표현상의 문제라든가 실수로 빠트린 글자들에 대한 지적뿐이었다.

오늘 3학년의 중국철학강독을 종강하였다. 이번 학기에는 朱子의 『詩經集傳』 大雅, 生民之什의 끝인 「板」까지를 읽었다. 논문 작업을 계속하였다.

28 (화) 맑음

논문 작업을 계속하여 제4절 '神道碑の再建と黨論の動向'을 마치고서, '結び'에 들어갔다.

남명학연구소의 간사인 한문학과 이상필 교수가 방문하여, 12월 1일에 본교에서 개최될 예정인 12월의 문화인물 忘憂堂 郭再祐 기념 학술발표회에서 나더러 원광대 梁銀容 교수의 논문 「忘憂堂 郭再祐의 思想」에 관한 질의를 당부하고서, 양 교수의 논문을 주고 갔다.

29 (수) 맑음

어제 받은 忘憂堂 관계 논문을 읽어 보았나.

30 (목) 맑음

圓光大 梁恩容 교수의 논문 「『周易參同契演說』과 韓國道敎」(『道敎思想의 韓國的 展開』, 韓國道敎思想硏究會 編 韓國道敎思想硏究叢書 Ⅲ, 亞細亞文化社, 1984) 및 이 책 부록에 영인 수록된 『周易參同契演說』 원문을 검토하며 카드화하였다. 이 『演說』에 수록된 忘憂堂의 「養心要訣」이 韓無畏의 『

海東傳道錄』에 보이는 「服氣調息眞訣」과 같은 책이라는 것과, 奎章閣本 『海東傳道錄』의 원형이 이 책 제2편에 수록된 그것임을 알았다.

12월

1 (금) 맑음

오후 두 시부터 본관 5층 대회의실에서 忘憂堂 郭再祐가 문화체육부가 주관하는 금년 12월의 문화인물로 지정된 것을 기념하여, 본교 남명학연구소가 주최하고 사단법인 남명학연구원이 후원하는 '忘憂堂 郭再祐의 學問과 義兵活動'이라는 주제의 학술발표대회가 있었다. 영남대 국사학과의 李樹健 교수가 「忘憂堂 郭再祐 義兵活動의 社會·經濟的 基盤」이라는 주제의 基調講演을 하고, 영남대 국문학과의 金周漢 교수가 「忘憂堂 文學의 自由追求에 대하여」, 원광대 東洋宗教學科의 梁銀容 교수가 「忘憂堂 郭再祐의 思想」, 부산대 사학과의 金康植 교수가 「忘憂堂 郭再祐의 義兵活動과 政治的 役割」에 대해 발표하였다. 나는 양은용 교수의 논문에 대한 지정토론을 맡았다. 발표 및 토론이 끝난 후, 연구소의 임원 및 발표·토론자들이 舊 晋州農專의 옆문 맞은편, 한국교육보험 빌딩 옆에 있는 식당으로 가서 술과 저녁 식사를 들며 회식하였다.

2 (토) 맑음

점심 때 국민윤리교육과의 손병욱 교수 차로 시내의 칠암동으로 나가 함께 점심을 들면서, 손 교수의 주선에 의해 내가 참여하게 된 한국정신문화연구원 『古文書集成』 작업의 서원·향교 부문 책임자인 丁淳佑 교수가 나에게 백만 원의 보수를 지급하며, 공동연구자로서 간행성과물의 참여인원 명단에 자기네의 것과 함께 나의 이름을 넣겠다고 한 애초의 약속을 저버린 문제에 대한 나의 입장을 말하였다.

양은용 교수가 어제 발표한 논문 「忘憂堂 郭再祐의 思想」과 이 논문의 원형인 그의 「忘憂堂 郭再祐의 養生思想」을 대조하고, 또한 그가 인용한 원문들의 출처인 『忘憂堂全集』에 실린 내용과도 대조해 보았다. 그가 망우당 양생 사상의 由來와 관련하여 언급한 문헌들의 한문 해석이 크게 잘못되어, 許筠과 관련한 부분 등은 원문과는 정반대의 해석을 하고 있음을 확인하였다.

4 (월) 맑음

양은용 교수가 처음으로 학계에 소개한 『周易參同契演說』과 관련하여, 한양대 체육과의 李鎭洙 교수가 쓴 「韓國養生思想의 成立에 관한 考察 (其4)—『周易參同契演說』을 中心으로—」(韓國道教思想研究會 編 韓國道家思想研究叢書 Ⅳ, 亞細亞文化社, 1990) 및 金侖壽 씨의 「『周易參同契演說』(『東丹寶鑑』)과 農廬 姜獻奎」(소)를 훑어보았다. 두 편 모두 이 문헌의 編著者 및 성립 시기에 관한 양은용 교수의 고증의 허술함에 대해 비판하고 있었다.

5 (화) 맑음

대학원의 중국철학연구를 종강하였다. 이 강좌는 유일한 수강생인 이정기 군의 요청에 따라, 한국철학 분야인 『남명집』 교감번역본에 부록으로 수록된 교감본을 가지고서 강독 형식으로 진행하여, 銘에서부터 「答成聽松書」까지를 읽었다.

논문 입력 작업을 다시 시작하여, 제6장의 끝부분을 불과 몇 줄 남겨두고서 퇴근 버스를 타기 위해 연구실을 나섰다.

6 (수) 맑음

논문 제6장의 입력을 마치고서, 이 장을 처음부터 새로 읽으며 퇴고하는 작업을 시작하였다.

7 (목) 맑음

논문 퇴고 작업을 계속하였다.

15 (금) 흐림

內山·池田 교수와 小林 군에게 연하장을 써서 부쳤다. 劉廣和 교수와 함께 점심 식사를 한 후, 다시 도서관 漢籍室에 들러 劉 씨가 線裝本『詩傳諺解』한 질을 대출하는 것을 도왔다. 오후에는 연하장 쓰기를 좀 더 계속한 후, 논문의 입력에 들어갔다.

16 (토) 맑음

토요일임에도 평소 퇴근 시간인 오후 여섯 시 남짓까지 학교에 남아 논문 작업을 계속하다가 산길로 걸어서 퇴근하였다.「南冥學關係研究文獻目錄」에서「研究」를「參考」로 바꾸고, 이를 '原典 및 1次資料'와 '研究論著'의 두 파트로 구분하여, 前者에 대한 입력에 착수하였다.

18 (월) 맑으나 추움

종일「南冥學關係參考文獻目錄」의 입력 작업을 계속하여,「南冥學資料叢刊解題緖論」의 旣刊文獻 소개 부분에 수록된 자료들의 입력을 마치고서, 민족문화추진회의 韓國文集叢刊에 수록된 자료들의 입력에 들어갔다.

아침에 KBS TV 1국의 젊은 프로듀서인 이도경 씨가 아가씨 두 명을 대동하여 내 연구실을 방문했다. 이 달 하순에 있을 '우리 문화유산을 찾아서' 함양 지방의 사림 문화 편을 촬영하기 위한 사전조사 차 왔다가 나를 방문하여 방송을 위한 원고 작성의 자료를 얻고자 한 것이다.

19 (화) 맑음

「南冥學關係旣刊文獻目錄」으로 제목을 바꾸어 입력 작업을 계속하였다.

20 (수) 맑음

「남명학관계기간문헌목록」의 입력 작업을 계속하였다.

남명학연구원 사무국장 김경수 군이 그동안에 입수된 새로운 연구논저들을 가지고서 연구실로 방문해 왔다. 그 중 경북대 인문학연구소가 주최한 「來庵 鄭仁弘의 再照明」이라는 주제의 학술회의에서 발표된 金用淑 씨의 「癸丑日記 內容에 대한 史的 再評價」라는 논문을 읽어 보았다.

21 (목) 맑음

어제 김경수 군이 가져다 준 자료들 가운데서 金奉鉉 著, 『秀吉の朝鮮侵略と義兵鬪爭』(東京, 彩流社, 1995)의 제2장까지를 읽었다.

22 (금) 맑음

어제의 학과 회의에서 서양철학 분야의 강사로는 서울대 철학과를 졸업하고서 미국에서 박사학위를 취득한 후, 현재 본가가 있는 산청으로 와서 '간디농장'이라는 것을 운영하며, 한편으로는 진주교육대에도 출강하고 있다는 양희규 씨를, 그리고 동양철학 분야는 나의 제의에 의해 현재 박사논문을 준비하기 위해 울산에 내려와 있으면서 화·목요일에 네 시간 정도 교양강의도 맡아 있는 前 서울대 철학과 조교 丁垣在 군을 교섭해 보기로 합의된 바 있었다. 그 결정 내용에 따라 정원재 군과 연락하기 위해 광주의 본가와 울산의 현재 거수지 및 울산대 철학과 학과장인 후배 孫永植 군 연구실 등으로 여러 차례 전화를 시도하였다. 결국 손 선생의 연락에 의해 아침에 울산을 떠나 오후에 광주 자댁에 이르러 있던 정 군이 내 연구실로 전화를 걸어옴으로서 비로소 직접 통화할 수가 있었다. 그리하여 내년 1학기에는 토요일 오후에 일반대학원 석사과정의 중국철학연습 세 시간과 교육대학원 철학교육전공 석사과정의 한국철학사특론 두 시간을 정원재 군이 맡아 주기로 합의되었다.

오후 두 시부터 본관 소회의실에서 경남문화연구소가 주최하는 '壬辰倭亂 義兵活動 戰蹟地 調査硏究 發表會'가 열렸다. 나는 퇴근 무렵에 들러 본교 사회교육과 김해영 교수의 「郭再祐 義兵活動 事蹟에 對한 檢討」 및 국민윤리교육과 손병욱 교수의 「忘憂堂 郭再祐의 精神世界 形成의 淵源」이라는 주제의 발표 및 그 토론을 경청하였다. 손병욱 선생이 근자에 風水 및 國仙道에 관심이 많다는 것은 알고 있던 터였지만, 이 글에도 그러한 경향이 매우 짙었다.

26 (화) 맑음

학교에 나가 「南冥學關係旣刊文獻目錄」의 입력 작업을 계속하였다. 본교 한문학과 崔錫起 교수의 「忘憂堂 郭再祐의 節義精神」(『忘憂堂郭再祐先生忠義精神學術發表會』, 南冥學釜山硏究院, 1995.12) 및 李樹健 교수의 「嶺南學派와 南冥 曺植」(『南冥 曺植의 思想과 文學』, 東方漢文學會, 1995.12) 등을 읽어 보았다.

27 (수) 맑음

어제에 이어, 근자에 발표된 울산전문대학 禹仁秀 교수의 「來庵 鄭仁弘과 黨爭」 등의 논문을 읽어 보았고, 종일 문헌 목록의 입력 작업을 계속하였다.

밤에 함양에 내려 와 있는 KBS의 이도경 프로듀서 및 서울에 있는 KBS 여직원과 몇 차례 통화하였고, 서울로부터 10매에 달하는 「답사기행 우리 문화유산을 찾아서: 덕유산에서 지리산까지—함양편」의 假構成案을 팩스로 받았다.

28 (목) 흐리고 때때로 빗방울

오전 아홉 시에 집을 나서서, 장대동 시외버스 터미널까지 약 반 시간 정도 걸어서 함양으로 가는 버스를 탔다. 오전 11시에 함양 시장 거리의 봄눈겨울비라는 카페에서 KBS의 이도경 프로듀서 일행과 만나기로 약속이 되어 있는 터이지만, 약 15분 전에 거기에 도착해 보니, 2층의 카페는 아직 영업을 시작하지 않은 모양인지 문이 닫혀 있었다. 11시 5분경에 그들 일행이 탄 봉고차가 나타나 나를 태워서 함양 군청으로 갔고, 거기서 이번 프로의 리포팅을 맡은 배우 김명곤 씨를 만나, 바로 옆에 있는 學士樓에서 戊午士禍의 발생 배경에 관한 대담의 촬영에 들어갔다.

오전 중의 촬영 일정을 마친 후, 시장 거리의 전통 식당으로 가서 정식으로 점심을 들었다. 이번에 서울에서 내려온 촬영 팀은 모두 남자로서 운전기사까지 포함하여 일곱 명이었다. 기사를 제외하고서는 모두들 30대 정도의 새파랗게 젊은 사람들이었고, 총진행을 담당한 이도경 프로듀서는 31세로서 서울대 84학번 무역학과 출신이라고 하며, 리포터 김명곤 씨는 영화 〈서편제〉의 남자 주인공으로서 전주 출신인데, 서울사대 독어교육과 71학번이라고 하니, 남보다 5년 늦게 입학하여 73학번이 된 나와는 비슷한 연배인 듯했다.

점심을 든 후, 다시 함양 군청 앞으로 가서 서울에서 高架撮影用 크레인을 가지고서 도착한 다른 일행 서너 명과 합류해 灆溪書院으로 갔다. 서원의 구조와 역할, 그리고 함양 지방 사림의 인물들에 관한 설명의 촬영에 들어갔고, 이어서 바로 옆의 靑溪書院에서 金馹孫에 관한 대담을 녹화했다. 남계서원에서 크레인을 사용하여 촬영할 즈음에는, 이웃의 주민들과 버스를 대절하여 어디론가 견학을 갔다 오는 듯한 국민학생 일행이 우르르 몰려와 구경을 하고 있었다.

추운 가운데 여러 시간에 걸친 촬영을 마치고서, 오후 세 시 반쯤에 서울로 돌아가는 김명곤 씨의 자가용에 동승하여 수동까지 와서, 진주행 버스로 갈아타고서 귀가 길에 올랐다. 꼬박 하루의 시간을 소비하여 팔자에 없는 배우 노릇을 하노라니 다소 한심한 생각이 들지 않는 것도 아니다. 이미 TV 출연은 열 차례 정도 경험해 본 적이 있는 터이라, 앞으로는 이런 종류의 부탁이 들어오더라도 일체 사절해야겠다는 생각이 들었다.

29 (금) 맑음

교육학과 및 한문학과로 연락하여 근자에 나온 석사 논문들에 관한 정보를 몇 건 더 입수하였다. 旣刊文獻目錄의 작성은 거의 마무리 단계에 들어가 있다.

30 (토) 맑음

오전 중 작업을 계속하여 「南冥學關係旣刊文獻目錄」을 마침내 탈고했다. 오늘 마지막으로 입력한 서문을 포함하여, 200자 원고지 약 200매의 분량에 달하는 장편이었다. 아침에 남명학연구원의 김경수 사무국장과 전화 연락하여 지난 12월 1일에 서울의 삼각지에 있는 전쟁기념관에서 개최된 郭忘憂堂記念事業會 주최 '郭再祐 義兵將 記念 세미나'의 초청장을 팩스로 전해 받아 이 모임에서 발표된 세 편의 논문도 추가해 입력하였다. 정오 남짓 되어 김 국장이 내 연구실로 와서 디스켓을 받아 갔다.

미국의 경자 누나, 일본의 坂出祥伸 교수 및 공주사대 한문교육과의 宋錫準 교수로부터 연하장을 받았다. 송 교수는 대학시절에 은사인 放隱 成樂熏 翁을 모시고서 여름방학 중에 진주 근교의 多率寺에 와 있으면서 나와 처음 만났었다. 그 당시 저명한 한학자인 放隱 翁을 모시고서 우리가 함께 찍은 사진을 동봉해 보내 주어서 감회가 새로웠다.

1996년

1월

3 (수) 맑으나 추움

학위논문 제6장의 퇴고 작업을 계속하였다.

서울 서초구에 사는 河有楫 씨로부터 연하장과 함께 그의 선조 河大觀의 문집 필사 草稿인 『愧窩遺稿』가 부쳐져 왔다. 지난번 삼현여고 崔文錫 교장의 장남 결혼식에 나갔을 때 식당에서 우연히 만나 부탁했던 것이 오늘 이루어진 것이다.

4 (목) 맑음

어제에 이어, 제자 조평래 군과 미국의 조카 창환이 및 하유집 씨가 보낸 연하장에 대한 답장을 써서 부쳤고, 『愧窩遺稿』의 내용을 검토하며 카드화하였다. 이 책은 장차 문집을 출판할 때에 대비하기 위해 필사해 놓은 것인 듯한데, 작품들이 분류되지 않은 채 뒤섞여 있었다.

5 (금) 맑음

어제에 이어 『愧窩遺稿』를 읽으며 카드화 하는 작업을 계속하였다. 「謙齋年譜」의 편찬 및 州誌 편찬과 관련된 기록들이 비로소 나타나기 시작했다. 오후 한 시 남짓 되어 김경수 군이 방문해 와, 지난주 토요일에 전해 준 내 원고를 검토해 보고서 그가 수정할 곳을 체크한 것과 내가 지난번 디스켓을 넘겨 준 이후 새로 추가한 내용들을 반영한 새로운 디스켓을 받아 갔다.

6 (토) 맑음

『愧窩遺稿』의 검토를 마쳤다.

8 (월) 酷寒

『愧窩遺稿』 중 愧窩 河大觀과 江左 및 近畿南人들과의 관계에 관한 기록들을 카드화하였고, 퇴근 무렵에 논문 제6장의 일본어 입력 퇴고 작업을 계속하였다.

오전 중 劉廣和 씨가 내 연구실로 방문해 와 『남명집』 이외에 남명학파의 인물 가운데서 그가 詩文에 사용된 韻의 분석에 이용할 수 있는 인물의 문집을 문의해 왔으므로, 河受一의 『松亭集』과 河弘度의 『謙齋集』을 추천해 주었고, 아울러 철학과 사무실에 소장된 민족문화추진회에서 간행한 한국문집총간 중 이 두 문집이 수록된 책들을 대출하여 필요한 부분을 복사할 수 있도록 조처하였다.

9 (화) 맑으나 아침 진주 지방 최저 기온 영하 12도

논문 제6장의 퇴고 작업을 계속하였다.

퇴근 무렵 서울 KBS의 방송 원고 집필 담당자 및 이도경 프로듀서로부터 두 차례 전화가 걸려 왔다. 젊은 여자 목소리인 것으로 보아 지난번 이 씨와 더불어 내 연구실로 방문해 왔었던 두 명의 젊은 여성 중 한 사람인 모양인데, 촬영을 전후해서도 이미 여러 차례 나에게로 전화 연락을 하여 대사 원고 집필과 관련된 내용을 문의해 온 바가 있었다. 갓 대학을 졸업했을 정도의 젊은 나이인데다, 한국사 및 사상사 분야에 대한 지식이 부족하여 원고 집필에 애로가 있는 모양이었다. 오늘 문의해 온 내용은 김종직을 중심으로 하는 영남사림파의 계보와 그것이 한국유학사와 어떠한 맥락 관계를 가지는지, 그리고 영남 사림파 중 함양사림의 위치 및 계보는 어떠한지 등에 관한 것이었다. 나더러 계보를 圖示하여 팩스로 보내주기를 바라는 눈치였으나, 전화상으로 대충 때우고 말았다. 이도경 프로듀서의 말로는, 나의 설명에 근거하여 자기네가

도표를 만들어서 팩스로 보낼 터이니, 잘못된 곳이나 보충할 데가 없는지 검토해 달라는 것이었다.

10 (수) 맑음

엊그제 구입한 영남대 李樹健 교수의 新著『嶺南學派의 形成과 展開』(서울, 一潮閣, 1995.12) 중에서 남명학파와 퇴계학파 및 그들과 기호학파와의 관계를 다룬 제3장 제3절 '嶺南學派의 確立'을 읽고 있다.

11 (목) 맑음

어제 읽던 제3장 제3절을 마지막 한 張을 남겨 두고서 거의 다 읽었다. 나는 장차 퇴계와 남명의 관계에 관해 본격적인 논문을 한 편 써 보려고 마음먹고 있었는데, 李樹健 씨의 이 책에는 내가 참고하고자 했던 자료들과 내가 하고 싶었던 말들이 거의 빠짐없이 언급되어 있으므로, 다른 사람이 다시 쓸 필요가 있을지 회의가 들 정도이다. 다만『南冥集』釐正本 권2의「與成大谷」第3書에 보이는 "雖古權奸, 蔑以加此, 所謂道學宗師者, 果如此乎"와 같은 신랄한 퇴계 비판을 이 교수는 "宣祖初의 新舊勢力이 양분된 데 대해서도 퇴계의 處身을 못마땅하게 생각"한 데서 나온 것으로 보고 있으나, 나는 이 글의 전후 문맥 등으로 보아 河宗岳 後妻事件에 대한 退溪의 태도를 비판한 것이라고 보며, 이 교수가 근자에 발굴한 퇴계 문인 琴蘭秀의『惺齋日記』明宗 16년 辛酉 4월 18일 條에 보이는 남명 방문 시의 기록을, 이 교수는 이 책의 여기저기 외에도 최근에 경북대학에서 있었던 東方漢文學會 주최 남명학 관계 학술회의에서 발표한 논문에서도 언급하고 있는 등 꽤 중시하고 있는데, 나는『淸香堂實紀』『竹亭實紀』및『德川師友淵源錄』등을 통하여 당시의 동행한 인물들에 관한 보충적인 정보를 파악하고 있는 등, 내 나름대로 언급해 볼 새로운 시각이나 정보가 전혀 없는 것은 아니라고 할 수 있다. 지금까지 남명에 관한 글들을 쓴 이런저런 사람들 가운데서 李樹健 교수만한 수준을 보여 준 사람이 거의 없었던 듯한데, 내가 그를 능가할 수 있을지 없을지가 문제라 하겠다.

12 (금) 맑음

柳希春의 『眉巖日記草』 戊辰年 7월 5일에서 8일까지에 걸쳐 보이는 河宗岳 後妻事件과 관련된 기사를 읽으며, 퇴계학파 쪽에서 이 문제를 보는 시각과 그들의 동향을 카드화했으며, 이수건 씨의 저서 『영남학파의 형성과 전개』 제3장 제3절을 다 읽고서, 제1장을 읽었다. 이즈음 거의 매일 그러하듯이 오늘도 김경수 군과 통화하여, 전해 준 목록 가운데서 보충할 부분들을 불러 주어 김 군으로 하여금 디스켓에 입력하도록 했다.

13 (토) 맑음

『영남학파의 형성과 전개』 제1장 「嶺南學派 硏究序說」, 제2장 「嶺南學派 形成의 社會·經濟的 基盤」에 이어, 제3장 「嶺南學派의 形成과 發展」을 읽고 있다. 퇴근 버스로 집에 돌아온 이후에도 계속 읽었다.

15 (월) 비

『嶺南學派의 形成과 展開』 제3장 제4절 '朝鮮後期 嶺南學派와 '京南'의 提携'까지를 거의 다 읽었다. 李樹健 교수의 이 책은 나에게 하나의 충격이다. 학문적인 경쟁 상대라고 한다면 실로 강적인 셈이니, 이와 같은 선배학자를 접하고서는 겸손해 지지 않을 수 없다.

17 (수) 맑음

『영남학파의 형성과 전개』 제4장 「嶺南學派의 政治·社會的 機能」의 제2절까지를 읽고 있다.

18 (목) 맑음

『영남학파의 형성과 전개』의 마지막 단락인 제4장 제4절 '17, 18세기 安東地方 儒林의 政治社會的 機能'을 읽고 있다.

19 (금) 맑음

605 페이지의 분량에 달하는 이수건 씨의 『영남학파의 형성과 전개』를 대충 다 읽어 본 다음, 李佑成 교수의 歷史論集 『韓國의 歷史像』(創作과批評社, 1983 再版) 가운데서 「韓國 儒學史上 退溪學派의 形成과 그 展開」「心山 金昌淑의 儒學思想과 行動主義」「心山 金昌淑의 民族獨立運動」을 읽었다.

20 (토) 맑음

慶北大 李秉烋 교수의 『朝鮮前期畿湖士林派研究』의 제2장 제1절까지를 읽고 있다.

22 (월) 맑음

『조선전기 기호사림파 연구』의 제5장까지를 다 훑어보고서, 이제 결론을 읽고 있는 중이다.

퇴근 버스에서 모처럼 동아고 동문인 행정학과의 최용부 교수 및 법학과의 김종회 교수를 만났으므로, 작년에 이미 여러 차례 함께 들른 바 있었던 고려병원 옆의 생맥주 집에 들렀다가 귀가하였다. 돌아와 보니 내 책상 위에 어제 서울로부터 전화가 걸려 왔었다는 회옥이의 메모가 놓여 있었으므로, 그 번호로 전화하여 보았더니 전남대의 정병련 교수 댁이었다. 정 교수의 말에 의하면, 금년 중에 艮齋思想研究會에서 학술회의를 개최하고자 하는데, 그 전에 내 논문을 받을 수 있으면 좋겠다는 것이었다. 작년 2월에 있었던 남명학국제학술회의에 즈음하여 이미 정 교수로부터 남명에 관한 논문을 한 편 받았던 적이 있는지라, 분명하게 잘라서 거절할 수도 없고 하여 매번 부담스럽기 짝이 없다.

23 (화) 맑음

경북대 이병휴 교수의 『조선전기 기호사림파 연구』를 다 읽고서, 그 부록인 「朝鮮 中宗朝 靖國功臣의 成分과 動向」 및 「賢良科 研究」까지도 마저 읽었다.

24 (수) 맑음

모처럼 다시 논문 작업으로 돌아가서, 학위논문 제6장의 퇴고를 마쳤다.

25 (목) 맑음

오늘밤 10시 15분부터 11시까지 방영되었고 내가 출연한 KBS 1TV의 〈우리 문화유산을 찾아서〉 경남 함양 편을 시청하였다.

오후에 학위논문 제5·6장을 출력했다. 교수 컴퓨터실에 있는 레이저 프린터는 흔글 2.5 때에는 출력 속도가 매우 느렸는데, 3.0에 와서는 엄청 빨라졌다.

26 (금) 맑음

간밤에 녹화해 둔 〈우리 문화유산을 찾아서〉 함양편의 테이프를 두 차례 더 시청하였다. 유학사상 관계는 대체로 내가 설명해 준 내용에 근거하여 내레이션을 작성했다. 함양 출신 유학자의 계보를 도표로 만들어 방영한다면서 그 표를 나더러 작성하여 팩스로 우송해 달라는 전화 연락도 있었으나, 내가 할 일이 아닌 듯하여 전화상으로만 설명해 주었는데, 영남 사림파의 인물들을 설명하면서 김종직과 김일손 등도 함양 출신의 인물로 표시하는가 하면, 德溪 吳健의 이름을 '오근'이라고 적는 등, 오류들이 눈에 띄었다.

內山俊彦 교수 등에게 논문 제5·6장을 보내며, 그동안의 원고를 검토하여 수정할 곳을 표시해서 가능한 한 빨리 회송해 줄 것을 당부하는 내용의 편지를 쓰고 있다.

27 (토) 맑음

內山·池田 두 교수 및 小林清市 군에게 학위논문 제5·6장을 따로 우송하면서, 논문 작업의 그간 경과를 설명하고, 되도록이면 빠른 시일 안에 원고의 내용을 검토하여 나에게로 회송해 줄 것을 당부하는 내용의 편지를 탈고했다. 토요일 오후임에도 평일의 퇴근 시간까지 계속 학교에 남아 논문 끝 부분의 '結語'를 일본어로 바꾸는 작업에 매달렸다.

29 (월) 맑음

지난 토요일에 쓴 편지들과 아울러, 학위논문 제5·6장의 복사물을 內山俊彦·池田秀三·小林清市 교수에게 우송하였고, '결어'라는 제목을 '結語. 異說에의 檢討'로 바꾸고서, 그것을 일어로 번역하는 작업을 계속하였다. 내일 하루 정도 더 하면 마칠 수 있을 것 같다.

남명학연구원의 김경수 사무국장으로부터 전화가 걸려 왔다. 지난 토요일 김충렬 원장이 진주에 내려와, 국가 예산으로 山天齋 부근의 南冥 묘소 아래쪽 민가들을 철거하고서, 그 자리에다 남명기념관 같은 건물들을 짓는 사업에 대한 협의를 하고서 돌아갔다고 하며, 劉廣和 교수가 남명 및 그 학파 인물들의 詩文에 사용된 韻에 관한 논문을 쓰는 데 대해서도 동의가 있어, 이에 대해 250만 원의 연구비를 지급할 수가 있으며, 그 착수금 백만 원은 이번 주 중으로라도 지급할 수 있겠다는 것이었다.

30 (화) 맑음

연구실에서 종일 작업하여 '結語. 異說에의 검토'의 입력을 마치고서, 다시 한 번 새로 읽으며 퇴고하고 있다.

2월

1 (목) 맑음

논문 작업을 계속하였다. 어제 신상현 군이 와서 내 컴퓨터에다 일본어 사용을 위한 소프트웨어들을 설치하고 간 이후 한글 논문 파일에서 마우스 커서가 뜨지 않는 현상을 새로이 발견했는데, 전화로 연락하여 그가 일러주는 대로 autoexec.bat 파일에다 mouse.com을 적어 주었더니 그 문제는 해결되었다.

오후에 철학과장 발령장을 받았다.

오늘도 점심 때 劉廣和 교수랑 뒷산을 산책하였다. 劉 교수는 내가 남명학연구원의 연구비 250만 원을 받을 수 있도록 주선해 준 데 대한 감사의 표시인지, 오늘도 굳이 나를 자기 아파트로 초청하여 저녁 식사를 대접하고 싶다고 했다. 퇴근길에 도동에 있는 촉석아파트 가동 202호실의 劉 교수 댁으로 가서 중문과의 박추현 교수와 어울려 劉 교수가 손수 만들어 주는 물만두를 비롯한 몇 가지 중국 요리를 들고 소주도 마셨다. 劉 교수는 원래 술을 입에 대지 않는 사람이고, 박 교수는 운전 때문에 잔을 들지 않으려 하므로, 결국 나 혼자서 진로소주를 한 병 남짓 마신 셈이다. 劉 교수 댁 근처의 슈퍼에서 선물로 샴푸를 한 통 샀었는데, 지난번 방문했을 때 냄비에다 밥을 지어 밑쪽 밥이 누렇게 누러있던 것이 생각나, 아파트 입구의 삼성전자 대리점에서 다시 가장 소형의 빨간 전기밥솥 하나를 주문하여 배달해 오게 하였다.

2 (금) 맑음

논문 작업을 계속하였다.

오후 네 시에 한문학과의 장원철 교수가 신상현 군을 대동하여 내 연구실로 와서, 새로 일본 프로그램들을 설치하고 난 후에 생긴 문제점들을 검토해 주었다. 마우스 커서의 작동이 불안한 것은 一太郎 5.0이 도스 프로그램이어서, 메모리를 1메가 이상 사용하지 못하기 때문이라고 설명하면서, 이 문제를 근본적으로 해결하기 위해서는 一太郎에 대한 미련을 버리고서 윈도우즈용인 워드 6.0만을 사용하는 수밖에 없다는 것이었다. 일본어 워드프로세서의 대명사인 一太郎의 소프트웨어를 이미 재작년부터 입수해 두고 있으면서도, 한 번 써 보지도 못하고 그것을 포기해 버린다는 것이 아쉬웠지만 그렇게 하는 수밖에 없었다. 노턴 커멘더의 셀 테두리가 깨어지는 문제는 오늘 해결되었고, 일본어를 출력할 수 있는 프린터를 입수할 수가 있고 내 연구실에 그것을 설치할 만한 공간도 있다고 하므로, 즉시 신 군을 통하여 그들이 말하는 휴렛패커드 기종의 레이저 프린터를 주문해 두게 하였다.

3 (토) 맑음

어제 퇴근 시간에 스쿨버스를 기다리는데, 劉廣和 교수가 『南冥集』 雜著의 「遊頭流錄」 말미에 보이는 "頭流十破黃[死]牛脇, 嘉樹三巢寒鵲居" 및 七言四言의 "頭流十破黃牛脇, 定是前緣未許歸"의 두 구절을 메모해 온 것을 꺼내어, 이 詩에 있어서의 黃牛의 의미에 대해 질문을 하므로, 『易經』에 出典을 두고 있는 말이라고 일러 주었다. 오늘 오전 중 『校勘國譯南冥集』 및 『漢語大詞典』의 해당 항목들을 뒤적이고, 아울러 『莊子集釋』의 盜跖篇, 『周易』 遯卦 六二, 革卦 初九 및 『易程傳』과 『周易本義』의 해당 주석들, 그리고 『新增東國輿地勝覽』 慶尙道 三嘉縣 條 등을 뒤적이며, 黃牛나 嘉樹의 二重的 涵意에 대해 검토하여 카드화하였다.

5 (월) 맑으나 찬바람

오전 중 논문 작업을 계속하였다. 남명학연구원의 김경수 사무국장으로부터 오늘 중에 내 연구실로 들러 내가 부탁했던 薛錫圭 씨의 경북대 대학원 사학과 박사학위논문(1994년 12월)을 전해 주고, 아울러 劉廣和 교수의 논문 착수금 백만 원도 전달하겠다는 전화 연락이 있었다. 劉 교수는 산책을 마친 후 내 연구실로 와서 대화를 나누고 있다가, 방문해 온 김 국장으로부터 연구비를 전달받았다. 아울러 지난 토요일에 내가 조사해 두었던 남명의 시와 관련된 카드도 전달하고 그에 관한 대화를 나누었다.

김 군이 전해 준 설석규 씨의 학위논문 「16~18세기의 儒疏와 公論政治」 제3장 제1절 '大北勢力의 社會的 基盤과 儒生公論의 歪曲'을 읽기 시작했다.

6 (화) 맑음

설석규 씨의 학위논문 제3장 제1절을 다 읽고서, 序論 부분도 읽었다.

7 (수) 맑음

설석규 씨의 학위논문을 전체적으로 대충 훑어보고 있는 중이며, 『栗谷全書』 중의 「經筵日記」 宣祖 14年條에 나오는 來庵 鄭仁弘과 관련된 기사들을 전부 읽으며 카드화하였다.

교내 우체국을 통하여 韓國孔子學會의 종신회비 20만 원을 송금하였다. 나는 이 학회의 회원이 아닌데, 작년에 서울대 철학과의 은사이신 李楠永 교수가 이 학회의 회장이 되시면서 나를 이사의 한 사람으로 넣어 놓았다. 그래서 그동안 회비를 납부할 것인지 말 것인지 망설여 왔다. 이사가 되어 회비를 내지 않는다는 것도 모양새가 좋지 않지만, 무엇보다도 은사의 일을 도와 드린다는 뜻에서 종신회비를 내기로 마음먹었다.

8 (목) 흐리고 낮에 첫눈

오늘 서울의 KBS로부터 우송되어 온 내가 출연한 〈우리 문화유산을 찾아서〉 함양 편의 테이프를 한 번 더 시청하였다.

설석규 씨의 박사학위 논문에 대한 검토를 마쳤다.

9 (금) 맑음

종일 작업하여 학위논문 結語 부분의 퇴고를 마쳤고, 「南冥學關係旣刊文獻目錄」의 日譯을 진행 중이다. 이 부분의 문장 부호들도 차제에 모두 全角으로 바꾸었다.

오전 중 김경수 군으로부터 남명학연구원 상임연구위원인 權仁浩 大眞大 교수의 모친이 별세하셨다는 연락을 받았으므로, 퇴근 후에 정장으로 갈아입고서 신안성당 부근에 있는 그의 큰형인 진주교육대학 權正浩 교수 댁으로 문상을 갔다. 거기서 교육대학 윤리과의 정보주 교수를 만나, 상주 옆에서 함께 맥주를 마시며 한동안 대화를 나누다가 돌아왔다. 귀가 후 모처럼 조평래 군으로부터 전화를 받았는데, 조 군도 권 교수의 모친상에 조문하기 위해 서울에서 일부러 내려왔다고 한다. 지난번 고교 철학 관계의 격주간지 간행이 실패로 끝난 이후 그동안 소설을 쓰고 있었다는데, 3월부터는 서울에 있는 고려원이라는 출판사에 출근하게 된다고 한다.

10 (토) 맑음

목록의 입력 작업을 계속하였다.

13 (화) 맑음

아침 출근 전에 영남대 철학과의 申龜鉉 교수로부터 전화를 받았다. 신 교수는 작년에 본교에서 열렸던 영남철학회의 학술회의 및 정기총회에서 차기 회장으로 추대된 바 있었는데, 나더러 이 학회의 두 명 있는 부회장 중 하나를 맡아 달라는 것이었다. 뜻밖의 요청이기도 하고, 아직 내 나이 마흔여덟이라 그 정도의 중책을 맡을 연령이 아닌데다, 나는 이 학회의 정식 회원도 아니므로 사양했으나, 신 회장의 뜻이 자못 간곡하므로 마지못한 듯 수락했다. 지금까지 이런저런 학회의 이런저런 직책을 맡아 보았으나, 점점 나이가 들어가니 이렇다 할 연구 성과가 없는데도 차츰 커다란 감투를 씌우는가 보다.

16 (금) 맑음

종일 작업하여 「南冥學關係旣刊文獻目錄」의 日譯을 마치고서, 그 퇴고도 거의 끝냈다.

19 (월) 맑음

「南冥學關係旣刊文獻目錄」의 퇴고를 마쳤고, 「後記」의 집필에 들어갔다.

21 (수) 맑음

중국사회과학원 철학연구소의 徐遠和 교수로부터 편지와 더불어 내 논문 「南冥思想의 理解」에 대한 중국어 提要가 우송되어 왔고, 또한 동시에 금년 5월 초순에 중국 河南省에서 개최될 '中國宋學與東方文明' 國際學

術硏討會의 연락 대표인 鄭州市의 李保林 씨로부터도 정식 초청장과 더불어 회의 일정 등의 관련 서류가 우송되어 왔다. 徐 교수의 편지에 의하면, 예전에 『慶南文化硏究』 제11호(경상대학교 경남문화연구소, 1988)에 실은 바 있었던 나의 논문 요지는 周月琴 여사라는 분이 중국어로 이미 번역을 완료했는데, 내용이 비교적 길어서 徐 교수 자신이 그것을 漢字 1千字 정도의 분량으로 줄여서 簡體字로 인쇄해, 한 부는 이미 국제학술회의 연락대표에게 우송했고, 또 한 부를 내게 보내니 수정할 데가 있으면 연락해 달라고 한다. 周 여사가 번역한 것은 정식 논문으로 삼아도 되지만, 내가 동봉해 보낸 전체 논문에 의해 얼마간의 내용을 徐 교수 자신이 책임을 지고서 보충해 넣겠다고 한다. 李保林 씨가 보내 온 인쇄물들에 의하면, 이 학술회의는 금년 5월 6일에서 9일까지 河南省 省都인 鄭州市와 濮陽市에서 거행되는데, 5일에 등록을 하고 10일 오전 중에 濮陽에서 鄭州로 돌아와 해산을 하되, 10일 이후에는 희망자에 한해 自費로 河南省 및 기타 지방의 명승고적들에 대한 參觀 여행이 있을 것이라고 한다.

22 (목) 맑음

평소보다 10분 정도 늦은 스쿨버스를 타고서 출근하였다. 마침 버스 안에서 劉廣和 교수를 만나 함께 인문대 3층 계단까지 걸어가 대화를 나누다가, 사학과의 黃永國 교수의 권유에 따라 황 교수 연구실로 가서 중국산 재스민茶인 香片을 마셨다. 劉 교수와 나는 다시 4층의 내 연구실로 올라와 어제 도착한 중국 河南省에서의 국제학술회의 초청장 문제를 중심으로 거의 오전 내내 대화를 나누었다.

함양의 金侖壽 씨 댁으로 낮과 밤 두 차례에 걸쳐 연락하여, 중국의 학술회의에 함께 참가하기로 한 계획에 대해 협의했다. 北京의 徐遠和 교수 댁에도 전화해 보았으나 통화가 되지 않았다.

23 (금) 맑음

오전 중 徐遠和 교수가 보내 준 내 논문 「南冥思想之理解」의 중국어 要旨 수정 작업을 마쳤다.

남명학연구원이 사단법인화 되어 김경수 군이 그 사무국장으로 취임한 이래, 그의 발의에 의해 몇 차례 거론되어 왔었던 연구원의 뉴스레터 『南冥院報』 창간호가 금년 2월 15일자로 발간되어 나에게도 오늘 한 부 우송되어 왔다.

24 (토) 맑음

권호종 교수가 내 연구실로 와 중국 여행에 관한 이런저런 이야기로 시간을 보내는 통에 논문 작업은 계속할 수가 없었다.

시내의 한국관광여행사 진주대리점으로 전화하여 5월 4일 7시 50분 진주 발 8시 50분 서울 착 아시아나항공 및 10시 30분 서울 발 11시 35분 北京 착 대한항공과, 5월 12일 12시 40분 北京 발 15시 25분 서울 착 대한항공, 및 18시 서울 발 19시 진주 착 대한항공을 金侖壽 씨의 것과 같이 예약해 두었다.

오늘도 여러 차례 北京의 徐遠和 교수 자택으로 전화해 보았으나 신호는 가도 끝내 응답하는 사람이 없었으므로, 밤에 우리 집에 있는 팩스로 내가 다소 수정을 가한 국제학술회의 발표논문 요지를 전송하였다.

25 (일) 흐리고 산 위에는 다소 눈

밤 아홉 시 경에 귀가하여 다시 중국 北京의 徐遠和 교수 댁으로 전화를 걸어 보았더니, 이번에는 徐 교수가 바로 받았다. 그동안 설날(春節) 연휴로 고향에 내려갔다가 방금 도착했다는 것이었다. 어제 밤 팩스를 보낸 것과 왕복 비행기 표를 예약해 둔 사실을 전하고, 金侖壽 씨에의 정식 초청장, 그리고 학술회의가 끝난 후의 河南省 시찰 일정표를 보내 줄 것을 요청하였다.

28 (수) 맑음

內山俊彦 교수로부터 내가 보낸 학위논문 일본어 입력 제3차분을 검토하고서 의견을 적어 보낸 편지가 도착하였다.

29 (목) 흐리고 낮 한때 비

劉廣和 교수와 더불어 점심 식사와 산보를 마친 다음, 그의 연구실에 들러 그가 이즈음 연구하고 있는 남명 시 七言絶句의 「贈君浩」 第2句 脚韻으로 사용된 '垂'字가 과연 운에 맞는 것인지에 관한 질문에 대해 의견을 나누었다. 내 연구실로 돌아온 후에 다시 그에게 전화하자 이번에는 그가 내 연구실로 올라왔으므로, 그 부분이 『國語』의 「魯語 上」에서 유래한 것임을 설명해 주었다.

3월

1 (금) 맑음

아침 식사 전에 하동청소년수련마을 바로 옆에 있는 景忠祠에 들어가 보았다. 어제 도착한 직후에도 권오민 교수 및 학생 대표와 함께 한 번 들른 적이 있었는데, 오늘은 혼자라 마음 내키는 대로 천천히 살펴 볼 수가 있었다. 이 사당은 입구에 세워져 있는 崔寅贊 씨가 짓고 鄭直教 씨가 글씨를 쓴 신도비에 의하면 1920년대에 하동 사림에 의해 건립된 것으로서, 이곳은 임란 때 관군으로서 큰 전공을 세운 忠毅公 鄭起龍 장군의 출생지라고 한다. 사당 안에 月田 張遇聖 화백이 그린 초상화가 안치되어 있고, 신축 공사가 진행 중인 기념관 안에는 정기룡 장군에게 내려진 각종 教旨 및 喩旨, 그리고 長劍 및 관복 허리띠와 같은 유품과 문집 목판 등이 진열되어 있었다. 문 안에 철책이 설치되어 있다고는 하나, 아무 지키는 이도 없는 산기슭에 이런 귀중한 물건들을 방치해 두었다가 도난이나 당하지 않을까 염려스러웠다.

2 (토) 맑음

중국 하남성에서 열리는 '中國宋學與東方文明國際學術硏討會' 참가에 필요한 경비 지원을 받기 위해 한국학술재단에 제출할 신청 서류의 작성을 시작했다.

이번 학기 교육대학원과 일반대학원에 각각 한 과목씩을 맡아 출강하게 되는 서울대 철학과의 후배 丁垣在 군이 울산에서 첫 수업을 위해 도착하였으므로, 그와 함께 교수식당에서 점심을 들고 뒷산을 산책하였다.

3 (월) 맑음

서울 강남구 신사동에 사무실이 있는 동방학회라는 곳으로부터 600 페이지의 분량에 달하는 『조선조 성리학자의 인물과 사상』이라는 책을 출판할 예정이라면서 나에게 「曺植의 인물과 사상」이라는 제목의 원고지 130매 분량에 달하는 원고를 청탁하여 왔다. 원고제출기한은 9월 1일까지이며, 오늘 이내로 회답해 달라 하고, 원고료는 우리나라 최고 수준을 보장하며 먼저 지불한다고 하였다. 일단 수락한다는 뜻의 전화 회답은 하였으나, 내 할 일도 바쁘고 돈에 궁색한 것도 아닌데 이런 종류의 계몽적인 글을 무엇 때문에 수락하였나 하는 후회스런 생각도 든다.

국제학술회의 참가지원신청 관계 서류를 구비하여 인문대 서무과에 제출하였고, 오후에 金侖壽 씨가 내 연구실로 방문해 와 중국으로 동행할 뜻을 분명히 하였다.

5 (화) 맑음

중국의 국제학술회의 장소 중 하나인 鄭州로부터 北京으로 돌아오는 기차 편 및 학술회의가 끝난 후 河南省 洛陽과 崇山 小林寺 일대의 관광을 예약하는 대회조직위원회로의 회신을 썼고, 사회과학원 徐遠和 교수에게 보내는 서신의 초고도 썼다.

6 (수) 맑음

학위논문에서 「後記」 부분은 생략하기로 하고, 이미 일부 써 놓았던 이 부분은 緖論의 첫머리로 가져가 '研究의 緣起'로 제목을 바꾸었으며, 緖論을 크게 두 부분으로 나누어, 첫 부분은 '問題의 提起'라 하여 '연구의 연기' '南冥學 衰頹의 原因', 그리고 원래 제1장 제1절로 되어 있었던 부분을 '旣存의 研究와 本稿의 構想'으로 제목을 고쳐 모두 세 단락으로 구성되게 만들었다.

7 (목) 비

동방학회에 전화하여, 지난 3일에 수락한 바 있었던 원고 청탁을 취소한다는 뜻을 전했다. 그 날 내가 수락한 것은 '우리나라 최고 수준 보장'이라고 하는 원고료보다도, 이 분야에서 한국을 대표하는 저명한 학자들로 筆陣이 구성되었다고 하며, 또한 이런 종류의 다소 대중성이 있는 개설서는 꽤 많이 팔릴 것이 예상되므로, 그로 인한 이 분야에 있어서의 내 위치의 확립이라는 점에 마음이 끌렸었던 모양이다. 그러나 학자의 지위라는 것은 실력과 업적에 의해 결정되어야 할 것이지 반드시 글을 팔아 이름을 사는 데 있는 것은 아닐 터이며, 내가 미루어 두고 있는 연구만 하더라도 시간이 부족할 터인데 외부에서 청탁해 온 계몽적인 글에 시간을 들일 만큼 한가한 처지도 아닌 터이다.

종일 논문 작업을 계속하여, 어제 위치를 바꾸어 새로 구성해 둔 緖論 부분을 다시 읽으며 다듬는 작업을 진행했다.

8 (금) 맑고 포근함

학위논문 서론 가운데서 이 논문의 전체적 구성을 설명하는 부분을 입력하고 있다. 오후에 남명학연구원의 김경수 국장이 연구실로 찾아와, 금년 2월 28일자로 간행된 『南冥學研究論叢』 제4집 다섯 부와 거기에 수록된 나의 글 「南冥學關係旣刊文獻目錄」의 별쇄본 25부를 전해 주었으므로, 퇴근할 무렵까지 이 4집에 수록된 글들을 대충 훑어보았다. 이번 호에는 부록으로서 나의 의견에 따라 내가 발굴한 『學記類編』 초간본이 영인 수록되어 있다.

퇴근 무렵에 劉廣和 교수가 내 연구실로 방문하여 『南冥集』의 七言絶句에 실린 「無題」 詩의 押韻 관계에 대해 질문해 왔는데, 그 시의 해석에 대해서는 도와 줄 수가 있었지만, 압운에 관해서는 그가 전공자인지라 무어라고 의견을 말할 수가 없었다. 그는 최근에 간행된 우리대학 인문학연구소의 기관지 『인문학연구』 창간호에도 音韻學에 관한 논문을 한 편 싣고 있다.

9 (토) 맑음

조교를 통해 주문해 두었던 '韓國佛敎全書' 第11·12冊 補遺篇1·2가 도착하였고, 내가 부회장으로 있는 영남철학회의 기관지 『哲學論叢』 제11집(1995)과 이사로 있는 한국공자학회의 기관지 『孔子學』의 창간호(1995.11)가 어제 우송되어 왔으므로, 그 내용을 대충 훑어보았다.

토요일임에도 3월 이후부터의 평일 퇴근 시간인 오후 여섯 시 무렵까지 학교에 남아서 논문 작업을 계속하다가, 오랜만에 夕陽의 산길을 걸어서 귀가하였다. 緖論 제1부의 논문 각 章의 내용에 관한 설명을 끝내고서, 제2부 첫머리의 南冥의 略傳 집필에 들어갔다. 산길에는 아직 매화가 피지 않고, 빨간 꽃망울이 조그맣게 자라나고 있었다.

11 (월) 맑으나 차고 강한 바람

南冥의 略傳 부분의 집필을 계속하였다.

12 (화) 맑음

어제에 이어 남명의 略傳 부분 집필을 계속하고 있다.

어제 도서관장 이원근 교수로부터 연구실로 전화가 걸려왔었는데, 시내에 사는 향토사학자 梧林 金相朝 씨가 소장하고 있던 線裝本 漢籍 2천 몇 백 권이 우리 대학 도서관에 새로 기증되어 들어왔다고 한다. 이 장서들에 관한 정보는 내가 이 관장에게 제공하여 그가 그동안 교섭해 왔었던 것이다.

15 (금) 오전 내내 부슬비

오후에 도서관장 이원근 교수가 전화를 걸어 와, 도서관장실에다 梧林 金相朝 씨로부터 이번에 기증받은 한적들을 갖다 두었으니 한번 와 보라는 것이었으므로, 가서 둘러보았다. 관장실 옆의 부속실 탁자 위에다 진열해 두고 있었는데, 1975년도에 오림이 옛 활자를 사다가 일일이 손수 뽑아서 經史子集의 四部로 분류하여 인쇄해 둔 장서목록 두 책도 있었다. 그 서문에 의하면, 그가 소장한 한적은 모두 2,200책에 좀 미달하는 분량인데, 수서과 직원이 세어 본 결과에 의하면 洋裝 영인본을 제외한 線裝本이 약 2,300책이라고 하는 것을 보면, 이번에는 지난번의 韓冑 선생이 기증한 愚山文庫의 경우와는 달리 소장 도서 전체가 기증된 모양이다. 李 관장이 나더러 한적 구입을 위한 예산을 천만 원 정도 마련하였으니 쓰라고 권유하여 그와 더불어 진주 인근의 주요 소장자들에 관한 대화를 나눈 것이 이러한 문고들을 입수하게 된 계기가 된 것이다. 오림의 경우는 향토사학자답게 남다른 열성과 상당한 정도의 안목을 가지고서 수집하였고, 또한 파손된 책이나 고문서들도 일일이 배접하여 온전한 서적의 형태로 만들어 두는 등 세심하게 정리한 터이라, 내용이나 보관 상태의 면에 있어서도 기왕의 다른 문고들보다 비교적 뛰어난 것이라 할 수 있다.

16 (토) 비

오전 중 어제까지 보던 중국 여행 관계 책들을 계속 읽었고, 오후에는 평소 퇴근 시간까지 연구실에 남아 학위논문의 남명 略傳 부분의 작성을 계속하였다.

18 (월) 맑으나 다소 쌀쌀함

남명의 略傳 작성을 계속하여 퇴근 무렵까지 대충 탈고하였다.

19 (화) 맑음

종일 논문 작업을 계속하여, 어제 작성해 둔 '남명의 생애' 부분을 加筆퇴고하였고, 그동안 수정한 緖論의 내용에 근거하여 목차도 일부 재조정하였다.

20 (수) 맑음

'남명의 생애' 부분의 퇴고를 마치고서, 지금까지의 수정 내용에 근거하여 전체의 목차도 재조정하였다.

본교 경남문화연구소가 발행하는 『경남문화연구』 제17호(1995)가 나왔다. 별책 부록으로서 『茅谿先生日記』가 사학과 정현재 교수의 해제와 더불어 첨부되었다. 이 자료는 居昌 加祚의 龍源書院에 수장되어 있는 필사본으로서, 정현재 교수가 거창박물관에 근무하는 제자로부터 복사본을 입수한 것을 나도 한 부 얻어 보고서, 이 간행물에 영인 부록으로서 수록할 것을 권유하여 이렇게 출판된 것이다.

21 (목) 비

종일 작업하여 학위논문의 수정 보완 작업을 마쳤다. 출력을 하기 위해 2층의 교수 PC실로 가 보았더니, 그 방은 이미 수산대 출신의 두 분 교수들에게 할당되어 있었다. 인문대 행정실 컴퓨터로는 일본어 신명조체가 옳게 쓰시를 않으므로, 할 수 없이 도로 교수 PC실로 들어가, 추위에 벌벌 떨면서 퇴근 무렵까지 행정실 직원과 영문과 조교 등의 도움을 빌어가며 출력 상의 문제점들을 해결하느라고 노력하였다.

퇴근 후 경희대에서 민속학을 전공한다는 주광현 박사라는 이에게서 전화가 걸려왔다. 이즈음 유행하고 있듯이 그가 추진하고 있는 한국민속문화답사회라는 팀이 버스 한두 대를 대절하여 전국 각지를 답사와 관광을 겸해 돌아다니고 있는 모양이다. 4월 13일에서 14일까지는 지리산 동남부 지역으로 오게 되었다면서, 나더러 13일 밤에 자기네가 투숙하게 될 斷俗寺址 앞의 운곡자연농원이라는 곳으로 와서 「지리산 동남부

문화권의 특질」이라는 주제로 남명 이야기 등을 들려 달라는 것이었다. 나 자신이 학위논문 관계로 바쁘기도 하지만, 차도 없고 이런 일이 이젠 싫증이 나기도 하여 웬만하면 다른 사람을 물색해 보라고 권해 보았지만, 우리 아파트까지 차를 보내주겠다고 하면서 와주기를 재삼 당부하므로 강연을 승낙했다.

22 (금) 맑음

점심 때 복사된 학위논문의 새로운 목차 및 緖論과 結語, 「南冥學關係旣刊文獻目錄」, 그리고 새로 나온 『南冥學硏究論叢』 제4집을 內山俊彦·池田秀三 교수에게, 그리고 논문 부분만을 小林淸市 군에게 우송하였다.

24 (일) 흐리고 산 위에는 약간의 눈발

아내와 함께 망진산악회의 지리산 등반에 참가하였다.

진주로 돌아오는 도중에 세조의 동생으로서 錦城大君의 단종 복위 운동에 가담했다가 세조 원년에 이곳으로 귀양 와 수 년 후에 여기서 죽은 漢南君의 유배지인 함양군 휴천면 南湖里 한남동의 새우섬과 신라 헌강왕 때 세워진 사찰로서 조선 성종 때 함양군수로 온 佔畢齋 金宗直의 차 재배 사적 및 濯纓 金馹孫의 「續頭流錄」에 기록된 경유지로서 알려진 엄천사가 있었던 東湖 마을을 지났다.

25 (월) 맑음

논문 작업을 계속하였다. 예전에 2.0판의 명조체로 작성해 두었던 일본어 논문을 3.1판의 신명조체로 고치는 작업이다. 2.0판에서는 일본어 전각 문자의 지원이 되지 않아, 문장 부호를 한국어의 경우처럼 모두 반각으로 처리하고서 그 다음에 반각의 스페이스를 하나씩 넣어 두었던 것인데, 반각의 기호를 전각으로 고치는 것은 바꾸기 기능을 통하여 이미 체득해 두었던 것이지만, 반각의 스페이스를 지우는 작업은 도무지 자신이 없어 문서 하나에 천 개 이상씩 들어 있는 스페이스 지우기를 일일이 手作業으로 처리해 왔었던 것이다. 그러나 지난 토요일에 시험 삼아 바꾸기 기능을 통해 스페이스 지우기를 실행해 보아 멋지게 성공을 거두었으므로, 얼마나 시간과 노력을 절약하게 되었는지 모른다.

26 (화) 맑음

종일 작업하여 제3장 「『山海師友淵源錄』의 編纂」까지를 마쳤다. 컴퓨터의 바꾸기 기능을 이용하니, 그 편리함을 이루 말할 수가 없다. 그러나 그 결과 도표가 깨어지거나, 한글 論著名 등 띄어 써야 할 곳, 차례로 주석 번호를 찾아 가는 매크로 기능이 잘 작동되지 않을 경우 등에는 아직 수작업을 할 수 밖에 없다.

27 (수) 맑음

학위논문의 2.0으로 작성된 일본어를 3.0으로 고치며, 바꾸기 기능을 통해 문장부호 등을 수정하는 작업을 마쳤다.

28 (목) 흐림

학위논문의 내용을 수정하는 작업에 들어갔다. 우선 池田秀三 교수가 내가 우송한 첫 번째 원고에 대해 일본어로서 다소 어색한 점 등을 붉은 펜으로 지적하여, 작년 10월 京都의 立命館大學에서 개최된 일본중국학회에 참가했을 때 나에게 전해 준 것을 토대로 제1장을 수정하는 작업에 들어갔다.

군 복무를 마치고서 복학해 있는 최재성 군을 오후에 내 연구실로 오게 하여, 서가 위에다 여러 해 동안 쌓아 둔 남명학 관계 자료들이 햇볕과 공기에 퇴색하여, 제본한 책들의 표지에다 예전에 김경수 군이 붓글씨로 적어 둔 書名들이 거의 판독하기 어렵게 된 것들도 적지 않으므로, 그 위에다 검은색 油性 매직펜으로 다시 한 번 덮어쓰는 작업을 부탁했다.

29 (금) 흐리고 낮 한때 비

다시 논문 작업에 착수했는데, 매크로 기능에다 한문의 인용 부분을 신명조 고딕체로 하여 강조하는 기능을 작성해 두려고, 매크로의 편집 기능에 들어갔다가, 실수로 @1에다 기억시켜 둔 주석 찾기 기능을 지워 버리고 말았다. 그 기능을 다시 회복시키기 위해 오후 내내 노력해 보았지만, 결국 성공하지 못하였다. 이 기능은 한문학과 출신으로서 현재 교내 출판부에 근무하고 있는 신 군이 만들어 준 것인데, 신 군에게 다시 도움을 청해 보고자 해도, 그가 근자에는 돈이 되지 않는 이러한 부탁은 거의 들어주고 있지 않으므로, 아쉬운 소리를 하기 싫어 아예 전화를 하지 않고서 혼자 해결해 보고자 한 것이다.

30 (토) 흐리고 오후 늦게 개임

토요일임에도 오후 여섯 시 무렵까지 학교에 남아 논문 작업을 계속하였다. 池田秀三 교수가 검토해 준 내용을 참고로 하여 緖論과 제1장까지의 수정을 마쳤다.

오전 중 매크로의 주석 찾기를 회복시키기 위한 노력을 계속하여 보았지만 역시 성공하지 못하였고, 그 대신 @1에서 @10까지 다른 편리한 기능들을 매크로로 배당하여 두었다.

31 (일) 맑음

오전 11시에 남명학연구원의 상임연구위원 모임이 있어 부산교통 사무실까지 걸어갔다가, 나동 부근에 새로 생긴 음식점으로 자리를 옮겨 회의를 하고서 돌아왔다.

4월

1 (월) 맑음

논문 작업을 계속하여, 池田秀三 교수가 검토해 준 제2장까지의 수정을 거의 마쳤다.

중국 鄭州市의 국제학술회의 연락사무 대표자인 李保林 씨로부터 河南省 人民政府 外事辦公室이 발행한 비자 수속을 위한 공문이 도착하였다.

2 (화) 맑음

池田 교수가 보내 준 의견에 따른 수정 작업을 마치고서, 다시 內山俊彦 교수가 편지로 적어 보내 준 의견을 토대로 새로 緖論 부분에 대한 수정 작업부터 착수했다. 특히 실학의 개념 부분에 대해서는 약간의 내용을 보충하느라고 상당한 시간을 소비하였다.

3 (수) 맑으나 쌀쌀함

금년에 전남대학교 철학과를 정년퇴임한 安晋吾 교수로부터 停年紀念自著集 『湖南儒學의 探究』(서울, 以會文化社, 1996)가 부쳐져 왔으므로, 그 서문과 목차 등을 검토해 보고서 안 교수께 감사와 축하의 뜻을 표하는 엽서를 썼다.

지난번 경희대의 주광현 교수로부터 한국민속문화답사회의 방문과 관련하여 「지리산 동남부 문화권의 특질」이라는 주제로 강연을 해 달라는 요청을 받고서 사양하나 마지못해 일단 승낙했었다. 오늘 서울로부터 그 일의 실무 책임자인 듯한 어떤 여성에게서 전화 연락이 와서 예정된 날짜가 다소 늦추어 질 듯하다고 하므로, 다시 한 번 다른 사람을 물색해 줄 것을 당부하였다.

4 (목) 맑음

논문 작업을 계속하였는데, 內山 교수의 서신 내용에 입각하여 緖論을 수정 보완하는 단계에 아직도 머물러 있다.

5 (금) 맑음

틈틈이 논문 작업을 계속하여, 제1장까지의 작업을 대충 마쳤다. 內山 교수의 편지에는 다만 일본어 표현상의 문제에 그치는 것이 아니라, 내용을 보다 이해하기 쉽도록 설명하거나 도표 같은 것을 요구한 부분들이 있어, 池田 교수의 경우보다는 시간이 더 걸린다.

6 (토) 흐리고 오후에 부슬비

오전 중 논문 작업을 계속하여 제1장의 말미에 『栗谷全書』 가운데서 「經筵日記」에 보이는 來庵에 관한 기록들에 대한 주석 하나를 더 첨가하였다.

최재성 군 등이 내 연구실로 와서, 서가 위에 쌓여 있는 남명학 관계 자료들에 書名을 새로 덮어 적는 작업을 마쳤다.

9 (화) 흐림

논문 작업을 계속하였다. 內山俊彦 교수로부터 3월에 부친 내 논문을 읽고서 소감과 수정할 곳을 적은 편지가 도착하였다. 緖論은 이번에 수정하여 보낸 것으로 되었는데, 「結語」 부분은 논문 전체의 내용을 총괄·요약한 형태로 따로 하나 집필하고, 현재의 것은 「餘論」 혹은 「補論」의 형태로 그 다음에 첨부하는 것이 좋겠다는 의견이었다. 아직 본문의 수정 작업도 다 마치지 못했는데, 이러한 의견을 모두 수용하자면, 앞으로 새로 집필해야 할 부분으로서 「結語」 附表1·2, 「要旨」 및 기타 서류들이 남아 있어, 다음 달 초에 중국에서 열리는 국제학술회의에는 참가하기가 어려워질 듯하다.

10 (수) 흐림

논문 작업을 계속하여, 어제 內山 교수가 보내 온 의견에 의거하여 緖

論 및 結語와 參考文獻 부분에 관한 수정 작업을 마쳤다.

12 (금) 맑음

논문 작업을 계속하여, 제2장에 대한 수정을 거의 마쳤다.

13 (토) 맑음

오후 여섯 시까지 학교에 남아 작업을 계속하여, 학위논문 제5장까지의 퇴고를 마쳤다. 內山俊彦 교수의 편지에 적힌 助言 내용을 보니, 내 논문을 꽤 꼼꼼히 읽고 있음을 알 수가 있었다.

15 (월) 맑음

향토사학자 梧林 金相朝 씨가 보내 온 그의 編著『地理山 靑鶴洞記—韓國人의 理想鄕 靑鶴洞을 찾아서』(晋州, 金湖出版社, 1996) 및『씨ᄋᆞᆯ마당』아홉째 호 (서울, 씨ᄋᆞᆯ함석헌선생 기념사업회, 1996.4) 함석헌선생 7주기 추모 특집을 읽었다.

창원 시민을 대상으로 하는 창원대 부설 평생교육원의 창원문화학과를 맡아 있는 창원대 사학과의 담당자로부터 전화가 걸려 와, 5월 7일에서 7월 25일까지의 사이에 매주 화·목요일 오후에 두 시간씩 12주간에 걸쳐 개설되는 강좌 중 나에게「조선조 사림의 맥과 자취」및「경남지역의 서원」이라는 주제로 두 차례에 걸쳐 각각 두 시간 정도씩의 강의를 맡아 달라는 전화 위촉이 왔지만 사절하였다. 차도 없는데 거기까지 나가는 날은 거의 하루씩을 꼬박 소모해야 할 것이기 때문이다. 일요일이나 휴일에는 쉬지만, 평일에는 출근 시간에서 퇴근 시간까지 강의와 연구에만 전념하고 싶은 것이다.

16 (화) 맑음

아침에 사학과의 정현재 교수 연구실에서『鶴峯의 學問과 救國活動』(서울, 鶴峯金先生紀念事業會, 1993) 및『茅谿先生日記』의 원본을 빌려와 검토하였다.

논문 제6장의 퇴고를 끝으로 퇴고 작업은 일단 모두 마쳤다.

17 (수) 부슬비 내린 후 흐림

간밤에 내가 인문대의 회식에 참가해 있는 동안, 중국 여행 관계로 서울에서 여행사 직원으로 부터 전화가 걸려 왔었다면서 아내가 메모를 남겨 두었기에, 점심 식사를 마친 후 동덕여대의 趙駿河 교수 및 어제 전화를 걸어 온 쌍방울여행사의 조덕호 씨와 통화를 하였고, 여행사 측의 요구에 따라 내 여권 앞면을 복사하여 팩스로 전송하였다. 조 교수의 설명에 의하면, 여행사 측에 위촉하여 단체 비자를 얻을 것이라고 한다. 서울에서는 현재 나와 김윤수 씨를 포함하여 30명이 함께 가고 그 중 13명이 발표를 하는 것으로 되어 있으며, 그 외에도 중국 측이 한국의 여러 학회로 연락하여, 지방을 포함한 열 개 정도의 학회에서 20~30명 정도의 학자가 더 참가할 예정이며, 발표 논문은 중국어로 제출하되 자국어로 발표해도 무방하다는 것이었다. 중국 사람을 포함하여 약 200~300명 정도의 학자가 참가할 것으로 예상된다고 하는데, 조 교수의 말대로라면 그 중에서 한국 학자만 해도 이미 50~60명에 달하게 되는 셈이다.

內山 교수의 의견에 따라, 이미 작성해 둔 結語는 補論으로 돌리고, 제6장의 다음, 補論의 앞에 전체 논문의 내용을 총괄 요약하는 결어를 새로 하나 집필하기 시작했다.

본교 남명학연구소에서 발간하는『南冥學硏究』第5輯이 배부되어 왔으므로 그 내용을 훑어보았다. 그 중 한문학과 H 교수가 번역한 北京師範大 고적연구소의 朱瑞平 교수가 쓴「南冥의 治學方法」이라는 논문을 대충 읽어 보았다.

18 (목) 맑음

『남명학연구』제5집 및 남명학연구소로부터 빌려 온『大笑軒先生事蹟集』(山淸, 梧山齋, 1979·1894)에 실린 내용을 토대로「南冥學關係既刊文獻

目錄」 한글판과 일어판의 내용을 보충하였고, 학위논문 結語 부분의 작성을 계속하였다.

19 (금) 맑음

南冥學硏究所로부터 郭忘憂堂紀念事業會가 발간하는 논문집 제3집을 빌려 와, 거기에 수록된 논문들 및 그 논문들에 참고문헌으로서 소개된 것들 중 남명학과 관계있는 것을 골라 「南冥學關係旣刊文獻目錄」을 보완하는 작업 및 학위논문 결론 부분의 집필을 계속했다.

점심 때 內山俊彦 및 池田秀三 교수에게 어제 입수된 『南冥學硏究』 제5집 및 季刊 『南冥院報』의 창간호를 우송했다. 劉廣和 교수와 더불어 식사 후 뒷산을 산책하면서 대화를 나누던 중에, 劉 교수의 충고에 따라 아쉽지만 이번 5월 초순에 중국 河南省에서 있을 국제학술회의에는 참가를 포기하고, 학위논문 작성에만 심혈을 기울이기로 거의 마음을 굳혔다.

20 (토) 흐리고 오후 한때 강한 바람

「南冥學關係旣刊文獻目錄」의 보완 작업을 마치고서, 전체 논문을 처음부터 훑어가면서 그 가운데서 중요 인물들의 姓名·字·號·生卒年을 적어 둔 부분들을 블록으로 복사해 와 附表1 「本稿所載重要人物」의 작성 작업을 시작하였다.

24 (수) 맑음

서울의 쌍방울여행사로부터 중국 여행의 스케줄을 팩스로 받았다. 사흘간의 北京 체재 기간 동안의 스케줄에는 신선한 요소가 거의 없어, 참가하지 않기로 마음을 굳히고서 시내의 한국관광여행사로 전화하여 서울 및 북경 행 왕복 항공권을 예약해 두었던 것을 취소하였다.

25 (목) 맑음

아침 출근 전에 중국 사회과학원의 徐遠和 교수에게 전화하여 5월초의 국제학술회의에는 참석할 수 없겠다는 뜻을 전했다. 같이 가기로 되어 있던 金侖壽 씨 편에 내 논문을 중국어로 번역해 준 周月琴 여사에게 전할 감사의 예물을 보내기 위해 점심 때 구내매점에 들러 화장품 세트를 하나 샀다.

논문 작업을 계속하여, 附表2「江右學派의 系統」 중 南冥從遊人과 南冥門人 부분의 입력을 마쳤다.

26 (금) 맑음

한문학과의 김윤수 강사 편에 周月琴 여사에게 전달할 선물을 맡겼고, 퇴근 후에는 서울의 쌍방울여행사로 전화하여, 내가 이번에 개인 사정으로 중국 여행에 동참할 수 없게 되었다는 뜻을 전했다.

附表2「江右學派의 系統」 가운데서, 來庵과 寒岡의 문인들에 관한 항목을 정리했다.

27 (토) 맑음

저녁 여섯 시 무렵까지 연구실에 남아 학위논문 작업을 계속하여, 附表1·2의 작성을 마쳤다.

29 (월) 비

지난 토요일에 작성한 附表들에 다소 수정을 가하였고, 기왕에 작성해 둔「結語」의 緒論 부분 내용에도 수정을 가하여, 서론 부분까지는 대충 마쳐 두었다.

오전 중 서울의 쌍방울여행사로 전화하여 다시 중국 여행에 참가할 뜻을 전했고, 한국관광여행사 진주지점으로도 전화하여 北京까지의 연결 편으로 진주/서울 간의 국내선 왕복 항공권을 예약하였다. 그리고 劉廣和 교수와 더불어 점심을 들고 난 후, 농대 실험농장 쪽으로 산책하여 대학본부 건물 2층에 있는 신용조합에 들러 출자금 중에서 90만 원을 찾아, 그 건물 1층에 있는 농협은행에 가서 쌍방울개발의 지정된 구좌로 참가비 815,000원을 송금하였고, 나머지는 내일 배달해 올 항공권 대금으로서 준비해 두었다. 이로써 중국 河南省에서 열리는 국제학술회의 참가 문제와 관련된 나의 오랜 망설임은 마침내 최종적인 결론에 도달한 셈이다.

내가 지난 주말에 참가하지 않기로 결정을 내리게 된 것은, 무엇보다도 늦어도 5월 말까지는 제출되어야 할 학위논문이 아직 완성되지 못하여, 중국에 가더라도 불안한 마음을 금할 수 없게 된 점에 으뜸가는 이유가 있는 것이지만, 劉 교수와 아내가 여러 차례 만류한 점도 중요하게 작용한 것이었다. 劉 교수의 말로는 앞으로도 중국에서 열리는 국제학술회의에 참가할 기회는 얼마든지 있을 것이니 지금은 학위논문 준비에 전력을 쏟는 것이 좋겠다는 것이었다. 그런데 이번 초청의 경우, 나로서는 이미 발표 논문과 그 요지까지 번역해서 중국으로 제출해 두고 있어 만반의 준비가 되어 있는 상태이다. 중국 여행은 돈과 시간만 있으면 언제라도 할 수 있겠지만, 中華 문명의 요람인 中原, 즉 河南省에 위치한 유서 깊은 古都인 洛陽, 그리고 五嶽의 하나이자 중국 禪佛教의 발상지라고도 할 수 있는 崇山과,『論語』衛靈公篇의 무대가 되어 孔子 및 子路의 故事가 얽혀 있는 春秋時代의 衛나라 수도 濮陽과『孟子』梁惠王篇의 무대가 된 戰國時代의 魏나라 및 北宋의 수도 開封, 殷의 마지막 수도이자 甲骨學의 출발점이 된 殷墟, 殷의 古都이자 黃河의 장관을 구경하기에 최적의 장소라고 하는 省都 鄭州市 등을 한꺼번에 두루 방문하게 될 기회란 몇 년 후에나 다시 올 것인지 예측할 수가 없기 때문에, 이 좋은 기회를 놓치기란 실로 너무 아쉬웠던 것이다.

30 (화) 비

종일 논문 작업을 계속하여, 제1장 부분을 마치고 제2장의 요약에 들어갔다. 컴퓨터의 창 기능을 이용하여, 전체 논문의 내용을 다시 한 번 대충 검토하면서 부분적인 수정을 가하고, 그 중에서 핵심적인 부분은 블록으로 지정하여 복사해 와서「結語」전체의 틀에 맞추어 재편집하는 과정이다. 컴퓨터의 위력을 다시 한 번 느끼게 되는 대목이다.

인문대 행정실 직원이 지난번 한국고등교육재단인가에 제출했던 국제학술회의 논문발표 여비지원 신청 당시의 서류에 근거하여 나의 해외 출장신청서를 대신 작성해 주고 있다. 지난번의 여비지원 신청은 소득이 없었지만, 그런 경우 학교 당국에서 한국에서 발표지까지의 편도 요금을 지원해 준다고 한다.

5월

1 (수) 흐리고 오후에 개임

종일 학위논문 작업을 계속하여, 「結語」 중 제2장까지의 요약을 마쳤다.

2 (목) 맑음

어제 하던 작업을 계속하였다. 제3장의 요약 작업을 다 마치지는 못하였는데, 약속에 따라 오후 다섯 시 무렵에 남명학연구원의 김경수 사무국장과 이 연구원의 인쇄 업무를 도맡아 있는 철학과 전 조교 박라권 군이 방문하여 왔다. 그들에게 학위논문과 관련하여 지금까지 작업한 모든 내용을 플로피 디스켓에다 복사해 주고서, 내가 중국에서 돌아올 때까지 인쇄 및 교정 작업을 대충 마쳐 둘 것을 당부하였다.

퇴근 시간에 국민윤리교육과의 손병욱 교수와 함께 촉석아파트의 劉廣和 교수 댁으로 가서, 劉 교수가 손수 마련한 요리로 함께 저녁을 들고 소주 두 병을 비웠다. 내가 통역을 하였고, 소주 두 병도 거의 나 혼자서 비운 셈이다. 이로써 나는 이미 여섯 번이나 劉 교수 댁에 저녁 식사 초대를 받아 간 셈이 된다.

3 (금) 흐림

중국의 국제학술회의에 참가하기 위해 평소의 출근 시간보다 다소 이른 여덟 시 무렵에 집을 나섰다. 마침 아파트 앞에서 본교의 예비군 및 민방위 관계 책임자인 奇 선생을 만나, 그의 차로 공항까지 편안히 갈 수가 있었다. 공항에서 金侖壽 씨를 우연히 만나, 그와 함께 9시 20분 발 대한항공으로 진주를 출발하여 서울로 향했고, 김포공항 제2청사에서 서울에서 출발하는 일행과 합류하였다. 조준하 씨로부터 처음 들었던 숫자보다는 꽤 적어 우리 두 사람까지를 포함하여 모두 23명이었다. 동덕여대의 趙駿河 교수가 인솔단장인 셈이고, 그 외에 원광대의 劉明鐘 교수와 그의 국민학교 동기동창인 부인네 여섯 명, 한국체육대학의 金益洙 교수, 서울대 철학과의 恩師인 李楠永 교수와 서울대 철학과 선배인 한양대의 李貞馥 교수, 후배인 건국대의 鄭相峰 교수, 서울대 음대 출신인 清州大의 鄭花順 교수, 동국대 慶州分校의 金弼洙·裵相賢 교수, 성신여대의 沈佑燮 교수, 연세대 柳仁熙 교수 부부 및 유 교수의 친구 두 명이었다.

CZ3176 편으로 19시 30분에 北京을 출발하여, 20시 30분에 鄭州市에 도착하였고, 현지 가이드인 洛陽外國語大學 東語系 주임이자 朝鮮語 전공의 교수인 李國章 씨 및 조선어 전공 부주임인 單體瑞 부교수의 마중을 받아, 三星級인 國際飯店 508호실에 김윤수 씨와 함께 투숙하였다. 이후의 전체 일정을 통하여, 나는 계속 동행인 김윤수 씨와 더불어 2인 1실의 같은 방에 배정되었다.

6 (월) 황사 현상

7시 30분에 조반을 들고서, 우리 이외의 국제학술회의에 참여한 전체 학자들과 더불어 어제 이용한 바 있는 開洛高速道路를 경유하여 鄭州에서 開封市로 향했다. 점심을 마친 후, 開封黃河大橋를 건너서 북쪽으로 네 시간 정도를 이동하여 학술회의 장소인 濮陽市로 향했다.

濮陽賓館 212호실로 배정되어, 뷔페식의 저녁 식사를 마친 후, 周月琴 씨와 더불어 새벽 한 시 무렵까지 내 논문의 번역이 잘못된 곳을 수정하는 작업을 계속하였다. 周 여사는 생각 밖으로 젊고, 中國社會科學院 研究生院에 소속되어 있는 사람이었다. 人民大學에서 張立文 교수의 지도로 학업을 마친 후, 바로 黨에 의해 사회과학원으로 배속되어 오늘에 이르고 있다고 하며, 徐遠和 씨가 주임으로 있는 東方哲學研究室에 소속되어, 중국사회과학원 내에서 한국철학을 연구하는 사람으로서는 유일한 존재라고 한다. 작년에 연세대 한국어학당에 와서 반 년 정도 공부한 적이 있다고 하며, 금년 10월경에 다시 한국으로 와 연구를 계속할 것이라고 한다. 내 논문은 『경남문화연구』에 실린 「남명학 연구의 의의」를 번역한 것인데, 아직 한국어가 서툴러서 誤譯투성이였다.

7 (화) 맑으나 황사 현상

오전 중 濮陽賓館의 식당 건물 2층 회의실에서 개막식 및 대회 학술보고가 있었다. 濮陽市長 및 부시장 등이 환영사를 하고, 北京大學의 朱伯昆, 한국의 趙駿河, 臺灣文化大學의 哲學研究所長 李杜, 香港 中文大學의 王煜 교수 등이 학술보고를 행하였다. 학술보고 도중 演壇 가까운 곳에 위치한 上席에 나가 있던 한국의 유명종 교수가 몇 차례에 걸쳐 中原宋學研究會長인 石訓 씨 및 이번 학술회의의 참가 학자 중 가장 거물급 인사라고 할 수 있는 北京大學 朱伯昆 교수의 의견에 대해 신랄하게 비판하는 발언을 하여 좌중을 놀라게 하였고, 혼자서 따로 참석한 啓明大의 林樹茂 교수도 발언을 하였다. 개막식에서의 보고에 의하면, 이번 학술회의의 참가자는 모두 90명이며, 그 구체적 내역은 중국 61명, 대만 4명, 홍콩 1명, 한국 24명이라고 한다. 중국 측에서는 朱伯昆 교수 외에도 평소에 그 이름을 익히 들어 왔던 人民大學의 葛榮晉 교수 내외와 清華大學의 羊滌生 교수, 伊川의 29代孫으로서 鄭州에 살고 있는 程德祥 씨 등이 참가하였으며, 발표 논문은 73편에 달한다고 한다.

밤에는 濮陽賓館 연회장에서 환영 만찬이 있었다. 밤에 나의 통역으로 한국의 학자들과 伊川 후손인 程德祥 씨와의 대화가 있었다.

8 (수) 맑으나 黃沙

시내 시찰을 마친 후, 중국 측 참가자들은 호텔로 돌아가 회의를 계속하고, 우리 일행 및 臺灣·홍콩에서 온 사람들은 濮陽에서 서쪽을 향해 버스로 두 시간 정도의 거리에 있는 安陽으로 가서 殷墟를 참관하였다. 박물관 및 발굴 후 다시 복개한 유적들과 武丁 妻의 묘 등을 둘러보고서 돌아왔다.

저녁 식사 후, 세 개의 분회로 나뉘어 학술 보고회가 진행되었는데, 나는 濮陽賓館 3층에서 진행된 제2 분회에 참가하여 두 번째로 발표하였다. 이로써 대회의 학술 발표 일정은 일단 마친 샘이다. 오늘 아침 ≪濮陽日報≫ 1면에 어제의 개막식에 관한 기사가 사진과 함께 크게 다루어졌다.

14 (화) 맑음

오전 중 程伊川의 29世孫 德祥 씨로부터 작별의 선물로 받아 온 『二程全書』 線裝本 한 권을 연구실에 있는 影印 洋裝本과 대조해 보았다. 淸 나라 同治年間에 간행된 판본을 발췌하여 제본한 것임을 알 수가 있었다.

점심 때 우체국에 들러 중국에서의 학술회의 발표 논문 提要集 및 「濮陽日報」의 기사를 복사하여 內山俊彦 교수에게 우송하였다. 저녁 무렵 金敬洙 군이 내가 중국으로 가기 전에 맡겨 둔 학위논문의 교정쇄를 가져왔으므로, 제6장까지 대충 한 번 검토해 보았다.

15 (수) 맑음

池田秀三 교수에게도 이번 국제학술회의 『論文提要』와 『南冥院報』를 우송하였고, 오후에는 학위 논문 「結語」의 제3·4장 부분에 대한 집필을 계속하였다.

16 (목) 무더위

어제에 이어 「結語」 제5장까지의 작업을 일단 마쳤다. 내가 훈글 3.0으로 작업하여 넘겨준 디스켓을 가지고서, 박라권·김경수 군 등이 2.* 버전으로 전환하여 출판을 위한 기초 작업을 끝내 놓았는데, 내가 중국으로부터 돌아온 후 도로 3.0 버전으로 요약을 하면서 기왕에 입력해 둔 각 장의 내용을 일부 수정한 부분도 있으므로, 이러한 것들이 반영되기 위해서는 기왕에 그들이 작업해 놓은 것들이 모두 허사가 되거나 않을지 염려스럽다.

17 (금) 맑으나 무더움

東亞大學校 石堂傳統文化硏究院으로부터 내가 전화로 부탁했던 『石堂論叢』 제21집(1995)이 우송되어 왔으므로, 그 안에 실린 劉明鍾 교수의 논문 「南冥 曺植先生의 哲學思想」 및 柳鐸一 교수의 논문 「眉叟 許穆의 著述刊行 攷」를 검토해 보았다.

18 (토) 맑음

오후 여섯 시 무렵까지 작업하여 「結語」의 작성을 끝내고서, 그 중 제4장까지의 부분에 대한 내용을 퇴고하였다.

20 (월) 오전에 빗방울 듯은 후 오후에는 개임

학위논문의 결론 부분을 탈고하여, 오후에 내 연구실로 방문해 온 김경수 군에게 전달했다. 이로써 전체 논문의 인쇄를 위한 준비를 일단 마친 셈이다. 劉明鐘 교수가 『石堂論叢』 제21집에 실린 당신의 논문 「南冥 曺植先生의 哲學思想」 별쇄 세 부를 부쳐 왔으므로, 그 중 한 부를 김경수 군을 통해 남명학연구원에 전달했다. 김 군이 5월 15일자로 발간된 『南冥院報』 제2호를 가져왔으므로 한 번 훑어보았는데, 나의 중국 학술대회 참가에 관한 기사도 다소 부정확한 형태로지만 실려 있었다.

21 (화) 간밤에 천둥이 요란했으나 낮에는 개임

오후에 학위논문의 主論文要旨 작성에 착수하였다. 늘 이용하는 한국관광여행사에다 연락하여, 5월 30일 오전 11시 50분 부산 발 12시 25분 大阪 착 및 6월 1일 오후 2시 20분 大阪 발 3시 45분 부산 착 대한항공편을 예약하였다. 퇴근 후 국제전화를 걸어 京都에 갈 때면 늘 이용하는

京都大學 옆 百萬遍의 內外學生센터에 30~31일의 숙박을 예약하였으며, 밤 아홉 시부터 한 시간 남짓 內山俊彦 교수와 통화하여, 학위논문 및 제출 서류 등에 관련된 일들을 사전에 상의하였다. 심사위원 세 명 중에 중국철학사 연구실의 차기 주임교수 내정자인 池田秀三 교수도 참가할 것이라고 한다.

서울대 철학과에서 간행하는『哲學論究』제13집(1995)이 부쳐져 왔는데, 부록의 '논문제출 자격시험 필독서 목록' 동양철학 분야 석·박사 공통 영역에 열거된 일곱 종의 서적 중에 내가 번역한 가노 나오키의『中國哲學史』가 포함되어 있었다.

22 (수) 맑음

김경수 군과 통화하여 박사논문의 인쇄 제본에 관한 건을 상의하였다. 京都大學에서 규정한 A3용지를 절반으로 접은, 말하자면 A4용지의 규격은 국내의 일반 학위논문의 용지 규격보다 다소 큰 것이기 때문에 부산에다 특별 주문해야 하는 것이라고 한다. 조옥환 부산교통 사장이 나에게 학위논문 연구비 100만 원을 지원하겠다고 한다 하므로, 그것을 논문 인쇄비의 일부로서 일단 박라권 군에게 전달하도록 조처했다.

23 (목) 맑음

오후에는 학위논문의 要旨 작성을 계속하여 일단 마쳤다. 김경수 군과 몇 차례 통화하였는데, 내가 渡日할 일정에 맞추기 위해, 진주에서 인쇄소를 경영하고 있는 철학과 졸업생 박라권 군이 하드커버 관계로 직접 부산으로 가서 내 논문의 인쇄 및 제본 작업을 지켜보고 있으며, 며칠 후 완성된 논문을 가지고서 돌아올 예정이라고 한다.

25 (토) 맑음

학위논문 요지의 퇴고를 마쳤다.

27 (월) 흐리다가 오후에 개임

학위논문 구비서류 중의 하나인 논문목록의 작성을 대강 마쳤다.

28 (화) 맑음

이력서의 작성을 마치고서, 오후에 철학과 학생 최재성 군을 통해 인쇄소에 나가 있는 김경수 군에게 그동안 작성한 학위논문의 요지, 논문목록, 이력서의 디스켓을 전달하여, 제출할 수 있는 형태로 내일까지 인쇄·제본하여 오게 했다.

오후에는 京都大學 文學部 第二敎務掛長인 村田弘夫 씨에게 논문목록과 이력서를 팩스로 우송하여 수정할 곳이 없는지 체크하여 주도록 부탁했고, 팩스를 보내기 전과 그로부터 팩스가 도착한 직후에 각각 한 번씩 그와 전화 통화를 하였다.

29 (수) 흐리고 아침 한때 부슬비

오후 세 시 남짓 되어 김경수 군이 인쇄·제본된 나의 학위논문 일부와 제출서류인 이력서 및 논문목록을 출력하여 왔는데, 일본어 신명조체에 의한 인쇄 상태가 만족스럽지 못하여, 도로 가져가서 그냥 명조체로 출력하게 하였다. 퇴근 직후에 김경수 군과 박라권 군이 새로 인쇄한 서류들과 논문의 나머지를 집으로 운반하여 왔다. 논문은 하드커버 50부와 페이퍼바운드 150부로 제본하였다고 하며, A4용지 총 253페이지에 달하는 분량이었다. 30부 정도는 남명학연구원에 보관해 두고서, 연구위원 및 이 연구원의 기관지에 논문을 발표한 적이 있는 해외의 학자들에게 발송할 예정이라고 한다.

밤에 京都大學 中國哲學史 연구실의 차기 주임교수 내정자이며 내 논문의 심사위원 중 한 사람인 池田秀三 조교수가 집으로 전화를 걸어와 한동안 통화하였다. 번번이 내 논문 초고 부분 및 남명학 관계 기타 간행물들을 우송해 받고서 답장 등을 써 보내고자 했지만 다망하여 그렇게 하지 못해 미안하다고 하면서, 내 논문은 기대했던 수준을 훨씬 넘는 것이라는데 대해 內山俊彦 교수와 더불어 의견을 같이 하고 있는 바이니, 통과 여부에 대해서는 안심해도 좋다는 말이었다.

30 (목) 흐림

평소 출근 시간에 집을 나서, 김해공항에서 오전 11시 50분 대한항공편으로 이륙하여, 12시 25분에 關西新空港에 당도하였다. 고속 열차 히카리로 갈아타고서, 오후 네 시 무렵에 숙소로 예약해 둔 京都市 左京區의 世稱 百萬遍에 있는 재단법인 內外學生센터에 당도하였다.

3층 2호실에다 짐을 풀고서, 內山俊彦 교수와 내일 낮 12시 10분에 內山 교수 연구실에서 만나기로 약속하였고, 池田秀三 교수 댁에 두 번 연락하여 보았으나 모두 부재중이므로, 京都大 構內의 中央食堂으로 가서 저녁을 든 다음 朋友書店을 거쳐 돌아와서, 다시 서울대 철학과 후배로서 京都大 中國哲學史 연구실에 유학 와 있는 李惠京 양과 연락해 보았다. 밤 여덟 시 무렵 내 숙소까지 자전거를 몰고서 방문해 온 이 양과 더불어 百萬遍 사거리 부근에 있는 맥주 집으로 가서 생맥주를 마시다가, 아홉 시 반 무렵에 돌아왔는데, 때마침 池田 교수로부터 내게 전화가 걸려와 있어 통화할 수가 있었다. 내일 內山 교수 연구실에서 같이 만나기로 했다.

31 (금) 밝음

오전 중 山口市의 자택에 있는 小林清市 군과 통화해 보았다. 小林 군은 내 원고를 읽고서 일본어 등 수정할 곳을 표시해 연락해 주기로 하고서는 결국 오늘에 이르기까지 한 번도 도와주지 않았다.

약속 시간에 맞추어 內山俊彦 교수의 연구실로 가, 작년 10월 이후 오랜만에 다시 內山 교수와 池田 조교수를 만났다. 內山 교수와 둘이서 東一條의 日佛文化會館 부근에 있는 레스토랑으로 가서 양식으로 점심을 들고, 도로 건너 쪽의 京都大 구내로 다시 돌아와, 內山 교수와 함께 文學部 사무실로 가서 第二教務掛長 村上弘夫 씨를 만나 한국에서 준비해 온 서류 및 논문들을 제출하고서, 논문박사 심사료 5만 엔을 납부하고 학위신청서를 그 자리에서 작성·제출하였다. 이로서 이번의 訪日 목적은 일단 마친 셈이 되었다.

內山 교수 연구실로 돌아와 얼마간 시간을 보내다가 留學生掛로 가서, 내가 이 대학에 있던 시절부터 이 부서에서 근무하고 있었던 大橋 양을 만나 京都大의 學位服 등에 대해 문의해 보았다. 內山 교수와 함께 오후 다섯 시에 池田 조교수 연구실로 가서 얼마간 함께 차를 마시며 대화를 나누다가 內山 교수는 돌아갔다. 얼마 후 末岡 助手가 나타나 셋이서 함께 대화를 나누었으며, 末岡 助手는 자기 차로 나를 숙소까지 데려다 주었으므로, 끌고 갔던 가방을 방으로 옮겨다 놓은 다음, 그 부근 第一勸業銀行 앞에서 다시 池田 조교수를 만나고 末岡 씨와는 거기서 헤어졌다. 차기 주임교수인 池田 씨와 함께 근처의 스낵으로 가서 맥주를 마시며 대화를 나누다가, 아홉 시 남짓에 숙소로 돌아왔다. 어제 이 양과의 저녁술은 선배인 내가 샀고, 오늘 점심과 저녁은 內山·池田 교수의 대접을 받은 셈인데, 학위 논문을 심사 받을 사람이 심사할 교수를 대접하는 한국의 관례와는 대조적인 셈이다.

京都大 中國哲學史 연구실에서는 적어도 湯川幸孫 교수가 주임을 맡아 있던 시절 이래로 수십 년 동안 한 번도 학위논문을 접수한 적이 없었다가, 금년 초에 吳震이라는 중국의 유학생 한 명이 과정박사로서 王陽明에 관한 주제로 학위를 받았고, 논문박사로서는 내가 처음이라고 한다. 내 논문의 심사위원으로서는 內山·池田 교수 이외에 동양사연구실의 夫馬進 조교수가 참여할 예정이라고 한다. 主審인 內山 교수의 말에 의하면, 12월경에 試問이 있고, 1~2월경에 문학부 교수회의에서 內山 교수가 심사보고서를 낭독하여 전체 정교수들의 투표에 의해 결정되는 것이므로 투표 결과 여하에 따라서는 통과되지 않을 수도 있는 법이라고 한다. 그러나 池田 조교수의 설명에 의하면 통과되지 않을 논문이라면 주임교수가 애당초 수리를 하지 않는 법이라며, 내 논문의 통과는 거의 100% 확실하다고 한다.

6월

1 (토) 맑음

京都大 중앙식당에서 오전 열 시 경 늦은 조반을 들고서, 일본 도착 첫날 오후에 이어 두 번째로 朋友書店으로 가서 留學시절부터 서로 아는 사이인 이 서점의 주인 土江澄男 씨를 만나, 내 학위 논문의 출판 가능성에 관한 상의를 해 보고자 했지만 오늘도 부재중이라, 그 아들인 洋宇 씨에게 나의 논문 한 부와 명함을 전해 두고서, 한 번 검토해 본 후 한국으로 연락해 줄 것을 당부했다.

關西新空港에서 오후 2시 20분발 대한항공을 타고서, 3시 45분에 부산 김해공항에 도착하였고, 시내버스로 사상 시외버스터미널 부근 덕포 정거장에서 내려 더블로 여름 양복 한 벌을 구입한 후 진주로 돌아왔다.

2 (일) 맑음

본교 철학과 및 일반대학원 철학과 석사과정을 졸업한 후 박라권 군이 하고 있는 대명인쇄소의 컴퓨터 출판 작업을 돕고 있는 안명진 군, 병역을 마치고서 복학한 후 철학과 3학년에 재학하고 있으면서 이번의 논문 인쇄를 비롯하여 여러 모로 나의 일을 도와주고 있는 최재성 군과 더불어 지리산 등반을 다녀왔다.

3 (월) 맑음

김경수 군과 통화하여, 내 학위논문을 국내외의 각처로 발송하는 작업은 김 군이 맡아 주기로 합의하였다. 오후에 朋友書店의 주인 土江澄男 씨로부터 팩스가 도착하였는데, 이 서점에서 내 논문의 출판을 맡아 주기는 곤란하다는 내용이었다.

5 (수) 맑음

퇴근 무렵에 내년 9월부터 1년간 가족을 대동하여 미국 하버드대학의

燕京學社로 가서 연구하기 위한 연구년(안식년) 신청 서류를 작성하였다. 아내는 어제 이미 의과대학에서 연구년 허가를 얻었으므로, 나도 같은 시기에 얻지 않으면 곤란한 터이라, 학장인 강신웅 교수에게도 그러한 의사를 알려두었다.

7 (금) 비

내년 9월부터 1년간의 연구년 신청서류를 제출하였으며, 오늘 본교 철학과에 우송된 풀브라이트 장학금 및 연구 지원금 신청 안내 팸플릿의 내용도 검토해 보았다. 내 여권과 사진 한 장, 그리고 10만 원짜리 수표 두 장을 권호종 교수를 통해 중문과 학생들에게 전달하여, 이 달 25일부터 시작될 중문과 학생들의 중국 어학연수 여행에 동행하기 위한 비자 신청을 시작하고, 아울러 전세 버스로 진주를 출발하여 인천에서 배를 타고 山東省 靑島에 내려 열차 편으로 武漢에 이르기까지의 여비도 지불하였다.

8 (토) 흐림

영남철학회의 이사회가 있는 날이라, 오전 10시 반 우등고속 편으로 대구에 갔다. 동대구 터미널에서 택시로 갈아타고서, 회의 시간인 오후 한 시 정각 무렵에 범어로타리의 동양투자신탁 옆에 있는 고향집칼국수 2층에 도착하였다. 나는 부회장이라고는 하지만 이 학회에 처음으로 참석해 보는데, 이사 20명 중에서 15명이 참석하였다. 신귀현 회장, 정영도 전임 회장, 중국 南開大學에 1년 정도 다녀오신 이완재 교수, 이종후 전 한국철학회장, 경북대의 이강조 교수 등 연만한 학자들이 여러 명 앉아 있었고, 회장이 근무하는 영남대 철학과의 최재목 교수 등 젊은 층이 실무를 맡아 있는 듯하여, 나는 회의 중 한 번도 발언하지 않았다.

이 학회의 명칭 개정을 비롯한 96년도의 학회 운영 전반에 관한 협의가 있었다. 근년에 교육부 측이 학술 논문의 揭載誌 성격에 따라 연구 평점을 달리한다는 방침을 취하게 됨에 따라, 영남이라는 지역적 명칭으로서는 불이익을 당하지 않을 수 없으므로 부득이 전국적인 성격의 학회 명칭으로 개정하지 않을 수 없게 된 것이라고 한다.

이번에 일본에 가서 池田秀三 교수로부터 한 부 얻어 온 京大以文會가 발행한 1995년도 판 『京都大學文學部卒業生名簿』를 검토해 보았다. 의외로 三浦國雄 교수는 京大 출신이 아니고, 북한에서 『조선철학사』를 집필하여 그 이름이 널리 알려진 鄭鎭石 씨가 나와 같은 이 대학 중국철학사 연구실 출신임을 알았다. 대학개혁의 영향으로, 京都大學의 문학부는 내가 유학하던 당시와 같은 철학과·사학과·문학과의 체제가 폐지되고, 동양문헌·서양문헌·사상·역사·행동·현대라고 하는 여섯 개의 文化學系로 보다 세분되었으며, 종전의 연구실들은 거의 그대로 유지되고 있었다. 중국철학사 연구실은 철학과에서 동양문헌문화학계로 소속이 옮겨져 있었다.

10 (월) 비

미국의 두리와 일본에 사는 前妻인 村上(清水)朝子 및 小林淸市 군에게 하드커버로 된 나의 학위논문을 각각 한 권씩 우송하였고, 아울러 철학과 및 교내의 남명학연구소, 중앙도서관과 인문대에도 같은 것을 각각 한 권씩 기증하였다.

11 (화) 흐림

김경수 군과 팩스 및 전화로 연락하여 나의 학위 논문을 우송할 개인 및 도서관과 각 대학의 철학과 등을 지정해 주었다.

중문과의 권호종 교수가 '華中理工大學 漢語語學硏修團 인솔 및 여행계획'을 작성하여 나에게도 한 부 출력해 주었다. 우리 일행은 6월 25일에 서울을 출발하여 靑島로 가서, 7월 20일에 香港을 경유하여 귀국하는 것으로 되어 있다.

12 (수) 흐림

아침에 김경수 군에게 전화하여, 어제 학위논문의 발송을 위해 팩스로 보낸 개인 및 도서관 등의 목록들은 그냥 보관해 두고 아직 발송하지 말 것을 당부하였다. 그러나 동양철학회 회원 명부에 실린 사람들 가운데서 내가 지정한 몇몇 사람들과 남명학연구원의 상임연구위원들에게는 어제 이미 발송하였다고 한다. 조교에게 전해 준 세 부 가운데서 이미 학과의 도장이 찍혀 장서로서 처리된 철학과 소장 분을 제외한 구내도서관 및 남명학연구소 소장 분은 반환해 받았다. 인쇄된 학위논문들을 보관해 둘 장소가 마땅치 않아, 내년 초에 심사 결과가 나올 때까지 서재의 방바닥에 그냥 쌓아두고 있는 상태이다. 김경수 군의 의견으로는 논문 표지에 제목과 나의 이름 이외에 아무것도 적혀 있지 않으므로 무방하리라는 것이었지만, 아직 심사 결과가 나오지도 않은 논문을 기증한다는 것은 역시 모양새가 좋지 않고, 오히려 남의 비웃음을 살 우려가 없지 않을 듯하여 이러한 조치를 취한 것이다.

13 (목) 흐림

오후 여섯 시 무렵에 김경수 남명학연구원 사무국장이 나와 함께 劉廣和 교수 댁을 방문하기로 한 약속에 따라 내 연구실로 왔다. 김 국장의 차로 집의 서재에다 쌓아 두었던 나의 박사학위 논문들을 여유 공간이 생긴 새 서가에다 꽂아 두기 위해 집에까지 와서 그것들을 실어 갔으나, 집에다 상의를 벗어 두고서 돌아오는 통에 그 호주머니에다 열쇠를 두고와 연구실 문을 열 수가 없게 되었으므로, 임시로 철학과 학생들 방에다 옮겨 두었다.

그 일을 마친 후 김 국장과 함께 劉 교수의 사택이 있는 촉석아파트로 가, 자정이 다소 넘을 무렵까지 劉 교수가 마련해 준 중국 음식과 소주를 들며 나의 통역으로 대화를 나누다가 돌아왔다. 내년 2월에 서울에서 열릴 예정인 남명학국제학술회의에 臺灣 文化大學의 周道濟 교수와 더불어 劉廣和 교수를 논문 발표자로서 초청하기로 확정을 지었다. 나는 오늘로서 劉 교수의 사택에 일곱 번째 초청을 받아 간 셈이다.

14 (금) 맑음

지난번 濮陽에서의 국제학술회의에서 만난 香港中文大學 철학과의 王煜 교수가 내가 보낸 사진과 명함에 대한 답례로서 보내 온 우편물의 내용을 대충 다 훑어보았다. 그가 근자에 발표하거나 원고지에다 적은 短文들을 많이 보내 왔는데, 개중에는 그의 은사로서 이미 작고한 唐君毅·牟宗三 두 著名 교수(唐 교수는 내가 臺灣大學에 유학해 있던 기간 중에 香港에서 작고하였고, 牟宗三 교수는 내가 직접 수업을 들었고 학우들과 더불어 그 사택에도 몇 차례 놀러간 적이 있었는데, 작년에 작고하셨다고 한다)를 비교한 글들이라던가, 내가 臺灣大學에 유학해 있던 기간 중에 있었던 이른바 '吳二煥事件'에 있어서, 이 사건의 중심인물이었던 당시의 臺大 철학과 주임 黃振華 교수나 黃 교수의 대변인이 된 학우였던 李明輝 現中央硏究院 교수를 비판한 내용도 있어 흥미로웠다.

오후에 김경수 국장과 다시 통화하여, 나의 학위논문들은 내가 지정해 준 해외의 학자들을 통해 그들이 근무하고 있는 대학들에, 그리고 국내의 주요대학 및 일반도서관들에 각각 한 부씩 발송하도록 했다.

15 (토) 흐림

명함첩 가운데서 臺灣 및 中國 各 省에 있는 학자들의 것을 몇 개 더 찾아내어 팩스로 김경수 국장에게 전송해서, 그들을 통해 그들이 근무하는 대학 및 연구소에도 나의 학위논문이 비치될 수 있도록 조처했다.

오후에 來庵 鄭仁弘의 후손인 鄭琪哲 사장이 龜潭 후손이라고 하는 그의 문중 사람 한 명을 대동하고서 나의 연구실로 방문해 와 한동안 대담을 나누었다. 임란 시 慶北 花園의 의병장이었던 禹拜善과 관련된 간행 서적들을 본교 경남문화연구소에 기증하기 위해 가져왔으므로 대충 한 번 검토해 보았다. 또한 대화중에 『慶北 高靈郡 牛谷面 桃津里 文淵齋 所藏古文券』(高靈, 文淵齋, 1996)이라는 책이 지난 2월자로 출판되어 있음을 알고서, 한문학과의 李商弼 교수 연구실로 가서 그 책을 빌려 와 검토해 보았다.

퇴근 무렵, 이번 학기에 본교 철학과의 시간강사로서 먼 길을 왕래해 준 부산의 이준호 선생과 울산의 정원재 후배랑 함께, 학기말에 즈음하여 그동안의 수고를 위로하는 뜻에서 함께 개양의 흥부보쌈집으로 가서 낙지전골 및 로스 불고기 등으로 저녁을 샀다. 그러다 보니 정원재 선생은 울산까지 가는 마지막 버스를 놓쳐 버려, 우리 집으로 와서 내 침대에서 하룻밤을 자게 되었다.

17 (월) 비

지난주에 이어, 高靈 桃津里의 古文書 관계 서적을 읽으며 文淵書院의 竝享人物 관계 내용을 카드화하였고, 『月谷 禹拜善 先生의 生涯와 義兵活動』(大邱, 月谷先生倡義紀念事業會, 1994)의 내용도 대충 훑어보았다.

오늘 받은 『경상대학교소식』 제163호에 지난 5월 31일 총장실에서 약 20억 상당의 남명학관 건립을 위한 약정식이 있었던 것에 관한 보도가 있었다. 원래 이 건물은 조옥환 사장과 남성당한약방 대표인 김장하 씨가 출연하여 건립하기로 되어 있었는데, 건물 기공식까지 마친 후 조 사장이 적극적인 태도를 보이지 않게 됨으로 하여 답보 상태에 빠져 있다가, 이번에 김장하 씨와 박유정 한보종합건설 대표이사가 출연하여 1년 이내에 이 건물을 완공하기로 약정한 것이다.

18 (화) 快晴

禹拜善과 그 문중 관계 고문서들을 정리한 金炫榮 編『大丘月村丹陽禹氏文書』(城南, 韓國古文書學會, 1994) 1秩 2冊을 검토해 보았다.

7월

25 (목) 맑음

중국으로 떠나기 전에 신청해 둔 연구년(안식년)은 나에게 해당되지 않았고, 영문과의 황소부 교수와 독문과의 김유동 교수가 선정되었다고 한다.

26 (금) 맑음

인문대 학장보인 김길수 교수에게 연락하여, 인문대 행정실에서 연구년제 교수 선발과 관련한 회의 자료를 열람하여 보았다. 영문과의 황소부, 불문과의 서연선, 중문과의 유응구, 독문과의 김유동 교수, 그리고 나를 포함한 다섯 명이 신청하였는데, 나 이외의 다른 사람들은 모두 한 차례 이상씩 재직 중에 해외에서 연구하고 돌아온 경력이 있는 사람들이었다. 최고 점수를 받은 황소부 교수는 최근 5년간의 연구 실적이 논문 두 편이지만 근무 연수가 큰 비중을 차지한 모양이고, 나는 일곱 편의 연구실적물을 제출했지만, 두 편은 논문이 아니고 문헌목록이라 하여 계산에서 제외되었고, 학위논문은 아직 학위를 수여받지 않았다 하여 이미 제본된 실적물이 제출되어 있음에도 불구하고 역시 계산에서 제외되었다고 한다. 그런가 하면, 김유동 교수는 학위논문을 출판할 단행본이 아직 간행되어 있지 않으나, 이미 인쇄 단계에 들어가 있다하여 논문 두 편에 해당하는 단행본 저서의 배점을 받았다. 그리하여 나는 연구 실적물이 논문 한 편 밖에 없는 서연신 교수보다 한 등급이 높은 네 번째의 순위로 평가되어 있었다. 학과장 및 보직교수들로서 구성되는 인문대 인사위원회 석상에서 사학과장인 정현재 교수가 나의 학위논문을 계산에서 제외할 것을 강하게 주장한 모양이었다.

8월

5 (월) 흐렸다가 개임

중국 여행 관계 자료들의 검토를 마친 다음, 그동안 밀려 있었던 서류들을 작성하기 시작했다. 그 중 부경대학교 정교수 승진 논문 두 편의 심사 의뢰가 있었는데, 관례에 따라 필자의 이름은 지워져 있지만, 그 내용을 통해 나의 서울대 철학과 선배이며 고려대학교 대학원 철학과에서 박사학위를 받은 G 씨의 논문임을 알 수가 있었다.

G 씨는 평소 과대망상증에 가까운 성격을 가지고 있어, 글 속에서 자신을 세계적 석학의 레벨에다 올려놓고서 自高尊大하기를 서슴지 않을 뿐 아니라, 그 논문이라고 하는 것은 학문적이라기보다는 신흥종교의 교주에 가까운 牽强附會 일색이므로, 평소 그의 소문은 동문들 간에서도 화제 거리로 되어 있는 터이다. 그는 나와 같은 시기인 1982년 무렵에 본교 사범대학 국민윤리교육과의 강사로서 얼마간 재직한 적이 있었는데, 수업시간에 황당한 소리를 일삼는가 하면, 매 학기마다 학생들에게 弘益人間의 의미를 자기 나름으로 부연한 '크넓사도(크고 넓게 사람을 도운다)의 맹세'라든가 경상대학교를 세계 최고의 명문대학으로 만들 수 있는 방안과 각오에 관한 보고서를 쓰게 하는 등, 일종의 정신병 증세가 있어 결국 전임의 자리를 얻지 못하고서 본교를 떠나게 된 바 있었다.

그 후 김충렬 교수의 지도하에 박사학위를 받고서 부산수산대학교에 근무한다는 소문을 들은 바 있었는데, 그 대학이 근년에 일반 종합대학교로 체제를 개편함에 따라 상기와 같은 교명으로 변경된 모양이었다. 그 대학에서도 꽤나 문제를 일으켜 얼마간 휴직하고 있었다는 소문을 들은 바 있었는데, 지금까지 부교수의 자격으로 있는 것은 그것과 관계가 있는지도 모르겠다. 개인적으로는 측은한 느낌이 들지 않는 바도 아니지만, 두 편 다 불합격 점수에 해당하는 미의 성적을 주었다.

퇴근 후 일곱 시 경에 아내와 함께 촉석아파트의 劉廣和 교수 댁에 초청을 받아가서 7월 중순에 한국에 온 그의 부인과 처음으로 대면하였고, 그들 부부가 마련해 준 중국 가정요리에다 술을 곁들인 저녁 식사를 들며 대화를 나누다가 돌아왔다.

6 (화) 맑으며 다소 시원해짐

퇴근 후 어제의 답례로서 우리 내외가 劉廣和 교수 부부를 시내의 강남 한식뷔페로 초청하여 함께 식사를 나누었다. 劉 교수와 같은 대학인 中國人民大學 철학과의 葛榮晋 교수로부터 편지가 도착하였다. 지난 7월 25일에 한국으로 와 徐遠和 교수가 머무르던 서울 동숭동의 한국학술진흥재단 국제회관에 거주하고 있다면서 연락을 해 달라고 하므로, 그에게 전화를 걸어 학기 초에 그를 우리 대학으로 초청하여 강연회를 갖는 문제에 관하여 협의하였다.

7 (수) 맑음

점심 때 구내 은행에 들러 한국철학회와 철학연구회의 종신회비 각각 30만 원씩을 송금하였다. 나는 회원이 된 이래 지금까지 매년 이 학회들의 회비를 송금해 왔었는데, 그것이 자못 번거로울 뿐 아니라, 한국철학회의 경우는 금년 9월부터 年會費를 4만 원으로, 종신회비는 60만 원으로 각각 배씩이나 인상한다고 하므로, 그 전에 종신회비를 납부해 두는 편이 낫겠다고 판단한 것이다. 이로써 내가 종신회원의 자격을 가지게 된 학회는 기왕의 대한철학회와 한국공자학회를 포함하여 모두 네 개가 된 셈이다.

8 (목) 흐리고 경기도 지역은 낮 한때 비

아침 7시 20분발 일반고속버스로 서울로 향했다. 동양철학회의 수련회에 참석하기 위해서였다. 정오가 좀 지나 강남고속터미널에 당도하여, 지하철로 갈아타고서는 집합지인 잠실역의 주공 5단지 아파트 쪽 출입구 앞 버스 정류장으로 향했다. 집합 시간인 오후 2시 30분까지는 아직 시간이 좀 남아 있어, 공중전화 박스에 들어가 중국인민대학의 葛榮晋교수의 서울 거처로 전화해 보았더니 그도 이번 모임에 참석한다는 것이었다. 이어서 을유문화사로 전화하여 편집과장인 곽 씨와 더불어 내 학위논문의 출판 건을 협의하였다.

집합 장소에 모인 몇 명의 교수들과 승용차 몇 대에 나누어 타고서 분당의 아파트 단지를 지나 수련회 장소인 용인의 충렬서원으로 향했다. 나는 유명종·김규영·정종 등 원로 교수들과 같은 차를 탔다. 서원에 당도하니 김충렬 교수도 와 있었고, 葛 교수와는 금년 5월 중국 하남성에서의 국제학술회의 이후 오랜만에 만나 같이 다니면서 이런저런 대화를 나누었다.

12 (월) 맑음

오전 중 서울의 乙酉文化社 李鍾泰 편집국장과 통화하여, 내 학위논문을 출판하는 문제에 관해 상의한 후, 점심 식사하러 나가는 길에 구내 우체국에서 京都大學에다 제출한 학위논문과 그 요지 및 논문목록, 이력서 등과 학위논문의 각 부분을 구성하는 한국어로 발표된 논문들을 동봉하여 이 국장 앞으로 부쳤다.

창원대 사학과의 도진순 교수로부터 전화를 받았는데, 지난 학기에 위촉받았다가 내 사정으로 사양한 바 있는, 그 대학에서 일반인을 상대로 개설하고 있는 평생교육원의 특강 위촉에 관한 용건이었다. 9월 19일 오후쯤에 서부 경남의 문화유산 및 남명에 관한 주제를 가지고서, 내가 출연한 TV 프로의 테이프를 중심으로 네 시간 정도 시청각 수업을 하기로 대충 합의를 보았다.

16 (금) 맑음

엊그제 배달된 『南冥院報』 제3호(1996년 8월 10일 발행)를 훑어보았다.

21 (수) 낮까지 비 온 후 개임

오전 중 을유문화사로부터 내 학위논문의 출판은 어렵다는 전화 연락을 받았다. 오후에 내 연구실로 들른 법인문화사 김근중 사장과의 대화에서도 이러한 종류의 순수한 학술 서적은 국내의 어느 출판사에서도 출판하기가 용이하지 않다는 사정을 들었다.

22 (목) 맑음

아침에 출근을 하니, 내 연구실로 올라가는 3층 로비의 의자에 劉廣和 교수가 혼자 앉아 있었다. 열쇠를 깜빡 잊고서 가져 오지 않았는데, 아직 출근 시간이 되지 않아 학과나 인문대 행정실에 있는 열쇠를 이용할 수도 없으므로 내가 오기를 기다리고 있는 것이었다. 내 연구실로 함께 와서, 어제 劉 교수가 본교의 김현조·김용조·H 교수 등과 함께 중산리를 거쳐 지리산 천왕봉에 다녀온 이야기를 들었다.

劉 교수는 지난번에 자신이 중국에 돌아가면 한국 학자의 저술들을 중국어로 번역 출판하는 일을 주선해 볼 용의가 있다는 말을 했던 적이 있으므로, 서가로부터 내 학위논문을 한 부 집어내어 넌지시 그런 의사를 타진해 보았더니, 학술 서적의 출판을 위해서는 필자 자신으로부터 상당한 금액의 경비 보조가 필요하다는 대답이었다. 아직 이 학위논문이 통과된 단계도 아니며, 이미 한 권의 단행본으로서 간행할 정도의 분량은 된다고 하지만, 아직 이 주제에 관한 나의 연구 작업이 완성된 단계도 아니므로, 역시 아직은 출판을 생각하기보다는 논문을 계속 집필해 나가면서 적당한 기회를 기다리는 편이 나을 듯하다.

24 (토) 맑으나 제법 서늘함

오늘 오후에 김경수 국장이 연구실로 가져다 준『남명선생의 자취를 따라—南冥 曺植先生 史蹟 資料集—』(진주, 南冥學硏究院, 1996)을 읽어 보았고,「실학 개념의 검토」에 대한 카드화 작업을 대충 마쳤다. 김 국장과의 대화중에 내 학위논문을 南冥學硏究院에 부속된 南冥出版部에서 간행할 수도 있으며, 그렇게 할 경우 보급의 문제는 한층 수월함을 알았다.

26 (월) 부슬비

오전 중에는 수업 및 그 준비를 하고, 오후에는 논문 등 나 자신의 연구에 종사한다는 기왕의 방침에 따라, 오늘 오후부터 다음 논문 준비를 위한 카드 정리에 착수했다.

오후 네 시에 철학과 교수회의를 열어 대학원 종합시험 출제 방침과 葛榮晋 교수의 초청 세미나 건을 협의하였다. 퇴근 시에는 손병욱 교수의 차에 동승하여 축석아파트로 가서 劉廣和 교수 부부를 태우고서, 함께 鳳谷洞의 손 교수 댁으로 가서 손 교수 부인이 마련한 음식을 들며 劉 교수의 환송연에 동참하였다. 劉 교수 내외는 9월 1일에 부산국제공항을 통해 중국으로 돌아가게 된다고 한다.

27 (화) 비, 저녁 무렵 소나기

1교시에 중국철학강독의 2학기 첫 수업을 실시하였다. 이번 학기에는 『詩經集傳』 大雅篇, 蕩之什의 첫 首부터 시작하기로 하였다. 오후에 직장을 가지고 있는 일반대학원의 학생 두 명이 수강 신청 관계로 내 연구실로 방문해 왔으므로, 다음 주부터 『周易傳義大全』을 가지고서 수업을 시작하기로 하였다.

며칠 전 金敬洙 군이 가져다 준 『남명선생의 자취를 따라—南冥 曺植先生 史蹟資料集—』 가운데서 光海君 10년에 裵大維가 撰한 「新山書院記」를 읽으며 카드화하였다. 여기에 적힌 新山書院의 창건 및 중건 관계의 기록은 『德川書院誌』의 내용과 일치하고 있는데, 그것은 이 서원의 創建에 깊이 관여하였다는 尹根壽의 慶尙監司 재직 기간과도 일치하지 않고, 「南冥年譜」의 기록과도 일치하지 않으므로, 나는 이전에 쓴 논문에서 이러한 설들을 부정했었던 것이다. 그러나 이 책에서 裵大維가 쓴 글을 읽고서, 도대체 이처럼 서로 모순되는 기록들을 어떻게 해석해야 할지 좀 생각해 보고 있는 중이다.

9월

4 (수) 맑음

저녁 무렵에 본교 사범대 교육학과에서 박사과정을 마친 史載明 군이 연구실로 방문해 왔기에, 그와 더불어 퇴근 무렵까지 한두 시간 동안 대화를 나누었다. 史 군은 올해 서른네 살로서 기혼이며, 남명 관계의 석사 논문을 썼던 바 있고, 근자에는 남명을 노장 사상의 소유자로 간주하는 내용의 박사 논문을 제출하였다가 결국 통과되지 못하고 말았는데, 현재 진주 및 인근의 대학에서 시간강사를 하고 있다. 내 박사학위 논문을 남명학연구소 부설 남명출판부에서 간행함에 있어서, 일본어로 된 이 논문을 내가 기왕에 한국어 및 일본어로 작성하여 입력해 둔 디스켓의 내용 및 그 중 각 章에 해당하는 것을 이미 한국어로 발표했었던 논문 등과 대조해 가며, 이를 한국어로 다시 고치는 작업을 그가 맡아 주겠다고 한다.

5 (목) 흐리고 다소 더움

다음 논문 작성을 위한 카드 정리를 계속하였다. 남명학연구원의 김경수 사무국장과 전화 연락하여, 어제 사재명 군과 협의한 내용을 설명하고, 史 군과 상의하여 지금부터라도 내 학위논문의 출판을 위한 작업에 착수하도록 일러두었다.

6 (금) 부슬비

독서 카드의 정리를 계속하였다.

7 (토) 맑음

카드 정리 작업을 계속하여, 일단 내가 필요로 하는 카드들을 가려내는 단계를 마쳤다.

9 (월) 비 온 후 오후에는 흐림

지난주에 골라 둔 독서 카드들을 다시 내용 별로 분류하는 작업을 시작하였다. 서울에 와 있는 葛榮晋 교수로부터 편지와 더불어 강연 원고가 부쳐져 왔으므로, 그 내용을 검토해 보았다.

10 (화) 맑음

葛榮晋 교수의 강연 원고 「關於中國實學研究的回顧與前瞻」을 다시 한 번 읽으며 카드화 하는 작업을 마친 다음, 이를 요약하여 컴퓨터로 입력하는 작업을 진행하였다.

11 (수) 맑음

葛榮晋 교수의 논문을 요약하는 작업을 계속하여 거의 다 마쳤다.

지난번에 나의 여름 문안 편지에 대한 內山俊彦 교수의 답장 엽서를 받았었는데, 오늘은 그 이후 내가 보낸 남명 관계 자료에 대한 감사의 뜻을 적은 그림엽서가 도착하였다.

12 (목) 맑음

葛榮晋 교수의 강연 원고를 한국어로 요약하는 작업을 마쳤으며, 이어서 며칠 전에 골라 둔 남명학 관계 독서 카드들을 英·正朝 시기부터 重刊本 이전, 중간본 관계, 중간본 간행 이후의 세 부분으로 나누는 작업을 마쳤다.

14 (토) 맑음

카드 정리를 마치고서 오랜만에 새 논문의 집필에 들어갔다. 우선 제목을 「18·19世紀 江右學派의 動向」이라 하고, 그 제1절을 '戊申亂 以後'라고 정했다.

16 (월) 맑음

영남대 李樹健 교수의 「南冥學派와 南冥曺植」을 훑어보았다.

19 (목) 흐리고 오후 한때 빗방울

오후에는 창원대학교 평생교육원 문화학과에 출강하여 2시부터 6시까지 네 시간 동안 강의하였다. 본관 뒤의 인문대학 건물인 1호관 1층에 있는 사학과 사무실에 들러, 조교의 안내로 문화학과 학과장인 이 대학 사학과의 도진순 교수를 그의 연구실에서 만났다. 내가 도 교수로부터 위촉 받은 주제는 「남명 조식의 삶과 사상」 및 「서부 경남의 문화유산」이라는 두 가지였다. 나 자신이 직접 강의를 하지 않고, 근년에 TV를 통해 방영된 KBS 〈역사의 라이벌〉 마지막 프로인 퇴계·남명 편, KBS 교육방송의 〈역사탐방〉 산청군 덕천서원 편, MBC의 〈남명 조식〉, KBS의 〈우리 문화유산을 찾아서〉 경남 함양 편의 비디오테이프들을 방영하며 내가 약간의 설명을 가했는데, 반응이 좋았다. 수강생은 대체로 중년 이상의 아주머니들이 많았다.

20 (금) 흐림

謙齋 집안의 대표인 서울의 河有楫 씨에게 전화 연락하여, 宗川書院 院變 사건과 관련한 여타의 자료들이 있으면 좀 챙겨서 보내 줄 것을 당부했다.

24 (화) 맑음

『詩集傳』 大雅篇을 모두 읽었다. 저녁 무렵 다음 달에 발행될 『철학회보』 제60호에 대한 10주년 기념 격려사를 집필하기 시작했다. 이 일기를 쓰기 시작한 것이 『철학회보』가 창간된 1987년 1월 1일부터이니까, 나의 일기도 이럭저럭 10년의 역사를 채운 셈이다.

중국 武漢의 자매결연대학인 華中理工大學 중문과 학과장 黃國營 교수가 이번 학기부터 劉廣和 교수를 대신하여 본교 중문과의 외국인 교수로서 근무하게 되었다. 오후에 그가 한국에 온 후 두 번째로 내 연구실을 방문하여 예물로서 가져온 上海産 團茶를 주었고, 퇴근 시에도 스쿨버스에 나란히 앉아 대화를 나누면서 돌아왔다. 그는 劉 교수가 살던 측석아파트 가동 202호실에 거주하고 있는 모양인데, 劉 교수와 그러했던 것처럼 앞으로 종종 나와 함께 점심을 들고 산책을 하기로 했다.

10월

4 (금) 맑음

오전 중 葛榮晋 교수가 거주하고 있는 서울 동숭동의 한국학술진흥재단 국제학사로 전화해 보았더니, 葛 교수는 또다시 이사하여 고려대학으로 옮겼다는 것이었다. 전화번호를 물어 그곳으로 전화해 보아도 또 통화 중이므로, 저쪽으로부터 전화가 걸려올 때까지 다시 전화하지는 않을 작정이었는데, 자정이 좀 지난 시각에 葛 교수로부터 우리 집으로 전화가 걸려왔다. 이 달 10일에 그의 부인이 한국으로 오므로 11일에 본교에서 초청 세미나를 하기로 하고, 비행기 시간이 정해지는 대로 다시 연락을 주겠다고 했다.

6 (일) 흐림

오전 11시부터 남명학연구원의 96년도 제2차 상임연구위원회의가 있었다. 우선 부산교통 사무실에서 모였다가 시내의 한식전문점인 한국시대로 장소를 옮겨 회의를 진행하였는데, 97년도 국제학술회의 일정 및 참가자 선정이 주 의제였다. 회의 결과 내년 2월 24~25일의 이틀간에 걸쳐 서울 양재동의 교육문화회관에서 '남명학과 한국 유학의 좌표'라는 주제로 학술회의를 개최하기로 하고, 기왕에 위촉해 둔 논문 집필자들 가운데서 나와 權仁浩·申炳周·薛錫圭·趙南浩·孫英植 교수 및 외국인 학자로서 前 臺灣大學 교수인 周道濟 씨, 독일 훔볼트대학 교수인 소냐 호이슬러 여사 등 여덟 명이 발표자로 선정되었고, 위의 순서에 따라 이수건·박홍식·고석규·우현구·김교빈·한상규·彭林·권인호 씨 등이 토론자로서 잠정적으로 결정되었다.

발표자는 대체로 나의 의견에 따라 선정된 까닭에 서울대 후배들이 다수 참여하게 되었다. 그러나 나 자신은 작년 국제학술회의 때에도 발표를 했었고, 금년 연말까지 현재 집필 중인 「18·19世紀의 江右學派」를 탈고할 자신도 없어 여러 차례 사양하였음에도 불구하고 원장인 김충렬 교수의 강한 의사로 말미암아 금년에도 발표를 맡지 않을 수 없게 되었다. 劉廣和 교수는 여기에 초청할 의사를 이미 본인에게 전달해 두었음에도 불구하고 역시 김 원장의 의사에 의해 선정되지 못하였다.

김 원장은 나를 제1회 남명학 학술상의 상금 500만 원에 해당하는 대상 수상자로 추천하였다. 상금 300만 원의 박사학위 논문상까지 포함하면 그것들만으로도 800만 원이 되므로, 새로운 논문 집필에 따른 연구비와 국제학술회의 발표비 등을 포함하면, 나는 이럭저럭 금년 말에서 내년 초 사이에 연구원으로부터 천만 원 정도의 경제적 지원을 받게 되는 셈이다.

뿐만 아니라 내 학위논문을 이 연구원 부설 남명출판부에서 단행본으로 간행하기로 오늘 회의에서 정식 결정되었고, 나의 건의에 따라 金敬洙 사무국장의 봉급을 전임 직원에 해당하는 수준으로 대폭 인상하며, 차량 유지비도 별도로 지급할 것이 승인되었다.

8 (화) 맑음

지난 일요일의 남명학연구원 상임연구위원회의에서 내가 내년 2월에 있을 국제학술회의의 발표자로 결정되었고, 그러기 위해서는 금년 중에 발표 논문을 탈고해야 할 것이다. 그러므로 시간을 절약하기 위해 원래 오전 중의 세 시간은 수업 및 그 준비에 투입하기로 했던 것을 수업이 있는 날 오전에만 수업 준비를 하고 그렇지 않은 날은 오전 중에도 논문 작업에 종사하기로 방침을 바꾸었다.

9 (수) 맑음

간밤에 서울의 葛榮晋 교수에게 전화해 보았더니, 부인은 며칠 전에 이미 한국에 당도하였고, 엊그제 비행기 표를 샀는데 내일 즉 10일 오후 2시 반에 대한항공 편으로 진주에 도착한다는 것이었다. 지난번 통화에서 11일에 葛 교수 초청 세미나를 개최하기로 하고, 비행기 표를 입수하는 대로 전화 연락해 주면 공항에 출영하기로 약속했었던 것인데, 이렇게 되면 초청 세미나를 위해 준비할 시간이 너무 촉박해 지는 셈이 된다. 그러므로 10일 하루는 진주에서 쉬고, 예정대로 11일 오후에 세미나를 열기로 합의를 보았다.

오전 중 두 시간 수업을 마치는 길로 조교와 학회장 권성진 군을 연구실로 불러 초청 세미나를 위한 준비를 당부했다. 나 자신도 여러 모로 알아보았는데, 우선 세미나를 개최할 장소가 문제였다. 교실 외에는 아무런 공간이 남아 있지 않다는 것이었다. 내가 영문과 학과장과 통화하여 인문대 세미나실에서 하기로 되어 있는 영문과의 대학원 논문 발표회 장소를 철학과 강의실로 바꾸고, 우리가 그 방을 사용할 수 있도록 동의를 얻었다. 그래서 일단 공간은 확보된 셈이지만, 그 날 어느 정도의 사람이 모일지 알 수가 없어 다른 학과의 학생과 교수 몇 명에게도 참석을 당부해 두었다.

오후에는 나의 1987년도 일기를 참조해 가며 『철학회보』 창간 10주년 기념호에 싣기로 된 글의 집필을 계속하였다. 「창간 무렵」이라는 제목으로 『철학회보』가 창간되던 당시의 정황을 회고하는 내용이다. 윈도우즈 95를 설치한 이후 처음으로 사용해 보는 것인데, 윈도우즈 환경에 익숙지 않아 暗中摸索을 하였다. 일단 탈고를 하기는 했는데, 저장하여 마치기를 할 수가 없어 쩔쩔매다가 퇴근버스 시각을 놓치고서 시내버스를 타고 돌아왔다.

10 (목) 맑음

오전 중 어제 작성해 둔 「창간 무렵」을 퇴고하였고, 일본 및 중국의 실학사상과 관련한 독서 카드들을 다시 꺼내 읽으며 내일 오후에 있을 葛榮晋 교수 초청강연회의 통역을 위한 준비를 하였다. 오후 두 시에 학회장 권성진 군이 운전하는 차로 둘이서 사천공항으로 葛榮晋 교수 부부를 영접하러 나갔다. 예정 시간인 두 시 반보다 10분 쯤 늦게 대한항공의 비행기가 도착하였다. 우리 학교로 모시고 와 내 연구실에서 퇴근 시간까지 대화를 나누었다. 얼마 후 중문과의 새로 온 중국인 교수인 黃國營 씨도 내 연구실로 와 함께 어울렸다.

집에서 두 부부는 내 침실로 사용하는 방을 쓰시게 하고, 아내가 마련해 준 저녁 식사를 들고난 후 회옥이랑 넷이서 시내로 나가 開天藝術祭의 종야제 행사를 참관하였다. 중앙로터리에서 금성로터리에 이르는 번화가 일대의 차량 교통이 차단되어 거기서 제1부의 거리축제 마지막 장면들이 공연되고 있었고, 이어서 제2부의 무대 축제를 구경하고 나니 밤 아홉 시가 되기 전에 폐막 행사는 모두 마쳤다. 나간 김에 진주성 일대도 둘러보고 돌아왔다.

葛榮晋 교수는 올해 예순 살로서 중국인민대학 철학과 교수 겸 동방문화연구소장, 중국실학연구회 상무부회장, 중화공자학회 이사 겸 학술위원회 부주임 등의 직책을 맡아 있는 중국철학계의 중진이며, 그 부인은 수십 년간 중등학교의 교사 생활을 하다가 금년에 정년퇴직을 맞았다고 한다.

11 (금) 맑음

출근 때 葛榮晋 교수 부부와 함께 학교로 가서, 내가 1교시의 교양과목 수업에 들어가 있는 동안 葛 교수 내외는 중앙도서관 6층에 있는 부속 박물관을 참관하게 하였다. 열 시 무렵에 김경수 국장이 차를 가지고 와서 함께 덕산으로 가서 山天齋와 南冥神道碑, 묘소 및 德川書院을 참관하였고, 그 부근에 있는 풍취 있는 식당에 들러 쇠갈비 불고기로 점심을 들었다. 식사하는 장소에서 남명의 실학사상에 관한 연구 논문 착수금으로 葛 교수에게 백만 원을 전했고, 3년 후에 있을 남명학 국제학술회의를 중국에서 개최하는 문제에 대해서도 대충 의견의 일치를 보았다. 교통 혼잡을 피하기 위해 갈 때는 판문동에서 명석 쪽의 시골길을 택하였지만, 돌아올 때는 수곡 쪽 길을 택하였다.

오후 세 시부터 인문대 1층 세미나실에서 葛榮晋 교수 초청 세미나를 개최하였다. 내가 사회 겸 통역을 맡아, 200자 원고지 15매 남짓의 분량에 해당하는 葛 교수의 논문 「중국 실학 연구의 회고와 전망 (關於中國實學硏究的回顧與前瞻)」을 葛 교수가 읽고 내가 통역하는 방식으로 진행하였고, 발표가 끝난 다음 오후 다섯 시까지 질의 토론을 하였다.

오후 여섯 시부터는 현재 국내에 있는 우리 과 교수 전원과 중문과의 정헌철 교수를 포함하여 모두 여덟 명이 北京莊 2층에서 葛 교수 내외를 환영하는 회식을 하였고, 2차로는 그 근처에 있는 삼광빌딩 스카이라운지에서 맥주와 과일을 들다가 밤 아홉 시 무렵에 귀가하였다. 우리 집 거실에서 문화체육부가 선정하는 '이 달의 문화인물'로서 작년 2월에 남명이 선정된 것을 기념하여 제작된 남명특집의 녹화 테이프를 함께 본 후 취침하였다.

12 (토) 흐리고 오전 한때 부슬비

오전 아홉 시 반에 김경수 국장이 다시 차를 몰고 와 葛榮晋 교수 내외와 더불어 김해 및 삼가에 있는 남명 유적들을 둘러보기로 했으나, 간밤과 오늘 아침 일찍 전화를 걸어 와 어제 귀가 중에 뒤쪽에서 트럭이 들이받아 김 국장의 차가 정비 공장에 맡겨져 수리 중이므로 올 수 없다는 뜻을 전해 왔다. 그래서 오전 중 함께 KBS에서 방영된 〈역사의 라이벌〉 퇴계·남명 편을 시청한 다음, 11시 5분 고속버스로 서울로 돌아가는 葛 교수 내외를 전송하였다.

15 (화) 맑음

간밤에 여러 차례 영남철학회장인 신귀현 교수로부터 전화가 있었다고 하므로 출근 전에 내 쪽에서 전화를 걸어 통화하였다. 이번 주 토요일에 이사회가 있다는 것과 11월 16일에 영남대학교에서 개최될 이 학회의 학술발표회에서 내가 종합토론의 사회를 맡아 보라는 내용이었다.

오후에 불함문화사에서 간행한 『中國思想論文選集』 및 『韓國儒學思想論文選集』과 그 補遺篇의 總目次를 검토하며 「南冥學關係旣刊文獻目錄」의 내용을 일부 보충하였다.

18 (금) 흐림

어제에 이어 需·訟·師卦를 읽었고, 乾·坤卦의 文言傳에서 남명학과 관련된 내용들을 골라 카드화하였다.

21 (월) 맑음

劉廣和·葛榮晋 교수로부터 편지가 왔고, 東京大學에 유학 중인 서울대 철학과 후배 梁一模 군으로부터도 그가 근자에 일본어로 발표한 논문의 별쇄본이 부쳐져 왔다.

22 (화) 맑음

梁一模 군이 보내 준 그의 논문 「自由と公私—淸末における日本經由の「自由」論以前の「自由」論—」을 대충 훑어보았고, 양일모·정원재 두 후배 및 劉廣和 교수에게 보내는 그림엽서를 적었다.

23 (수) 맑음

오랜만에 다시 「18·19세기의 江右學派」 집필을 재개하여 지난번에 입력해 둔 내용을 일부 수정하였다.

교육학과 출신의 史載明 군이 모처럼 다시 내 연구실로 방문해 왔으므로, 그에게 내 컴퓨터로부터 학위논문과 관련된 파일들을 복사해 주었고, 아울러 한글로 발표된 남명 관계의 내 논문들과 池田秀三 교수가 내 학위논문의 일본어 입력 내용을 다소 수정해 준 것들을 전하여, 이 논문의 출판 작업에 착수하게 했다. 史 군이 지난번 내 연구실에 들렀다가 학위논문을 남명출판부에서 간행하도록 권하고, 아울러 자신이 그 한국어 번역 작업을 맡아 줄 용의가 있다는 의사를 표명한지 아마 한 달쯤 지난 것이 아닌가 생각된다. 이 일을 김경수 국장과 협의하고 연구원의 상임연구위원회에서 심의 의결한지도 제법 되었는데, 며칠 전 학내에서 우연히 그를 만나 작업의 진척 상황을 물어 보니 정식으로 결정되었는지의 여부를 몰라 아직 착수도 하지 않았다는 것이었다. 김 국장에게 다시 전화하여 협의한 결과 그가 오늘 방문해 오게 된 것이다.

24 (목) 맑음

어제에 이어 논문 「18·19세기의 강우학파」 첫머리에 대한 수정 보완 작업을 계속하였다. 저녁 무렵 조교가 영남철학회로부터 부쳐져 온 '만포학술상' 수상 대상 논문 심사 의뢰와 관련된 문건들을 전달해 주었으므로 그것들을 검토하노라고 작업을 중단하였다.

11월 16일 영남대학교에서 거행되는 금년도 정기학술발표회 및 총회에서 만포학술상을 수여하므로, 11월 4일까지 심사 평가서와 등위 평가서가 도착되도록 해 달라는 것이다. 그러나 동봉되어 온 논문 다섯 편은 退溪의 「聖學十圖」에 관한 것을 제외하고서는 헤겔·흄·장 피아제·하르트만 등 모두 서양철학에 관한 주제로서, 나로서는 평소 공부한 바가 없어 사실상 심사할 능력이 없는 것들이었다. 논문들의 양이 꽤 방대한데 비하여 심사료는 5만 원이고 시일도 촉박한데, 이 일을 어떻게 처리하였으면 좋을지 난감하기만 하다. 회원도 아닌 사람을 부회장으로 위촉해 두고서 대우를 한다는 뜻에서인지 이런 무리한 요청을 해 오고 있는 터이니 반송시키기도 어렵다. 어쩌면 우리나라 학회들의 논문 심사란 이런 식의 적당주의가 대부분인 것이 아닐까?

25 (금) 흐리고 낮 한때 빗방울

점심 때 도서관 漢籍室에 들러 『承政院日記』 한 권을 빌려와, 그 第875冊인 英祖 14년 7월 望後 부분을 뒤지며 내가 李樹健 교수의 논문 「嶺南學

派와 南冥 曺植」(『東方漢文學』 11, 東方漢文學會, 1995)에서 읽고서 카드화해 둔 嶺南 左·右·上·下道의 黨色 및 儒論의 동향 등에 관한 記述을 찾아보았다. 꽤 많은 분량을 두 번 샅샅이 뒤진 끝에 그것이 7월 22일 正言 李壽海의 상소문 가운데 들어 있는 것을 발견하여, 그 소의 내용 전체를 한 번 훑어보았다.

26 (토) 흐림

어제부터 오늘까지 부산대학교에서 한국철학자연합학술대회가 열리고 있고, 나도 명목상의 집행위원으로서 대회보편찬위원으로 되어 있으므로 자유발표가 있는 오늘쯤 한 번 가 볼까도 생각했으나, 내일 또 산행이 있으므로 시간을 절약하기 위해 학회 참가를 포기하고서 연구실로 나갔다.

영남철학회로부터 위촉받은 만포학술상 논문 심사를 마쳤다. 그 많은 분량의 논문을 다 읽을 수가 없고, 전공 분야가 아닌 논문들을 읽어 본들 잘 이해할 수도 없을 것이므로, 별 수 없이 서론과 결론만을 읽고서 본론 부분은 대충 목차와 짜임새 등만 검토해 보고서 심사보고서를 썼다.

28 (월) 흐림

김경수 국장과 통화하여, 나의 학위논문 가운데서 주석을 제외한 본문 부분에서 한문을 인용한 것은 모두 한글로 번역하고 원문은 괄호 안에 넣도록 하였으며, 지금부터 작성하는 나의 논문에 있어서도 그러한 원칙을 유지하기로 했다.

오후 5시 40분에 법대 앞에서 진사연 회원들과 합류하여 학교 앞의 北京飯店으로 가서 저녁을 들고, 법대 세미나실에서 내가 '남명 신도비의 재건과 당론의 동향'이라는 주제로 발표를 하였다. 「『남명집』 이정본의 성립」 제4절을 발표한 것이다.

29 (화) 맑음

논문 작성 작업을 계속하였는데, 주석을 달기 위해 각주로 들어갔다가 주석의 문단모양 만들기에서부터 고생을 하였고, 퇴근 무렵 마치기를 하려고 각주에서 빠져나오고자 했으나 종전의 방식으로는 도무지 잘 되지 않으므로 시간 관계상 이럭저럭 처리하고 말았다. 모처럼 힘들여 만들어 둔 각주가 없어지지는 않았는지 모르겠다.

30 (수) 맑음

종일 논문 작업에 종사하였다. 어제 작성한 주석 1번은 결국 없어지고 말았기 때문에 새로 작성해 넣었고, 윈도우95 및 ᄒᆞᆫ글3.0b의 사용법을 익혀 이럭저럭 감을 잡게 되었다.

31 (목) 비

종일 윈도우95의 사용법을 익혔다. 논문 중에 『朝鮮王朝實錄』의 내용을 참조할 필요가 있어 도서관에 있는 이 문헌 번역본의 CD롬으로 들어가고자 한 것인데, 아무래도 잘 되지 않아 사용법 전체를 체크해 본 것이다. 본 대학 홈페이지의 다른 항목에서는 아무래도 잘 되지 않아 예전에 몇 번 이용해 본 적이 있는 촉석루 정보광장으로 들어가 보고자 했는데, 그동안 학위논문을 작성하느라고 시간적 여유가 없어 인터넷이나 다른 LAN 기능은 전혀 사용하고 있지 않았던지라, 등록된 나의 ID와 패스워드조차 잊어먹어 버려, 점심 때 전산센터에 들러서 패스워드를 내 이름의 영문 이니셜과 아파트의 棟 및 號室 번호를 따서 'yho7-804'라고 새로 등록했다. 오후에도 계속 시도해 보았으나 역시 소기의 목적을 달성하지 못하기는 마찬가지였다. 논문 중의 어제 오후에 작성한 부분도 어찌된 셈인지 하드 디스크에 저장이 되어 있지를 않아 B 드라이브의 디스켓에 저장된 내용을 하드 디스크로 복사해 오려고 하다가 거꾸로 하드 디스크의 것을 디스켓으로 복사해 버리는 통에 어제 오후에 작업한 것은 결국 또 잃어버리고서 새로 작성해 넣지 않으면 안 되었다.

內山俊彦 교수로부터 학위논문의 구두시험과 관련한 국제전화가 걸려왔다. 구두시험은 금년 12월 16일 이후에 內山 교수의 연구실에서 있을 예정이며, 구체적인 날짜를 정하여 11월 초순 중에 다시 한 번 연락해 주시겠다고 한다. 그 결론은 내년 3월 內山 교수의 정년퇴임 무렵까지는 낼 예정이라고 하며, 구두시험에는 보통 세 시간 정도가 걸리는데, 논문박사의 경우는 더 걸릴지도 모른다고 한다.

11월

1 (금) 비

「18·19世紀의 江右學派」 제1절 '戊申亂 以後'의 집필을 계속하여 200자 원고지 약 30매 정도의 분량까지 진척했다. 오후에 두 시간 대학원 수업을 할 때에도 늘 안경을 썼다가 벗었다가 했다. 날마다 장시간 컴퓨터의 화면을 들여다보고 있으니, 눈이 피로하고 시력도 많이 저하되고 있는 모양이다.

2 (토) 오전 중 비 온 후 오후에는 흐림

논문 작업을 계속하여 어제까지 입력해 둔 내용을 다소 수정하였다.

4 (월) 흐리고 저녁 무렵 빗방울

점심 때 중앙도서관 漢籍室에 다시 들러 『承政院日記』 英祖 4년분의 것을 빌려와 戊申亂 시기 조정의 慶尙左·右道 혹은 上·下道에 관한 인식 태도와 관련된 기록들을 찾아 검토해 보았다.

5 (화) 흐리고 때때로 부슬비

철학과 학생들이 발행하는 『철학회보』 10주년 기념호인 제60호가 어제 오후 편집자인 장성숙 양에 의해 배달되어 왔는데, 그 권두의 '뿌리찾기'란에 실린 나의 글 「창간 무렵」은 여기저기 손질을 가하고 삭제를 하여 문맥이 전혀 맞지 않게 바뀌어 버린 곳이 몇 군데 있었다. 오래 전부터 원고 청탁을 받아 오고 있었으나 내가 학위논문 관계로 바쁘기도 하고 이런 종류의 잡문을 쓰고 싶지 않기도 하여 사절해 왔었는데, 이제 논문도 이미 제출하였고 학과장의 직책을 맡아 있기도 하여 내내 미루고만 있을 수는 없겠다고 판단되어 집필을 수락했던 것이었다.

애초에는 10주년을 기념하는 격려사 정도를 쓸까하고 생각하였으나, 장 양의 의견에 의하면 격려사보다는 다른 제목으로 하는 것이 나을 듯 하다는 것이었으므로, 기왕이면 내가 학과장으로 있을 당시 발행되기 시작한 이 간행물의 창간 배경에 관한 이야기를 쓰기로 마음먹고서, 내 나름대로는 당시의 일기를 꺼내어 참조해 가며 꽤 신경을 썼던 터였다. 그런데 청탁 받은 분량인 200자 원고지 여덟 매를 다소 초과하여 10매가 조금 못되는 분량이 되었다고 하여, 장 양이 제멋대로 삭제하고 편집하는 과정에서 이런 결과가 되어 버린 것이다.

출근 버스에서 내리자 말자 남자친구와 함께 도서관 부근을 지나가는 장 양과 마주쳤으므로, 이에 대해 불쾌하다는 뜻을 표시하였다. 장 양이 이 간행물과 더불어 집필자에 대한 사례의 표시로서 갖다 준 선물 케이스 안에는 볼펜이 들어 있었다고 하는데, 포장한 껍데기만 있고 알맹이가 없었으며, 내가 장 양에게 신도록 말해 둔 葛榮晋 교수의 강연 원고 요지도 실려 있지 않았다.

밤 10 시 경에 內山俊彦 교수로부터 국제전화를 받았는데, 나의 학위논문 口頭試問 일정은 12월 18일 오후 한 시 반부터 內山 교수 연구실에서 행하기로 정해졌다는 것이었다. 京都 百萬邊의 內外學生센터로 전화하여 12월 17~18 양일간의 숙박을 예약해 두었다.

6 (수) 맑음

시내의 한국관광여행사를 통해 12월 17일 오전 11시 5분 부산 발 大阪 행 및 12월 19일 오후 2시 20분 大阪 발 부산 행 대한항공 편을 예약하였다.

『철학회보』의 편집장 장성숙 양을 연구실로 불러 본인의 동의 없이 나의 글을 함부로 삭제·變改한 점과 그 결과 내 문장의 전후 문맥이 엉망이 되고 만 점, 그리고 내가 지시한 葛榮晋 교수의 강연 원고 번역문 요지를 싣지 않은 점 등을 따져 물었다. 장 양은 글의 순서가 뒤바뀌어 문맥이 통하지 않게 된 것은 출판사에서 편집하는 과정에 발생한 실수이므로 다음 호에 이에 대한 정정 기사를 싣겠다는 것이었고, 葛 교수의 원고는 다음 호에 싣기 위해 이미 컴퓨터 입력까지 마쳐 둔 상태라는 것이었다.

『承政院日記』 英祖 4년분의 내용을 다시 한 번 세밀히 검토하여, 논문의 기왕에 입력한 부분을 다소 수정 보완하였다.

7 (목) 흐리고 때때로 부슬비

논문 작업을 계속하였다.

8 (금) 흐리고 때때로 부슬비

어제에 이어 논문 작업을 계속하였다.

9 (토) 흐리다가 오후에 개임

학교에서 오후 한 시까지 작업을 계속하여 논문의 제1절 '戊申亂 이후'를 마쳤다. 여기까지가 벌써 200자 원고지 35매의 분량에 이르렀으므로, 주제를 보다 축소하여 宗川書院의 院變만을 다루는 것으로 해야 하겠다.

11 (월) 오전 중 흐리고 부슬비 내린 후 오후에는 개임

한국학술진흥재단으로부터 위촉되어 온 1996년도 대학부설연구소 세부과제 연구계획서를 검토하고서 심사보고서를 작성하였다.

서강대학교의 인문학연구소인가에서 제출한 「전통, 근대, 탈근대」라는 총괄 주제 중의 제5 세부과제인 '전통 유학의 근대 및 탈근대적 조명'이라는 주제였다. 鄭仁在 교수가 연구책임자로 되어 있고, 그 외에 미국에서 박사학위를 취득한 세 명의 공동연구자가 참여하여 연구 기간 1년

에 2,600만 원의 연구비를 신청하고 있었다. 이런 종류의 연구계획서라는 것은 의례 겉모양만 번지레하게 포장할 뿐 결과 속이 같은 것이 아님을 알고 있는 나는 대단한 액수도 못되는 몇 푼의 돈을 위해 남에게 머리를 숙이고서 많은 시간을 들여가며 거짓말투성이의 문서를 작성하기가 싫어서 근10년 이래로 아예 연구비 신청 같은 것은 해 본 적이 없다. 이 계획서 역시 이미 잘 알려져 있는 막스 베버와 馮友蘭·牟宗三·唐君毅·杜維明 등의 이른바 新儒家 및 이들의 영향을 받은 몇몇 미국 학자들의 학문적 성과를 근자에 유행하고 있는 포스트모더니즘의 시각에서 재조명해 본다는 식의 것이었다. 고전에 대한 실증적, 개척적인 연구를 위주로 하는 京都大學式 중국학의 영향을 받아 온 나로서는 위와 같은 현대 학자들의 중국 유학에 대한 연구 성과 자체를 별로 의미 있는 것으로 평가하고 있지 않으므로, 그들을 대상으로 하는 이런 종류의 사대주의적 연구 역시 일종의 유행가와 같은 것이라는 느낌이 들었다.

12 (화) 맑음

오후 네 시에 학과회의를 열어 본교 미술교육과 김수현 교수로부터 위촉되어 온 미국 템플대학교 철학과의 슈스터만 교수 초청 세미나를 수락할 것인지의 여부를 협의하였다. 이 건은 고성에 거주하는 前 서강대 국문과 교수 김열규 씨의 아들로서 이 교수의 지도하에 박사학위를 받아 귀국한 김 교수의 후배 김진엽 씨의 부탁에 의해 제기된 것이다. 슈스트만 교수는 나보다 한 살이 적은 유태인으로서, 고향인 필라델피아에서 고등학교를 마친 후 1966년에 이스라엘로 이주하여 예루살렘에 있는 헤브루 대학에서 학, 석사를 취득하고, 옥스포드 대학에서 철학박사 학위를 취득하였으며, 그 이후 이스라엘의 벤구리온 대학 교수로 있다가 현재는 미국의 템플대학교에서 근무하는데, 미학을 전공하고 있다.

이성환·권오민 교수는 별로 탐탁찮아 하는 눈치였지만 결국 수용하기로 결론을 지었다.

14 (목) 맑음

논문의 범위를 축소하여 제목을 「18·19세기의 江右學派」에서 「18世紀의 江右學派—宗川書院 院變 문제를 중심으로—」라고 바꾸었고, 제2절 '宗川書院의 院變'을 집필하기 시작했다.

오후에 학회장 권성진 군을 연구실로 불러 초청 세미나에 관한 협의를 하고, 학생들의 의견을 물어 세미나의 주제를 「프라그마티즘 미학」보다 좀 더 평이해 보이는 것으로 바꾸고자 미술교육과의 김수현 교수와 통화했다. 퇴근 무렵 서울에 있는 김진엽 박사로부터 전화가 걸려 와, 그와 직접 협의한 끝에 「프라그마티즘과 대중 예술」로 정했다.

16 (토) 맑음

영남철학회의 1996년도 정기 학술발표회 및 총회가 있는 날이라, 출근 시간 무렵에 고속버스 터미널로 나가 국민윤리교육과의 손병욱 교수와 합류하였다. '갈암의 철학사적 위치와 그의 성리학'이라는 주제로 경북 慶山의 영남대학교에서 열리는 이 학술발표회에서 손 교수는 제2주제에 대한 논평을 맡았고, 나는 이 학회의 부회장으로서 종합토론의 사회를 맡게 되었으므로, 함께 떠나기로 약속했던 것이었다. 그러나 고속버스는 두 시간 간격으로 있으므로, 택시를 타고서 장대동 합동주차장으로 가서 시외버스를 이용하게 되었다.

학회의 발표회가 모두 끝난 후, 제2부로서 만포학술상의 시상식이 있었는데, 나를 포함한 세 명의 심사위원이 하나같이 최고점을 준 박진숙 씨의 「Hume의 '인식론적 자연주의'에 대한 고찰—'외부 세계의 현존에 대한 믿음'을 중심으로」가 선정되었다. 이들 학술상 심사 대상 논문과 오늘 발표된 논문 및 작년에 경상대학교에서 있었던 형이상학과 반형이상학에 관한 주제발표 논문들이 실린 『哲學論叢』 제12집(1996)이 배부되었는데, 작년의 학회에서 내가 계명대학교 홍원식 씨의 「朱子學의 理 本體論과 道德形而上學」에 대해 논평한 글도 실려 있다.

제3부에서는 박선목·백승균·이강조 교수의 화갑기념논문집 봉정식

이 있었고, 제4부는 총회의 순서였다. 총회에서는 우선 학회 명칭 변경에 관한 토의 및 표결이 있었는데, 지난 10월 19일의 편집이사회에서 결정된 '새한철학회'와 '조선철학회'가 모두 출석회원 과반수의 지지를 받지 못해 이 문제는 결국 내년으로 연기할 수밖에 없게 되었다. 회칙 개정은 원안대로 통과되었으며, 새 회장 선출은 지역 안배와 연령을 고려하여 안동대의 김춘태 사범대학장으로 결정되었다. 신임 회장은 국민윤리과 소속으로서, 서양철학이 전공이라고 한다. 나는 오늘로서 신귀현 회장과 함께 부회장의 직을 면하게 되었다.

19 (화) 맑음

어제 합천군 三嘉邑에 산다는 최준형이라는 비교적 젊은 사람으로부터 전화가 걸려왔었는데, 오늘 오후에 그가 韓紙에 먹으로 적힌 글 하나를 들고서 연구실로 찾아왔다. 검토해 보니 남명의 神明舍圖와 관련된 問目과 南冥이 조정에서 諫官 벼슬을 내려 준 것을 사양하는 형태로 지은 表文 및 某里의 鄭桐溪 사당 祭文의 형태로 지은 글 등이 적혀져 있었다. 비교적 근자의 것으로서 별 대단한 물건이 아닌데, 이 사람은 남명의 작품이 아닐까라고 생각하여 말하자면 나에게 감정을 부탁하러 가지고 온 셈이었다.

20 (수) 맑음

『詩經集傳』商訟을 마저 읽었고, 어제와 마찬가지로『星湖 詩經疾書』중의「玄鳥」편을 星湖의 원문 및 朱子 注와 대비해 가며 검토해 보았다. 『詩集傳』은 그동안 몇 년 간 수업에서 다루어 온 터인데, 오늘에야 모두 讀破하였다.

26 (화) 흐림

서울의 고려대학 구내에 있는 기숙사 外國人敎授棟으로 전화하여 葛榮晋 교수 내외와 잠시 통화하였다. 葛 교수가 나에게 내년 8월 중 西安에서 열리는 중국사회과학원 주최의 '中韓儒釋道三教學術研討會'에의 초청장과 편지를 보내 주었었는데, 그 초청을 사양하는 내용이었다.

29 (금) 맑음

어제 우송되어 온 『南冥院報』를 읽었다.

30 (토) 맑으나 정오 무렵 첫눈

오전 11시에 인문대 후편 기숙사 가는 길옆에서 거행된 南冥館 신축 기공식에 참석하였다. 작년인가 재작년인가에도 이 부근에서 기공식을 한 차례 거행한 적이 있었었다. 그 후 조옥환 사장과 시내 남성당 한약방의 원장인 김장하 당시 남명학연구소 후원회장과의 사이에 건축비 분담 문제에 관한 의견의 불일치가 있어 차일피일 미루어져 오다가, 김장하 씨가 삼보종합건설의 박유정 사장을 자신의 후임으로 후원회장 자리에 앉히면서 삼보 측이 공사를 떠맡게 되어, 김장하·박유정 씨의 공동 出捐에 의해 오늘부터 본격적인 공사에 착수하게 된 것이다.

이 남명관은 1998년 상반기에 준공될 예정이며, 오늘 기공식을 올린 장소 앞쪽의 인문대학 후면 경사지에 연면적 2,360㎡(720평)에 지상 3층 지하 1층, 철근콘크리트 조, 화강석 마감으로 옥외정원 및 내·외빈용 주차장을 겸비한 형태로 건립될 예정인데, 설계는 본교 건축공학과의 고성룡 교수와 예경건축의 우경국 소장이 맡았다. 이 건물은 향후 남명학 연구를 중심으로 본교 한국학 연구의 본산이 될 예정이며, 아울러 평생교육원 및 해외협력연구를 위한 연구공간을 갖추는 것으로 되어 있다.

기공식장에는 진주시장과 사천시장, 진주교육장 및 본교의 학처장 등 보직자 등이 참가하였다. 공사 현장에 올라가 告祀를 올리고 난 다음, 나동의 금강산식당에서 불고기로 점심을 들고 있는 동안 한때 함박눈이 내리기 시작하여 瑞雪이라고 하는 소리들이 있었다. 이 자리에서 모처럼 김경수 사무국장 및 내 학위논문의 번역 작업을 맡아 있는 史載明 군을 만나, 이 책의 출판을 위한 작업과 관련한 의견을 나누기도 하였다.

12월

2 (월) 맑음

오전 중 지난 토요일에 來庵 후손인 정기철 씨로부터 입수한 崔官 著 『文祿·慶長の役—文學に刻まれた戰爭—』(東京, 講談社, 1994)를 검토해 보았다. 오후 두 시부터 『周易大全』 大畜卦를 끝으로 일반대학원 성리학연습 수업을 모두 마쳤다.

3 (화) 맑음

지난 토요일 김경수 국장으로부터 감정을 부탁 받은 『南冥集』 釐正合集本의 내용을 유사한 다른 판본들과 대조하며 검토해 보았다. 別集의 제3책 하나가 빠져 있는 缺本이었지만, 이 별집은 초간본임을 확인할 수가 있었다.

교내의 남명학연구소에도 이와 유사한 판본 하나가 구입되어 있으므로 그 구입 가격을 물어 보려고 한문학과의 이상필 교수 연구실에 갔다가, 한국정신문화연구원에서 간행한 『古文書集成』 시리즈 중 无悶堂의 龍淵書院 편 2책과 陜川鄕校 편 1책이 서가에 비치되어 있는 것을 보고서 빌려와 검토해 보았다. 그 해제는 丁淳佑 교수가 집필하였는데, 지난번 나의 항의로 말미암은 것인지 이번에 간행된 것들에는 이 자료들의 수집 작업에 나의 참여와 도움이 있었음에 대한 기술이 있었다. 그러나 이 책들은 금년 6월 중에 간행되어 이미 반년이 경과하고 있음에도 불구하고, 거듭된 약속과는 달리 아직도 나에게 기증본이 보내져 오고 있지 않으며, 나는 이것들이 간행되어 있다는 사실조차 지난주 토요일 정기철 사장 및 김경수 국장을 통해 비로소 알았던 것이다.

4 (수) 흐림

종일토록 김경수 군으로부터 감정을 위촉받은 『南冥集』 釐正合集本의 내용을 다른 자료들과 대조해 가며 검토하는 작업에 종사하였다. 놀랍게도 이 판본의 문집 부분은 肅宗 연간에 간행된 釐正合集本의 초간본이며, 별집을 제외한 문집 부분 전5책 중 제2책은 합집 이전의 釐正本이 잘못 끼어들어 있는 것임을 발견하였다. 김경수 국장에게 연락하여, 반드시 구입하되 250만 원이라는 가격은 일반적인 한적의 거래 가격, 특히 이 책과 같은 散秩의 가격 수준에 비해 너무 높으므로 에누리를 해 보도록 당부했다.

5 (목) 맑으나 쌀쌀함

김경수 군이 철학과의 대학원 학생을 보내 왔으므로, 그를 통해 검토를 마친 『南冥集』 釐正合集本의 초간본을 돌려보냄과 아울러 한 부를 복사하게 했다. 김 국장으로부터 들은 바에 의하면, 이 책은 조옥환 사장이 서울에 있는 삼성출판사 김종규 사장의 소개를 통해 박영돈이라는 사람으로부터 입수하였는데, 조 사장은 어제 내가 한 말로 말미암은 것인지 너무 비싸서 구입하지 않고 그냥 돌려보내겠다고 한다는 것이었다. 나로서는 에누리가 어렵다면 250만 원 전액을 지불하고서도 사 둘만한 가치는 있는 책이라는 점을 강조해 두었다.

6 (금) 맑음

미학 전공인 사범대학 미술교육전공의 김수현 교수를 통해 서울대 미학과 강사로서 본교 철학과 초청 강사인 리처드 슈스터만 템플대 철학과 교수의 제자이기도 한 김진엽 씨가 번역한 강연 원고 「프라그마티스트 미학」의 영어 원문과 번역판, 그리고 그 요지가 전달되어 왔으므로, 그 내용을 학과 교수들에게 복사해 전하게 하고 나 자신도 검토해 보았다.

7 (토) 맑으나 쌀쌀함

미국 템플대 철학과 리처드 슈스터만 교수의 초청 세미나 원고인 「프라그마티스트 미학」의 한국어 全文을 검토해 보았고, 한국정신문화연구원의 『古文書集成』 속에 포함되어 두 책으로 간행돼 나온 龍淵書院篇의 내용을 검토해 보고 있다. 전자는 몇 년 전 臺灣大 철학과의 劉福增 교수가 한국에 왔을 때 그의 발표 논문 원고를 내가 번역해 두었었던 것과 더불어 본교 철학과에서 발행하는 학술지『존재와 사유』의 다음호에 싣도록 했고, 葛榮晋 교수와 슈스트만 교수의 강연 원고는 뉴스레터인『철학회보』에다 싣도록 조교에게 지시했다.

9 (월) 맑음

오전 중『古文書集成』龍淵書院篇을 읽으며 카드화 하는 작업을 계속했다.

오후 두 시 무렵에 사범대 미술교육과의 김수현 교수가 철학과 초청 세미나의 발표자인 미국 템플대 철학과의 리처드 슈스터만 교수 및 그 약혼자로서 같은 필라델피아 출신인 재미 일본인 2세, 그리고 前 서강대 국문과에 근무하다가 지금은 김해에 신설된 仁濟大學校의 학장인가로 계시며, 固城 바닷가에 별장을 가지고 계신 김열규 교수의 아들로서 슈스터만 교수의 지도하에 박사학위를 취득한 다음 작년에 귀국하여 현재 서울대 미학과에 강사로 근무하고 있는 김진엽 씨 일행과 더불어 내 연구실로 방문해 왔다. 잠시 대화를 나누다가, 2시 반부터 1층의 인문대 세미나실에서 나의 사회로 초청강연회를 개최하였다.「프라그마티스트 미학」이라는 주제는 이미 3개 국어로 번역되어 있고 조만간에 김진엽 박사에 의해 한국어로도 번역서가 나오게 되어 있는 슈스터만 교수의 主著와 같은 제목인데, 김 박사가 요지 및 全文의 번역을 해 주고 오늘의 통역까지 맡아 주었다. 슈스터만 교수는 유태인으로서 나보다 한 살이 적은데, 미국 필라델피아에서 태어나 고등학교까지를 거기서 마친 다음, 이스라엘로 이주하여 대학의 학부 및 석사 과정을 마쳤고, 영국의 옥스퍼드대학에서 박사 학위를 받았으며, 이스라엘의 벤구리온대학에서 한동안 교수 생활을 하다가 지금은 필라델피아에 있는 템플대학교로 옮겨와 있으며, 그 약혼자와 함께 뉴욕의 맨해튼에 거주하고 있는 모양이다.

세미나를 마친 다음, 나와 같은 망진산악회 회원이기도 한 권성옥 여사가 경영하는 한식집 秋思樓로 자리를 옮겨 저녁을 들었으며, 밤 7시 30분발 마지막 비행기를 타고서 서울로 가는 그들을 전송하기 위해 나는 김수현 교수가 운전하는 차에 동승하여 사천공항까지 나갔다가 돌아왔다. 추사루에서의 저녁 식사에는 우리 철학과 교수 네 명과 이준호 강사 및 내가 처음 교수 연수단의 일원으로서 중국을 방문했을 때 일행이 되어 알게 된 영남대의 미학 교수이자 김진엽·김수현 씨와 마찬가지로 서울대 미학과 출신이기도 한 민주식 씨도 참석하였다. 공금인 회식비 예산 14만 원으로서는 청구서에 적힌 231,000원에 턱없이 모자라 내가 포켓머니를 6만 원 보태었고, 나머지는 권 여사가 할인해 주었다.

10 (화) 맑음

오전 중 『古文書集成』 龍淵書院篇을 계속 읽어, 宗川書院의 院變이나 趙輝晋 등 德川院儒들의 南冥請廡疏와 관련된 通文 내용을 카드화하였다. 이 사업의 책임자가 되어 있는 정신문화연구원의 丁淳佑 교수에게 연하장을 내어, 내가 참여한 이 자료들이 간행되는 대로 나에게 보내주겠노라고 한 거듭된 약속들을 지키지 않은 데 대한 유감의 뜻을 표시하고, 이런 일로 맺어진 우리의 學緣이 길이 이어지기를 바란다는 말로써 끝을 맺었다.

오후 두 시에 인문대 세미나실에서 남명학연구소의 제15차 학술발표회가 있었으므로 거기에 참석하였다. 7교시인 오후 세 시에는 교양과목인 '환경과 오염'의 기말고사 시험감독이 있어 그 자리를 떴다가, 감독을 마치고서 다시 발표회장에 나가 보니 金侖壽 씨가 발표를 하고 있었다. 오늘의 발표회에서는 중국의 北京師範大 彭林 교수가 「南冥의 儒家思想中道家的 面貌」를, 啓明大 강사로서 근자에 『東岡集』을 공동 번역한 바 있는 金洪永 씨가 「東岡 金宇顒의 讀書論과 學問的 性向」을, 그리고 김윤수 씨가 「南冥集 板本 硏究上의 爭點」이라는 논문을 발표하였는데, 김윤수 씨의 글은 본격적으로 나를 겨냥한 것으로서, 그 논조의 거칠음이 마치 시장바닥에서 싸우는 사람을 방불케 하였다. 사회자인 한문학과의 이상필 선생이 토론 시간의 끝에 나에게 발언을 청했으므로, 대충 소감을 말하고서 김 씨의 논지에 대한 구체적인 의견은 자료를 검토한 후에 논문을 통해 제시하겠다는 뜻을 표명했다.

발표회를 마친 후, 도동의 며칠 전 장상환 교수와 더불어 점심을 들었던 장소 부근에 있는 불고기집으로 가서 저녁과 술을 들었다. 彭林 교수는 본교 한문학과 H 교수의 주선 등으로 이미 세 차례 한국을 방문해 있고, 그 때마다 본교와 덕천서원에도 들렀으며, 기왕에 중국 대륙의 학자로서는 처음으로 「南冥의 歷史認識」이라는 제목의 논문도 발표했던 적이 있었다. 그러나 나와 H 교수의 관계가 좋지 않으므로 나와는 개인적인 인사가 없었는데, 오늘 저녁 회식 자리에서 비로소 서로 명함을 주고받으며 나란히 앉아 대화를 나누었다. 거기서 나와서는 다시 근처에 있는 노래방으로 자리를 옮겨 꽤 오랫동안 놀다가 돌아왔다. 회식 자리에서 처음 앞에 앉았었던 曺玉煥 사장에게 최근에 입수하여 내가 감정해준 『南冥集』 釐正合集本의 초간본을 놓치지 말고 구입할 것을 권했더니 그렇게 하겠노라고 대답했다.

11 (수) 맑음

『古文書集成』 제31권 陜川鄕校篇을 검토하여 이 지역 戊申亂 관련자들의 鄕案 삭제 및 仁祖 시기 陜川郡을 鄭仁弘의 胎生地라는 이유로 縣으로 강등시켰던 사실과 관련된 내용들을 카드화하였다.

12 (목) 맑음

오전 중 한문학과의 이상필 교수 연구실로 거기서 빌려 왔던 『古文書集成』과 『五經淺見錄』을 반환하러 갔다가 며칠 전 金倫壽 씨의 論旨 및 나의 학위논문과 관련된 대화로 오전 시간을 거의 다 보냈다.

저녁 무렵 김윤수 씨가 엊그제 발표했던 논문을 읽어 보기 시작했다. 그가 나를 반박한 논점은 두 가지인데, 그 첫 번째인 河洛 사건은 成均館의 付黃 처분 및 臺諫의 論啓로 말미암은 釐正本 간행과는 별개의 사건이라고 하는 논지를 읽어 보니 무리의 흔적이 역력하여, 그와 다시 논쟁을 벌이더라도 충분한 勝算이 있다는 느낌이 들었다.

13 (금) 맑음

金侖壽 씨의 논문 「南冥集 板本 硏究上의 爭點」을 다 읽었다. 교내의 남명학연구소 조교를 통해 김 씨와 연락하여, 이 논문에 인용된 새로운 자료로서 본교 중앙도서관 한적실의 梧林文庫에서 그가 대출해 간 것이라는 河達漢의 문집 『龍岡遺集』을 빨리 반환해 달라고 요청했더니, 지금 複寫店에 맡겨 두었는데 내 것도 한 부 복사해 주겠다고 한다는 회답이 있었다.

14 (토) 맑음

사재명 군이 입력해 준 나의 학위논문 제1장 국문 부분을, 디스켓 및 출력해 놓은 것들을 가지고서 내가 원래 국내 학술지에다 발표했을 때의 것 및 학위논문으로서 제출한 일본어판과 대조해 가며 수정하는 작업을 퇴근 시간 무렵까지 계속하였다. 도중에 정전으로 말미암아 한동안 작업해 놓은 내용이 사라져버리는 사태도 있었다.

김윤수 씨의 논문에 이용된 '三洲文集'이라는 자료도 컴퓨터 검색을 통해 본교 중앙도서관에 소장되어 있는 것임을 확인하였다.

16 (월) 맑고 포근함

종일 김윤수 씨의 「남명집 판본 연구상의 쟁점」을 읽으며 관계 문헌들을 찾아 대조해 가면서 카드화하였다. 남명학연구원의 김경수 국장을 통해 서울대 규장각에 근무하는 신병주 씨와 연락하여, 규장각에 필사본 4권 4책의 형태로 소장되어 있는 申命圭의 문집 『默齋記聞錄』을 복사해 주도록 당부하였다. 신 씨로부터는 그 자료의 존재를 확인하였으므로 곧 복사해 보내겠노라는 회답을 받았다고 한다. 이 자료가 아마도 김윤수 씨의 논거를 검토하는데 결정적인 역할을 할 듯하다.

17 (화) 흐리고 때때로 부슬비, 일본은 비

박사학위 논문의 試問에 응하기 위해 부산에서 오전 11시 5분 발 비행기로 大阪을 향해 출발하기로 되어 있는 날이다. 평소의 출근 시간인 오전 여덟 시 무렵부터 출발 준비를 시작하였는데, 비디오의 사용설명서를 참조하며 며칠 분의 TV 프로그램을 자동으로 예약녹화 하는 방법을 시도하다가 결국 실패하고서 시간만 허비하고 집을 나섰다. 이미 비행기 출발 시간까지 두 시간 반 정도 밖에 남아 있지 않아 마음이 다급하였는데, 개방대학 앞의 시외버스 정거장에서 부산 가는 시외버스를 기다리고 있다가 문득 여권을 연구실에 있는 파일 캐비닛 속에다 그냥 놓아두고 온 것이 아닐까 하는 생각이 들어 주머니를 뒤져 보니 아니나 다를까 여권이 없었다. 정신이 아찔해져 급히 택시를 대절해 학교로 달려가서 여권을 찾고 그 택시로 다시 개양의 시외버스 정류장으로 가 부산 행 버스에 올라탔다. 만약 조금이라도 늦게 그 생각이 들어 그냥 시외버스를 타고서 출발했더라면 10년 공부가 나무아미타불이 되고 나의 박사학위는 영원히 사라져 버리게 되는 상황이었다.

남해고속도로 상에는 아침이라 부산 쪽으로 향하는 교통량이 비교적 적어 버스는 1시간 20분 정도 걸려서 사상터미널에 당도하였는데, 거기서 택시를 잡아 김해공항까지 들어가는데 다소 시간이 걸렸다. 그러나 이럭저럭 비행기 출발 시각에서 반시간 정도 남겨두고 대한항공 카운터에 도착했지만, 탑승 수속은 이미 마감된 상태였다. 운 좋게도 그날따라 大阪 행 손님이 많아 오전 11시 50분에 또 한 대의 비행기가 출발한다고 하므로, 그 편으로 무사히 關西新空港에 당도할 수가 있었다. 실로 九死一生이라 하지 않을 수 없다.

고속전철 하루카를 타고서 한 시간 반 남짓 걸려 京都에 도착하여, 예약해 둔 百萬邊의 內外學生센터에 당도해 3층의 3호실을 배정 받았다. 이곳은 다다미 열 장 크기의 꽤 넓은 방이며 있을 것은 다 있는 정도의 편리한 시설인데도 1인 숙박비는 학생이 아닌 일반인의 경우 하루 3,900엔에 불과하며 세금을 포함하면 4천 엔 정도인 것이다.

18 (수) 맑음

어제 도착한 이후 줄곧 김윤수 씨의 논문을 다시 읽었고, 그가 자기 반론의 근거로 삼은 『生員公實紀』 및 『三緘齋集』의 관계 기록들을 검토해 보았다. 오늘도 오전 내내 그 자료들을 검토한 후에 내 학위논문의 끝 부분에 김 씨의 주장을 비판한 補論 「異說에의 檢討」도 다시 한 번 읽어 보았다. 점심 무렵에 숙소를 나섰는데, 약 반 년 만에 다시 와 보니 京都大學 文學部의 새 건물은 그새 공사가 상당히 진척되어 骨組는 이미 다 올라가 있었다.

中央食堂에서 점심을 들고서 3층에 있는 中國哲學史 연구실로 가서 대기하였는데, 후배인 龜田勝見 군이 컴퓨터로 이 연구실에서 발행하는 『中國哲學史研究』 최신호를 편집하고 있었다. 마침 小林清市 군이 투고한 「기러기(雁)의 四德」이라는 논문을 편집하고 있는 중이었다. 얼마 후 助手인 末岡宏 군이 나타나 지금 준비 중이므로 조금 기다리라고 하더니, 그 후 얼마 지나 전화가 걸려 와서 2층에 있는 內山 교수의 연구실로 나를 오라고 했다.

평소의 연구실 모습 그대로인데, 內山·池田 두 교수는 내 앞쪽의 탁자 양쪽에 있는 의자에 앉았고, 東洋史學의 朝鮮史 전공인 夫馬進 교수는 건너 쪽 긴 의자에 앉아 있었다. 먼저 內山 교수부터 질문을 시작하여, 池田·夫馬 교수의 순으로 진행되었는데, 오후 한 시 반 무렵부터 시작된 試問이 어두워질 무렵까지 계속되었다. 내가 만일을 위해 답변을 준비해 둔 金倫壽 씨의 주장과 관련한 질문은 하나도 없었고, 대체로는 부분적인 인쇄의 착오나 일본어 표현상의 문제점, 그리고 緒論에 적힌 남명의 사상에 관한 질문들이었다. 대체로 試問을 맡은 이 세 교수는 남명 사상과 實學, 禮學 및 壬亂 중 의병활동, 임술민란 등과의 관계에 대해 회의적인 생각을 가지고 있는 모양이었다.

試問이 끝난 후 內山 교수가 일본 煎餅을 내 놓으며 들기를 권했고, 학위 수여에 대해서는 아직 文學研究科 회의의 투표가 남아 있지만 별로 문제될 것이 없다는 뜻을 표했으며, 수여 일자는 내년 1월 24일과 3월 24일 중 어느 하나가 되겠지만, 1월은 시기적으로 너무 촉박하여 3월이

될 것 같다는 말을 했다. 池田 교수의 연구실로 따라가 김해공항 면세점에서 사 온 문배주 한 병을 선물로 드리고 잠시 대화를 나누었다. 나의 논문 내용은 만족할 만한 것이었기 때문에 내용에 관한 질문이 별로 없었던 것이라고 하면서, 학위 수여는 틀림없으니 염려할 것 없다고 하였다.

20 (금) 맑음

사재명 군이 작업해 준 내 학위논문 제1장의 한글 파일을 교정하는 작업을 계속하였다.

21 (토) 맑음. 冬至

학위논문 제1장의 번역 부분에 대한 수정 작업에 종사하여 거의 다 마쳐간다.

23 (월) 맑음

지난번 남명학연구소의 연구발표회에서 발표된 후 아직 출판되지 않은 金侖壽 씨의 논문 「南冥詩의 編年考」도 훑어보았다. 사재명 군이 내 학위논문의 緖論과 제2장 부분을 번역하여 가져왔으므로, 그동안 제1장 부분을 검토한 내용을 가지고서 그에게 몇 가지 컴퓨터 입력의 방침을 일러 주었다. 史 군이 꽤 치밀하게 내 글들을 검토해 주고 있어 퍽 도움이 되기는 하지만, 그의 일본어 실력은 내가 기대했던 것보다는 훨씬 못 미쳐서 한국어 원문이 없는 부분에서는 곳곳에 誤譯이 많았다. 제1장 「來庵刊本」의 검토를 끝내고서 緖論의 수정 작업에 들어갔다.

규장각의 신병주 씨로부터 내가 부탁한 『默齋記聞錄』 필사본 네 책이 복사되어 보내져 왔다. 퇴근 전에 잠시 검토해 보았더니, 이는 일반 문집류가 아니라, 필자인 申命圭가 자신이 보고 들은 일들을 기록해 놓은 것이었다. 한밤중인 오전 한 시 반 무렵에 일어나 한국정신문화연구원에서 낸 『한국민족문화대백과사전』을 통해 顯宗 연간에 『남명집』의 훼판을 奏請한 言官인 申命圭·朴贇·李宇鼎의 인적 사항을 조사하여 카드화하고서 다시 취침하기도 하였다.

정신문화연구원의 丁淳佑 교수와 關西學院大學의 坂出祥伸 교수로부터 연하장이 도착하였다. 내가 지난번에 丁 교수에게 보낸 연하장을 통해 『古文書集成』의 龍淵書院篇과 陜川鄕校篇이 반 년 전에 이미 출간되었음에도 불구하고 출간 즉시 나에게 보내주겠다고 한 약속을 지키지 않은 데 대해 섭섭한 뜻을 표시했더니, 그는 이번 답장에서 "資料集은 즉시 送付해 드리겠습니다. 조사次 내려갈 때 직접 전해드리고자 하였더니 늦게 되었습니다. 저도 약속은 중히 여깁니다."고 사과의 뜻을 전하여 왔다. 坂出 교수는 내가 학위논문을 제출했다는 소식을 들었다면서 축하의 뜻을 표시해 왔다.

24 (화) 맑음

학교에서는 『默齋記聞錄』을 두 차례 읽으며 필요한 부분들을 카드화하였다. 이에 의하면 默齋 申命圭가 西人인 것이 틀림없으므로, 그를 南人으로 想定하여 전개한 金侖壽 씨의 논지는 모두 허구인 것이 분명해졌다.

경기도 남양주시에 있는 泰東古典研究所의 芝谷書堂에 거주하고 있는 중국 北京師範大學 國學研究所의 彭林 교수로부터 내가 보낸 禮學 관련 논문 세 편을 받고서 감상을 적은 편지가 도착하였다.

26 (목) 맑고 포근함

오전 중 조교를 통해 申命圭의 『默齋記聞錄』 4책을 한문학과 조교에게 전달하여, 이를 한 부 복사해서 金侖壽 강사에게 우송하도록 조치했다. 김 씨의 주장을 논파하는 것은 손바닥을 뒤집는 것보다도 더 쉽지만, 그렇게 할 경우 그가 받게 될 상처가 매우 클 것이고, 또한 孫子의 兵法에도 있는 것처럼 싸우지 않고서 이기는 것이 최선의 승리라고 생각하기 때문에, 그로 하여금 지난번 남명학연구소의 발표회에서 읽었던 논문을 이 연구소의 기관지인 『南冥學研究』에 싣는 것을 스스로 포기하게 하려는 뜻도 있다.

27 (금) 맑고 포근함

일본 동방학회의 『東方學會報』 No.71(1996년 12월 20일 발행)을 훑어 보았다. 『동방학회보』의 회원통신 란에는 나의 소식도 실려 있다.

金侖壽 씨로부터 며칠 전에 보내져 온 河達漢의 『龍岡遺集』 중 그가 자기 논지의 근거로 삼았던 부분들을 조금 검토해 보았고, 오후에는 박사 논문 緖論의 한글 입력 부분을 수정하는 작업을 계속하였다.

28 (토) 맑음

학교에서는 저녁 무렵까지 학위논문 緖論의 한글 입력 분에 대한 수정 작업에 종사하였다. 史載明 군의 일본어가 신통치 않아 誤譯이 매우 많고, 한문의 인용문은 전혀 번역을 해 놓지 않아 내가 직접 처음부터 번역해야 하는 데다, 문장 부호는 모두 전각으로 되어 있는 것을 일일이 반각으로 고치는 작업을 하고 있는 까닭에 예상했던 것보다 시간이 많이 든다. 윈도우 95 및 흔글 3.1을 사용하게 된 이후로 워드프로세서의 이용에 있어서는 오히려 불편한 점이 많다. 웬일인지 바꾸기의 기능도 제대로 작동하지 않고 있어, 문장 부호 등을 내가 일일이 手作業으로 고치지 않으면 안 되게 되었다.

30 (월) 맑음

학위 논문 緖論 부분의 한글 입력 작업을 계속하였다.

內山俊彦 교수로부터 연하장이 왔는데, 인쇄된 '謹賀新年' 다음에 만년필로 '萬事如意' 라고 씌어 있었다.

31 (화) 맑음

오전 11시에 종무식이 있었으나, 평소 퇴근 무렵까지 연구실에 남아 緖論의 입력 작업을 계속하다가 산길을 걸어서 돌아왔다. 특히 한문의 번역에는 시간이 많이 걸려 진도가 빠르지 못하다.

1997년

1월

3 (금) 맑으나 쌀쌀함

학위논문 緖論의 한글 입력 작업을 계속하여, '敬과 禮學' 부분까지의 작업을 마쳤다.

6 (월) 맑음

학위논문 緖論의 '義와 救世的 行動' 부분에 대한 한글 번역 및 수정 작업을 시작했다.

규장각에서 부쳐져 온 현종 연간의 臺諫 申命圭의 유일한 저술인『默齋記聞錄』을 지난번 김윤수 씨가 나를 비판한 논문을 발표했던 남명학연구소의 연구발표회 당시 사회를 맡아 본 한문학과의 이상필 교수에게 빌려주어 김 씨의 논문과 더불어 검토해 보게 했다.

8 (水) 맑고 포근함

학위논문 緖論 부분의 입력 작업을 마치고서 제1장 부분을 다시 검토하여 일부 수정하였으며, 제2장 부분의 검토에 들어갔다.

狩野直喜의 손자인 京都女子大學 學長 狩野直禎 씨로부터 연하장이 왔는데, 七岩洞의 옛 주소로 되어 있었다.

9 (목) 맑음

학위논문 제2장 「滄洲刊本」까지의 입력 작업을 마쳤다. 제1장과 제2장은 원래 한글로 발표할 때 번역문을 인용하였었고, 일본어로 된 학위논문에서는 원문을 가지고서 인용하였으므로, 이미 번역문과 원문이 함께 있는 셈이라 별로 시간이 많이 걸리지는 않았다.

10 (금) 맑음

오전 중 金倫壽 씨가 복사해 보내 준 河達漢과 그 아들의 문집인 『龍岡遺集』의 내용을 검토해 보았다.

11 (토) 맑음

오후에는 김윤수 씨의 논문을 河達漢의 『龍岡遺集』 및 河洺의 『生員公實紀』에 있는 원문들과 비교 검토해 보는 작업을 계속하였다. 비록 申命圭와 관련된 고증은 모두 픽션이라 할지라도, 현종 11년(庚戌)에 신명규 등 臺諫들의 『남명집』 훼판 사건과 관련한 啓辭가 있었다는 주장은 상당히 설득력이 있는 것이라는 생각이 들었다.

정오 직전에 史載明 군이 연구실로 방문해 왔으므로, 그동안 작업했던 제2장까지의 디스켓과 출력 부분을 건네주고서, 그가 새롭게 작업해 온 제3장 부분을 넘겨받았다. 제3장까지의 부분은 원래 내가 한글로 입력한 파일이 없었던 것인데, 史君의 도움으로 이제 그 부분의 입력을 마친 것이니, 출판을 위한 기초 작업이 거의 절반 정도는 이미 이루어진 것이라 하겠다.

京都大 中國哲學史 전공의 차기 주임교수인 池田秀三 씨로부터 연하엽서가 도착하였다. 그 내용은, "지난번에는 수고하셨습니다. 안심하고서 좋은 소식을 기다리십시오. 3월에 만납시다."로 되어 있었다. 3월이라 함은 3월 24일로 예정된 학위수여식을 가리키는 것이다.

13 (월) 맑음

『龍岡遺集』 및 『生員公實紀』의 내용을 김윤수 씨 및 내 학위논문의 내용과 대조하여 검토하는 작업을 계속하였다. 점심 때 도서관 漢籍室에 들러 김윤수 씨의 논문에 이용된 申顥仁(1762~1832)의 『三洲先生文集』을 빌려 왔다.

14 (화) 맑음

어제에 이어 김윤수 씨의 논문을 그가 이용한 원전들 및 기타 이와 유관한 1차 자료들과 면밀히 대조해 보는 작업을 계속하였다. 점심 때 다시 도서관 한적실에 들러 『承政院日記』 제221책 顯宗 11년 庚戌 10월 7일 條가 들어 있는 부분을 빌려 와 『朝鮮王朝實錄』의 내용과 대조해 보았는데, 이로써 김 씨의 주장과 같이 실록에 실려 있는 이 기록이 잘못된 것이 아님을 최종적으로 확인할 수가 있었다. 한적실에 갔던 김에 그 방에 비치되어 있는 다른 영인본들도 둘러보았다. 지난번에 한 번 빌려 온 적이 있었던 郭鍾錫 著, 朴喜雨 編 『茶田經義答問』을 다시 한 번 빌려 와 그 내용을 검토하며 카드화하였고, 아울러 내가 河有楫 씨를 통해 입수한 바 있었던 河達聖 編 『宗川禍變錄』이 1992년에 하유집 씨에 의해 이미 간행되어 있고, 게다가 내가 입수한 天·地의 두 책 이외에 또 人卷 한 책이 더 있음을 알게 되었다.

김경수 군이 내가 부탁했던 崔官 著 『文錄·慶長の役』의 복사본을 보내 왔으므로, 점심 때 구내 우체국에 들러 이를 內山俊彦 교수에게로 우송하였다. 지난달의 구누시험 때 內山 교수가 芥川龍之介의 『金將軍』에 대해 언급하며, 晋州城 싸움 및 論介의 실존 여부에 대해 관심을 표명하므로, 내가 그 문제와 관련하여서는 근년에 東京의 講談社로부터 이 책이 간행되어 있음을 언급한 적이 있었기 때문이다.

15 (수) 맑음

엊그제 도서관 한적실에서 빌려 온 申顥仁의 『三洲集』을 읽으며 카드화하는 작업에 종사하였다. 오늘은 주로 서문과 권6의 부록에 수록된 그의 傳記 자료들을 검토하였는데, 김윤수 씨가 주장하는 바와 같이 그가 龍巖書院에다 尤庵이 撰한 南冥神道碑를 廟庭碑의 형태로 세운 중심인물임을 확인하였다.

서울에 체재하고 있던 中國人民大學 철학과의 葛榮晋 교수가 내일 부인과 함께 北京으로 돌아가게 된다면서 집으로 작별 전화를 걸어 왔다.

16 (목) 맑음

어제에 이어 『三洲集』을 읽으며 김윤수 씨의 논문과 대조하는 작업을 계속하였는데, 역시 여기서도 김 씨의 고증이 틀린 점을 몇 군데 발견했다.

동국대학교 慶州分校의 인문대학장인 김필수 교수로부터 작년에 함께 중국 河南省에서의 국제학술회의에 참여하고 돌아온 후 중국에서의 국제학술회의에 관한 정보들이 이따금 보내져 오고 있는데, 오늘도 그러한 내용의 우편물을 하나 받았다. 이번 것은 지난번에 葛榮晋 교수로부터 권유를 받았으나 이미 참여할 의사가 없음을 표시한 바 있는 西安에서의 사회과학원 주최 韓中儒佛仙 국제학술회의에 관한 것이었다. 그러나 같은 시기에 山東省의 孟子 고향인 鄒城에서의 孟子學會와 北京에서의 牧隱 李穡에 관한 학술회의도 있으며, 이 일들을 모두 동덕여대 趙駿河 교수가 추진하고 있다는 정보도 적혀 있었다. 山東省의 경우는 관심이 있어 조 교수에게 전화해 보았으나 부재중이었다. 밤에 조준하 교수가 나의 전화 녹음 내용을 접했는지 우리 집으로 전화를 걸어 왔다. 금년 8월 18일부터 30일까지 12일 동안 이 세 학회를 모두 포괄하여 山東省의 鄒城·泰山·齊南, 北京, 西安, 成都 그리고 重慶에서 九江까지의 揚子江 유람과 廬山 구경을 포함하는 여행을 계획하고 있다기에, 일단 참가자 명단에 이름은 올려 두고서 더 고려해 보기로 하였다.

17 (금) 맑음

『三洲集』의 鉛活字本을 다 읽고서, 같이 영인된 石版本을 읽고 있다. 석

판본은 연활자본이 간행된 후에 발견된 저자 申顯仁 자신의 手稿本에 근거하여 간행된 것이니만치 전자와는 비교할 수 없을 정도로 풍부한 자료를 수록하고 있다.

18 (토) 맑음

평소 퇴근 시각 무렵까지 연구실에 남아 『三洲集』 石版本의 카드화 작업을 계속하였다. 이 자료가 18·19세기 무렵의 龍巖書院 및 新山書院 측의 동향을 아는데 꽤 도움이 되는 것임을 알았다.

20 (월) 맑음

『三洲集』 石版本을 계속 읽으며 카드화하고 있다. 龍巖書院에 尤庵이 撰한 남명의 神道碑를 廟庭碑의 형태로 세우고, 또한 丹城에 朱子와 尤庵을 享祀하는 新安精舍를 건립한 중심인물이 申顯仁 한 사람이 아니라, 그의 벗이자 남명의 처가인 恩津宋氏의 후예인 龜陰 宋錫璟 또한 이 일들에 매우 깊이 관여하고 있음을 알게 되었다.

同德女大 趙駿河 교수의 자택으로 전화하여, 금년 8월의 중국 여행 계획에 대해 좀 더 상세한 일정을 물어 보았다. 시간관계상 成都 행은 포기하고서 바로 重慶으로 가야할 것 같고, 揚子江 유람도 三峽 관광을 위주로 축소해야겠다는 의견을 말하고 있었다. 작년의 河南省에서 있었던 국제학술회의에 함께 참가했었던 한국 교수들이 이번에도 대부분 참가하며 논문도 발표한다기에, 나도 참가할 뜻을 거의 굳혔다.

21 (화) 강추위와 바람

오전 중 중국 北京의 劉廣和 교수에게 보내준 책을 잘 받았다는 내용의 그림엽서와 中國社會科學院의 韓中국제학술회의 담당자에게 나의 참가 의사를 표명하는 편지를 써서 부쳤다. 발표 제목은 현재 준비하고 있는 논문인 「18세기의 江右學派」로 정했다. 劉 교수가 일반 船便으로 보내 준 葛榮晋 主編 『中國實學思想史』 全3冊(北京, 首都師範大學出版社, 1994)은 定

價가 125元인데, 우편비는 85元 60分이 들었다.

이 책의 목차와 葛 교수가 쓴 導論 부분의 내용을 좀 검토해 보고, 마찬가지로 어제 합천향교의 典敎인 曺永烈 씨로부터 우송되어 온 『陶村·梧溪集』 국역본의 내용도 좀 훑어보았다. 오후에는 『國朝人物考』 中卷에 실린 尹拯 撰 申碩蕃墓碣銘을 읽으며 그의 官歷을 카드화하였다.

22 (수) 맑고 다소 풀린 추위

『國朝人物考』와 『明齋集』 권38에 실린 申碩蕃의 墓碣銘을 대조하며 카드화하였고, 이어서 申顯仁의 『三洲集』 石印本에 실린 宋錫璟과 柳世彙 및 그의 종조부의 行狀을 읽으며 카드화하였다. 그 결과 김윤수 씨가 지난달에 발표한 논문은 그 구체적 내용에 있어서 오류투성이임을 알게 되었다.

23 (목) 흐림

『三洲集』의 카드화 작업을 마친 다음, 『三嘉邑誌』, 崔益鉉의 『勉菴集』, 『宋子大全』 등을 읽으며, 관련된 내용을 카드화하였다. 중앙도서관 한적실에 전화하여, 김윤수 씨가 남명학연구소 조교를 통해 대출해 간 『삼주집』은 愚川文庫에 들어 있는 鉛活字本의 線裝本이며, 대출 기간은 작년 12월 5일부터 26일까지임을 확인하였다. 퇴근 때 도서관 옆의 정거장에서 학교에 나온 김 씨를 만났는데, 그는 내가 보낸 『默齋記聞錄』을 검토해 보았음에도 불구하고, 묵재가 최백년 등과 짜고서 임술본 훼판을 위한 臺啓 사건을 일으켰다는 종전의 입장을 유지하고 있었다.

24 (금) 맑음

『顯宗實錄』『顯宗改修實錄』『肅宗實錄』 가운데서 李尙逸·申命圭·申碩蕃·李宇鼎과 관련된 記事를 읽으며 카드화하였다.

25 (토) 맑음

『肅宗實錄』의 李宇鼎에 대한 검토를 마치고서, 오후에는 김윤수 씨의 논문 「南冥集 板本 硏究上의 爭點」에 대한 나의 응답에 해당하는 논문 「실증과 진실—『남명집』 이정본 계통 판본의 간행 연대—」의 집필에 들어가 단번에 序言 부분을 마쳤다.

을유문화사로부터 전화 연락이 있었는데, 내가 번역한 『中國哲學史』의 初版 第10刷 500부를 출판하기 위해 板權紙를 보낸 지가 오래되었으나 그것이 돌아오지를 않아 우리 집을 거쳐 내 연구실로 전화한다는 것이었다. 집으로 보내오는 우편물이 어린애들의 장난 때문인지 우편함에서 분실되는 경우가 더러 있었는데, 그 때문인지 나는 그것을 받은 적이 없다고 했더니 새로 보내겠다는 것이었다. 이 책은 676페이지에 달함에도 불구하고 86년도의 초판 제1쇄 이래로 계속 8,000원의 가격을 유지하고 있었는데, 금년부터는 만 원으로 인상한다고 하며, 이미 인쇄가 완료되어 있기 때문인지 나의 학위 취득 관계는 이번에도 역자 소개란에 추가되지 않는다고 한다.

內山俊彦 교수로부터 내가 보낸 崔官 著 『文錄·慶長の役』을 잘 받아 흥미 깊게 읽고 있다는 내용의 그림엽서가 도착하였다. 내 학위논문의 심사 결과는 1월 말 경에 도착될 것이라고 한다.

27 (월) 맑음

「실증과 진실」의 집필을 계속하여, 序言의 일부를 보충하고 제2절 '沙隱本의 간행 연대'에 들어갔다.

점심 때 서울대 및 京都大 동문인 농경제학과의 김병택 교수 및 역사교육과의 박종현 교수와 함께 泗川 船津의 횟집으로 가서 점심을 들고서 돌아왔다. 내 학위취득이 임박했음을 사전에 축하하는 뜻도 있는 모양이다.

28 (화) 맑음

「실증과 진실」 제2절의 집필을 계속하였다.

29 (수) 맑음

「실증과 진실」의 집필을 계속하였다.

30 (목) 맑음

오전 중 논문 작업을 계속하였고, 오후 한 시 반에 인문대 앞에서 학교 버스를 타고서 금년도의 인문대 교수 세미나 장소로 출발하였다. 근년에는 인문대 교수들의 친목 모임에 전혀 참가하지 않고 있었으므로, 참으로 여러 해 만이다. 남해고속도로를 경유하여, 전라남도 광양읍 칠성리에 소재하는 서울대학교 부속 남부연습림 추산연수원에 도착한 것은 세 시 남짓 되어서였다.

집에서 아내로부터 전화가 걸려왔다. 일본에서 京都大의 교수로부터 여러 차례 전화가 걸려왔는데, 자신이 영어로 내가 부재중이며 내일 돌아온다는 말을 했지만 그 뒤에도 몇 차례 더 전화가 걸려 왔었다는 것이었다. 지난번에 받은 內山 교수의 그림엽서에 1월 말에 학위논문의 심사결과가 통지될 것이라는 말이 있었으므로, 즉각적으로 그러한 내용의 전화임을 알았다. 사무실에서 일본의 內山 교수 자택으로 몇 차례 국제전화를 걸어 보았으나, 처음 한 번은 번호가 틀렸는지 다른 집으로 연결이 되었고, 그 이후로는 여러 차례 걸어도 받는 사람이 없었다.

31 (금) 맑음

논문 작업을 계속하였다. 남명학연구원의 김경수 사무국장이 연구실로 찾아왔으므로, 『남명학연구논총』 제5집의 부록에 영인 자료로서 실을 『南冥集』 釐正本關係通文綴을 건네주었고, 내 논문의 토론자로서는 金侖壽 씨를 추천하였다. 2월 17일에 서울 서초동의 교육문화회관에서 개최될 남명학 국제학술회의에서 발표될 논문들 가운데, 내 논문을 제외한 다른 사람들의 것은 이미 다 들어왔다고 한다.

나는 처음 「17·18세기의 남명학파」라는 논문을 발표하기로 했다가, 도중에 宗川書院 院變 問題만으로 범위를 좁혀 「18세기의 남명학파」로 제목을 변경하였는데, 학위논문의 한국어 출판을 위한 작업에 예상 외로 시간을 많이 빼앗기게 되어 그다지 진척이 되지 못했다. 그러는 도중에 이번에는 또 나의 학위논문을 포함한 남명학 관계 연구 성과 전반을 비판한 김윤수 씨의 논문이 나왔기 때문에, 그가 이용한 자료들을 검토하다가 「실증과 진실」이라는 제목으로 그에 대한 반론을 집필하게 되었는지라, 국제학술회의의 자료집에 싣기에는 탈고가 너무 지체되고 말았다. 김 국장과 대화를 나누고 있는 도중에 후임 조교로 결정되어 실무를 익히고 있는 여학생으로부터 전화가 걸려 왔는데, 내가 진주시에서 수여하는 문화상 수상 후보자 세 사람 가운데 한 사람으로서 선정되었다는 연락이 있었다는 것이었다.

귀가하는 즉시 內山俊彦 교수의 자택으로 국제전화를 내어 보았다. 예상했던 대로 어제 있었던 京都大 文學研究科 회의에서 나의 학위논문이 만장일치로 통과되었다고 한다. 이로써 나도 드디어 박사가 된 것이다. 학위의 정식 명칭은 '京都大學博士(文學)'이라고 한다. 池田秀三 차기 주임교수의 댁에도 전화해 보았더니 부재중이었고, 대학교수인 부인이 이미 알고 있는 모양으로 연신 축하한다는 말을 해 주었다. 병원에 있는 아내와 부산의 큰누님, 그리고 미국의 아버지께 전화를 걸어 이 기쁜 소식을 전하였다.

2월

1 (토) 맑음

오전 중 京都大 동양사학과의 朝鮮史 담당 교수로서 내 학위논문의 심사위원 세 사람 중 하나였던 夫馬進 교수에게 감사의 편지를 써서 부쳤고, 을유문화사의 이종태 출판부장에게도 내가 번역한 狩野直喜 著 『중국철학사』의 역자소개 란에 추가하여 적을 박사학위와 관련된 내용을 팩스로 보냈다. 금년 신학기 분은 이미 인쇄가 완료되어 있어 어쩔 수 없고, 다음의 제11쇄부터 이러한 내용을 추가하겠다고 한다. 조교에게 하드커버로 된 학위논문 두 부를 주어 본교의 중앙도서관과 남명학연구소에 각각 기증하도록 했고, 남명학연구원의 김경수 국장에게도 전화를 걸어 학위논문이 통과된 사실을 알리고, 발송을 보류해 두도록 했던 내 학위논문을 국내의 각 도서관 등에 기증하도록 했다.

평소 퇴근 시간 무렵까지 연구실에 남아「실증과 진실」제2절의 집필을 계속했다. 어제 김경수 국장을 만났을 때, 2월의 남명학 국제학술회의에서 내 논문의 토론자로는 김윤수 씨에게 부탁해 보는 것이 좋겠다는 의견을 말했었는데, 김 씨가 그것을 수락했다고 한다.

2 (일) 맑음

망진산악회 회원들과 함께 합천군 대병면의 陜川湖 옆에 있는 岳堅山(634m)에 다녀왔다. 단계와 가회를 거쳐, 합천댐 주차장이 있는 곳 부근에서 산행을 시작하였다. 가파른 바위산으로서 정상 부근에 옛 城의 유적이 남아 있는데, 근자에 월간『山』誌와 ≪신경남일보≫ 등에 소개된 탓인지 생각 밖으로 등산객이 많았다. 악견산성은 안내판에 의하면, 임란 당시 來庵 문인인 權濬 등 의병들의 의해 건설되어 왜병과 격전이 벌어졌던 곳으로 되어 있다. 내가『孤臺日錄』에서 읽은 바에 의하면, 이는 河東 玉宗 부근의 鼎蓋山城, 安義의 黃石山城 등과 더불어 임진·정유의 兩亂 사이에 官에서 수많은 백성을 동원하여 건설해 놓고서는 막상 정유재란이 터지자 한 번 싸워 보지도 않고서 성을 포기해 버린 것으로 되어 있었던 것이다. 오늘 올라 보니, 산이 낮은데다 정상 부근에만 좁다랗게 돌담이 축조되어 있고, 산 위에는 전혀 물이 나는 곳도 없어, 적의 대군을 맞아 지구전을 벌일 만한 지형이 아닌 듯하였다.

3 (월) 맑음

지난주에 이어「실증과 진실」제2절의 집필을 계속하였다. 조옥환 사장으로부터 박사학위 취득을 축하하는 전화가 걸려 왔고, 오후에 83학번으로서 90년에 본교 철학과를 졸업하고, 현재는 시내의 평거동에서 꽃집을 경영하고 있다는 박해석 군이, 남명학연구원 이름으로 김경수 군이 보낸 축하의 洋蘭 화분 하나를 가지고서 내 연구실로 방문해 왔다.

5 (수) 맑음

「실증과 진실」 제2절의 집필을 계속하였다.

6 (목) 맑음

「실증과 진실」 제2절의 입력을 계속하여, 200자 원고지 약 50매 정도의 분량에 이르렀다. 구내 서점에다 주문해 둔 한국사상사연구회 편저 『조선 유학의 학파들』(서울, 예문서원, 1996)이 배달되어 왔으므로 그 서문과 목차를 훑어보고, 그 중에서 본교 국민윤리교육과의 손병욱 교수가 집필한 「수양과 실천의 통일/남명학파」 부분을 다 읽었다. 손 교수의 이 글에는 나의 연구 성과들이 많이 소개 인용되고 있다.

7 (금) 맑음

오늘부터 사흘 간 설날 연휴임에도 불구하고, 보온도시락을 가방에 넣어 가지고서 평소 출근 시간에 시내버스를 타고 학교로 나가 역시 평소 퇴근 무렵까지 논문 작업을 계속하다가, 산길을 걸어서 돌아왔다.

8 (토) 맑음, 설날

이 달 17일과 18일 양일간에 걸쳐 서울교육문화회관 3층 거문고 C홀에서 개최되는 남명학 국제학술회의의 초대장이 도착하였다. 남명학 국제학술회의는 2년마다 한 차례씩 개최하기로 되어 있는데, 이번은 남명학연구원이 사단법인으로 되고 난 후 두 번째에 해당하는 것이다. 나는 지금 준비 중인 주제를 가지고서 18일 오전 10시에 발표하기로 되어 있다. 이번의 발표자 여덟 명 중 孫英植·趙南浩·申炳周 씨는 모두 서울대 철학과 혹은 국사학과 출신으로서 내가 추천하였고, 그 외에 지정 토론자 중에서도 丁垣在·金侖壽·禹賢玖 씨는 서울대 철학과의 후배이거나 내가 추천한 사람들이다.

9 (일) 맑음

일요일임에도 평소 출근 시간에 시내버스를 타고서 학교로 나가 연구실에서 논문 작업을 계속하였다. 연구실 컴퓨터의 훈글프로96에 들어있는 한자 사전에다 집에 있는 노트북 컴퓨터에서 복사해 간 한자사전 파일을 복사해서 덮어쓰니, 드디어 학교에서도 종전의 한자 사전을 이용할 수가 있게 되었다. 그러나 오후 세 시 남짓에 웬일인지 컴퓨터의 시스템이 다운되어 무슨 수를 써 보아도 더 이상 입력이 불가능해졌으므로, 별 수 없이 작업을 중단하고서 산길을 걸어 집으로 돌아올 수밖에 없었다. 집에 와서 노트북 컴퓨터를 가지고 오후 여섯 시 무렵까지 작업을 계속하였다.

점심때는 도시락을 먹은 후 철로 가의 길을 산책하여 대학로 옆 언덕에 있는 凌虛 朴敏의 부친 묘소에 가 보았다.

10 (월) 맑음

학교에 나가「실증과 진실」제2절의 입력을 계속하였다. 오늘은 컴퓨터가 별 문제 없이 작동하였으므로, 어제의 다운이 한자사전 때문이 아님을 알 수 있었다.

11 (화) 맑음

종일 논문 작업을 계속하여 200자 원고지 약 100매 정도의 분량을 탈고하였다. 이제 제2장을 거의 마쳐 가는 무렵이지만, 더 이상 시간적 여유가 없어 미완성인 채로 내일까지 제2장을 마무리하여 그것만으로 발표를 하기로 김 국장과 더불어 합의하였다.

12 (水) 맑음

「실증과 진실」 제2절까지를 탈고하여 김경수 국장이 가져 온 디스켓에다 복사해 주었다. 모두 해서 106매 정도의 분량이다.

13 (목) 맑음

「실증과 진실」의 어제까지 집필된 부분을 다시 한 번 읽으며 퇴고하였다.

14 (금) 맑음

교육대학원 철학교육전공 석사과정을 휴학을 하고서 남명학연구원의 일을 거들고 있는 구자익 군이 아침에 김경수 군이 보낸 나의 발표 논문 「실증과 진실」 출력 분을 전달해 주었으므로, 그것을 읽으며 기왕에 집필한 부분을 다시 한 번 퇴고하였다. 오후에는 제3절 '釐正合集初刊本의 간행 연대' 가項 '別集과 合集初刊本'의 집필을 위해 김윤수 씨의 기왕의 논문들 및 그와 관련한 나의 글들을 검토하였다.

京都大學 文學部 第2教務掛長 村田弘夫 씨로부터 어제 내가 퇴근한 후인 오후 5시 45분에 인문대 행정실로 팩스가 보내져 왔는데, 博士學位記의 건으로 연락할 일이 있으니 오늘 오전 중으로 자택에 전화해 달라는 용건이었다. 오전 9시 20분경에 행정실에서 팩스에 적힌 자택 전화번호로 몇 차례 국제전화를 걸어 보았으나, 팩스 수신음만 들려오고 전화를 받는 사람이 없었다. 별 수 없이 전화번호가 맞는지를 물으면서 다시 한 번 연락해 달라는 팩스를 이쪽에서 보냈다.

15 (토) 맑음

출근 전에 서재의 팩스기로 다시 한 번 村田弘夫 씨에게 전화를 걸어 보았지만, 결과는 어제와 마찬가지였다. 학교에 가서 그로부터 받은 명함에 적혀 있는 京都大學 文學部 事務室 전화번호로 국제전화를 걸어 그에게 바꿔 주기를 청했는데, 어제 보낸 나의 팩스가 그리로 도착해 있으며,

그 전화번호는 문학부의 팩스번호라고 하면서, 村田 씨의 자택 전화번호를 새로 일러주었다. 그래서 마침내 그와 직접 통화를 할 수가 있었다. 그의 용건이란 나의 경우 외국인이므로 일본어로 된 博士學位記 이외에 영문으로 된 학위기를 따로 만들어 주려고 한다는 것이었다. 그는 몸이 불편하여 근자에 학교를 쉬고 있는데, 며칠 후 다시 출근을 하게 되면, 18~19일 경에 그와 관련된 서류를 나에게로 우송하겠으니 필요한 사항을 기입한 후에 반송해 달라는 것이었다.

남명학연구원으로부터 『南冥院報』 제5호(1997.2.10)가 부쳐져 왔는데, 내가 京都대학에서 박사학위를 받게 된 사실에 대한 기사가 있었다. 그 기사 중에 "오교수의 이번 학위 취득은 그동안 경도대학에서 수십 년간 박사학위를 수여하지 않다가 학위제도를 부활하면서 정식과정 이수자에게 국내외를 통틀어서 처음으로 수여한 경우이다."라는 대목이 있었다. 이는 京都대학 중국철학사 전공에서는 수십 년간 박사학위를 수여한 적이 없었는데, 작년 초에 중국 유학생 하나가 과정박사로 학위를 받았고, 내가 논문박사로서 이 전공에서는 그에 이어 두 번째로 학위를 받게 되었다는 말을 김 국장이 잘못 이해한 결과이다.

16 (일) 맑음

점심을 든 후 걸어서 晋州城 후문 주차장으로 가, 거기에 대기하고 있는 부산교통의 버스를 타고서 두 시 반 남짓 되어 서울로 출발하였다. 거창·김천을 거쳐 경부고속도로로 진입해서 밤 아홉 시 무렵에 서초구 양재동에 있는 서울교육문화회관에 당도하였다.

내일부터 이틀간 '南冥學과 韓國儒學의 座標'라는 주제로 제2회 남명학 국제학술회의가 개최되는데, 김경수 국장을 비롯한 진행요원들은 거의가 본교 철학과 출신의 제자들이거나 사재명 군처럼 나의 일을 도와주는 대학원생들이었다. 628호실을 배정받았는데, 침대가 셋이 마련되어 있는 방에 다른 이는 아무도 없이 혼자서 잤다.

17 (월) 맑음

오전 10시부터 3층의 거문고C홀에서 학술회의가 시작되었다. 오전 중은 개회식으로서, 김경수 사무국장의 사회로 權淳纘 이사장의 환영사와 일본 橫濱에 있는 大倉精神文化研究所의 이사 겸 사무국장인 根本教久 씨의 축사, 그리고 金忠烈 원장의 기조발표 등이 있었다. 오후에는 曺淮煥 한국외국어대학 교수의 사회로 울산대 孫英植 교수, 前 臺灣大 정치학교수로서 중화민국 국가박사 제1호이며, 현재는 정년퇴직하여 캐나다의 밴쿠버에 거주하고 있다는 周道濟 박사, 서울시립대 강사인 趙南浩 군의 발표와 이에 대한 韓相奎·金忠烈·丁垣在 씨의 지정토론 및 종합토론이 있었다.

어제 진주에서 버스 두 대, 합천에서 버스 한 대가 동원되어 남명 연원가의 후예 등을 태워 온 것이 주된 청중이었지만, 그 외에 서울에 거주하는 학자들도 적지 않게 참석하였다. 이번 여름방학 기간 중의 중국 여행계획을 主宰하고 있는 趙駿河 교수도 왔는데, 그에게 물어 보니, 北京에서 열릴 예정이었던 牧隱學會는 일정이 가을 무렵으로 변경되었으므로, 山東省의 泰山·鄒城·曲阜를 둘러 본 다음에는 南京大學으로 가서 중국 측과 학술교류를 가질 것을 검토하고 있으며, 아울러 黃山과 朱子의 고향 및 武夷山을 둘러보고는 福建省의 省都인 福州에서 비행기를 타고서 사회과학원 측과의 합동학술회의가 있는 西安으로 향할 예정이라고 한다.

밤에는 서울대 철학과 후배들인 손영식·조남호·정원재 군 등과 내 방에서 어울리다가 김경수 국장이 있는 603호로 가 이 학술회의에 참석한 여러 소장 학자들 및 손영식·조남호 군 등과 어울려 자정이 넘도록까지 술을 마셨다. 나는 내일 발표가 있으므로 한 시 무렵에 내 방으로 돌아왔고, 손영식 교수는 새벽 네 시 무렵에야 방으로 돌아왔다.

18 (화) 아침까지 함박눈

어제에 이어 조반은 2층의 양식당에서 뷔페로 들었다. 오늘은 한상규 교수의 사회로 진행되는 학술회의의 오전 첫 발표가 나의 차례였다. 준비해 간 원고 「실증과 진실—『南冥集』 釐正本 계통 판본의 간행 연대—」를 차분히 읽어 내려가며 군데군데 약간씩 설명을 가했다. 논문이 다 완성된 것이 아님에도 불구하고 나에게 주어진 30분의 시간을 20분 정도나 초과하였다. 이어서 독일 훔볼트 대학의 부교수인 쏘냐 호이슬러 여사, 규장각에 근무하는 申炳周 씨, 大眞大의 權仁浩 교수의 발표가 있었다.

점심을 든 후 오후 순서가 진행되었는데, 경북대에 출강하고 있는 薛錫圭 박사를 끝으로 모든 발표를 마치고서, 지정토론자들에 의한 토론과 종합토론이 진행되었다. K·崔鐘德·盧大煥·朴洪植·禹賢玖 씨가 지정토론자인데, K 씨는 나의 발표가 진행되고 있는 도중에 뒤늦게 나타나더니, 토론문도 중간 정도 밖에 준비되어 있지 않아 뒷부분은 그냥 즉흥적으로 발언하였다. 마치 시장바닥에서 싸우는 듯한 어투가 학술 토론이라기보다는 욕설에 가까웠다. "허심탄회하게 필자의 논문과 관계 자료를 대하면 구구절절 진실을 접하게 될 것이다. 귀가 막힌 자는 진리를 설파해도 소용없지만 귀가 뚫린 자라면 말귀를 알아들을 것이다"라는 식이어서, 자신의 견해에는 한 치의 착오도 없으며 그가 나에 대해 지적한 오류는 전적으로 타당하다는 것이니, 이런 사람과 더불어 무슨 토론이 가능하겠는가? 나는 그것을 듣고 난 후, 이러한 논쟁이 있게 된 배경을 설명하는 데서 그치고, 시간 관계도 있고 하여 K 씨의 비판을 구체적으로 반박하지는 않았다.

학술회의를 모두 마친 후, 오후 네 시 무렵에 발표자 및 토론자, 그리고 해외에서 온 손님들은 교육문화회관 건물의 옆에 있는 식당으로 가서 김충렬 원장이 초대하는 만찬회를 가지고서 헤어졌다. 나는 조남호·정원재 군과 더불어 택시를 타고서 강남고속버스터미널로 갔다. 때마침 약 10분 후인 일곱 시에 진주로 출발하는 버스가 있었지만, 조남호 군이 한사코 만류하는 바람에 그 버스를 타지 못하고서 함께 반포로 가서, 몇 년 전 내가 서울로 와서 정원재·신정근·조평래 군과 어울려 북한산 등반을 했을 때, 뒤늦게 우리 일행과 합류한 조남호 군까지 어울려 한 번 들른 적이 있었다는 일식집으로 가서 생선회와 정종을 들며 세 시간 정도를 보냈다.

밤 10시 10분 발 야간 우등고속버스를 타고서 서울을 출발하여, 새벽 네 시가 채 못 되어 진주의 우리 집에 당도하였다.

19 (수) 맑음

이번의 남명학국제학술회의에서 발표된 논문들을 다시 한 번 검토하였다. 특히 쏘냐 호이슬러 씨의 「南冥의 墓誌」에 이어, 손영식 교수의 「남명 조식의 주체성 확립 이론과 사림의 정신」은 全文을 새로 읽고 있다. 손 교수의 글은 작년에 나온 『남명학연구논총』 제4집에 이미 실린 적이 있는 것을 다시 수정한 것이었는데, 어제 조남호·정원재 군이 격찬을 아끼지 않고 있었다.

20 (목) 맑음

연구실에서는 이번 남명학 국제학술회의 자료집 가운데서 설석규 「宣祖·光海君代 南冥學派의 政局運營論」 및 우현구 씨의 토론, 권인호 「南冥學派의 實學思想 연구」 및 박홍식 씨의 토론, 신병주 「16세기 초 處士型 學者의 學風과 現實觀」, 周道濟 「南冥先生政治思想的研究」, 조남호 「김창협 학파의 남명학 비판」을 다 읽거나 혹은 대충 훑어보았다.

밤에는 北京 中國人民大學의 葛榮晋 교수 및 劉廣和 교수의 사택으로 국제전화를 내어 한동안 통화하였다. 서울의 남명학 국제학술회의에서 작년 河南省에서 있었던 국제학술회의에 함께 참석했던 동덕여대의 조준하 교수 및 동국대의 김필수 교수를 만나 물어 보았너니, 그들은 모두 한국의 儒佛道 三敎 交涉史에 관한 공동 주제를 가지고서 세부적인 주제를 분담하여 발표한다고 하므로, 내가 중국사회과학원 철학연구소의 何成軒 씨에게 적어 보낸 「18世紀的南冥學派」라는 주제는 이번 학술회의의 주제에 어울리지 않는 것이 아닐까 싶어 물어본 것인데, 葛 교수의 말은 역시 그렇겠다는 것이었다. 즉석에서 「南冥的儒道思想比較研究」라는 주제를 정해 주므로 그것으로 변경하기로 하고, 사회과학원 측에는 葛 교수가 연락해 주겠다고 했다. 아울러 내 발표 논문의 중국어 번역과 학위논문을 기증할 중국 측 주요 대학 및 연구기관들의 주소 목록도 보내 주도록 당부했다.

21 (금) 맑음

서울대 철학과 출신 동양철학 전공자들의 모임인 동철연(동양철학사상연구회) 97년도 동계 학술발표회 및 수련회에 참가하기 위해, 평소 출근 시간 무렵에 집을 나서 서울 행 고속버스를 탔다. 점심시간이 지나서 강남고속터미널에 당도하였다.

우선 지하철로 태평로 1가의 한국프레스센터 19층 회의실에서 열리는 한국유교학회 97년도 학술대회에 참가하였다. '한국의 義理思想과 도덕성 회복'이라는 것이 전체 주제인데, 그 중 오후 일정에 들어 있는 전남대 鄭炳連 교수, 성균관대 吳錫源 교수, 및 前 서울대 교수인 崔昌圭 씨의 발표를 들었다.

유교학회 모임이 끝난 후, 거기에 참석했던 劉明鍾·金弼洙 교수와 더불어 부근의 음식점에 들러 삼계탕으로 저녁을 들고, 다시 다방에서 커피를 마시며 대화를 나누었다. 그들과 헤어진 후, 걸어서 경복궁 建春門 앞 東十字閣 부근에 있는 法蓮寺로 가 동철연 모임에 참석하였다.

22 (토) 맑음

아침 일곱 시 무렵에 기상하여 조반을 들고 난 후 총회를 가졌다. 총회를 마친 후 뿔뿔이 헤어졌는데, 나는 이광호 씨와 함께 안국동에서 전철을 타고 가다가 교대역에서 헤어져 나 혼자 잠실역에 내렸다. 송파의 三田渡碑를 구경하기 위해서인데, 석촌호수를 지나는 무렵부터 여기저기에 물어 보았지만 아는 사람이 없었다. 그러다가 거리의 청소부가 일러주는 곳으로 가 보니 바로 百濟古墳群이 있는 공원이었다. 이 일대는 溫祚王 이래 백제의 초기 400년 정도의 수도인 河南위례성이 위치해 있었던 곳으로서, 이는 아마 그 왕릉에 해당하는 것일 텐데, 고구려의 積石古墳

과 유사한 면이 있었다. 그곳 경비실에 물어 그 부근에 있는 三田渡碑를 찾아갔다. 두 개의 비석 중 하나는 龜趺만 남아 있었다. 큰 길로부터 떨어져 어린이 놀이터 한가운데에 위치해 있으니, 사람들이 잘 모를 법도 하였다.

그 부근에서 다시 전철을 타고 가다가 남한산성역에서 내렸다. 지하철역 부근의 식당에서 점심을 든 후, 시내버스로 갈아타고서 남한산성으로 향했다. 산성 한가운데까지 길이 뚫려져 있었는데, 우선 枕戈亭을 둘러본 후 가파른 산길을 걸어서 守禦將臺에 올랐고, 성을 따라 南門까지 걸었다가 주차장으로 돌아왔다. 다시 호텔 뒤의 평지에 있는 行宮 터를 둘러보고, 丙子胡亂 당시의 기록화 전시관에 들렀다가 東門까지 가 보고서 원래 내렸던 버스 주차장으로 돌아왔다.

버스를 타고서 원위치로 돌아온 다음, 다시 지하철로 바꿔 타고서 선릉역에서 내렸다. 그 부근의 宣·靖陵을 둘러보기 위해서인데, 宣陵은 이조 제9대 成宗 및 그 繼妃인 貞顯王后 尹氏의 무덤이며, 靖陵은 성종의 둘째 아들인 中宗을 모신 곳이다. 능이 모두 세 개이므로 三陵公園이라고도 부르는 모양이었다. 성종은 38세에, 그리고 중종은 57세에 승하하였다고 한다.

24 (월) 맑음

지난 토요일 오전 중에 京都大學 文學部 教務課의 村田弘夫 씨로부터 英文學位記交付願 및 學位授與證明書交付願의 양식이 국제속달, 즉 EMS로 부쳐져 왔었다. 오늘 아침 학교에 도착하는 길로 영문과 정식헌 교수의 자문을 얻어 나의 박사학위논문 영문 제목을 "The Formation of Nam-myeong-jip南冥集 Editions and Its Historical Background of Thoughts—Centering on the 17th and 18th Century Editions—"라고 번역하여, 택시를 타고서 시내의 진주우체국으로 나가 역시 EMS로 부쳤다.

25 (화) 흐리고 부슬비

아침에 京都大學 교무과의 村田弘夫 씨에게 전화하여 EMS를 보낸 사실과 영문 논문 제목 가운데 혹시 'Century'라는 단어가 빠져 있으면 추가해 달라는 말을 전했더니 팩스로 보내 달라는 것이었다. 이어서 池田秀三 조교수에게도 전화하여 3월 24일의 학위수여식에 나 혼자 참가할 뜻을 전했다. 학교에 가서 村田 씨에게 팩스를 치고, 小林淸市 군에게도 학위수여식 참가와 관련한 그림엽서를 써서 부쳤다.

남명학연구원으로부터 휴학 중인 교육대학원 철학교육전공의 학생이 보내져 왔으므로, 내 연구실에 있는 학위논문 56부를 가져가 연구원 소장분 11부와 함께 국내외의 주요 도서관과 내가 지정한 곳으로 발송하게 했다. 이번의 제2회 남명학 국제학술회의 자료집에 실린 논문들을 「南冥學關係旣刊文獻目錄」에 추가하는 작업을 시작하였다.

3월 23일 오전 11시 30분 부산 발 大阪 행 아시아나 항공과 3월 25일 오후 1시 15분 大阪 발 부산 행 대한항공 편을 예약하였다. 밤 아홉 시에 京都의 內外學生센터로 전화하여 숙소를 예약하려 하였으나, 담당 직원의 근무시간이 지났다고 접수해 주지 않았다.

26 (수) 흐림

「실증과 진실」 제3절의 작성을 시작하였다.

27 (목) 맑음

「실증과 진실」의 입력 작업을 계속하였다.

28 (금) 흐리고 저녁 무렵부터 부슬비

「실증과 진실」 제3절의 입력을 계속하였다. 귀가 후에는 새로 우송되어 온 데이콤 카드로 京都의 內外學生센터에 국제전화를 걸어, 3월 23~24일 이틀간의 숙박을 예약하였다.

3월

1 (토) 맑음

삼일절 공휴일이라 점심을 든 후 온 가족이 함께 산책에 나서, 택시를 타고서 鳳谷洞의 晋陽姜氏 齋閣인 鳳山祠 앞에서 내려 우선 이곳을 둘러보고, 산책로를 따라 飛鳳山에 올랐다.

3 (월) 맑음

오전 중 연구실에서 중철강독의 교재인 郭慶藩의 『莊子集釋』 및 안동림 譯註 『莊子』를 읽어 지난 학기에 다루다가 만 內篇 大宗師를 마저 읽었다. 오후에는 논문 작업을 계속하여 「실증과 진실」을 입력했다. 오전 중에 사재명 군이 내 학위논문의 한국어 출판을 위한 작업을 마쳐서 가지고 왔다. 오늘부터는 퇴근 시간이 한 시간 늦어져 오후 여섯 시가 되므로, 오전의 세 시간은 수업 및 강의 준비, 특히 『莊子』를 읽는 데 사용하고, 점심시간을 제외한 오후의 다섯 시간은 논문 작업에 투입하고자 한다.

4 (화) 맑음

논문 작업을 계속하였다.

5 (수) 맑음

논문 작업을 계속하여 200자 원고용지로 150매에 가까운 분량까지 입력했다.

밤에 內山俊彦 교수로부터 학위수여식 참가와 관련한 국제전화가 있었다.

6 (목) 흐리고 오후에 비

논문의 기왕에 입력해 둔 부분 일부를 수정하였다.

7 (금) 흐림

학교에서는 『慶南文化硏究』 제11호(경상대학교 경남문화연구소, 1996)를 훑어보았고, 그 중에 실린 사재명 군의 논문 「慶南의 漢學關係 硏究現況과 展望(成果) Ⅰ」에 보이는 남명학 관계 새로운 연구 문헌들을 나의 「南冥學關係旣刊文獻目錄」에다 추가하였으며, H 교수의 「慶南地域에 所在한 退溪의 遺跡에 대한 考察」도 읽어 보았다.

연세대 철학과의 강사인 김진근 박사로부터 전화가 걸려왔는데, 이번 학기 중에 내가 이 대학의 국학연구원 월례발표회에서 발표를 맡아 주었으면 한다는 것이었다. 이 연구원에서 발행하는 『東方學志』는 학생시절부터 알고 있는 권위 있는 잡지인지라 여기에다 글을 발표해 볼 좋은 기회이기는 하나, 내가 이즈음 너무 바빠서 망설이다가 일단 수락하고서 가능한 한 발표 시기를 늦추어 주도록 당부했다. 여름 방학 중 중국에 가서 발표할 논문인 「南冥的儒道思想比較硏究」를 집필하는 김에, 그 원고를 가지고서 먼저 여기서 워밍업을 해 보기로 마음먹었다.

「실증과 진실」 제3절 가項 '別集과 合集初刊本' 부분의 집필을 마쳤으나, 끝내기를 잘못하여 저장이 되지 않은 듯하다.

8 (토) 맑음

토요일임에도 평소 퇴근 시간인 오후 여섯 시 무렵까지 연구실에 남아 논문 작업을 계속하다가 산길로 귀가하였다. 어제 입력했으나 저장이 안 되고서 사라지고 만 부분을 새로 입력하고, 제3절 나項 '龍巖書院廟庭碑'의 입력을 시작했다.

9 (일) 맑음

일요일이지만, 논문 원고를 내일까지 김 국장에게 전해 주기로 약속한 바가 있었기 때문에 학교에 나가 평일처럼 작업을 계속하였다. 조반을 든 후 산길로 慶全線 철로 옆길을 따라 걸어가다가 터널 위 언덕을 지나 올라갔고, 돌아올 때는 電柱 공사로 말미암아 새로 넓혀진 능선 길을 취했는데, 예의 매화나무가 올해에도 봄을 맞아 꽃망울을 맺기 시작하고 있었다.

논문은 200자 원고용지로 170餘 枚의 분량에 이르렀다. 이미 상당한 장편이 되었으니, 제3절을 가항과 나항으로 나누었던 것을 따로따로 하나의 절로서 독립시키는 것이 좋겠다는 생각이 들었다.

10 (월) 비 온 후 흐림

퇴근 시에 개성중학교 재직 동문들이 나의 박사학위 취득을 축하하는 모임을 마련해 주었으므로, 북경장으로 가서 함께 회식을 하였다.

11 (화) 맑고 완연한 봄 날씨

內山俊彦 교수로부터 부쳐져 온 學位授與式 관계 서류를 검토해 보았고, 일본 橫濱市에 있는 재단법인 大倉精神文化硏究所의 理事兼事務局長인 根本敎久 씨로부터 나의 학위논문을 잘 받았다는 서신과 함께 이번의 남명학국제학술회의를 모두 마치고서 함께 회식을 할 때 음식점에서 찍은 사진이 보내져 왔다.

어제 오후에 마산의 영남문화사 윤 사장이 연구실로 들러 내가 부탁해 두었던 景仁文化社의 韓國歷代文集叢書 총목록을 전해 주고서 차를 마시며 한동안 대화를 나누다가 돌아갔었다. 오늘은 그 중 아직 입력되지 않은 제13차분부터 제16차분까지 총 400책의 내용을 검토하여 「南冥學關係旣刊文獻目錄」에다 추가하는 작업에 착수하였다.

12 (수) 흐림

「南冥學關係旣刊文獻目錄」의 보완 작업을 마쳤다.

13 (목) 흐림

「실증과 진실」 제4절의 집필을 마쳤다. 200자 원고지 약 180매의 분량에 접근하고 있다.

14 (금) 비

수업이 없어 종일 논문 작업을 계속하여 거의 탈고에 즈음하고 있는데, 분량은 200자 198매에 이르렀다. 중문과의 정헌철 교수가 나의 학위 취득을 축하하는 뜻에서 자신의 차를 운전하여 함께 문산으로 나가 삼계탕으로 점심을 사 주었다.

15 (토) 부슬비

종일 작업하여 오후 세 시 반쯤에 「실증과 진실」을 드디어 탈고하였다. 200자 원고지 208매 정도 분량의 장편이 되었다. 평소 퇴근 시각 무렵까지 연구실에 계속 남아 제1·2절의 일부와 제3절을 다시 읽으며 퇴고하였다.

17 (월) 맑으나 다소 쌀쌀함

「실증과 진실」의 퇴고를 마치고서, 오후에 연구실로 찾아온 김경수 사무국장이 가져온 디스켓에다 복사해 주었다. 아울러 내 연구실에 남아 있던 학위논문들 가운데서 50여 부를 전하여, 전국 각 대학의 철학과가 있는 학과들에 기증토록 했다. 학위논문은 모두 2백 부를 만들었었는데, 이제 30여 부만이 내 연구실 서가에 남아 있다.

퇴근 후 오후 여섯 시 반부터 하대동에 있는 버드나무집이라는 식당에서 남명학연구소 평의원회가 있었다. 국민윤리교육과의 손병욱 교수 차에 동승하여 참석하였는데, 안건은 예년에 하듯이 96년도의 사업 및 결산 보고였다. 본교 남명학연구소의 96년도 예산은 총 42,985,959원이었는데, 결산 총액은 54,582,440원이었다. 약 2억 3천만 원 남짓에 달하는 기금의 이자에서 나오는 수입 28,453,481원 외에 인건비를 비롯하여 자료 복사, 유적지 안내 표지판 건설 등에 소요된 14,998,000원은 전액 조옥환 사장에게서 추가 지원을 받았고, 후원회비 총 1,520,000원 중 60만 원도 조 사장에게서 나온 것이었다. 일반자료복사 외에 자료복사정리비가 따로 7,078,400원이 소요되었는데, 이는 내가 수집 복사하여 조 사장 집에 보관해 두었던 남명학 관계 자료들을 남명학연구원의 원장이나 나를 비롯한 임원들도 모르는 사이에 조 사장과 교섭하여 슬그머니 학교 안의 연구소 측으로 옮겨 놓았다가, 연구원 측에서 다시 조 사장을 통해 반환을 요구하자 그것을 재차 복사 제본하는데 소요된 비용 중의 금년도 분이었다.

평의원 회의를 마친 후 식사를 하고 술을 들면서 남명기념관 건설 책임자인 공대 건축과의 고영두 교수로부터 건축 공사와 관련한 이런저런 에피소드를 듣다가, 연구소장인 최무석 교수의 차에 동승하여 귀가하였다. 남명관은 건립추진위원회의 회의 결과 건물 명칭을 남명기념관으로 결정하였다 하며, 본교 측에서 제공하는 부지 외에 공사에 소요되는 비용이 24~25억 정도인 모양이다. 박유정 한보건설 사장과 김장하 前후원회장이 그 비용의 거의 절반씩을 부담하게 되고, 본교 측에서도 附帶 공사비로 몇 억은 내 놓아야 할 모양인데, 내년 3월 정도면 완공될 수 있을 것이라고 한다.

18 (화) 맑음

종전의 문교부 연구비에 해당하는 한국학술진흥재단의 자유공모과제에다 「南冥의 儒道思想比較硏究」라는 제목으로 800만 원의 연구비를 신청하기 위한 서류를 작성하기 시작했다. 이 제목의 주제로써 연세대학교의 국학연구원에서 발표를 하고, 또 중국 사회과학원 주최의 韓中儒佛道思想國際學術會議에서도 발표할 예정이므로, 기왕 한 편을 써야 할 것이라면 이 주제를 가지고서 남명학연구원이 아닌 다른 재단에다 연구비를 신청해 보기로 한 것이다.

19 (수) 맑음

내 학위논문을 우송할 중국과 미국의 몇몇 대학 및 연구소 도서관들의 주소록을 입력하였으며, 그것을 마치고 난 후에는 어제 작성하던 연구비 신청서의 입력 작업을 계속하였다. 일본에서 석사 학위를 취득한 이후 京都大學의 연수원으로 1년간 있었던 당시 미국으로 유학하여 박사 학위를 취득하기 위해 수집해 두었던 미국 대학들의 카탈로그나 자격시험·장학금 관계 자료들을 정리하여 별로 필요치 않은 자료들은 대부분 버렸고, 당시에 내가 유학을 희망했던 대학들과 주고받은 서신들은 골라서 집으로 가지고 와 다른 편지들과 함께 보관하기로 했다. 이번에 주소록에 올린 대학들은 모두 당시 내가 유학을 고려하고 있었던 미국의 대표적인 명문교 들이다.

철학과 4학년 최재성 군에게 부탁하여, 대한항공과 아시아나항공의 진주 대리점에 가서 부산-大阪 간의 왕복 항공권을 구입해 오도록 했다.

20 (목) 맑음

연구계획서의 작성을 계속하였다.

일본 關西學院大學의 坂出祥伸 교수로부터 편지가 도착하였다. 그 全文을 번역하여 옮겨 둔다.

吳二煥先生貴下

전날 貴論考 南冥集諸板本의 成立과 그 思想[史]的 背景을 받아 대단히 감사했습니다. 京都大學에 博士論文으로서 제출하신 저서일 것이라고 생각합니다. 退溪에 필적할 정도의 명성이 있었음에도, 어느 샌가 잊혀 버리고 만 南冥의 事蹟과 그 사상을 발굴하여 顯彰하신 대단히 훌륭한, 후세에 이름을 남길 업적이라고 생각합니다.

박사 칭호의 수여, 축하드립니다. 마음으로부터 기뻐하는 바입니다. 오랜 동안에 걸친 남명 연구의 축적이 확실하게 열매 맺었습니다. 전날 日本中國學會 學術專門委員會에서 內山 교수와 同席했을 때, 그도 대단히 잘 된 것이었다고 칭찬의 말을 흘리고 있었습니다.

이로써 慶尙大에는 朴鍾玄 군에 이어 두 사람 째의 京都大學 文學博士를 배출한 셈이 되었습니다. 기쁜 일입니다. 우선 기쁨의 말씀과 감사를 드리는 바입니다.

1997년 3월 14일
坂出祥伸

21 (금) 맑음
연구계획서 작성을 계속하여 오후 4시 경에야 완성하여 제출했다.

22 (토) 맑음
1995년에 京大以文會에서 제작한 『京都大學文學部卒業生名簿』를 뒤적여 보았다. 내가 유학한 철학과의 중국철학사 전공은 明治 42년, 즉 1908년부터 첫 학부 졸업생을 배출하기 시작하여 1954년까지 88명의 졸업생을 배출하였고, 新制가 된 1958년부터는 52명의 졸업생을 배출하여, 총 140명이 이 전공을 졸업한 것으로 되어 있다. 나처럼 학부를 다른 곳에서 마치고 修士 과정만 여기서 졸업한 사람은 총 15명이며, 박사과정만 마친 사람은 1명으로서, 그러고 보면 이 전공의 개설 이래 총 156명이 여기서 하나 이상의 과정을 마친 셈이다. 이처럼 소수이지만 그 중에서 일본의 중국철학계를 이끌어 온 인재의 대부분이 나왔고, 최초의 한국철학사인 『조선철학사』를 쓴 북한의 鄭鎭石 씨 이름도 1943년 9월의 졸업생 명단에 보이고 있다.

23 (일) 한국은 맑으나 일본은 흐리고 저녁 무렵부터 부슬비
오전 7시 반 경에 집을 나서서 일본 행 길에 나섰다. 지난번 박사학위논문 試問 때 낭패를 보았던 일을 거울삼아 이번에는 다소 시간 여유를 두고서 출발하였던 것이다. 오전 11시 30분 아시아나항공 편으로 부산 김해공항을 출발하여 오후 12시 45분경에 關西국제공항에 도착하였고, 거기서 이번에는 일반 전철표를 사서 윙이라는 열차를 타고서 大阪 역에 도착한 다음, 新快速 전철로 바꿔 타고서 京都 역에 당도하였다. 예약해

둔 숙소인 百萬邊의 京都學生硏修會館, 즉 사단법인 內外學生센터로 향하는 도중에 비로소 學位記受領證이 포함되어 있는 內山 교수가 보내 준 우편물들을 서재의 책상 서랍에 놓아 둔 채 그냥 온 것을 알았다.

오후 4시 10분 전쯤에 숙소에 도착하여 숙박 수속을 마친 다음, 우선 內山俊彦 교수의 자택으로 전화하여 도착 사실을 알리고, 수령증을 잊어버리고서 가져 오지 않은 사실을 설명했더니, 집에다 팩스로 연락하여 보내오도록 하는 것이 어떻겠느냐는 의견이었다. 김해공항 면세점에서 학위논문을 심사해 준 세 분 교수들에게는 감사의 표시로 高麗象嵌靑磁를 모조한 십여만 원짜리 찻잔을 하나씩 준비하였다. 그러나 內山 교수는 예의 결벽증으로 말미암아 끝내 사양하였고, 이 달 27일에는 京都大學의 연구실을 비우고서 새 근무지인 愛知大學으로 이사하는 준비에 바쁜 까닭인지 25일 정오경에야 시간이 나겠다는 것이었는데, 그 날은 내가 귀국하기로 되어 있어 서로 일정이 맞지 않는지라 결국 만나지 못하게 되고 말았다.

山口市에 있는 小林淸市 군의 자택으로 전화해 보았더니, 그는 京都大 인문과학연구소의 중국과학사 연구의 대가인 山田慶兒 교수의 정년퇴임식에 참가했다가 방금 귀가했다고 한다. 내가 『중국철학사』를 번역한 狩野直喜의 손자이며 내 번역서의 서문을 써 준 京都女子大學 학장 狩野直禎 씨에게 전화를 걸었더니, 내가 있는 숙소에까지 직접 나와 주었다. 田中大堰町의 자택 부근에 있는 田中의 일본 음식점으로 나를 데리고 가서 맥주와 저녁을 사 주며 얼마간 함께 대화를 나누었다. 나의 학위논문 한 부를 드리고, 망설이던 끝에 결국 內山 교수에게 선물하기 위해 가져간 찻잔도 그에게 함께 드렸다.

숙소로 돌아와 아까 부재중이었던 池田秀三 교수 자택으로 다시 전화해 보았더니 이번에는 돌아와 있었다. 역시 學位記受領證을 가져 오지 않은 사실을 말했더니, 內山 교수의 말과 마찬가지로 집에다 전화하여 팩스로 부쳐 달라고 하는 것이 어떻겠느냐는 것이었다. 아내에게 전화하여 팩스의 사용법과 池田 교수 댁 팩스번호를 일러주고서 문제의 학위기수령증을 전송해 달라고 했더니, 얼마 후 池田 교수로부터 팩스를 받았다는 연락이 있었으므로, 나도 다시 한국에 국제전화를 내어 팩스가 무사히 도착한 사실을 아내에게 알렸다.

24 (월) 오전에 눈 온 후 쌀쌀함

오전 여덟 시 무렵에 숙소를 나서 바로 이웃에 위치한 狩野直喜 이래의 狩野氏 古宅을 지나 下鴨神社 경내를 산책하였고, 다시 田中西樋之町의 내가 2년간 거주하며 村上朝子와 결혼 생활을 하고 첫 아들인 世圓이를 길렀던 一二三莊, 즉 지금의 增田商事 앞을 지나, 한국 중학교가 있었던 北白川 일대를 거쳐 人文科學研究所와 神樂岡町의 朋友書店 앞을 지나 京都大學 구내로 들어갔다.

먼저 본부 건물 2층의 研究協力課에 들러 수료증을 가져오지 못한 사실을 말하고, 이어서 文學部 庶務課에 들러 신청해 둔 英文 학위기 및 영문과 日文의 학위수여증명서를 발급받고자 했는데, 담당자인 村田弘夫 씨는 질병으로 말미암아 계속 휴직 중이고, 영문 서류에 『南冥集』의 한자 표기를 첨가한 사실이 문제가 되어 이미 한 달 전에 신청해 둔 이 서류들이 아직도 준비되어 있지 않음을 알게 되었다.

숙소로 잠시 돌아왔다가, 어제 내 논문심사위원 중의 한 사람인 동양사학과의 夫馬進 교수와 만나기로 약속한 12시 50분은 학위수여식이 시작되는 오후 한 시의 직전이므로 아무래도 11시 50분의 착오가 아닐까 싶어 서둘러 夫馬 교수 연구실로 가 그를 만나서 얼마간 대화를 나누었다. 정오부터는 바로 옆방의 池田 교수 방으로 가서 간밤에 아내로부터 전송되어 온 팩스를 전해 받고 잠시 대화를 나누다가, 12시 15분에 夫馬 교수와 함께 학위수여식장인 總合體育館으로 향했다. 알고 보니 夫馬 교수는 池田 교수와 마찬가지로 나보다 한 살 위였는데, 오늘 나와 함께 논문박사로서 학위를 받게 된다고 한다.

입구의 接受部에서 팩스로 된 학위기수령증에 날인을 해 접수시켜서 이럭저럭 식장의 좌석을 배정받을 수가 있었다. 京都大學의 학위수여식은 일 년에 세 번 정도 있는 모양인데, 이번 3월의 것은 과정박사와 함께 치르는지라 대규모의 式典이 되어 京大會館이 아닌 체육관에서 치른다고 들었다. 그렇다 할지라도 授與받는 인원수가 내가 예상했던 것보다는 훨씬 많아 무려 447명이나 되었다. 그 대부분은 이공 계통이며 문학박사의 숫자는 퍽 적은 편이라고 한다. 오후 한 시부터 식이 시작되어 배정된 좌석 순에 따라 한 사람씩 호명 받는 대로 단상으로 올라가 총장으로부터 學位記를 수여받게 되는데, 먼저 과정박사부터 시작하여 논문박사로는 314번인 내가 첫 번째 순서였다. 나의 학위기 번호는 論文博第316號였다.

수여식이 끝난 후 기념촬영이 있었고, 잠시 근처에 있는 숙소에 들러 학위기를 방에 놓아둔 뒤 리셉션이 열리는 京大會館으로 향했다. 거기서는 夫馬 교수로부터 오늘 논문박사를 수여받은 동양사 전공의 서울대 후배 朴永哲 씨 및 역시 동양사의 논문박사인 京都女子大學의 壇上寛 교수를 소개받아 함께 대화를 나누었다.

모든 일정을 마치고서 夫馬 교수와 함께 文學部 건물로 돌아와, 池田 교수를 다시 만나 연구실에서 둘이서 대화를 나누다가, 해질 무렵이 되어 지난번에 함께 들렀었던 百萬邊의 구레시마 라는 술집으로 가서 밤 아홉 시 무렵까지 池田 교수와 더불어 술과 저녁을 들며 대화를 나누었다. 池田 교수가 나의 학위 취득을 축하하여 대접해 준 것이었지만, 지난번 試問 때에 이어 이번에도 대접을 받기만 하는 것이 미안하여 내가 대금을 치를 것을 제의했더니, 자기가 3분의 2를 내고 내가 그 나머지를 내게 하였다.

26 (수) 흐리고 쌀쌀함

京都大學 研究協力課로 學位記受領證의 원본을 송부하였다. 서울의 조평래 군으로부터 나의 학위 취득을 축하하는 화환과 함께 프랑스제 붉은 포도주 한 병이 부쳐져 왔다. 중국 사회과학원의 周月琴 여사로부터도 편지가 왔다. 그녀는 지금 대구의 계명대학교 철학과에서 박사과정을

이수하고 있는 중인데, 「남명의 한국사상사 상의 지위를 논함」이라는 주제로 논문을 한 편 쓰고자 하며, 6~7월경에 남명학연구원을 방문하고 자신의 논문도 발표하고 싶다는 내용이었다.

을유문화사의 이종태 출판부장 앞으로 편지를 써서, 나의 『중국철학사』 역자후기란에 이 譯書가 初刊된 이후에 간행된 狩野直喜의 遺著들에 관한 내용을 追記해 주도록 당부했다. 내 학위 논문은 이제 30부 정도가 남았는데, 미국과 중국·일본의 주요 대학 및 연구소에 20부 정도 송부하기로 작정하고, 그 주소록을 추가 작성하였다.

27 (목) 맑음

오후 세 시에 본부 소회의실에서 본교 남명학연구소의 연구원 총회가 개최되었다. 지난 2 년 동안의 연구소 업무 보고와 아울러 차기 所長 등 諸任員을 선출하기 위한 것이었다. 제4대 소장에는 한문학과의 H, 평의원에는 사학과의 강길중, 나, 사회학과의 지승종 교수가 선출되었고, 감사로는 홍영환·서양중 교수가 유임되었다. 업무 보고에 의하면, 남명기념관은 총 공사비 32억에서 33억 원 정도가 소요될 예정이며, 내년 중에 완공될 것이라고 한다.

28 (금) 흐리고 빗방울

어제에 이어 새로운 논문 「南冥의 儒道思想比較硏究」의 집필을 위한 카드 정리를 계속하였다.

퇴근 후에는 농서인 황 서방이 나의 학위 취득을 축하하는 뜻에서 저녁을 산다고 하므로 회옥이와 함께 칠암동 강변에 있는 남강횟집으로 가서 장인을 위시한 처가댁 식구들과 함께 식사를 하고, 큰처남 황성이 및 황서방과 셋이서 시내의 상류사회라는 술집으로 가서 아가씨들과 더불어 양주를 마시며 노래도 부르다가 자정이 지나서 귀가하였다.

29 (토) 흐림

오전 11시 무렵에 연구실을 나와 부산교통 사무실로 가서 남명학연구원의 상임연구위원회의에 참석하기 위해 모인 김충렬 원장 및 권순찬 이사장 등과 합류하였다. 나동의 금강산식당으로 자리를 옮겨 식사를 하며 회의를 진행하였는데, 주된 안건은 금년도의 연구비 지급자를 선정하는 문제였다. 특히 北京의 중국사회과학원 동방철학연구실에 소속되어 있으면서 이 달에 대구의 계명대학으로 와서 박사과정에 재학 중인 周月琴 여사의 논문을 채택하는 문제가 논란되었는데, 나의 제안에 의해 금년부터는 상임연구위원이 아닌 외부 인사가 연구비를 신청해 올 때는 우선 연구계획서를 제출케 하여 검토한 연후에 채택 여부를 결정하기로 하고, 외국인에 대해서는 50만 원을 우대해 왔었던 것을 고쳐서 내국인과 마찬가지 액수인 200만 원으로 정하기로 했다.

귀가한 후에 계명대 기숙사로 전화를 내어 周月琴 여사와 장시간에 걸쳐 통화하였다. 周 여사는 지난번 중국 河南省에서 있었던 국제학술회의 때 내 논문을 중국어로 번역하였던 관계로 내가 귀국하여 김 국장을 통해 남명학 관계 자료를 보내도록 한 것이었다. 나에게와 별도로 최근에 김 국장에게도 편지를 보내 왔으나, 그 편지들에 적힌 연구 주제가 서로 다르고, 나에게는 남명 관계 논문을 집필해 보고자 한다고 썼는가 하면 김 국장에게는 논문이 이미 탈고되었다고 썼으며, 김충렬 원장으로부터 서신을 받았다고 하였으나 김 원장은 그런 편지를 쓴 기억이 없고 어떤 사람인지도 전혀 모른다고 하므로 일이 난처하게 된 것이다. 오늘의 회의 결과를 설명하고 김 원장으로부터 받은 편지를 복사해 제출하는 것이 좋겠다는 의견을 말했더니, 밤에 다시 전화가 걸려 와서 北京에 연락하여 그 편지를 찾아 놓았으며, 수일 내로 복사해 제출하겠다는 것이었다.

4월

1 (화) 맑음

본교 玄士會의 회장인 농대 임학과의 이강녕 교수 및 총무인 공대 전기공학과의 김상현 교수와 더불어 나동의 금강산식당으로 가서 점심을 들고서 돌아왔다. 玄士會의 玄字는 玄海灘에서 유래하는 것이라는 말을 들은 바 있었거니와, 이 모임은 일본의 대학에서 박사 학위를 받은 본교 재직교수들의 친목단체이다. 현재 회원이 총 34명인데, 그 중 京都大 출신이 12명으로서 압도적 다수이고, 명예교수가 5명인데, 京都大 출신은 명예교수 두 명을 포함하여 농대가 7명, 공대 1명, 사대 1명, 자연대 2명, 그리고 인문대의 내가 포함되어 있다. 나는 어제 총무로부터 연락을 받고서 새로 이 모임에 가입하게 되어, 앞으로 월 회비 만 원씩을 봉급으로부터 자동 인출하게 되었다.

4 (금) 비

아침에 성균관의 유교교육원 교학국장으로 있는 이문주 씨로부터 다시 연구실로 전화가 걸려 왔다. 성균관에서는 4월 말에 함양 지역에서 3박 4일 일정으로 유림을 대상으로 한 유교 교육을 예정하고 있는데, 나더러 4월 28일 오후에 나와서 한 시간 반 정도 강의해 달라는 것이었다. 일단 승낙하고, 鄭汝昌의 사상과 관련된 내용을 주문해 왔으므로 강의 제목은 '一蠹先生과 江右學脈'으로 하기로 합의하였다.

5 (토) 기본적으로 비

식목일 휴일이지만 학교에 나갔다. 오전 중에는 『莊子』 외편을 계속 읽어 繕性·秋水篇을 거의 다 마쳤고, 오후에는 「南冥의 儒道思想比較研究」의 집필을 위한 카드 정리를 마쳤다. 그리고는 사재명 군이 손보아 준 학위논문의 한국어 번역 파일 디스켓을 내 컴퓨터에다 복사한 다음, 제일 처음의 제목과 목차 부분에 대한 검토 수정 작업을 마쳤다. 연세대 및 중국에서의 발표를 위한 논문 작업을 계속해 나가느냐, 그렇지 않으면 학위논문의 출판을 위한 작업을 서두르느냐를 가지고서 망설이고 있는 중이다.

7 (월) 快晴

서울의 성균관과 연세대학교 국학연구원의 담당자에게로 전화하여 4월과 5월 말로 예정된 강의 및 발표들을 모두 취소하였다. 내 학위논문 한국어판의 출판을 위한 작업이 진행 중인데, 정력과 시간을 다른 곳으로 분산하고 싶지 않아서이다. 앞으로도 나 자신의 진행 중인 연구 작업과 별로 관계가 없는 외부의 발표 요청이나 원고 청탁 등에는 가능한 한 응하지 않을 생각이다.

오후에 서울대학교 및 京都大學 동창인 농경제학과의 김병택 교수와 사회교육과 역사전공의 박종현 교수가 나의 학위 취득을 축하하는 뜻에서 쌍계사 쪽으로 꽃구경을 나가자는 전화 연락이 왔다. 어제 꽃구경을 다녀온 데다 일과 시간 중에 외출하는 것은 나의 원칙과도 어긋나므로 극력 사양했었지만, 계속 권하는 바람에 마지못해 박 교수의 차로 함께 출발하였다. 진교에서 북천 쪽으로 빠지는 국도를 경유하여, 어제는 휴일이라 교통 정체로 말미암아 들어가지 못했었던 쌍계사 입구의 벚꽃 터널을 지나 지리산 벽소령 아래의 끝 마을인 의신까지 올라가서 토종닭에다가 민속주를 곁들여 마시며 잡담을 나누다가 해가 진 후에야 진주에 당도하였다.

8 (화) 맑음

계명대학교에 와 박사 과정을 이수하고 있는 중국 사회과학원의 周月琴 여사가 남명학 관계 연구 주제 등과 관련하여 자신이 나 및 김경수 국장에게 보낸 서신 내용이 서로 일치하지 않는 점에 대해 해명한 편지 내용을 김 국장을 통해 팩스로 받아 보았고, 김 국장이 김충렬 원장의 동의를 얻어 원장 명의로 周 여사에게 연구를 위촉한 사실이 확인되었다는 것도 들었다. 밤에 周 여사로부터 전화가 걸려 와 반시간 정도 통화하였다.

9 (수) 맑음

밤에 周月琴 여사로부터 다시 전화가 걸려 왔다. 어제 통화한 내용 중 중국 측이 외국인에 대해 금전적인 면에서 노골적인 차별 정책을 실시하고 있는 이상, 남명학연구원에서도 연구비 지급에 있어 중국학자에 대해서는 중국의 경제적 현실에 맞는 차별적 대우를 할 것도 고려해 보고 있다고 말한 점에 대해, 자신은 스스로 연구를 지원한 것이 아니고 연구원장의 이름으로 자신에게 논문 집필을 위촉해 온 것이므로 그러한 대우를 적용할 대상이 아니라는 의견이었다.

10 (목) 맑으나 다소 추움

학위 논문의 緖論 부분을 퇴고하고 있다. 오전 중 교양강의동에서 시간강사로 나오고 있는 사재명 군을 우연히 만나, 학위논문의 출판을 우선적으로 추진할 계획을 말하고 그 색인의 작성을 당부하였다.

11 (금) 맑음

학위논문 출판 준비 작업을 계속하여 緖論의 퇴고를 마치고서 제1장의 일본어 입력 부분에 내한 수정까지 끝냈다. 일본어 입력 부분은 원문이라 수정할 내용이 별로 많지 않기 때문에 한국어 부분의 검토 작업과 더불어 동시에 진행하고 있다. 한국이 부분은 한문과 일본어 원문의 번역은 물론 필요하면 부분적인 내용 수정과 추가도 가하지만, 일본어 부분은 가능한 한 최소한의 수정에 그쳐 학위논문의 원래 형태를 보존하고자 한다. 2장까지는 사재명 군이 입력해 온 것을 가지고서 이미 수정 작업을 마쳐 둔 것이 있어 지금은 그 퇴고에 불과하므로 비교적 진척이 빠른 셈이다.

15 (화) 맑았다가 저녁 무렵 흐리고 빗방울

오후에 학위논문 제2장의 퇴고를 계속하였다. 저녁 무렵 『南冥學研究』 제6집(1996)이 배부되어 왔으므로, 하던 작업을 중단하고서 그 내용을 검토해 보았다. 金侖壽 씨의 논문 「南冥集 板本 研究上의 爭點」이 그 첫머리에 실려 있는데, 내가 논박한 발표회 당시의 원고보다는 상당 부분이 보충되어 있고, 두 개의 장이 추가되어 있었다.

어제 京都大學의 學位授與式 때 찍은 기념사진이 부쳐져 온 데 이어, 오늘은 日文과 英文의 學位授與證明書 각 10부씩이 도착하였다. 나의 정식 학위 명칭은 京都大學博士(文學)이고, 영어로는 Doctor of Letters, Kyoto University이며, 學位記番號는 論文博 第316號이다. 논문 제목은 일문으로는 「『南冥集』諸板本の成立とその思想史的背景—17·18世紀の刊本を中心として—」이며, 영어로는 "The Formation of Nam-myeong-jip Editions and Its Historical Background of Thoughts—Centering on the 17th and 18th Century Editions—"이다. 수여 일자는 1997년 3월 24일로 되어 있다.

16 (수) 흐림

어제 배달된 『남명학연구』 제6집의 전체적 내용을 검토해 보았고, 오후에 김경수 군이 와서 연구실에 남아 있던 학위논문 25부를 가져갔으므로, 이제 학위논문은 불과 몇 부가 남아 있다. 오늘 가져간 것은 해외의 주요 대학 및 연구소의 도서관에 기증하기 위한 것이다.

17 (목) 흐림

『南冥學研究』 제6집에 대한 검토를 대충 마치고서, 거기에 실린 김윤수 씨의 논문 「남명집 판본 연구 상의 쟁점」을 면밀히 검토하기 시작하였다. 김 씨의 논문 중 발표회 당시의 내용에 비해 추가된 부분에 대해서는, 출판될 학위논문의 補論2로서 실릴 「실증과 진실」 말미에다 나의 의견을 附記의 형태로 덧붙일 생각이다.

산책을 마친 후, 병으로 퇴직한 村田弘夫 씨의 후임으로 담당자가 되었다고 하는 馬場 씨에게 팩스를 보내어, 나의 영문 학위수여증명서에 「Century」란 단어가 빠져 있음을 알리고, 그 단어가 들어간 영문 증명서 열통을 다시 보내 주도록 당부했다. 그런데 저녁 무렵 조교가 京都大學大學院 文學研究科 教務掛로부터 우송되어 온 英文 學位記를 전해 주었는데, 거기에는 나의 학위논문 제목에 「Century」라는 글자가 들어가 있되, 다만 첫 글자가 소문자로 되어 있는 점이 잘못되어 있었다. 그러고 보면 文學部 庶務掛에서 이 단어를 추가해 달라고 하는 내용의 두 달 전에 보낸 내 팩스에 대해 본부 측에 보고하지 않은 것은 아니지만, 정작 자기네들은 이를 잊어버리고서 빠트린 모양이다.

18 (금) 흐림

김윤수 씨의 논문에 대한 검토를 마치고서, 새로운 논문 「실증과 진실(2)—「쟁점」 중 추가된 부분에 대하여—」를 작성하기 시작하여, 제1장 序言 부분을 마쳤다. 어제까지는 지난번 논문의 말미에다 附記의 형태로 추가할까 했으나, 지난번 논문 자체가 원고지 200매의 분량이 넘는 장편이므로, 이 제2부에서 자유로이 의견을 개진하는 데는 우선 분량 상 무리가 있을 듯하여 독립된 논문으로 하기로 생각을 바꾼 것이다.

19 (토) 맑음

오전 중 경북대 퇴계연구소의 소상으로 있는 宋彙七 교수로부터 연구실로 전화가 걸려 왔다. 일본 유학 인사들을 중심으로 금년 8월경 서울에서 일본사상연구회인가 하는 것을 창립하고자 하는데, 나에게도 발기인의 한 사람으로서 참여해 달라는 것이었다. 송 교수는 금년 2월 서울 교육문화회관에서 남명학 국제학술회의가 있었을 때 처음 만나 정우락 씨의 소개로 인사를 나눈 적이 있었다. 그 후 퇴계연구소에서 발행하는 『한국의 철학』 제24집(1996)을 보내 왔으므로, 얼마 전 그 중에 실린 송 교수의 논문 「근세 일본 國學派 형성과 그 전개」를 읽어 보고서 그가 일본 사상에 관해 상당한 조예가 있음을 알았다. 나는 일본 철학사상에 관한 논문을 쓴 적은 없었지만 평소 관심이 없었던 것도 아니므로, 일단 발기인으로서 참가하는데 동의하였다. 송 교수는 경북대 국민윤리과 소속으로서, 박사학위는 일본 양명학파의 성립에 관한 주제로 미국에서 받았지만, 早稻田大·京都大 등에서 다년간 연구한 바 있고, 그동안 발표한 일본 사상 관계의 논문들을 모아 조만간 단행본으로 간행할 준비를 하고 있으며, 지금 그 동생이 京都大 農業經濟學科에 유학해 있다고 한다.

21 (월) 비

「실증과 진실(2)」의 입력 작업을 계속하여 원고지 15매 정도의 분량까지 마쳤다. 이 글을 한국철학회의 기관지인 『哲學』 가을호에다 투고할까 생각하고 있었는데, 이 잡지의 논문 평 원고 매수 제한은 30매 전후로 되어 있으나 벌써 반 정도의 분량이 되었으니 어떻게 해야 할지 다소 신경이 쓰인다.

22 (화) 맑음

학교에서는 「실증과 진실(2)」의 집필을 계속했다. 『철학』지의 원고 매수 제한에 맞추기 위해 가능한 한 간단하게 요점만 쓸려고 마음먹고 있으나, 이미 22매의 분량에 이르렀다. 논문평의 형식으로서는 아무래도 충분한 의견 개진이 어려울 듯하여, 처음 계획했었던 대로 정식 논문 형식으로 쓸까 라고도 생각해 본다.

23 (수) 맑음

「실증과 진실 (2)」를 정식 논문으로 고쳐, 章을 나누고 각주를 붙여서 36매 정도까지 집필하였다.

점심 때 국민윤리교육과의 손병욱 교수가 나의 박사학위 취득을 축하하는 뜻에서 국제관계학과의 서양중 교수와 함께 점심 식사에 초대하여, 사천만을 끼고서 船津 건너편 加山의 바닷가 있는 싱싱횟집이라는 곳으로 데리고 가 모듬회와 맥주를 대접해 주었다. 저녁 무렵 靑泉會의 총무인 化工科 최주홍 교수가 한 달 전 통영 모임 때 만들었다가 본문 중 수정할 곳이 있어 도로 가져갔었던 나의 박사학위취득 기념패를 수정해서 가져다주었다.

24 (목) 맑음

오후 내내 작업을 계속하여 「실증과 진실 (2)」의 제2장을 마쳤는데, 200자 원고용지 47매 정도의 분량에 이르렀다. 퇴근 시간에 봉고차를 타고서 사천 선진리 해원장횟집에서 열린 학림회의 봄 모임에 참석하였다. 회원 49명 중 12명만이 참석하였는데, 오랜만에 지리산 쇠점터 농장의 정재건·계영자 씨 부부도 나왔다. 이 모임에서도 나의 박사학위 취득을 축하하는 기념패를 받았다.

25 (금) 맑음

종일 작업하여 기왕에 입력해 둔 부분을 퇴고·가필하였다. 원고용지 50매의 분량에 이르렀다.

26 (토) 맑음

남명학연구원의 97년도 정기총회가 있는 날이라 학교에 출근하지 않고 아침 시간 집에서 福永光司 譯『莊子』雜篇의 徐無鬼篇을 읽었다.

오전 11시에 칠암동의 남강 변에 있는 경남문화예술회관 소강당에서 정기총회가 개최되었는데, 회의 벽두에 나는 김충렬 원장으로부터 제1회 학술상 대상으로서 유리로 된 상패와 꽃다발, 그리고 5백만 원의 상금을 받았다. 상패에 적힌 수상 이유로는 “특히 古文獻 蒐集을 通해 學問硏究의 土臺를 마련하였을 뿐만 아니라, 多數의 論文을 發表하여 南冥學의 位相定立에 寄與한 功勞가 至大하므로”라고 되어 있다.

귀가한 후에는 오늘 회장에서 배부된『南冥學硏究論叢』第5輯의 내용을 검토해 보고, 그 끄트머리에 실린 나의 논문「실증과 진실」을 다시 한 번 읽어 보았다. 이번 제5집에는 중국인민대학 劉廣和 교수의 논문

「南冥·松亭詩韻考」와 내 연구실에 있는 자료를 빌려가 부록으로서 첨부한 原典資料『남명집』 이정본 관계 통문철 등도 수록되어 있다.

28 (월) 맑음

『남명학연구』 제6집에 수록된 논문들 및 거기에 인용된 문헌 등을 「南冥學關係旣刊文獻目錄」에다 추가 입력하였다. 京都大學으로부터 수정된 영문 학위수여증명서가 부쳐져 왔고, 중국 사회과학원 철학연구소의 徐遠和 교수로부터도 금년 8월에 개최될 '儒釋道三教關係學術研討會'에의 안내장과 함께 정식 초청장이 부쳐져 왔다.

이에 의하면, 이 학술회의는 종전에 들었던 것보다는 다소 빠른 금년 8월 6일에서 8일까지 陝西省 咸陽市에 있는 鐵道部咸陽基建管理幹部學院에서 개최되며, 중국·한국·일본·대만 등으로부터 40여 명의 학자들이 참가하게 된다고 한다. 대회의 정식 사용 언어는 중국어이나 한국어·일본어도 가능하며, 한 사람의 발언 시간은 20분, 6월 30일까지 1,000자의 漢文要旨, 도착 시에 8,000자 내외의 논문을 제출하도록 되어 있으며, 회의 후 중국에서 정식으로 기념 문집을 출판할 예정이라고 한다. 참가자는 會務費 150달러를 납부하도록 되어 있고, 왕복 교통비 및 숙박비는 각자 부담하도록 되어 있다.

지난 토요일에 받은 남명학 학술상 대상 상금 500만 원은 교원공제회, 경은상호신용금고 및 농협은행의 가계종합예금 구좌에다 나누어 입금하였다.

29 (화) 흐림

작년 2월 23일에 가입하여 이미 계약 기간이 만료된 농협중앙회의 알찬모아신탁저축을 해약하여, 원금 100만 원은 교원공제회로 입금하였고, 이자 138,858원은 지갑 속에 들어 있는 돈과 합쳐 퇴근 시에 아파트 부근의 魚田이라는 일식집에서 박사학위 취득을 자축하는 모임의 비용으로서 지출하였다. 이 모임에는 남명학연구원에 관계하는 사람들이 모였는데, 철학과 졸업생인 김경수·박라권, 재학생인 최재성, 교육학과 졸업생인 강사 사재명 군, 국민윤리교육과의 손병욱 교수 등이었다.

오후에는 학술진흥재단에 제출하는 외국박사학위취득신고서를 작성하면서, 학위논문의 '主論文要旨'를 한국어로 번역하였다.

30 (수) 맑으나 오후 한때 비

박사학위신고서 및 한글 논문초록을 작성하여 학위수여증명서·학위논문 각 1부와 함께 인문대 행정실을 통해 한국학술진흥재단으로 제출하였고, 초록은 京都大學에 제출할 당시의 제목인 '主論文要旨'라는 이름으로 다시 고쳐서 머지않아 출판될 한국어판 저서의 첫머리에다 수록할 예정이다.

啓明大에 와 있는 중국 사회과학원의 周月琴 여사로부터 연구실로 전화가 걸려 왔으므로, 지난주 토요일 남명학연구원 총회가 있었을 때 김경수 국장으로부터 전해들은 바 있는 周 여사의 논문에 대한 연구비 지급 방침의 정보를 전해 주었다. 周 여사가 계명대에 도착해 있는 나의 학위논문을 검토해 보았으며 특히 말미의 「南冥學關係既刊文獻目錄」이 많은 도움이 되더라고 하므로, 학위논문을 꺼내 다시 이리저리 뒤적여 보았다. 李商元 씨로부터 어제의 회식에 초대받고서도 출타 중이라 참석치 못해 아쉬웠다는 전화가 걸려 왔는데, 『남명학연구논총』 제5집에 실린 나의 논눈 「실증과 진실」을 읽어 보았다고 하므로, 그 논문도 꺼내 다시 한 번 뒤적여 보았다.

5월

1 (목) 맑음

『남명학연구논총』 제5집에 실린 나의 논문 「실증과 진실」 全文을 다시 한 번 읽어보았다.

2 (금) 맑음

김윤수 씨가 『남명학연구』 제6집에다 발표한 「남명집 판본 연구상의 쟁점」을 다시 한 번 읽으며 이에 대한 나의 반론인 「실증과 진실 (2)」의 이미 작성해 둔 부분들을 수정하는 작업에 종사했다. 사재명 군이 연구실로 찾아와 내가 근자에 새로 입력했거나 기왕에 작성해 둔 부분들을 수정·보완한 것을 색인을 만들기 위해 자기 디스켓에다 카피해 갔다.

東京大學 文學部의 中國思想文化學硏究室에 유학해 있는 서울대 철학과 후배 梁一模 군으로부터 엽서가 왔다. 그는 이번 학기에 학위논문을 제출할 예정이며, 오는 가을 학기부터 3년 계약으로 東京大 문학부의 조수로 취직하게 되었는데, 근무는 이번 4월부터 이미 시작했다고 한다. 中國人民大學의 劉廣和 부교수로부터도 내가 김경수 국장을 통해 국제속달로 부치게 한 劉 교수의 논문 「南冥·松亭詩韻考」가 실린 『남명학연구논총』 제5집 4부를 잘 받았다는 감사 편지가 도착하였다.

3 (토) 맑음

양일모 군 및 劉廣和 교수에게 보내는 그림엽서를 써서 부쳤다.

오전 중 사재명 군이 다시 연구실로 찾아와 어제 복사해 간 파일 중 補論 1·2에 해당하는 「실증과 진실」 (1)·(2)가 자기 노트북 컴퓨터에서는 화면상에 뜨지를 않는다면서 다시 찾아왔다. 내 데스크톱 컴퓨터에서는 문제없이 뜨고 있으므로 아직 정확한 원인을 찾아내지 못했다. 史군과 더불어 여러 가지로 시도해 보고 있는 중에 남명학부산연구원장으로부터 전화가 걸려왔다. 이번에 나온 『남명학연구논총』 제5집에 실린 나의 「실증과 진실」을 자기네 부산연구원에서 내는 간행물에도 싣고자 하니 동의해 달라는 것이었다. 남과 논쟁한 논문을 다시 수록하여 유포한다는 것은 그 당사자인 김윤수 씨의 자존심을 한층 더 다치게 하여 극단적인 투쟁 의식을 불러일으킬 가능성도 없지 않아 다소 망설였지만, 이미 발표된 논문을 굳이 싣지 말라고 할 이유도 없을 듯하여 승낙하였다.

어느덧 점심때가 되었는지라, 사 군과 함께 점심을 들러 사천의 냉면집으로 향하였다. 도중에 휴대폰을 통하여 김경수 군으로부터 전화가 걸려온 모양인지라 괜찮으면 김 국장도 오라고 하랬더니, 얼마 후 남명출판부의 일을 도맡아 있는 대명인쇄소의 사장이자 철학과의 제자이기도 한 박라권 군과 함께 나타났다. 네 명이 더불어 비빔냉면과 맥주 두 병을 들었고, 돌아오는 도중에 전원예식장 구내의 다방에 들러 커피도 들었다. 점심을 들면서 나의 학위논문 출판에 관한 좀 더 구체적인 논의도 해 보았는데, 책 제목은 보다 대중성이 있어 보이는 것이 좋을 듯하다기에 『南冥學派硏究—17·18世紀『南冥集』諸板本의 成立—』으로 하겠다는 의사를 표명했다. 한자를 어느 정도로 줄일지는 실무 작업을 맡아 볼 그들에게 맡기기로 하되, 나는 원문을 가능한 한 평이하게 풀고 본문에 인용된 한문에는 일일이 역문을 달며, 사재명 군이 상세한 색인을 만들어 달기로 하고, 보론은 이번에 쓰는 것까지 합하여 세 개를 첨부하며, 책머리에다 머리말과 '主論文要旨'를 붙이기로 잠정적인 합의를 보았다. 한글만 하더라도 책의 분량이 예상 외로 두꺼울 듯하며, 가격이나 구독자의 수요도 고려하지 않을 수 없으므로, 일본어 원문을 다소 가필하여 첨부한다는 원래의 계획은 포기하기로 하였다.

연구실로 돌아온 후에는 소파에 드러누워 오늘 김경수 군이 가져다 준 「실증과 진실」 별쇄본 20부 중 한 부를 꺼내어 다시 여기저기 훑어보았고, 어제 우송되어 온 씨올함석헌선생 기념사업회의 기관지 『씨올살림』 제15호(1997.4)도 뒤적여 보다가 역시 여섯 시 무렵에 산길을 걸어 퇴근하였다.

집에는 을유문화사로부터 내가 번역한 『중국철학사』 제10쇄에 대한 인세명세서가 도착해 있었다. 금년에는 500부를 인쇄하였는데, 책값이 종전의 8천 원으로부터 만 원으로 인상되었는지라 인세 총액은 50만 원이지만, 소득세 및 주민세를 제외한 494,500원이 내 구좌로 입금되었다. 영남철학회로부터 금년도 이사 위촉장이 도착하였다.

5 (월) 흐림

어린이날 휴일이지만, 산길을 따라 연구실에 나가 논문 작업을 계속하다가 평소 퇴근 시간 무렵에 역시 산길을 따라 돌아왔다. 「실증과 진실(2)」 제2장까지의 수정 보완 작업을 거의 마쳤다. 이제 200자 원고지 약 60매의 분량에 이르렀다.

6 (화) 흐림

『哲學論究』 제24집(서울대학교 철학과, 1996)을 뒤적여 보았다. 서울대학교 철학과 논문제출 자격시험 동양철학 분야의 필독서 목록에는 여전히 내가 번역한 가노 나오키의 『중국철학사』가 포함되어 있었다.

김경수 군이 며칠 전 점심 회식 때 「실증과 진실」의 별쇄본 20부를 전해 준 데 이어, 오늘은 사재명 군 편으로 이 논문이 실린 『남명학연구논총』 제5집 10여 부를 보내왔다.

7 (수) 비

오후 내내 『남명학연구』 제6집에 실린 김윤수 씨의 논문 중 남명별집과 관련된 내용을 관계 자료들과 대조해 가며 검토해 보았다. 이즈음은 여름 날씨에 가까운 지라 매일 점심 식사 후에는 긴 의자에 누워 얼마 동안 낮잠을 자고 있다. 사재명 군이 가져온 『남명학연구논총』 중 두 부는 어제 철학과 및 인문대 도서로서 기증하였고, 남아 있는 아홉 부는 오늘 철학과 조교를 통하여 인문대학과 사범대학의 유관 학과들 및 경남문화연구소에 각각 한 부씩 기증하게 하였으며, 남명학연구소와 한문학과 조교에게 연락하여, 연구원으로 부쳐 올 20부는 내가 이미 보낸 곳을 제외한 이 연구소의 연구원들에게 배부하도록 일러두었다. 내가 남명학연구원의 학술상 대상을 받은 소식이 ≪진주신문≫에 실렸다는 말을 퇴근 시에 법학과에 있는 동아고 후배인 김종회 교수로부터 들었다.

8 (목) 흐림

어제에 이어 김윤수 씨의 논문 중 『南冥別集』과 관계되는 부분들을 나의 기왕의 논문들 및 관계 원전들과 대조해 가며 다시 한 번 면밀히 검토하였다.

9 (금) 맑음

김윤수 씨의 논문에 대한 검토를 마치고서 「실증과 진실 (2)」의 제3장 집필에 들어갔다.

10 (토) 맑음

논문 제3장의 집필을 계속하다가 산길로 돌아왔다. 논문의 분량은 200자 70여 매에 이르렀다.

12 (월) 비

오후에 논문 작업을 계속하였고, 영문과의 박창현 교수가 내 연구실로 와서 잡담을 하다가 내 방에 있는 報歲의 일종인 洋蘭을 좀 나눠 갔다. 개성중학교 동문인 경제학과의 양희석 교수가 교수로 승진하였는지라, 그런 명목으로 동문 네 명이 모여 퇴근 무렵 서부시장 안에 있는 식당으로 가서 소 곱창을 안주로 술을 들었는데, 동문은 아니나 나와 같은 학림회원인 사회학과의 지승종·박재흥 두 교수도 함께 어울렸다.

거기서 나와서는 부근에 있는 노래방에 들렀다. 술김에 하는 이야기로 독문과의 이영석 선생이 인문대학 교수들 간에 나에 대한 평판이 매우 좋지 않다는 말을 흘렸다. 박창현 선생의 의견으로는 오히려 나에게서 본받을 점이 많다는 것이었는데, 요컨대 내가 평소에 다른 교수들과 거의 어울리지 않고 자신의 일에만 몰두하고 있으므로, 남들은 나를 거만하다고 여기는 모양이다. 지승종 교수는 『남명학연구』에 실린 김윤수 씨의 논문을 읽었는지, 거기에 대해 어떻게 생각하는지를 물어 왔다. 『남명학연구논총』에 실린 나의 논문 「실증과 진실」을 읽은 사람은 적고,

학교 안의 남명학연구소 기관지인 『남명학연구』를 받아 본 사람은 많은 지라, 나를 거칠게 비판한 김 씨의 글을 읽고서 학위논문을 비롯한 지금까지의 내 연구에 문제가 많은 모양이라고 생각하는 사람이 적지 않을 것이다.

13 (화) 흐리고 때때로 부슬비

논문 작업을 계속하였다. 오후에 사재명 군이 연구실로 찾아와 일단 작업을 마친 내 책의 색인을 보여 주었고, 지금 작성 중인 논문 파일도 색인 작성을 위해 복사해 갔다.

14 (수) 맑으나 밤 한때 소나기

논문은 제3장을 마쳤는데, 원고지 90매 정도의 분량에 이르렀다.

20 (화) 맑음

오후에 논문 작업을 계속하여 원고지 110매 남짓한 분량에 이르렀다.

21 (수) 맑으나 다소 서늘하다가 정오 무렵 비

北京大學 철학과에서 한국인으로서는 최초로 박사학위를 받은 최진석 씨가 번역한 陳鼓應 저 『老莊新論』이 어제 기증되어 왔으므로, 그 내용을 훑어보았고, 특히 그 제4부 「도가중심설」 부분의 두 논문을 다 읽어 보았다. 陳鼓應은 臺灣大 철학과의 前 교수이며 김충렬 교수와는 의형제 사이라고 하는데, 현재는 北京大에 객원 교수의 형식으로 머무르고 있다.

22 (목) 맑음

『老莊新論』 제4부의 나머지 두 논문 「도가 중심설에 대한 반론(李存山)」 및 「두 편의 반론에 대한 답변(陳鼓應)」을 마저 읽어 보았고, 논문 작업도 계속하였다.

23 (금) 맑음

논문 작업을 계속하여 118매의 분량에 이르렀다.

24 (토) 흐림

논문 작업을 계속하여 130매 남짓까지 진척을 보았다.

25 (일) 맑음

논문은 140매 정도의 분량에 이르렀다.

26 (월) 흐림

중국철학특강 수업을 종강하였다. 이번 학기에는 北京 中華書局에서 출판한 新編諸子集成版 標點本 郭慶藩의 『莊子集釋』을 텍스트로 하고 안동림 역주 국역본을 부교재로 하여 『莊子』를 독파하였다. 오후에는 다음 학기 학부의 중국철학강독 텍스트로서 고려하고 있는 『書經集傳』을 국내외의 네 가지 번역본들을 참조해 가며 비교 검토하였고, 그 해제도 몇 가지 읽어 보았다.

27 (화) 아침 한때 비

다음 학기의 학부 강독 텍스트로서 고려하고 있는 『書經』 및 교육대학원의 동양철학특강 텍스트로서 고려하고 있는 『易經』의 여러 번역본들을 검토하였다. 모두 朱子 및 蔡沈의 集傳을 채택하려고 하는데, 성리학 계열이라 전통적으로 한국에서 주로 읽어 온 것일 뿐 아니라 교재를 구하기도 쉽기 때문이다.

28 (수) 흐림

「실증과 진실 (2)」의 제4장 부분을 일부 수정하였다.

29 (목) 흐리고 아침 한때 부슬비

앞으로는 학기 중과 마찬가지로 오전 중은 독서·강의와 기타 잡무로 시간을 보내고 오후에는 논문 작업을 계속하고자 한다. 논문은 제4장을 마치고서 이제 제5장 結語에 들어갔다. 약 150매의 분량에 이르렀다.

30 (금) 흐리고 오후 한때 소나기

논문 중 어제 작성한 부분을 퇴고하였다.

6월

2 (월) 맑음

「실증과 진실 (2)」의 퇴고를 계속하였다.

밤 아홉 시 경에 서울의 동덕여대 趙駿河 교수와 통화하여 중국 사회과학원 주최 국제학술회의 참가 건을 협의하였다. 그동안 주최하는 사회과학원 측이 참가 조건을 변경하여 외국 학자들에게서 돈을 받아 챙기려는 장사꾼 심보를 더욱 심하게 드러낸 데다 히말라야 트래킹 쪽에 대한 매력도 있고 하여 중국행을 망설여 왔으나, 우리 일행의 이번 여행 코스가 마음에 들어 아무래도 포기할 수는 없겠다는 생각이 들었다. 조 교수와의 통화를 마친 후 중국 사회과학원에서 계명대학교로 유학 와 있는 周月琴 여사로부터 다시 전화가 걸려왔는데, 역시 例의 남명학 관계 논문의 연구비 건이었다.

3 (화) 맑음

김경수 국장에게 전화하여 周月琴 여사의 연구비 건을 빨리 처리하도록 말하고, 아울러 내가 남명출판부를 통해 간행하려고 하는 학위논문의 경우 연구원으로부터 연구비를 지급 받지 않고서 『남명학연구논총』 이외의 다른 학술지에 발표한 것이 절반을 조금 넘는 정도이며 앞으로 몇 편의 논문을 더 추가하면 분량도 상당해 질 전망인데, 이런 경우 연구원의 연구비를 지급받았던 성과물이라 하여 본인에게 전혀 인세를 지급하지 않는다는 것이 규정의 적합한 해석이 되겠는지 원장 등과 상의해 보도록 했다.

「실증과 진실 (2)」의 퇴고 작업을 계속하였다. 특히 결론 부분을 상당히 가필하여 김윤수 씨를 신랄히 비판하였는데, 분량은 이미 165매를 넘어섰다.

4 (수) 맑음

「실증과 진실 (2)」를 두 차례 퇴고하여 온라인으로 출력하였다. 저녁 무렵 史載明 군이 김경수 국장으로부터 연락을 받고서 연구실로 방문해 왔으므로, 그 파일을 카피해 주었다.

지난번에 작성하여 서울의 학술진흥재단으로 제출한 외국박사학위신고서가 소정 양식에 맞지 않는다 하여 지정된 양식 및 기준에 따라 새로 작성해 보내라는 연락이 왔었다고 하므로, 퇴근 무렵에는 그 작성에 착수하여 거의 마쳤다. 지난번에 낸 것은 인문대 행정실에서 보내 준 샘플에 따라 그대로 작성한 것인데, 행정실 직원이 왜 이런 사무착오를 하여 바쁜 사람을 번거롭게 하느냐고 좀 짜증을 내었더니, 소정 양식은 교무담당 직원이 만들겠으니, 지난번 작성한 내용 중에서 이번의 소정 양식에 빠져 있는 부분과 A4용지 한 장 정도의 분량으로 줄인 한글 요지만 작성해 달라는 것이었다.

5 (목) 흐림

탈고한 논문 「실증과 진실 (2)」를 내가 이사로 있는 한국공자학회에 우편으로 투고하였다. 오후에는 이 논문 인쇄해 둔 것을 다시 한 번 읽어보았다.

10 (화) 맑음

오전 11시부터 도서관장실에서 고서관련 업무회의가 있었다. 고서관련 교수로서는 한문학과의 네 명 및 여타 학과 세 명의 교수와 도서관장·열람과장·수서과의 정광수 씨가 참석했다. 우리대학 도서관의 금년도 예산 총액은 11억 6천여만 원이라고 하는데, 그 중 올해에는 2천만원이 고서구입비로 책정되어 있었다. 이 돈으로 내가 추천한 경인문화사의 韓國歷代文集叢書 등의 영인본을 구입하기로 했다. 기타 유명무실한 상태로 있는 고서전문위원회의 구성과 활성화 방안에 대한 논의도 있었다. 회의를 마치고 난 후 함께 두량못 부근의 식당으로 나가 어탕으로 점심을 들고서 돌아왔다.

11 (수) 맑음

중국의 국제학술회의에서 발표할 논문 「南冥的儒道思想比較硏究」의 要旨를 중국어로 작성하여 저녁 무렵 중문과의 외국인 교수인 黃國營 씨에게 보여 검토를 부탁했다. 모두 1,200자 남짓 되는 분량인데, 내가 중국어로 편지가 아닌 학술적인 내용의 글을 써 본 것은 아마도 이것이 처음이 아닌가 한다.

12 (목) 맑으나 저녁 무렵 천둥 번개와 비

아침에 黃國營 교수가 내 연구실로 와서 발표 논문 요지의 수정한 것을 보여주었는데, 크게 고친 곳은 별로 없었다. 이제 새로운 논문 「南冥의 儒道思想比較硏究」의 집필을 위한 카드 정리 작업을 시작했다.

13 (금) 맑음

카드 정리를 대충 마치고서 저녁 무렵부터 새로운 논문 「南冥의 儒道思想比較硏究」의 집필에 들어갔다.

14 (토) 맑음

학교에서 저녁 무렵까지 논문 작업을 계속하다가 버스로 귀가하였다.

16 (월) 맑음

논문 작업을 계속하여 제2장 '退溪의 南冥觀' 부분을 입력하고 있다.

17 (화) 맑고 무더우며 퇴근 무렵 번개와 약간의 비

오전 중 『弦齋集』 雜篇의 첫머리에 실린 퇴계의 남명 비판에 관한 논평을 두 차례 읽었다. 오후에 사회학과의 지승종 교수가 연구실로 와서 내 컴퓨터로 도서관 CD롬의 『조선왕조실록』을 열람하는데 필요한 조작을 해 주었다. 논문 작업을 계속하여 퇴계가 黃俊良에게 보낸 편지에서 남명을 가리켜 '老莊爲祟' 운운하는 대목까지 입력하였다. 원고용지 20여 매의 분량에 이르렀다.

18 (수) 맑음

논문 작업을 계속하여, 약 30매 정도까지 진척되었다.

19 (목) 맑음

종일 논문 작업을 계속하여 퇴계 문인인 錦溪 黃俊良과 남명 문인인 德溪 吳健이 星州의 부임지에서 서로 만나 교제하는 대목에까지 이르렀다.

20 (금) 아침에 소나기

종일 논문 작업을 계속하였다. 이미 40여 매의 분량에 이르렀으므로, '퇴계의 남명관'이라고 되어 있었던 제2장의 주제를 몇 개의 장으로 나누기로 하고, 이번에는 제2장의 제목을 '退溪와 錦溪의 往復書簡'으로 고쳤다.

한국학술진흥재단으로부터 '박사학위신고접수증'이 집으로 우송되어 왔다. 교육법시행령 제125조 제4항의 규정에 따라 외국의 대학에서 수

여받은 박사학위를 신고한 것인데, 나는 분명히 博士(文學)으로 신고했음에도 불구하고 학위종별의 항목에 철학박사로 기재된 것은 어찌된 셈인지 모르겠다.

23 (월) 흐림

논문 작업을 계속하여 제3장 '退溪의 南冥觀'의 집필에 들어갔는데, 이미 200자 원고용지 55매 정도의 분량에 이르렀다.

24 (화) 맑음

논문 작업을 계속하여 제3장 '퇴계의 남명관' 집필을 거의 마쳤다. 원고용지 약 70매의 분량에 이르렀다.

25 (수) 비

「南冥의 儒道思想比較硏究」 라는 주제하에 한 편의 논문을 쓸 예정이었는데, 이미 75매 정도의 분량에 이르렀으므로, 결국 두 편으로 나누어 이번에는 도가 사상을 중심으로 쓰고, 다음에는 남명의 유가 사상 부분을 다루기로 마음먹었다.

경북대 퇴계연구소장인 송휘칠 교수로부터 전화가 있었다. 며칠 전 7월 3일에 서울역 앞 대우재단 빌딩 3층 제2세미나실에서 일본사상사학회 창립발기인 모임이 있다면서 발기인 22명의 명단과 함께 안내장이 보내져 왔는데, 그 참가 여부를 묻는 전화였다. 내가 평소에 일본 사상을 전문적으로 연구하는 사람도 아니지만, 지난번 송 교수로부터 발기인 참가 의사를 묻는 전화가 있어 승낙은 해 두었으나, 서울까지 먼 길을 갈 정도의 열의는 가지고 있지 않아 못가기가 쉽겠다고 대답해 두었다.

26 (목) 비

종일 논문 작업을 계속하여 퇴계의 남명 비판에 대한 開巖 金宇宏의 항의 및 퇴계와 남명의 이에 대한 반응 부분을 입력하였는데, 원고지

85매 정도의 분량에 이르렀다. 하루 종일 컴퓨터 앞에서 작업을 하고 있으니 전자파 때문인지 오후가 되면 머리도 띵하고 가슴이 답답한 듯하다.

아내가 회옥이와 더불어 나의 중국 국제학술회의 참가에 동행하겠다고 하므로, 동덕여대의 조준하 교수에게 다시 전화하여 그러한 의사를 전했다. 아내는 함께 가겠다고 했다가 안 가겠다고 하더니 또다시 가겠다고 하는 등 의사의 번복이 심하다. 아내 분의 비용은 자기가 부담하므로 나로서는 아무래도 좋지만, 하나 있는 딸인 회옥이를 장기간 혼자 남겨 두기도 무엇하여 데리고 가자니, 그 부분만큼의 비용이 각자에게 추가되는 셈이다.

27 (금) 흐리고 때때로 비

논문 제4장 '南冥과 『莊子』'의 집필에 들어갔다. 오후에 낮잠을 좀 잤으므로, 진도는 많이 나가지 못하고 91장 정도에서 그쳤다.

28 (토) 흐리고 오후에 개임

카드 정리를 새로 하여, 기왕에 입력해 둔 부분 중 일부 내용을 수정 보충하였다.

30 (월) 흐리다 개임

제4장의 제목을 '南冥과 道家'로 바꾸고 집필에 들어갔다. 약 110매 정도의 분량에 이르렀다.

7월

1 (화) 흐리고 때때로 비

논문 작업을 계속하여, 약 120매 정도까지 집필하였다.

2 (수) 흐림

논문 작업을 계속하여 제4장을 마치고서 제5장 결론으로 들어갔는데, 약 135매 정도의 분량에 이른 듯하다. 매일 온종일 컴퓨터 모니터 앞에 앉아 논문 작업을 하고 있으려니, 전자파 때문인지 오후가 되면 머리도 띵하고 가슴도 답답하여 상당히 피곤함을 느끼지만, 그렇다고 해서 하던 작업을 중단할 수도 없는 상황이니, 건강을 상하지 않을까 염려된다.

3 (목) 맑음

논문 「南冥의 儒道思想比較硏究」를 탈고하였고, 다시 처음부터 읽으며 퇴고를 하고 있다. 점심 때 중문과에 와 있는 武漢의 華中理工大學 중문과 주임교수인 黃國營 씨와 함께 개양으로 나가 내가 점심을 샀고, 학교로 돌아와서는 인문대 3층의 로비에 있는 의자에 걸터앉아 한동안 대화를 나누었다.

4 (금) 흐리고 강한 바람에 낮 한때 부슬비

완성된 논문을 퇴고하는 작업을 마치고서 출력하였고, 서울의 철학연구회 기관지인 『철학연구』에 투고하기 위해 요약문을 작성하고 있다.

어제 서울의 한반도여행사 송경섭 과장으로부터 연락을 받고서 통화하였는데, 오늘 아침 학교로 보내온 팩스를 통하여 이번 여름의 중국여행에 관한 안내와 일정표를 받았다. 일정은 금년 7월 27일부터 8월 9일까지 14일간인데, 당초 예정되어 있었던 濟南·泰山·曲阜·鄒城·南京·黃山·武夷山·福州·西安 외에 靑島와 武漢이 포함되어 있었고, 咸陽의 학회 외에 鄒城에서 孟子學會 학술회의에도 참가하는 것으로 되어 있었다.

5 (토) 흐림

오전 중 어제 남명학연구원으로부터 연락을 받고서 사재명 군이 완성된 논문의 카피를 받아가기 위해 연구실로 방문해 왔으므로, 그와 함께 연구원의 김경수·구자익 군, 대명인쇄소의 박라권·차영석 군을 불러 새로 신장개업한 이후로는 한 번도 가 본 적이 없었던 육거리곰탕집으로 가서 내가 점심과 술을 샀다.

7 (월) 맑음

한반도여행사로부터 지난번 팩스로 보내져 온 중국 여행 프로그램이 다시 우편으로 부쳐져 왔다. 거기에는 일정표 뒷면에 한 장이 더 있고, 西安의 관광 일정 및 上海를 경유하여 귀국한다는 점 등이 기재되어 있다.

9 (水) 맑음

인문대 행정실 및 본부 연구지원담당관실의 직원과 전화 연락하여 서울까지의 왕복 항공기 공무원 할인요금 증명서 관계 및 해외 학술회의 논문 발표자에 대한 교내 지원금 요청 서류 관계에 대해 알아보았다. 인문대의 직원이 업무에 익숙하지 못한 탓으로 시간적 여유가 있다고 하여 지금까지 별로 서두르지 않았었는데, 오늘 알고 보니 지원금은 출국 20일 전까지 신청하여야 되는 것으로 되어 있어 이미 기간이 지나 있었고, 또한 연구지원담당관실에서는 내가 중국 측으로부터 받지도 않은 논문 제목이 적힌 발표승락서를 요구하는 데다 중국어로 인쇄된 발표 논문의 표지 부분을 복사해 제출할 것을 요구하기도 하였다. 기가 차기도 하고 짜증스럽기도 하여 모두 다 집어치워버리고 싶은 생각이 들었다.

12 (토) 비

토요일이지만 평소 퇴근 시간 무렵까지 연구실에 남아 논문 작업을 계속하였다. 「南冥의 儒道思想比較研究」의 한글 요약문을 탈고하여 본문 네 부 및 디스켓 두 부와 함께 서울의 철학연구회 기관지인 『哲學研究』에 투고하였다. 이어서 중국에서 발표할 같은 제목의 논문을 8,000자 정도 분량의 중국어로 옮기는 작업에 착수하였다.

14 (월) 흐리다가 개임

논문을 중국어로 고치는 작업을 계속하여 거의 끝낼 무렵에 즈음했다.

15 (화) 흐림

발표 논문을 중국어로 고치는 작업을 일단 완료하였다. 안내문에 분량은 8,000자 정도가 적당하다고 되어 있으므로, 이를 200자 원고지의 분량으로 계산하여 40매 정도로 줄였던 것인데, 어찌된 셈인지 글자 수로는 5,500자 정도 밖에 되지 않는다.

鄭羽洛 씨의 경북대 대학원 국어국문학과 고전문학전공 문학박사 학위논문 「南冥文學의 意味表出樣相과 現實主義的 性格 硏究」를 훑어보며, 거기에 참고 된 문헌들 중 나의 「南冥學關係旣刊文獻目錄」에 수록되지 않은 것들을 보충하였다.

16 (수) 흐리고 비 오다 개였다가 함

논문 작업을 계속하여 처음부터 새로 읽으며 너무 줄였다고 생각되는 부분은 내용을 보충하여 분량을 늘여가고 있다. 그리하여 글자 수로는 이제 6,000자를 넘어섰다. 한국어로 글을 쓸 때는 띄어쓰기를 하므로, 원고용지의 분량에 비해 그만큼 실제 글자 수가 적어지는 모양이다.

17 (목) 흐리다가 저녁 무렵 소나기

제헌절 휴일이지만 평소처럼 학교에 나가 논문 작업을 계속하였다. 부분적으로 내용을 추가하는 작업을 마쳤는데, 이제 분량은 약 8,150자 정도에 이르렀다. 처음부터 새로 읽으며 중국어 표현이 매끄럽지 못한 부분들을 다듬고 있다.

18 (금) 맑음

논문의 퇴고를 마치고서 두 부를 출력하여 한 부는 중문과의 중국인 교수 黃國營 씨에게 보내어 문장의 수정을 받게 했다.

조교를 통해 다음 주 중에 중국의 학술회의에 논문 발표 차 출국하게 되므로 학교 당국의 경비 지원이 그 전에 이루어질 수 있는지 알아보라고 했더니, 난데없이 또 공무국외여행 관계 서류를 작성하라고 하며 서식을 받아왔는데 여러 페이지에 달하는 것이고, 그 대부분이 며칠 전 경비지원신청을 할 때 이미 작성하여 제출한 것과 중복되는 것들이었다. 인문대 행정실로 전화해 보았더니 제출하는 부서가 달라서 그렇다는 것이었다. 기가 막혀 신고서와 출국 용건 등의 항목만 간단히 몇 자 적고, 經費 細目이나 자료수집 계획, 이력서 등 실제로 아무 필요 없는 요식행위에 불과한 것들은 전부 비워 두고서, 이력서의 위쪽에 이름만 적고 그 아래 주민등록번호 란에다 "이하 인사기록부를 참조할 것"이라고 적어 제출하게 했다. 얼마 후 조교로부터 인문대에는 나의 인사기록 관계 서류가 전혀 없으므로 이력서는 적어 주셔야겠다고 한다면서 반송되어 왔다. 30만 원의 지원비를 받기 위해 별 수 없이 이력서를 대충 적어 내기는 하였지만, 교육부에 제출할 것도 아니고 학교 안 결제용에 무슨 빌어먹을 이력서인가!

24 (목) 무더위

黃國營 교수가 내 중국어 논문을 검토해 가져왔으므로, 그것을 토대로 하여 다시 수정을 가하였다.

25 (금) 무더위

오전 중 완성된 논문을 출력하여 20부를 복사한 다음 다시 한 번 검토해 보았다. 중국어로 논문이나 리포트 같은 학술적인 글을 직접 써 본 적은 거의 없었는데, 이번의 경험을 통해 중국어로도 직접 논문을 쓸 수 있다는 자신감을 가지게 된 것이 무엇보다도 큰 소득이라고 하겠다.

27 (일) 맑음

일곱 시에 출발하는 호텔의 미니버스로 공항을 향해 떠났다. 7시 30분에 김포공항 제2청사 2층 신한은행 앞에서 집결하기로 되어 있었는데, 여기에 모인 우리 일행은 교수 및 그 가족으로는 조준하 동덕여대 교수와 그 조카인 제주대학 중문과의 조성식 씨, 유명종 전 원광대, 김익수 한국체육대, 김필수 동국대 경주분교 철학과 및 국민학교 교사인 그 부인, 배상현 동국대 경주분교 한문학과, 송준호 연세대 한문학과 및 우리 가족 세 명을 합해 모두 11명이었고, 그 외에 김필수 교수의 스승이라고 하는 주역을 연구하는 한학자 박용재 노인, 김필수 교수의 동국대 경주분교 제자라고 하는 남녀 스님 다섯 명, 孟氏 종친회의 일가족 다섯 명을 합해 모두 22명이었다. 우리 가족은 한화 30만원을 가지고서 신한은행에서 인민폐 2,680원으로 교환한 것이 전부였고, 그 외에는 내가 작년의 여행에서 쓰다 남은 미화 200불 남짓을 소지하고 있을 따름이었다.

29 (화) 맑으나 38℃ 전후의 무더위

조식 후 曲阜의 孔廟, 孔子故宅, 孔林, 그리고 孔府를 둘러보았다. 孔林에서 공자의 묘소를 촬영할 무렵 카메라의 배터리가 다 소모되어 더 이상 사용할 수가 없게 되었으며, 伯漁와 顔子·子貢의 무덤도 참배하였다.

曲阜를 출발하여 약 반 시간 정도 남으로 차를 달린 끝에 孟子의 고향인 鄒城에 당도하였다.

30 (수) 흐림

제2차 韓中孟子學術硏討會가 擇鄰山莊 2층의 多功能室(가라오케 및 댄스장)에서 개최되었다. 개막식에 이어 오전 오후로 나누어 학술발표를 진행하였는데, 대부분의 발표 논문은 조준하 교수가 이번에 만들어 간 『孟子硏究』(韓國孟子學會, 1997) 第1輯에 실려 있었다. 조 교수가 중국인 학자 약 80명에게 초청장을 띄웠다고 하는데, 그 중 약 20명이 참가하였으며, 멀리는 하얼빈 및 南京과 重慶 등지에서 온 사람들도 있고, 前 山東省長인 趙建民 씨 등 거물급 인사도 참석하였다. 우리 일행 중 동양철학을 전공으로 하면서 중국어를 구사할 수 있는 사람은 나 밖에 없었으므로, 처음 서울에서 출발할 당시부터 조준하 교수가 나더러 한국인 발표자 네 명 중 중국어로 발표하는 두 사람을 제외한 나머지 두 사람의 발표만을 요약하여 중국어로 소개하는 역할을 맡아 달라는 요청을 해 왔었다. 그러나 중국어에 자신이 없어 도무지 무리라고 거듭 사양해 왔었지만, 달리 그 역할을 맡을 사람이 없어 어젯밤에 마지못해 승낙을 한 터였다.

결국 중국인 한 명과 더불어 공동 좌장(主持人)의 역할을 맡게 되었다. 두 사람의 발표 내용을 중국어로 요약하는 역할 정도로 부탁받았었지만, 사회자를 겸한 것인데다 어떤 의미에서는 회의의 주최 측이 오히려 한국 쪽인 셈이라 내가 전체 학술회의의 진행을 이끌어 나가는 중심 역할을 맡지 않을 수 없게 되었다. 오전에는 중국인 발표자의 발표 내용 소개는 하지 않았었는데, 멀리 한국에서 온 사람들이 발표 내용을 알지 못한 채 온종일 멍청히 앉아 있기만 하는 것이 어색하기도 하여, 오후부터는 중국 측 발표 내용의 소개도 나의 어학 능력이 미치는 범위 내에서 행하기로 하였다.

점심때의 鄒城 시장 초청 오찬에 이어, 12명의 발표가 모두 끝난 다음 저녁에는 폐막식을 겸하여 조준하 회장이 초청하는 답례 만찬이 있었다. 중국에서는 별미로 친다는 자라탕 등이 나왔다.

8월

6 (수) 흐리고 한때 빗방울

航空大酒店 호텔 구내의 1층에서 조식 후, 여덟 시 경에 중국 사회과학원의 주최 측에서 보낸 승용차 세 대에 우리 발표자 다섯 명이 나누어 타고, 나머지 일행은 대절 버스에 타고서 서쪽으로 달려 咸陽市 西蘭路 5號에 위치한 鐵道部咸陽基建管理幹部學院 안의 회의장으로 향했다.

준비해 온 논문 세 부를 제출하고서, 9시부터 한 시간 동안 3층의 學術報告廳에서 진행된 개막식 행사에 참가하였다. 徐遠和 씨의 사회로 각계

인사들의 大會致詞가 있었다. 기념 촬영을 마치고서, 우리 일행은 基調發言 및 歡迎宴會에는 참석하지 않고서 바로 호텔로 돌아왔다. 중국사회과학원과 한국 성균관대학교 유학대학의 공동 주최에 의한 이 대회에는 중국인 43명과 우리 일행 중 발표자 다섯 명을 포함한 한국인 13명, 그리고 일본인으로서는 유일하게 香川大學 教育學部의 村瀨裕也 교수 한 명이 참가하여 있었고, 臺灣人은 없었다. 한국 측은 모두 여덟 명, 그리고 일본인 한 명이 발표를 한다고 하며, 중국 측을 포함하여 모두 20명 미만의 학자가 발표를 하는 모양이었다. 한국인 학자로는 우리 일행 중 趙駿河·金益洙·金弼洙·裵相賢 그리고 나를 포함한 다섯 명 외에 성대 유학대학장인 梁再赫 교수와 이 대학 동양학부 중국철학전공의 주임인 朴商煥 교수 및 계명대학교 철학과의 林秀茂 교수가 논문을 발표한다고 한다. 퇴계학연구원의 李允熙 간사장도 참가해 있었다. 대회 명칭은 다시 中韓儒釋道三教關係學術研討會로 환원되어 있었으며, 숙박을 자비로 하는 것 외에는 처음 약속했던 바와 같이 참가자들이 도착한 이후 숙박비를 제외한 여타 모든 비용은 주최 측이 부담하는 모양이었다.

7 (목) 흐리고 오전 한때 부슬비

오전 중 長安 城內의 碑林博物館을 참관하였다. 책으로만 알고 있었던 開成石經이나 大秦景教流行中國碑 등을 처음으로 보았다. 시내의 어느 호텔에서 점심을 든 후, 두 조로 나누어 우리 발표자들과 박용재 노인 등은 유 가이드의 안내로 소형차를 전세 내어 咸陽의 학술회의장으로 향했고, 아내와 회옥이 등 나머지 일행은 현지 가이드의 안내로 西安 시내의 小雁塔·歷史博物館·興慶宮 등을 참관하였다.

함양에서는 두 조로 나뉘어 오후 일정이 우리를 위해 배정되어 있었는데, 나와 조준하·배상현 교수는 3층의 소회의실에서 열린 제2조 불교와 도교 조에 참가하였고, 김익수·김필수 교수는 2층의 제1조 삼교 관계와 유교 조에서 발표하였다. 우리 조에서는 北京大學 哲學科의 樓宇烈 교수가 사회를 맡았고, 어제 기조발언을 했었던 중국사회과학원 亞太所 研

究員 黃心川 씨도 참가해 있었다. 발표 후 약 한 시간 동안의 토론에는 나의 발표에 대한 질문이 많았고, 대체로 평이 좋은 듯했다.

分組討論이 끝난 후 개막식이 있었던 3층의 學術報告廳에서 각 조의 座長, 즉 主持人들이 각자의 발표와 토론 내용을 차례로 보고하는 綜合發言과 폐막식이 있었고, 招待所 식당에서 연회가 있었다. 나는 樓宇烈 교수와 徐遠和 씨의 사이에 좌석이 배정되어 있었고, 우리 테이블에는 杭州大學 前總長인 沈善洪 씨도 동석하였다. 유일한 일본인 학자인 香川大學의 村瀨裕也 교수는 京都大學 中國哲學史 전공의 선배였으므로, 그의 좌석으로 가서 일본어로 술잔을 권하기도 하였다.

11 (월) 비

모처럼 연구실에 출근하여 중국 여행 기간 동안의 밀린 일기를 마저 적어 넣었고, 국제학술회의 참가 보고서를 작성하여 학교에 제출했다.

12 (화) 흐림

점심 때 중문과의 중국인 교수 黃國營 씨와 더불어 식사를 하고 뒷산을 산책하였다. 黃 씨는 새 학기부터 北京의 淸華大學 중문과로 옮기게 되며, 당분간은 지금 근무하고 있는 武漢의 華中理工大學과 겸임하게 된다고 한다. 내가 중국으로 떠나기 전 그의 부인이 한국에 와 머무르고 있었지만, 세 주가 지난 후 돌아갔다고 하며, 그 자신도 20일 경에는 한국에서의 임기가 만료되어 돌아가는 모양이다.

오후에는 연구실의 긴 의자에 드러누워 『孟子硏究』(한국맹자학회, 1997) 제1집에 실린 덕성여대 사학과 金恒洙 교수의 작년 1월 제1차 韓中孟子學術思想硏討會 참가 여행기인 「鄒魯聖蹟源流」를 읽었다. 이 책 말미의 임원 명단에 의하면, 나도 모르는 사이에 내 이름이 이 학회 학술이사의 한 사람으로 올라 있다.

18 (월) 맑음

程伊川의 문중을 대표하는 중국인 後裔인 程德祥 씨의 부탁에 따라 李相殷 씨가 편찬한 『古書辭典』 가운데서 二程子의 저술 및 『近思錄』의 한국판본을 조사하여 그 부분들을 복사하였다.

서울대 철학과의 은사인 李楠永 교수가 내년으로 회갑을 맞이하게 되는 모양인데, 그 기념논총에 실을 논문의 제목을 알려 달라는 건국대 철학과에 근무하는 후배 鄭相峰 교수의 우편물을 받고서, 전화로 「南冥과 陸王學」이라는 제목으로 집필해 볼 뜻을 전했다.

19 (화) 후덥지근함

오후에 동국대 경주분교의 김필수 교수로부터 전화를 받았다. 이번에 함께 중국 여행에 참가했을 때, 그로부터 작년의 河南省에서 있었던 학술회의에서 발표된 논문들의 일부분이 수록된 책이 이미 출판되어 김 교수는 그것을 받았다고 하므로, 나의 논문도 실려 있는지 확인해 줄 것을 당부한 적이 있었던 것이다. 그의 말에 의하면, 이 책은 지난봄에 河南省社會科學院으로부터 『漢學研究』라는 제목으로 1,500페이지 정도의 두꺼운 부피로 출판되었는데, 그 때 발표한 다른 한국 교수들의 논문은 모두 실려 있으나, 유독 나의 것만 빠져 있다는 것이었다.

만약 그것이 사실이라면, 그 원인은 내가 학술회의장인 濮陽市에 당도하여 周月琴 여사로부터 그녀가 중국어로 번역한 내 논문을 전해 받고 보니 오역 투성이인지라, 지정된 날짜인 도착 당일에 제출하지 못하고 밤늦도록까지 둘이서 머리를 맞대고서 수정하여 다음날 아침에 주최 측 사무실로 가져가 보았더니 담당자가 부재중이었으므로 그 방에 있던 사람들에게 전달해 줄 것을 재삼 당부하고서 돌아 나온 바 있었다. 그것이 제대로 전달되지 않았든지 혹은 너무 수정한 곳이 많아 판독하기가 번거로워 그냥 빼 버린 것인지도 모르겠다.

그런데 여행 당시 김 교수는 한국 교수들의 발표 논문 중 일부가 그것도 발췌된 형태로 北京의 어느 잡지에 수록되어 간행되었더라고 했고,

鄢城에서 만난 河南省의 중국학자들 말로는 그 논문들은 아직 간행되지 않았으며 北京 사회과학원 측에서 학술회의가 끝난 후 원고들을 모두 거두어 갔으므로 北京에서 간행될 것이라고 했고, 咸陽에서 北京 사회과학원 동방철학연구실 주임인 徐遠和 씨를 만나 물어 보았더니 역시 아직 간행되지 않았고 그것은 河南省 측이 출판할 터이라는 것이었는데, 이 말들이 모두 서로 달라 어느 쪽이 참인지 판단하기 어렵다.

21 (목) 맑음

구내 은행에서 돈을 찾아 운전학원의 수강료는 완납할 수가 있었으나, 일본의 東方學會 회비를 위한 금액은 일단 송금을 보류해 두었다. 나는 일본의 학회로서는 京都大學中國哲學史硏究會, 日本中國學會, 東方學會의 셋에 가입되어 있는데, 매년 송금해 온 그 학회비만도 원화로 환산해 보면 적지 않은 금액이다. 이미 박사학위도 취득하였고, 앞으로 이러한 학회지에다 일본어로 논문을 실을 가능성도 그다지 크지 않은 터이니, 그 중 가장 광범위한 분야를 포괄하는 東方學會에는 금년부터 회비 우송을 중단하여 몇 년 후에는 자연 탈퇴가 되도록 할까 라고 생각해 본 것이다.

25 (월) 맑음

퇴근할 무렵까지 국립중앙도서관 등의 홈페이지에 들어가 중국의 程德祥 씨가 부탁한 한국에서 간행된 『近思錄』의 번역본들에 관해 조사하여 출력하고, 또한 거기에다 보충 사항들을 기입하였다.

9월

2 (화) 무덥다가 오후에 비

중국철학강독과 중국철학사의 첫 수업에 들어갔다. 중철강독에서는 이번 학기 『書經集註大全』 夏書 甘誓篇에서부터 읽기로 했는데, 수강생이 무려 30명에 달했다. 연구실로 돌아와 禹貢篇의 雍州 이하 부분을 마저 읽었다.

4 (목) 흐리고 다소 서늘함

오늘 도착한『東方學會報』No.72의 會員通信란에 내가 학위를 받은 것과 內山俊彦 교수의 근무처가 京都大學에서 愛知大學 現代中國學部로 바뀐 사실, 그리고 訃報란에 小林清市 군이 금년 5월 24일에 서거한 사실이 수록되어 있었다. 小林 군의 죽음은 너무나 뜻밖의 일이라 山口市의 자택으로 전화해 보았더니 부인이 받았는데, 횡격막[?] 출혈인가로 급서했다고 한다. 그는 나와 동갑인데, 몇 년 전에야 비로소 湯淺幸孫 교수와 內山俊彦 교수의 前任地인 山口大學에 취직하여, 작년에 酒類商店을 경영하는 현지의 여성과 첫 결혼을 하여 금년 1월에 딸을 하나 낳았다. 세상에서 말하는 안정된 생활이 시작된 지 얼마 되지 않아 이렇게 갑자기 가버린 것이다. 나로서는 일본 유학에서 얻은 가장 친한 벗을 잃은 셈이며, 전처인 村上朝子 및 아들 世圓이의 동향을 알 수 있는 유일한 간접적 통로도 끊어져 버린 셈이 되었다.

6 (토) 맑음

오후 네 시부터 연구실에서 교육대학원의 동양철학사특론 첫 수업을 실시하였다. 이 과목에서는 지난번 성리학연습 시간에 읽다만『周易傳義大全』을 텍스트로 하여 下經 咸卦 이하를 읽을 예정으로 있다. 전임 및 현임 학과조교를 비롯한 여학생 세 명이 수강하게 되었다. 수업 도중에 덕천서원의 外任이며 성균관 典儀인 河有楫 씨가 H 교수 연구실에 왔다가 내 방에도 들렀다. 잠시 휴식을 취하기로 하고 학생들을 밖으로 내보내었으나 이야기가 길어질 듯하므로, 수업은 그 정도로 마치고서 학생들을 돌려보낸 다음 손님 응대를 하였다. 도중에 복도를 지나던 한문학과의 이상필 교수도 하 씨의 목소리를 듣고서 인사차 들렀다가 합석하게 되었다.

하 씨는 河謙齋의 문중을 대표하는 분인데, 서울대 약대 및 순천대의 서무 책임자로 있다가 지금은 정년퇴임하여 오로지 儒林의 사업에 종사하고 있다. 도산서원의 원임을 맡은 적도 있고 이 분야에서 전국적으로 꽤 널리 알려진 분이다. 특히 퇴계 후손이며 저명한 한학자인 淵民 李家源 교수와는 친분이 두터워 淵民의 愛弟子인 H 교수와 더불어 작년 12월에 이 교수를 모시고 臺灣으로 가서 孔子 宗孫인 衍聖公 孔德成 씨를 만나고, 香港을 거쳐 중국으로 가서 桂林·武漢·長沙·上海 등을 둘러보고 온 이야기며, 이 달 중에 다시 H 교수 등과 함께 이 교수의 四川大學 초청강연 여행에 수행하여 四川省으로 가서 成都·重慶·三峽 등을 유람할 계획 등에 대한 이야기로 꽃을 피웠다. 그이는 목소리가 크고 달변이라 퇴근 시간이 지나도록 화제가 그칠 줄을 몰랐는데, 셋이서 함께 시내 장대동의 又來屋이라는 하 씨의 단골 음식점으로 가서 내가 저녁 식사를 대접하였다.

8 (월) 맑음

하유집 씨가 대구에서 발행되는 『淡水』라는 잡지에 싣기 위해 쓴 200자 원고지 46매의 수필 「簡札文化의 傳統과 그 價値」의 복사물을 한 부 보내주었으므로 그것을 한 번 읽어 보았다. 남이 보낸 편지 한 장도 내버리지 않고 일일이 보관하며 사소한 돈이나 물건도 함부로 낭비하지 않는 습관은 나와 비슷한 점이 있었다.

12 (금) 맑음

모처럼 다시 학위논문을 한국어로 출판하기 위한 작업을 시작하여 목차와 서론 부분을 검토하였다. 단행본으로 낼 때는 제목을 『南冥學派研究—17·18世紀 『南冥集』 諸板本의 成立—』이라고 고치기로 하였다.

13 (토) 맑음

세 시간 동안 학위논문 출판 작업을 계속하여, 緖論의 제3장으로 삽입한 '南冥의 儒道思想比較' 부분을 손질하였다.

19 (금) 맑음

학위논문의 단행본 출판을 위한 작업을 계속하여, 緖論 부분을 끝내고서 제1장 來庵刊本 부분의 수정 작업을 하고 있다.

20 (토) 맑음

출판 작업은 제2장 滄洲刊本 부분까지 진척되었다.

24 (수) 맑음

퇴근 무렵 黃國營 교수의 후임으로서 본교와의 자매결연대학인 中國 武漢의 華中理工大學 文學院 中文科로부터 새로 부임해 온 李崇興 교수가 연구실로 방문해 와 漢譯이 첨부된 티베트 佛經 하나를 선물로 주었다. 그와는 퇴근 버스를 기다리는 도서관 앞에서 종종 만나지만 아직 충분한 시간을 가지고서 대화해 볼 기회는 없었는데, 黃國營 교수로부터 이미 나에 관한 말을 들었다고 했다.

26 (금) 흐리고 때때로 부슬비

오후에는 출판을 위한 입력 작업을 계속하다가, 두 시 남짓 되어서 운전학원에 나가 내일 있을 구내 코스 주행 시험에 대비하여 기능 연습을 하였다.

10월

7 (화) 맑음

어제 발행된 「慶尙大新聞」을 통하여 내가 학술진흥재단에다 신청한 연구비 800만 원은 선정되지 않았음을 확인하였다. 인문대에서는 10여 명이 신청하여 네 명이 선정되었는데, 러시아학과의 젊은 교수가 두 명 포함되어 있었다. 그 중 정경택 교수는 350만 원을 신청하여 300만 원으로 결정되었다고 한다. 인문학 부문의 연구계획서에 적히는 경비지출내역은 거의 전부 엉터리로 짜여 지는 것이며, 그 계획서의 내용에 맞추어 돈을 찾을 때마다 매번 행정실에다 관련 영수증 등을 만들어 제출해야 한다. 이것은 교육부가 몇 푼 안 되는 연구비를 가지고서 교수들로 하여금 자신의 양심을 속여 가며 공문서를 위조하는 짓을 시키고 있는 것이나 다름없다고 하겠다. 연구계획서를 제출해 놓고서도 그런 짓을 하기보다는 차라리 선정되지 않는 편이 마음 편하겠다고 생각해 왔었는데, 그렇게 된 셈이다.

10 (금) 맑음

모처럼 다시 학위논문의 출판 작업에 착수하였다. 제3장에 들어갔는데, 제2장까지는 이미 지난번에 한 차례 작업한 적이 있어 본문 중 원문의 인용이 한글로 번역되어 있는데 반하여, 3장부터는 한문 인용문의 번역부터 새로 하지 않으면 안 되므로 진도는 훨씬 늦어지게 마련이다.

11 (토) 맑음

학위논문 제3장 「『山海師友淵源錄』의 編纂」 부분의 번역 및 수정 작업을 계속하였다.

어제 일본의 東方學會 회원명부 및 뉴스레터에 실을 회원 카드를 우송하였는데, 금년 9월 현재 제26기 임원 명단에 池田秀三·內山俊彦 교수가 포함되어 있고, 地區委員으로는 京都大學에 夫馬進, 仝 人文科學硏究所에 金文京으로 되어 있다.

12 (일) 맑음

사재명 군을 따라 그가 회원으로 있는 향토문화사랑회의 금년도 10월 답사 일정에 동참하여 慶州 南山에 다녀왔다. 이 모임은 내년이면 창립

10주년을 맞게 된다는데, 종래에는 회원들의 승용차로 스무여 명씩이 다니다가 대절버스를 동원하게 된 것은 금년에 새 회장이 취임하면서부터라고 하며, 1년에 한 차례씩 『鄕土文化』라는 잡지 모양의 회지도 발간하여 제9집에 이르고 있다.

14 (화) 맑음

학위논문 제3장의 출판 작업을 계속하였다.

15 (수) 맑음

출판 작업을 계속하였다.

16 (목) 맑음

출근 전에 함양의 김윤수 씨 자택으로 전화하여 내 학위논문과 관련한 논쟁으로 말미암아 두 사람의 관계가 서먹해졌지만, 개인적으로는 예전처럼 허물없이 지낼 수 있지 않겠는가고 하며 한문학과에 출강하고 있는 동안 전과 같이 더러 내 연구실로 놀러 오도록 말하였다. 아울러 그 부친인 仁山의 저술 중에서 내가 가지고 있지 않은 책들과 인산농장에서 만든 서목태 죽염간장 및 인산죽염을 본교에 강의하러 올 때 충분한 양을 가져다 달라고 당부하였다.

한국철학사상연구회의 총무로 있는 李賢九 씨로부터 전화를 받았다. 진보적 성향의 소장 철학자들 모임인 이 학회는 『시대와 철학』이라는 현재의 기관지 외에 대학생을 주된 대상으로 하는 대중지인 가칭 『철학이 있는 삶』이라는 잡지를 내년부터 간행하려고 하는데, 나더러 내년 1월 말까지 창간호의 철학현장기행欄 원고를 200자 원고지 50매 정도의 분량으로 집필해서 보내달라는 것이었으므로 이를 수락하였다.

17 (금) 맑음

李土亭 門人 徐起의 實紀인 『孤靑遺稿』를 읽으며 그 내용을 카드화하였다.

21 (화) 맑음

김윤수 씨가 오후에 연구실에 들러 내가 부탁했던 그의 부친 仁山 金一勳의 신간 서적들과 서목태 간장을 가져다주었다. 책은 모두 세 권이었는데, 인산의 저술로 되어 있는 『神醫癌處方法』(함양: 上林出版社, 1994)은 내용을 대충 읽어 보았고, 역시 저술이라고 되어 있는 『醫師如來』(함양: 神藥堂, 1997) 및 仁山의 語錄이라고 된 『세계의 다섯 번째 성인 이야기 神醫原草』(함양: 상림출판사, 1996)는 그 목차 등만 대충 훑어보았다.

이 세 책은 모두 저작권자가 金倫壽이며 발행인은 그의 처인 崔恩兒, 출판사의 주소는 경남 함양군 용평리 595-50으로, 이는 김윤수 씨 자택의 것과 일치한다. 이로 미루어 보아 종전에 서울에서 그의 둘째 형이 운영하고 있었던 廣濟院이라는 출판사가 문을 닫았는지 어떤지 모르겠지만, 이제 仁山 관계의 서적들은 김 씨 자신이 함양의 자택에서 간행하고 있음을 짐작할 수 있었다. 김 씨의 말에 의하면 인산이 생시에 한 말들은 녹음테이프로 남아 있으므로 이것들을 토대로 하여 그의 처가 계속 책을 만들어 낼 것이라고 한다.

23 (목) 맑고 따스함

며칠 전 남명학연구원으로부터 ≪한국일보≫ 금년 10월 11일(土)자의 문화학술란에 실린 기사가 복사되어 보내져 왔는데, 그 큰 제목은 「조선후기 실학 "源流는 曺植"」이라고 하여 한국정신문화연구원 朴丙鍊 교수가 계간 『정신문화연구』 가을호에 발표한 논문 「남명 조식의 정치사상과 사상사적 위치」의 내용을 소개하고 있다. 남명의 사상을 조선조 전기의 사림파와 후기의 실학파를 연결하는 사상사적 고리로 이해하여 그의 학문관 속에 엿보이는 실학적 성격에 처음으로 주목한 사람은 나였다. 연구원의 원장인 김충렬 교수 같은 이는 작년 초 서울에서 있었던 남명학 국제학술회의에서 권인호 교수가 그러한 취지의 논문을 발표했을 때 실학 운운은 터무니없는 소리라는 견해를 밝힌 적이 있었으나, 이러한 관점에 선 논문들이 계속 뒤를 이어 나타나고 있다.

29 (수) 흐림

서울의 관악구 신림동에 있는 관악사라는 출판사로부터 집으로 우편물이 날아 왔는데, 내가 『철학연구』 誌에 투고한 논문 「南冥의 儒道思想比較硏究」에 대한 심사결과표가 들어 있었다. 이에 의하면 심사자는 湖西大의 金教斌 교수로서, 개재여부는 可의 B등급으로 나왔다. '판정이유'란에는 "이제까지 별로 연구되지 않은 부분에 대해 상당히 많은 자료를 동원하여 깊이 있게 다루고 있는 点이 주목됨. 그러나 논문 제목이 내용에 걸맞지 않는 측면이 있으며 아울러 본문 속에 해당 전공자들만 독해가 가능하도록 용어를 그대로 어려운 한자로 노출한 点 등이 아쉽고 글의 짜임새가 좀 더 다듬어지면 완성도를 높일 수 있을 것으로 생각됨"이라고 되어 있다.

그리하여 제목을 고칠 것, 본문에 들어 있는 인용문의 원문을 각주로 처리할 것, 본문에 나오는 한자 용어들을 많은 사람들이 읽을 수 있도록 다듬을 것 등의 주문을 달고 있다. 이는 그가 몸담고 있는 한국철학사상연구회 류의 이른바 진보적 소장학자의 관점을 반영한 것으로서, 나로서는 수용하기 어려운 것이다.

31 (토) 맑으나 초겨울 추위

한국정신문화연구원의 企劃豫算室長이자 부교수인 朴丙鍊 씨가 부쳐준 『정신문화연구』 1997/ 제20권 제3호(통권 68호)에 실린 박 교수의 논문 「南冥 曺植의 政治思想과 思想史的 位置」를 다 읽고 카드화하였으며, 같은 곳에 실린 정해창 교수의 리처드 로티 철학에 관한 논문 「현대철학의 종언: 그 의미와 미래적 전망」도 훑어보았다.

전자는 내가 ≪한국일보≫에 실린 이 논문에 관한 기사를 보고서, 현재 정신문화연구원에 교환교수로 가 있는 한문학과의 최석기 교수가 모처럼 진주에 내려온 편에 일찍이 『古文書集成』 작업 관계로 나와 연분이 있는 박 교수에게 내가 이 논문을 보고 싶어 한다는 뜻을 전해 주도록 당부한 바 있었던 것이다.

엊그제 박 교수가 내 연구실로 전화하여 내 논문을 읽고서 영향을 받아 이런 글을 써 보게 되었다는 말을 한 바가 있었다. 남명 사상의 실학적 성격에 대해 최초로 언급한 논문은 나의 「南冥學資料叢刊 解題 緖論」이었으며, 그 이후 이 논문의 자극을 받아 이러한 주제의 논문들이 여러 편 나오게 되었는데, 김충렬 남명학연구원장은 남명 사상과 실학과의 관련을 논하는 것은 난센스라는 의견을 말한 바 있으나, 이러한 취지의 논문은 계속 끊어지지 않고 있는 것이다.

박 씨의 논문은 꽤 훌륭한 것이었는데, 나와의 차이점이라면 내가 남명 사상을 조선 前期의 士林派와 주선 후기의 실학파를 연결하는 사상사적 고리로 간주한 데 반해 박 씨는 조선조의 유학을 修己와 治人의 계열로 대별하고서, 退溪는 사림파로부터 이어지는 수기의 계열을 대표하는데 비해 남명은 조선 전기 개국공신 및 훈구파의 經世的 자세와 사림파의 律己的 자세를 융합시켜 수기와 치인이라는 기존 양대 정치사상의 통합을 시도한 존재로 보고 있는 점이었다. 서울의 관악사로부터 『철학연구』지에 실릴 내 논문의 교정쇄가 부쳐져 왔다.

11월

1 (토) 맑음

오전 중 서울의 冠岳社에서 보내온 『哲學研究』誌에 실릴 나의 논문 「南冥의 儒道思想比較研究」에 대한 교정 작업을 진행하였다.

오전 11시부터 남명학연구원의 금년도 제2차 상임연구위원회의가 있어서 부산교통 사무실로 나갔다가, 일행이 다 모이기를 기다려 시내의 한국시대로 장소를 옮겨서 회의를 진행하고 점심을 들었다. 이 모임에서 나는 내 학위논문을 남명출판부에서 출판할까 서울에서 출판할까 고려해 보고 있는 중이지만, 지난번 회의 때 김경수 국장이 제안하여 통과된 바와 같이 연구원의 연구비가 지급된 원고에 대해서는 따로 인세를 지급하지 않는다는 원칙을 적용한다면 나의 경우에는 전체 저서의 절반 정도의 부분에 대해서만 연구비를 지급받았고, 저서의 양이 꽤 방대할 뿐 아니라 그것을 수정하고 인용된 원문들을 번역하여 출판하는 데 이르기까지에도 상당한 시간과 노력이 소요된다는 점을 설명하였다. 그 결과 한상규 씨의 반대 의견은 있었으나 나의 책을 비롯한 모든 남명출판부 간행 도서에 대해 저자에게 10%의 인세를 지급하기로 원칙을 바꾸게 되었다.

오후에는 臺灣의 정치학자로서 현재는 캐나다의 토론토에 이주해 있는 周道濟 교수가 금년 초 서울에서 있었던 제2회 남명학 국제학술대회에 참가했던 소감을 적어 臺灣에서 발행되는 『中外雜誌』 금년 6월호에다 실은 「韓國訪問記」를 회의에서 얻어와 읽어 보았다.

3 (월) 맑으며 다소 포근함

학교에서는 논문의 교정 작업을 계속하였다. 김교빈 씨의 평가보고서 중 다른 부분은 수용하지 않되, 가능한 한 어려워 보이는 한자어 혹은 한문은 모두 쉬운 말로 풀이해 괄호 속에다 첨부하기로 하였다. 그러나 국어사전에 나오는 한자어들은 어떻게 할까 망설이고 있다.

4 (화) 맑음

서울의 관악사로부터 전화가 걸려 와 이 달 26일에 철학연구회의 행사가 있어 그 전까지 내 논문이 실린 『哲學硏究』誌를 출판하고자 한다고 하므로, 교정 작업을 서둘러 오후에는 빠른우편으로 그것을 송부하였다. 본문 중에 한 차례 번역된 적이 있는 한문 문장이 다시 인용될 때는 원문을 바로 제시하는 것을 원칙으로 하고 있었으나, 김교빈 씨의 주문을 받아들여 그러한 경우에도 일일이 다시 번역문을 추가하기로 하고 국어사전에 나오는 단어도 경우에 따라서는 괄호 속에 그 뜻을 설명해 넣었다. 이렇게 하지 않고서는 전문 학술지의 경우에 있어서도 오늘날의 한글세대에게는 읽힐 수가 없다는 것이다.

5 (수) 맑음

학위논문의 출판 작업을 계속하여 제3장 「『山海師友淵源錄』의 編纂」 부분의 수정 및 인용 원문의 번역 작업에 종사하였다.

6 (목) 맑음

오후에 계명대 철학과의 홍원식 교수로부터 전화가 걸려 왔다. 그의 부인이 경영하는 서울 신설동의 동양철학 서적을 전문으로 출판하는 예문서원이라는 출판사 부근의 건물에 예문동양사상연구원이라는 것을 설립하고자 하는데, 김충렬 교수를 원장으로 모시고, 4~5명의 젊은 박사들이 실질적인 운영을 맡아 보는 연구원이 되고, 각 대학에 현직 교수로 있는 소장 학자 10명을 연구위원으로 위촉하고자 하므로, 나더러 연구위원의 직을 수락해 달라는 것이었다. 김충렬 교수도 나를 추천했다고 하는데, 이 10명은 전국의 각 지역과 출신대학별 안배도 고려했다고 한다. 오는 11월 22일에 창립총회가 있고, 12월 6일에 개원식이 있을 예정이라는 것이었다. 나는 서울에 거의 출입을 하지 않으므로 어떨까라는 의견을 말했지만, 결국 명목상의 직이나마 이를 수락하기로 했다.

7 (금) 맑음

오후 1시 30분부터 6시 남짓까지 본관 4층의 소회의실에서 남명학연구소 정기학술 심포지엄이 있었다. 龍仁大의 이동철 교수가 「現代新儒家들이 보지 않았던 또는 못했던 것들—儒教의 理解를 위한 豫備的 考察—」, 早稻田大學 동양철학과 출신으로서 惠泉女學院大學에서 일본사상사를 전공하고 있으며 현재 成均館大學校 儒學大學에 객원교수로 와 있는 澤井啓一 씨가 고려대 출신으로서 東京大學에서 일본사에 대한 연구로 박사학위를 받았으며 현재 방통대에 근무하고 있다는 이룡 씨의 통역으로 「脫中心/領有/土着化—동아시아에서의 新儒教의 展開를 理解하기 위한 方法論的試論—」, 본교 한문학과의 李商弼 교수가 「南冥 敬義思想의 特色」, 檀國大國文科의 윤주필 씨가 「설화에 나타난 道學者像—남명 조식을 중심으로

一」를, 끝으로 上海 復旦大學 출신으로서 北京大學 中文科 부교수이며 현재 충남 서산시에 있는 韓瑞大에 와 있는 汪春泓 박사가 자신이 준비해 온 중국문학비평사 관계의 논문은 그만두고서 즉흥적으로 남명과 관련한 주제의 소감을 발표하였다.

모임을 마친 후 시내의 한국시대 2층 연회장으로 자리를 옮겨 저녁을 들면서 얼마간 대화를 나누다가 헤어졌다.

8 (토) 맑음

어제의 남명학연구소 발표자료 중에서 澤井啓一·李商弼 씨의 논문을 읽고서 다시 한 번 그 내용을 검토해 보았다.

지난주 토요일의 남명학연구원 상임연구위원회의 때 김경수 사무국장의 제안으로 세 명의 연구위원이 추가되었고, 금년 중에 연구원 총회를 열 계획도 심의 통과되었으므로, 현재 이 研究院의 연구위원으로는 어떠한 사람들이 포함되어 있는지를 보기 위해 그 명단을 보내 줄 것을 요청하여 검토해 보았다. 이번에 포함된 사람들까지 합하여 모두 41명이었는데, 이 연구원이 설립될 당초 들어 있었던 사람 중에 그 이후 나의 의견으로 사실상 의미가 없는 여러 사람들이 삭제된 모양이었고, 김 국장이 개인적인 친분 등으로 삽입한 사람들도 상당수 있는 듯했다. 이 명단에 들어 있는 이들 중에는 역시 한 편의 연구 실적도 없는 사람들이 이름만 올라 있는 경우와 내가 이름조차 들어 본 적이 없는 사람들, 그리고 소속이나 주소가 잘못 기재된 사람들이 있어 별로 무의미한 것이었다. 그래서 삭제할 사람들을 체크하고, 「南冥學關係旣刊文獻目錄」에 실린 이 분야의 연구 업적이 있는 사람들 중에서 새로 추가할 사람들을 점검해 보았다.

9 (일) 맑음

아내와 함께 향토문화사랑회의 11월 답사에 참가하여 조선조 세종 무렵 창원 출신의 將相으로서 대마도 정벌과 四郡 개척으로 유명한 崔潤德

의 유적지를 둘러보고 왔다. 오늘은 우리 문중의 墓祀가 있어 주례로 가야하는 날이지만, 최윤덕은 남명학과도 관계되는 인물이어서 예전부터 그 유적지를 한 번 찾아보고 싶었었는데, 이런 좋은 기회를 놓치기가 아쉬워 무리하여 참가하기로 작심하였다.

오전 10시까지 창원의 경남도청 광장 용지공원에서 마산·창원 지역의 회원들과 합류하여 도청 정원을 산책하고, 도청 옆문 부근에 세워져 있는 창원대학교 사학과 교수인 朴東百 박사가 짓고 14대 傍孫으로서 전라남도 해남에서 서예학원을 하고 있다는 崔鎔圭 씨가 쓴 최윤덕 신도비문 및 연보를 둘러보고서 이 두 사람으로부터 직접 설명을 듣기도 하였다.

이어서 각자가 타고 온 승용차에 분승하여 최윤덕 장군의 본가 터라고 하는 창원군 북면 내곡리 송촌부락으로 향했다. 마금산 온천으로 향하는 도중에 왼쪽으로 꺾어진 길로 접어들어 얼마 동안 들어간 곳에 있었다. 이 마을은 예로부터 정승촌으로 불려 왔고[최윤덕은 무과 출신으로서는 거의 유례가 없을 정도로 우의정을 거쳐 좌의정·領中樞院事의 지위에까지 승진하였다], 사랑채 터와 안채 터의 흔적이 남아 있을 뿐 아니라, 사랑채 터 자리에 큰 집터였음을 시사해 주는 석축과 조선 초기의 분청사기 파편들이 많이 출토되어 문화재 전문위원인 박동백 교수의 건의로 현재 문화재로 지정되어 있다 한다. 『三國遺事』 '南白月二聖 努肹不得 怛怛朴朴' 조에 나오는 白月山을 정면으로 마주보고 있는 야산 중턱의 과수원 마을 반 한가운데인데, 생가 터라고 하는 곳은 또 따로 북면 내곡리[무등리] 무동마을에 있다고 한다. 최윤덕은 그 부친으로서 武人인 雲海가 고려 말기에 동남도병마절도사영(지금의 마산 합성동 시외버스 터미널 자리)에 근무하고 있을 때 창원이씨와의 사이에서 태어났다고 한다.

정승촌을 떠나 다시 창원 시내 방향 국도로 얼마간 내려오다 왼쪽으로 꺾어져서 한참 들어간 지점인 창원시 북면 대산리 사로곡에 위치한 최윤덕 夫妻 및 그 모친 등의 가족 무덤을 답사하였다. 마침 通川최씨의 묘사가 있는 날이라 전국에서 후손들이 많이 모여 있었다. 그들에게서 점심을 대접 받고 묘소로 올라가서 박동백 교수 및 최용규 씨로부터 다시 상세한 설명을 들었다.

10 (월) 맑음

연구실에서는 종일 어제 받아 온 최윤덕 관계 자료 등을 검토하며 카드화하였다. 먼저 사재명 군으로부터 얻은『3월의 문화인물 최윤덕 장군』(창원문화원, 1997.2)과 通川崔氏 문중으로부터 얻은『정열공 최윤덕 장상의 사상과 전술』(해남문화원, 1997.4)을 대조 검토하였다. 이것들은 모두 박동백 교수가 집필한 것으로서, 후자는 전자 중의 3·13·15 장이 생략되고, 사진 자료들이 빠져 있을 뿐 기본적으로 같은 내용이었다. 그 외에도 최용규 씨가 찬한 것으로 보이는「통천최씨 유적 답사기」, 이상필 교수의「南冥 敬義思想의 特色」및『三國遺事』중의 白月山 관계 기사,『남명집』권2의「貞夫人崔氏墓表」등을 대조해 보았다.

박동백 교수의 記述은 주로『조선왕조실록』의 최윤덕 관계 기사에 근거한 것이며, 그 외에 묘소에 있는 石物들에 새겨진 문자 등도 참조한 것이어서 대체로 상당히 신빙할 만한 것이었다. 최윤덕의 후손은『조선왕조실록』세조 2년(1456) 6월 26일 조에 보이는 바와 같이 그 長子인 淑[叔]孫과 숙손의 장자인 孟漢 및 季漢 등이 死六臣 李塏의 일당으로서 처벌된 이후, 一門이 몰락하여 전국에 흩어졌으므로 오늘날 최윤덕에 관한 다른 문헌 기록이 별로 남아 있지 않고, 공조참의 尹文東이 행장을 지었다고 하나 그것 역시 일부 인용된 형태로만 전하고 있는 모양이었다.

남명의 외조모 통천최씨는 바로 최윤덕의 차남인 敬孫의 딸이요, 그 知己인 黃江 李希顔의 모친은 上記한 季漢의 딸로서 이 집안과 밀접한 인척 관계에 있는 것인데, 박 교수는 이 글들을 쓸 때까지『남명집』에 있는 황강 모친의 비문을 참조하지는 못한 모양이었다. 그런데 이 비문에 의하면, 통천최씨는 윤덕의 祖父인 大將軍 錄이 이성계와 더불어 고려조에 벼슬하였으며, 錄의 대로부터 檜昌郡[박 교수의 말에 의하면 조선조 태종 8년에 檜原과 義昌이 합해졌다고 한다], 즉 남명 당시의 昌原府에 거주하였다고 하며, 그로부터 4代가 모두 '鈞軸之位'에 거하였다고 하였다. 그러므로 부친인 雲海가 이성계의 위화도 회군에 참가하였고 통천 지역의 왜구 토벌에 공을 세워 비로소 通川이라는 본관을 하사받았다든가, 雲海가 고려 말기에 현재의 마산시에 위치했던 兵營에 근무하는 기간 중에 昌原李氏와 결혼하였다가 근무지가 옮겨짐에 따라 장남인 윤덕을 천민인 楊水尺에게 맡겨 키웠다는 등의 설명(『國朝名臣錄』의 최윤덕 조에 근거한 것인가?)은 거의 신빙할 수 없는 것이라는 판단이 들었다.

14 (금) 비 오고 흐림

김경수 국장이 남명학연구원의 권순찬 이사장과 더불어 자매결연단체인 일본 横濱市의 小倉精神文化研究所의 초청을 받아 이번 주 월요일에 일본으로 갔다. 떠나기 전 철학과 대학원생을 통해 나에게 전하게 한 중앙일보사에서 발행하는 시사월간지 『WIN』 1997년 11월호의 '역사인물탐구' 曺植 편을 훑어보고서, 그 속에 실린 글들을 「南冥學關係旣刊文獻目錄」에다 추가하였다.

18 (화) 맑으나 쌀쌀함

오늘 집으로 배달되어 온 『南冥院報』를 훑어보았다.

19 (수) 맑음

『남명원보』 제8호(1997년 11월 10일), 스포티지 승용차의 사용설명서를 다시 한 번 읽어 보았고, 『書經』 召誥篇을 계속 읽었다.

계명대 철학과의 홍원식 교수로부터 예문동양사상연구원의 발기총회 날짜가 한 주일 연기되었다는 연락이 다시 왔으나, 내가 서울까지 가서 참석하기 어려운 사정을 설명하여 양해를 구했다.

21 (금) 부슬비

오늘 처음으로 내 차를 운전하여 출퇴근하였다. 이로써 나의 생애에

퍼스널 컴퓨터에 이어서 자가용 승용차가 등장한 셈이다. 이로 말미암아 앞으로 나의 생활 방식이 적지 않게 달라질 것이다.

27 (목) 맑음

오후 네 시 반 무렵 향토문화사랑회의 성 총무가 내 연구실로 방문해 와 禪門九山의 하나인 창원 鳳林寺址의 발굴보고서를 전해 주었다. 차제에 이 모임의 회지 내년 호에 싣기 위해 그가 부탁했던 내 논문 「南冥의 儒道思想比較硏究」의 디스켓을 전해 주었다.

12월

6 (토) 비

사재명 군이 연구실로 방문해 와 나를 자기 차에 태우고서 문산으로 나가 김경수 국장과 합류하여 아귀찜 등으로 함께 점심을 들었다. 지난달에 김 국장이 권순찬 남명학연구원 이사장을 수행하여 이 연구원과 자매결연 관계에 있는 일본 橫浜市 소재 大倉精神文化硏究院을 초청방문하고서 東京·小田原·箱根·京都·福岡 등지를 들른 다음 한 주 남짓 후에 귀국하였다. 오늘 모임은 김 국장이 출국하기 직전에 내가 제의하여 가지게 된 것이다.

그 목적은 김 국장이 전해 준 남명학연구원의 연구위원 41명의 명단을 받아 검토해 보았더니, 기왕의 연구위원들 중에서도 소속 등 인적사항들이 잘못 기록되어 있는 점들이 눈에 띌 뿐 아니라, 사실상 남명학과 아무런 관련이 없으면서도 무의미하게 이름만 올라 있는 사람들도 적지 않고, 내가 전혀 알지 못하며 상임연구위원회의에서 거론된 적도 없는 사람들이 그동안 여러 명 추가되어 있는 사실도 발견했기 때문이었다. 나의 의견은 연구위원들을 명실상부하게 이 분야에 관한 기왕의 연구실적과 앞으로의 연구 가능성을 위주로 대폭 새로 정리하며, 다른 학회나 연구소들이 그러한 것처럼 연구원장이나 상임연구위원 등도 임기 만료 전에 연구위원 총회를 통해 선출하도록 했으면 좋겠다는 것이었다. 그러나 오늘의 대화를 통해 사단법인 정관에는 연구위원 등의 임명은 연구원장의 권한 사항이고, 원장이나 상임연구위원 등의 任免은 법정이사회에서 하도록 정관에 규정되어 있다는 것을 알았다.

11 (목) 맑음

한문학과 이상필 교수의 「경상남도와 남명정신」(『경남의 재탐색』, 창원, 경남개발연구원, 1996)을 읽었다.

12 (금) 맑음

서울의 철학연구회로부터 나의 논문 「南冥의 儒道思想 比較硏究」가 실린 『哲學硏究』 제41집(1997년 가을호) 2부와 별쇄본 10부가 우송되어 왔으므로, 오후에는 그것을 다시 한 번 통독해 보았다. 내가 교정쇄를 검토해서 보내 준 이후에도 서울 측에서는 내 원고를 다소 손 본 모양이었는데, 그런 까닭으로 하여 인쇄상 약간의 오류가 발생하여 있었다.

13 (토) 맑음

오후 다섯 시까지 연구실에 남아 「남명의 유도사상 비교연구」를 다시 한 번 읽었고, 김경수 국장이 시제명 군을 통하여 최근에 감징을 의뢰해 온 『남명집』 이정합집본 8책의 검토를 시작하였다.

서울의 한국철학사상연구회 이현구 씨로부터 이 학회가 발행할 대중지 『철학으로』의 창간호나 제2호에 실릴 나의 철학현장 답사기에 대한 집필 요령 등을 적은 우편물이 도착하였다. 당초 내년 1월 말까지로 듣고 있었으나, 1월 10일까지 보내 달라고 한다.

15 (월) 맑음

어제에 이어 남명학연구원에서 감정을 의뢰해 온 『남명집』 이정합집본의 검토를 계속하였는데, 놀랍게도 이 판본은 이정합집본 계통의 최초의 판본임을 확인하였다. 오늘 김 국장과 통화해 본 바에 의하면, 이 판본은 전라도 화순인가 순천인가에 사는 창녕조씨의 노인이 덕산의 享祀에 참여하러 올 때 가져온 것이라 한다. 본집 5책, 별집 4책으로 제본되어 있으며, 보통은 별집이 3책임에 반해 이 경우는 현재 부산에 있는 조 씨 일족이 복사한다고 빌려가 있는 별집 제1책이 1·2권만을 묶어 따로 한 책으로 제본되어져 있는 점이 특이하다고 하겠다. 지난번 나의 감정에 의해 연구원이 구입했었던 이정합집초간본은 같은 판본이기는 하지만 본집 제2책이 沙隱本이며, 별집 제3책이 결락되어 있는 散秩임에 비해, 이 판본은 전질이 갖추어져 있으나 다만 책이 오래되어 몇 군데 처음과 끝의 책장이 떨어져 나가 없어진 부분이 있을 따름이다.

16 (화) 맑음

종일 새로 입수된 『남명집』을 검토하여 이 판본이 이정합집본 계통으로서는 지난번에 입수된 것보다 더 오래된 것이나, 같은 계통으로서 이보다 더 이전의 판본이 나올 가능성이 있음을 확인하였다. 며칠 전 도서관 한적실의 我川文庫에서 빌려 온 河憲鎭의 『克齋集』을 읽으며 카드화하고 있다.

어제 중국 인민대학의 劉廣和 교수에게 연하장을 쓴 데 이어, 오늘은 程伊川 후손인 河南省 鄭州市의 程德祥 씨로부터 지난번에 내가 程 씨의 부탁에 따라 우송해 보낸 한국에서 간행된 二程 관계 문헌 목록에 대한 감사 인사를 겸한 연하장이 도착하였으므로, 그 답장을 썼다.

17 (수) 부슬비

김경수 국장으로부터 오늘 걸려온 전화에 의하면, 이번에 입수된 『남명집』 이정합집본은 전남 보성군 보성읍에 사는 曺永哲 씨가 가져 온 것인데, 조 씨는 자신이 창녕조씨임을 확인하여 족보에 올려 줄 것을 청하기 위해 집안에 보존되어 내려온 『남명집』을 德山의 享祀 때 들고 온 것이라 한다.

『克齋集』의 카드화를 마쳤다. 河憲鎭은 晦峰 河謙鎭의 族兄으로서 진주 水谷面 士谷里 사람인데, 구한말 『남명집』 중간본의 편찬 작업 과정에서 한때 都有司의 직책을 맡은 적이 있는 사람이어서 그 관계의 서신 등이 여럿 들어 있었다.

퇴근 무렵 서울대 철학과의 金南斗 교수로부터 전화가 걸려 왔다. 내년 5월 말에 열릴 한국철학회의 '철학과 철학사'라는 주제의 3부로 구성된 학술회의에서 나더러 제2부의 주제인 '동서양 여러 나라의 철학 패러다임' 중 「일본 철학의 훈고적 전통과 사변적 전통」이라는 주제의 발표를 맡아 달라는 것이었다. 200자 원고지 70~80 매 정도 분량의 원고를 3월 말까지 탈고하여 보내야 하는 모양이었다. 내가 일본 철학에 관해 특별한 造詣가 있는 것도 아니고, 이미 한국철학사상연구회나 이남영 교수 화갑기념논문집의 원고 청탁을 수락해 두고 있는데다, 학위논문의 출판과 이번 학기에 다룬 『周易』의 남은 부분들을 마저 읽어 두는 것 등 해야 할 일들이 산적해 있는지라, 자신의 연구 주제와 별로 관계없는 이러한 제의들은 거의 사절해 오고 있는 터이다. 그러나 평소 안면도 없는 모교의 교수가 특별히 전화를 걸어 온 데다 한국철학회는 우리나라를 대표한다고 할 수 있는 권위 있는 철학회여서 하나의 기회가 되기도 하므로, 수락하겠다는 의사를 표명하고 말았다.

19 (금) 맑음

다음 학기 대학원 수업에서 다루고자 하는 春秋三傳과 관련한 여러 텍스트들을 대조 검토하고, 그 첫머리인 隱公 元年 正月 부분에 대한 左氏·公羊·穀梁傳의 내용을 대조해서 읽어 보았다. 교재 구입의 용이성 때문에서라도 수업에서는 左氏傳을 위주로 하고, 내가 개인적으로 다른 두 개의 傳들을 대조해서 읽으며 설명하는 방식을 취해야 하지 않을까 하는 생각이 들었다. 燕京學社 版 『春秋經傳引得』 제1권에 수록된 洪業의 서문도 읽어 보고 있다.

24 (수) 맑음

노트북 컴퓨터를 병실에 가져다 두고서 일기도 쓰고, 한국철학사상연구회로부터 위촉받아 이 학회의 대중지 『철학으로』의 창간호 '철학 나들이'란에 싣기 위한 글 「주말 답사」의 집필도 시작했다.

26 (금) 맑음

『예문동양사상연구원 소식』 창간호가 도착하였는데, 연구위원 명단에 내 이름이 들어가 있으며, 집으로 배달된 일본의 『東方學會報』 No. 73의 會員通信란에도 내가 금년 여름방학 기간 중 중국의 학회에 참가한 소식이 실려져 있다. 武漢의 華中理工大學으로부터 北京의 淸華大學 중문과로 소속을 옮긴 黃國營 교수로부터 연하장이 도착하였다.

31 (수) 맑음

사재명 군이 저녁 무렵 연구실로 방문해 와 김경수 국장이 자매결연 관계에 있는 일본 小倉精神文化硏究所에다 부탁해 東洋文庫 소장본을 마이크로필름으로부터 복사해 온 『南冥集』 두 종류를 전해 주었다.